終わりなきタルコフスキー

忍澤勉
OSHIZAWA Tsutomu

寿郎社

五人のAに。

はじめに——永劫たる瞬間

アンドレイ・タルコフスキーの作品は難解だと言われている。しかしそれは本当だろうか。彼の映画が語られるときは常に芸術性の高さとこの難解さが指摘される。だが芸術性はともかく、この難解さを成り立たせてきたのは、見る人ではなく論じる人たちだったのではないか。

タルコフスキーの作品が公開された頃、映画を論じる人たちは、一回か二回の試写でその作品を解釈しなければならず、「分からない」とは決して言えない。そこで彼らは、風景の美しさやカメラの長回し、演出の緻密さ、色彩の技巧などを讃え、専門用語を駆使しつつ、難解と評価せざるを得なかったのではないだろうか。そしてこの集積が、「難解」という「理解」につながったのである。たしかに一度や二度の鑑賞でタルコフスキーの作品を理解することは今でも難しい。しかし私たちは、DVDやブルーレイ、あるいはインターネットで何度でもその作品を見ることができる。つまり現代こそタルコフスキーの作品を——例えば、なぜ『惑星ソラリス』の部屋には雨が降るのかを——理解し得る時代なのである。もちろん、その答えは本書の中にある。

ここで唐突に映画が誕生した場所に立ってみる。〝映画の生みの親〟リュミエール兄弟[*01]は一九世紀末、発明されたばかりのカメラを工場から出てくる女性たちや駅へ到着する列車に向けた。そしてそれらのリアルな動きを目前で再現し、観客を驚かそうという二人の悪戯心《いたずらごころ》は見事に成功した。観客はスクリーンの裏側に回り込み、女性たちがいないことを不思議に思い、突進してくる列車から逃れようと劇場を飛び出したという。

リュミエール兄弟の悪戯心はやがて多くの観客を必要とする「映画」という産業を成り立たせた。劇場における〝その場限り〟〝一期一会〟の娯楽が映画だった。そのため映画を作る側――主に米英の映画製作者たち――は、劇場に来た観客たちの最大公約数が満足する作品――エンターテイメント作品――を作らなければならない。ところが、それとは少し異なる製作現場があった。ソビエト連邦（ソ連）の映画製作である。社会主義国であるソ連では資本主義諸国とは別の仕組み、国家の管理システムが映画プロデューサーとしての機能を果たしていた。製作者は数多くの申請を行なわなければならず、作った後も「検閲」を受けた。担当者の無知や意図的な嫌がらせという障害もあった。しかしソ連では、観客へ阿《おもね》るだけの映画を作ることや、製作資金を集めるといった苦労はなかった。

未だにソビエト映画を社会主義プロパガンダとしてのみ理解する向きがあるが、それで足るのは革命直後の作品の一部に過ぎないだろう。ソ連の映画作家たちは検閲などさまざまな障害に対し可能な限り抵抗した。その結果、ある作品は脚本だけに留まり、ある作品は改竄《かいざん》されて上映され、ある作品は公開されぬまま倉庫で長い眠りについた。そして、そうした難を辛くも逃れた作品だけが観客の前に姿を現わしたのである。しかし公開された作品からも、そこに辿り着くまでの生々しい傷跡を見つけることができる。ソ連の映画作家たちは、弁を巧みに当局を懐柔し――ときに服従するように見せかけながら——自らが信じる光景をフィルムに焼き付けていった。その中の一人、それも極めて個性的な一人がタルコフスキーである。彼の企画や脚本もソ連の映画作家の通例として、その多くが映像化されていない。それでもソビエトで中編映画を一本と長編映画を五本、そしてヨーロッパで二本の長編映画を製作したのである。その少なさを本人もファンも嘆くが、彼はソビエトをして映画作家となり得たと私は考えている。

彼の映画には悪戯心やエンターテイメント性は少ないが、独自の芸術性に満ちている。彼は映画が撮れなくなるという不安の中で、彼が持てるすべてのものを「微細」に、そして「瞬間」の中に刻み込んでいく。観客がそれを凝視しようとしても映像は進み、イメージが積み重ねられていく。しかし状況は変わった。かつて観客たちは映写機が回る音とともに——作家と同時代に生きているという至福の中で——タルコフスキーの作品を見た。それは奇跡のような時間だったが、彼の没後の日々が、三〇年以上のときの流れが、タルコフスキー理解に恩寵をもたらしたのである。白い幕に流れ去るその一瞬を、私たちは再生機器の進化によって繰り返し見ること——記憶に留めること——ができるようになったのだ。さらにインターネットの普及は膨大な映像を身近なものにした。二〇世紀初頭の映画監督、例えばエイゼンシュタインは、『戦艦ポチョムキン』のモンタージュ技法が、何度も再生されて確認されるとは想像しなかっただろう。彼が観客との一度だけの出会いを前提とした映画作りをしていたとすれば、今のような状況に異議を申立てるかもしれない。

一度の鑑賞で十分な作品がある一方、見るたびに新しい解釈が生まれる作品がある。ＤＶＤやブルーレイなどの映像ソフトは後者のための大事なツールとなる。そしてその代表例がタルコフスキーの作品なのである。彼は自分の作品が一度の鑑賞で理解されるとはたぶん考えてはおらず、映画鑑賞のあり方が変わることとさえ、ある程度予感していたように思われる。

かつての映画解説や評論には間違った記述が多い。例えばとある著作では、『アンドレイ・ルブリョフ』の「襲来」で、落ちていく二羽の鵞鳥《がちょう》を「二頭の白い蝶」と書き、『僕の村は戦場だった』でトラックに積まれた「りんご」が「ジャガイモ」となっている。こうした記述は現在容易に改めることができる。

映画は瞬間の積み重ねであり、その演出上の機微は画面を凝視しなくては分からないこともある。『惑星ソラリス』の図書室の壁にある絵画や、『鏡』の印刷工場のディテールを確認することは難しい。もちろんその難しさは作者の意図でもある。詳しくは本論に記したが、それらの永劫たる瞬間はデジタル時代になってやっと観客に「発見された」と言っていいだろう。

タルコフスキーはある講演でフリードリヒ・エンゲルスの言葉を引き、「作者の意図が隠れていればいるほど、芸術作品の創造にとってよいことになる*02」と述べている。これは未来の観客への助言である。彼が亡くなった後も数多くの映画が製作され消費されてきた。しかし彼の映画が消費され尽くすことはないだろう。その作品に隠された作者の意図の多くは、未だ誰にも見つけられないまま作品の奥底に潜んでいるに違いない。まさに「タルコフスキーに終わりはない」のである。

なお本書はタルコフスキー作品の「物語」を詳細に紹介している。しかしそれがいわゆる「ネタバレ」として未見の観客の障害とはならないと考えている。そもそも彼の作品の本領は筋書きの意外性にはない。ゆえに何度見ても、その魅力が深まることはあっても減じることはない。また彼の物語は「大いなる説明不足」によって成り立っており、物語の把握は興を削ぐというよりも却って作品理解に役立つことだろう。

本書は次のように構成されている。

「第一章　物語の深淵――隠された意図」では映画の物語を緻密に辿ることで、一般に流布する印象とは別に、細部にまで周到に仕込まれた作者の意図と技巧を確認し、物語の深部とそこに潜む映像表現を提示する。

「第二章　家族の投影――芸術的ポートレイトの深層」では、とりわけ彼の作品に色濃く反映されている家族に纏《まつ》わる表現を「物語内の物語」として捉え、そこにある父アルセーニーへの訴えがやがて『鏡』に集成されること、そしてそれ以降は息子アンドリューシャへの思いに満たされていくこと、さらに思慕の対象ではなく、優れた芸術家として父を遇する彼の心情の変化を考察していく。

「第三章　モチーフの躍動――物語を紡ぐ事物」では、作品に登場する「水」「火」「廃墟」「病」「鏡」など、数多くのモチーフを取り上げ、個々の作品での意味合いとモチーフ相互の関係、さらに彼の映像総体との関連性を探っていく。

「第四章　核時代への視線――内包された予言」では、『サクリファイス』で描かれた希望の木としての一本の松の枯れ木と、東日本大震災時の陸前高田の奇跡の一本松の類似性を指摘しながら、彼の作品すべてに内包される近代文明批判としての「世界の終わり」という表現を吟味し、彼のカタストロフィーへの研ぎ澄まされた感性を考察する。

タルコフスキーは言う。

「私自身、どんな観客にも完全に同意することができる。映画はさまざまな解釈がなされるように、特別に作られたのだ。観客自身、映画の出来事を解釈し、あらゆる相互関係に関する固有の解決を見出すことができると思う」*03

この言葉を拠り所にして、私はタルコフスキー映画に「さまざまな解釈」を見出してきた。本書を一読されてから作品をご覧いただければ——すでにご覧になった方でも——「タルコフスキーの映画ほど分かりやすい映画はない」と思っていただけるのではないだろうか。

終わりなきタルコフスキー　目次

はじめに――永劫たる瞬間……3

第一章　物語の深淵――隠された意図……17

序　パステルナークの予言　18

〔1〕光と水の寓話――『ローラーとバイオリン』　22

凡庸な非凡さ　22

物語の概略　24

悲劇の予兆　27

〔2〕楽園への越境――『僕の村は戦場だった』　30

夢を実現させた夢　30

物語の概略　31

四つの夢　35

加えられた四つの場面　40

意味することの先に　47

〔3〕無言の想像力——『アンドレイ・ルブリョフ』 53
陰りゆく陽射し 53
物語の概略 57
受難と無言の行 75
〔4〕虚空の孤独——『惑星ソラリス』 79
撮影開始まで 79
物語の概略と原作との相違 80
「地上の場面」の概略 85
「地上の場面」の検討 87
「宇宙の場面」の概略 90
「宇宙の場面」の検討 95
「帰還の場面」の概略 116
「帰還の場面」、そして全体の検討 117
〔5〕記憶の牢獄——『鏡』 123
芸術化された家族の記憶 123
交差する三つの時代 126
自己回生のためのフィルム 146

〔6〕絶望の中の希望――『ストーカー』 147
何も起こらない物語 147
三人の中で起こった物語 166
三人が象徴するもの 172
『惑星ソラリス』の先へ 175
〔7〕死に至る郷愁――『ノスタルジア』 178
国境を越えて 178
二人を隔てる境界 179
ドメニコとの接触 189
境界をさまよう男 196
境界を超える二人 204
ソビエトへの郷愁 211
ゴルチャコフの幻影 212
信念と信仰 217
世界の終わりに 219
〔8〕神なき者の祈り――『サクリファイス』 221
作品の前提 221

物語の概略 223
作品の特異性 228
表現の検討 230

第二章　家族の投影——芸術的ポートレイトの深層……283

〔1〕追慕——『ローラーとバイオリン』285
〔2〕憤怒——『僕の村は戦場だった』288
〔3〕告白——『アンドレイ・ルブリョフ』291
〔4〕帰順——『惑星ソラリス』294
〔5〕解放——『鏡』299
『鏡』は作者の母の物語として始まる 300
『鏡』は作者の父の不在の物語となる 301
『鏡』は作者の物語でもある 307
『鏡』は母と妻の関係の物語でもある 310

〔6〕離脱――『ストーカー』 314
〔7〕捕囚――『ノスタルジア』 318
〔8〕逃亡――『サクリファイス』 324

第三章　モチーフの躍動――物語を紡ぐ事物 331

〔1〕自然と動物 333
〔2〕身体と行為 344
〔3〕人工物・食物の属性 350
〔4〕超自然と信仰 359

第四章　核時代への視線――内包された予言 365

〔1〕この時代に携えるもの 366

〔2〕陸前高田の一本松とタルコフスキー 368
〔3〕初期の作品に描かれた「戦争」——第二次世界大戦下の核の風景 369
〔4〕『惑星ソラリス』——放射線の返礼 372
〔5〕『鏡』——汚染された煙と雨 373
〔6〕『ストーカー』——核イメージとしての放熱塔 375
〔7〕『ノスタルジア』——世界の終わりの風景 381
〔8〕『サクリファイス』——核戦争後の夜に 384
〔9〕黒澤明の『生きものの記録』との比較 387
〔10〕タルコフスキーの視線——私たちのバケツ 388

注……392

主な参考文献……416

年譜……423

あとがき——収斂と拡散……435

作品紹介

タルコフスキーがこの世を去って35年が過ぎた。しかし彼の作品への評価は高まることがあっても、古びることは決してない。近年も世界各国で彼に関するイベントが開催され、国内では彼の作品を集めた映画祭が何度も行なわれている。彼こそ現代の映画作家なのである。

ここでは彼の８本の劇映画を極めて簡単に紹介している。撮影年度やその背景、スタッフやキャスト、そして物語の骨格を確認することができるだろう。

本来、タルコフスキーの作品は映画館の大画面で鑑賞するのが一番で、作る側もそれを前提としているのだが、彼が映像に隠したものを確認するには、おのおのの画面へランダムにアクセスできるDVDやブルーレイが便利なことは確かである。インターネットのサイトでもそのほとんどを比較的安価で購入することができる。彼の作品は再発売の機会が頻繁で、そのつど画質が向上しているように思われる。またモスフィルムの公式ホームページではソビエト時代の作品の多くが配信されている。『ストーカー』に至っては日本語吹き替え版も選択できるのだ。

かくしてタルコフスキーの秘したものは、今ようやくその姿を現わそうとしている。

ようこそ「終わりなきタルコフスキー」の世界へ。

[写真提供：ロシア文化フェスティバル]

作品紹介〔1〕

ローラーとバイオリン

製作	モスフィルム
公開年	1961年（日本公開1965年）
上映時間	46分
脚本	アンドレイ・ミハルコフ＝コンチャロフスキー アンドレイ・タルコフスキー
撮影	ワジーム・ユーソフ
音楽	ヴャチェスラフ・オフチンニコフ
出演	イーゴリ・フォムチェンコ（サーシャ） ウラジーミル・ザマンスキー（セルゲイ） ナタリア・アルハンゲリスカヤ（セルゲイを慕う女性） アントニーナ・マクシモワ（サーシャの母親） マリーナ・アドジュベイ（バイオリン教室の少女）
受賞歴	1961年、ニューヨーク国際学生映画コンクール第1位
物語	近所の子供たちにいじめられていた少年サーシャは、ロードローラー運転手のセルゲイに助けられる。バイオリン教室から戻ったサーシャは彼にローラーの運転を教えてもらい、昼休みを二人で過ごす。雨上がりの資材置き場でサーシャがバイオリンを演奏し、その音色にセルゲイは魅せられる。この日、サーシャはローラーの運転の楽しさを、セルゲイは音楽の魅力を知ることになる。二人は映画を見ることを約束して別れるが、母親はそれを許さず、約束の場所に現われないサーシャを心配しつつ、セルゲイは彼を慕う同僚の女性とともに映画館へ向かう。鍵を閉められた部屋でサーシャは鏡を眺めながら、階段を飛び降りてセルゲイのロードローラーに乗り込む自分を夢想する。

妹と乗っている夢を見る。やがて再び斥候に出た彼は敵の陣地に消えていく。戦争が終わり、敵の司令部でイワンの処刑報告書が見つかるが、彼は眩い水辺で妹を追いかけ、さらにどこまでも走り続け、やがて黒い枯れ木に手を伸ばす。

［写真協力：公益財団法人川喜多記念映画文化財団］

作品紹介〔2〕

僕の村は戦場だった

製作　モスフィルム

公開年　1962年公開（日本公開1963年）

上映時間　1時間34分

原作　ウラジーミル・ボゴモロフ『イワン』

脚本　ウラジミール・ボゴモロフ
ミハイル・パパーワ
（アンドレイ・ミハルコフ＝コンチャロフスキーとアンドレイ・タルコフスキーが書き直している）

撮影　ワジーム・ユーソフ

音楽　ヴャチェスラフ・オフチンニコフ

出演　コーリャ・ブルリヤーエフ（イワン）
ワレンチン・ズブコフ（ホーリン大尉）
エヴゲニイ・ジャリコフ（ガリツェフ中尉）
ニコライ・グリニコ（グリヤズノフ中佐）
ワレンチーナ・マリャーヴィナ（マーシャ看護中尉）
ステパン・クルイロフ（カタソーノフ曹長）
イルマ・タルコフスカヤ（ラウシュ）（イワンの母親）
ベラ・ミトゥーリッチ（イワンの妹）
ドミトリー・ミリューチェンコ（焼け跡の老人）
アンドレイ・ミハルコフ＝コンチャロフスキー（マーシャと同郷の兵士）

受賞歴　1962年、第23回ベネチア国際映画祭・金獅子賞ほか

物語　夢の中で光に満ちた森に遊ぶ少年イワンは、敵の情勢を集める斥候《せっこう》だった。その報告によって作戦は成功する。しかしイワンを安全な場所に移そうとしている大人たちに怒って彼は逃走するが、連れ戻される。陣地で一人戦争ごっこをする彼は自分の思いを壁に掛けられたソビエト兵の軍装にぶつける。そしてうたた寝の中、りんごを載せて雨の降る森を疾走するトラックに

信念が揺らぎ、大公の暴虐が彼の心を苛むが、白痴の娘の振る舞いに気づきを得る。だがタタール兵と弟公の兵士たちが大公の街を襲い、ルブリョフの弟子たちが殺され、彼も白痴の娘を助けるためにロシア兵を殺害する。そこに現われたフェオファンの霊にルブリョフは罪を告白し、無言の行に入ると宣言する。飢饉が訪れ、白痴の娘はタタール兵にさらわれる。しかしルブリョフは無言の日々を過ごす。新しい大公は巨大な鐘を鋳造する職人を探すが、職人の村には飢饉や戦乱でボリスしか残っていない。彼は鐘造りの秘策を知っていると嘘をつく。そして試行錯誤の結果、鐘は完成したが、いい音色が出なければ彼は殺される。すべての人が固唾を飲む中、鐘は響き渡った。奇跡を起こしたボリスは虚脱し泥の中に倒れる。それをルブリョフが抱えて、ともに修道院に行こう、私は絵を描き、お前は鐘を造れと言葉を発する。それを聡明なタタールの婦人となった白痴の娘が見つめる。イコン画が映し出され、やがて川辺で天気雨に濡れる四頭の馬が映る。

［写真協力：公益財団法人川喜多記念映画文化財団］

アンドレイ・ルブリョフ

製作	モスフィルム
公開年	1966年製作／1971年公開（日本公開1974年）
上映時間	3時間2分
脚本	アンドレイ・タルコフスキー アンドレイ・ミハルコフ＝コンチャロフスキー
撮影	ワジーム・ユーソフ
音楽	ヴャチェスラフ・オフチンニコフ
出演	アナトーリー・ソロニーツィン（ルブリョフ） イワン・ラピコフ（キリル） ニコライ・グリニコ（ダニール） ニコライ・セルゲエフ（フェオファン） イルマ・タルコフスカヤ（ラウシュ）（白痴の娘） コーリャ・ブルリヤーエフ（ボリス） ユーリー・ナザーロフ（大公・弟公） ロラン・ブイコフ（旅芸人） ボロト・イシャレーネフ（タタール兵の長） ネリー・スネギナ（異教徒の娘） ソス・サルキシャン（キリスト） ニコライ・グラッベ（大公の側近） ニコライ・グラズコフ（熱気球の男）
受賞歴	1969年、第22回カンヌ国際映画祭・国際映画批評家連盟賞
物語	イコン画家のキリルとダニール、ルブリョフが旅の途中で雨宿りに寄った家畜小屋では、旅芸人が世相を批判する歌と踊りに興じていたが、キリルに密告されて兵士に捕まる。修道院に着くとキリルは画家の大家であるフェオファンに弟子入りを申し出る。しかし指名されたのはルブリョフだった。怒ったキリルは修道院を出ていく。 ルブリョフは何をどう描くべきか悩む。異教徒の祭に出会い、

と教えてくれる。

そしてまた出現したハリーをクリスは妻として迎え入れる。しかし彼女はやがて自分が本当のハリーではないことに気づき、液体酸素を飲んで自殺を図るが、彼女が死ぬことはない。スナウトは起きているときの脳波を送ればソラリスからのお客は来なくなると考えて、クリスの脳波が発信される。すると彼は熱病に罹り、目の前をハリーと彼女によく似た若い母親が行き来し、やがて母親と出会うが、しばらくしていなくなる。目覚めた彼はハリーがサルトリウスの機械で自分を分解させたことを知る。

お客が現われず、宇宙ステーションに静寂が満ちる。クリスとスナウトはここに残るかどうかや死とは何かについて話し合う。そしてクリスはいつしか地上に戻っていた。家の中には本の整理をしている父親がいて、天井からは水が滴り落ちている。クリスが父親の足元に跪《ひざまず》くと、視線が空に向かい雲が覆う。そしてその地上がソラリスの海に浮かぶ島だということが分かる。

［写真提供：ロシア文化フェスティバル］

作品紹介〔4〕

惑星ソラリス

製作	モスフィルム
公開年	1972年公開（日本公開1977年）
上映時間	2時間45分
原作	スタニスワフ・レム『ソラリス』
脚本	アンドレイ・タルコフスキー フリードリヒ・ガレンシュテイン
撮影	ワジーム・ユーソフ
音楽	エドゥアルド・アルテミエフ
出演	ドナタス・バニオニス（クリス・ケルヴィン） ナタリア・ボンダルチュク（ハリー） ユーリー・ヤールヴェト（スナウト） アナトーリー・ソロニーツィン（サルトリウス） ニコライ・グリニコ（クリスの父親） オリガ・バーネット（クリスの母親） ウラジスラフ・ドヴロジェツキー（バートン） ソス・サルキシャン（ギバリャン） タマーラ・オゴロドニコワ（クリスの伯母アンナ） オリガ・キジロワ（ギバリャンの客の少女） ゲオルギー・テイク（メッセンジャー教授）
受賞歴	1972年、第25回カンヌ国際映画祭・審査員特別賞ほか
物語	惑星ソラリスの周囲を回る宇宙ステーションへ出発するクリスは、最後の日を父親の家で過ごす。そこに父の友人でソラリスに行ったことのあるバートンがやって来て、彼らは意見を交わすが、クリスの安直な考えに怒ったバートンは帰ってしまう。父親はそんなクリスに苛立つ。 宇宙ステーションに到着した彼の前には、10年前に死んだ妻のハリーが現われ、驚いた彼はロケットに乗せて遠ざける。乗組員のスナウトは眠っているときの願望をソラリスが届けるのだ

現代に戻ると、前妻ナタリアが彼と息子イグナートの養育について話し合っている。しかし「作者」の姿が映ることはない。近くに住むスペイン人の家族が故国を懐かしむ姿は、遠い過去を思う「作者」に重なる。スペイン戦争など記録映像が流れると、部屋に一人でいる「作者」の息子イグナートの前に見知らぬ婦人が現われて、プーシキンの手紙を読むように言う。しかし祖母(「作者」の母)が訪ねてくると彼女は消えていた。そこに父親から電話がかかり、イグナートに女の子と付き合っているかと聞くと場面は少年の「作者」が12歳の頃の軍事教練の場となる。彼はそこを通りかかる赤毛の女の子に恋をしていた。戦争の映像が映り、丘に登る少年の友人の頭に小鳥が止まる。少年の「作者」と妹マリーナが口喧嘩をしていると、父が戦争から戻ってきて、子供たちがしがみつく。しかし母は冷たい目で迎える。また現代となって「作者」と前妻ナタリアが息子や彼女の恋人のことを話している。

過去の田舎の情景となり、12歳の「作者」は母と耳飾りを売りに出かける。居間で待つ彼は好きな女の子のことを思い出す。宝石を気に入った婦人から、夫を待つ間に鶏を殺すように頼まれた母は宝石を売らずに帰途につく。カーテンが揺れる暗い部屋に5歳の「作者」が大きな牛乳瓶を持って入っていく。

現代の場面となり姿の見えない「作者」がベッドに横たわり、医者は大切なものを失なったことで病に陥ったと話す。「作者」がベッドにいた小鳥を放すと、まだ彼が生まれていない頃の両親の脇を、老いた母親と5歳の頃の「作者」と妹が通り過ぎる。時代を隔てた彼らが懐かしい過去の村から去っていく。それは「作者」の記憶の病が癒えたことを意味する。

［写真協力：公益財団法人川喜多記念映画文化財団］

鏡

製作　モスフィルム

公開年　1975年公開（日本公開1980年）

上映時間　1時間50分

脚本　アレクサンドル・ミシャーリン
アンドレイ・タルコフスキー

撮影　ゲオルギー・レルベルグ

音楽　エドゥアルド・アルテミエフ

出演　マルガリータ・テレホワ（「作者」の若い頃の母・前妻）
オレグ・ヤンコフスキー（「作者」の父）
イグナート・ダニーリツェフ（12歳の「作者」・「作者」の息子イグナート）
ラリッサ・タルコフスカヤ（医者の夫人ペトローヴナ）
アナトーリー・ソロニーツィン（蕎麦畑を通る男）
ニコライ・グリニコ（印刷所の上司）
タマーラ・オゴロドニコワ（ビロードの服の女）
ユーリー・ナザーロフ（軍事教練の教官）
フィリップ・ヤンコフスキー（五歳の「作者」）
オリガ・キジロワ（赤毛の少女）
マリヤ・イワノヴナ（現在の「作者」の母）
アンドレイ・タルコフスキー（「作者」アレクセイ）
インノケンテイ・スモクトゥノーフスキー（「作者」の声）
アルセーニー・タルコフスキー（詩の朗読・父の声）

受賞歴　1980年、ダヴィド・ドナテッロ賞

物語　病気で眠っている「作者」アレクセイが夢に見ているのは、田舎暮らしをしていた５歳の頃、蕎麦畑で若い母親が通りすがりの男と話す情景や、納屋の炎上するところだった。そのとき現在の老いた母親からかつての同僚が死んだと電話がかかる。するとまた彼は若い母親が遭遇した印刷所での出来事の夢に入っていく。

するとストーカーは土塊が舞って地面が揺らぐ光景を幻視し、女の声で「ヨハネの黙示録」の一節を聴く。それに答えるように彼は「ルカの福音書」の一節を唱える。
やがて三人は肉挽《ひ》き器という通路を進み、砂に満たされた空間に出るが、そこで作家は井戸に大きな石を落として、自分は世界を作り直そうとしたが反対に自分が作り直されてしまったと嘆く。小屋にある電話で教授は知人に連絡を入れるが、内容はほかの二人には分からない。教授は望みが叶う部屋が悪人に使われることを危惧し爆弾で破壊する計画を立てていたのだ。しかし、教授の行動は自分が彼の妻と浮気をしたせいだと知人は言う。三人は望みが叶う部屋の前に立つが、作家は自分の本性など知りなくないと中に入らない。教授もストーカーの懇願によって爆破を諦める。三人がしゃがみ込むと雷鳴が響き、部屋の中にだけ激しい雨が降る。いつしか三人は集合場所の食堂に戻り、そこにストーカーの妻と娘が迎えに来る。家に帰ったストーカーは二人を愚弄し、妻はそれを慰める。障害を持つ娘がチュッチェフの詩を読み、彼女の眼差しはテーブルのコップを動かす。部屋にポプラの綿毛が舞い、列車の振動がテーブルを揺らし始める。

映像ソフト 『ストーカー』
発売・販売元：キングレコード
Blu-ray：4,800円＋税
DVD：3,800円＋税

作品紹介〔6〕

ストーカー

製作 モスフィルム

公開年 1979年公開（日本公開1981年）

上映時間 2時間43分

原作・脚本 アルカージー＆ボリス・ストルガツキー
『路傍のピクニック』（邦題『ストーカー』）・『願望機』

撮影 アレクサンドル・クニャジンスキー

音楽 エドゥアルド・アルテミエフ

詩 フョードル・チュッチェフ
アルセーニー・タルコフスキー

出演 アレクサンドル・カイダノフスキー（ストーカー）
アリーサ・フレインドリフ（ストーカーの妻）
アナトーリー・ソロニーツィン（作家）
ニコライ・グリニコ（教授）
ナターシャ・アブラモヴァ（ストーカーの娘）
ファイム・ジュルノ（作家が同伴した女）
E・コーステン（レストランの主人）
ライモ・ランディ（サイドカーの警官）
セルゲイ・ヤコブレフ（教授の電話先の男）

受賞歴 1981年、トリエステ国際映画祭批評家賞

物語 立ち入り禁止地区のゾーンには望みが叶う部屋があるという。ストーカーはそこに作家と教授を連れて行く。機銃掃射を受けながらも四輪駆動車に乗った三人は非常線のゲートを通り抜け、乗り換えた軌道車で緑豊かなゾーンに到着する。ストーカーはそこから白い帯を結び付けたナットを投げてその方向に歩き出す。それに業を煮やした作家は一人で行こうとするが、どこからか聞こえてきた声に驚いて戻ってくる。水が轟音を立てる乾燥室ではぐれた教授とその先で出会う。ストーカーはそれを危険の兆候と見て、泥濘を避けて三人は横たわり、休息をとる。

ゴルチャコフが宿に戻ると部屋にはシャワーを借りたという半裸のエウジェニアがいた。彼女は自分に関心を示さない彼に苛立ち口論になる。彼女を部屋から追い出した彼は鼻血を出し、また家族の幻影を見る。

酒に酔ったゴルチャコフはアルセーニー・タルコフスキーの詩を暗唱しながら、水に沈んだ寺院に入り、アンジェラという少女と話す。そしてうたた寝の中、夢を見る。荒涼とした街角で起き上がり、家具の鏡を見るとそこには自分ではなくドメニコがいる。やがて彼がサン・ガルガノ聖堂を歩き、天上の聖カタリナが彼に神を感じさせて欲しいと願うが、神は感じさせているが気づかないのだと言う。

ソビエトに帰る支度中のゴルチャコフにエウジェニアから電話が入る。ローマでドメニコが長い演説をしているが、彼はゴルチャコフが約束を果たしてくれたか気にしていると言う。それを聞いたゴルチャコフは温泉に戻る。ローマでは演説を終えたドメニコが焼身自殺を遂げる。お湯が抜かれた温泉をゴルチャコフは火を灯したロウソクを持って渡ろうとするが、火が風で消されてしまう。体調が悪化する中、やっと渡り終えた彼はそのまま崩れ落ちる。すると彼は懐かしい故郷の家の前にいて、その光景をサン・ガルガノ聖堂が包み込んでいく。

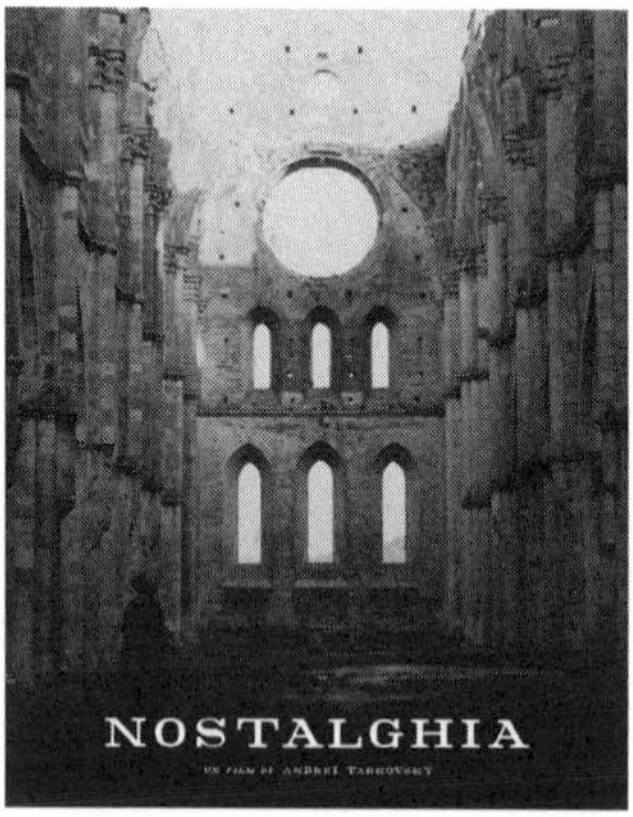

映像ソフト 『ノスタルジア』
発売・販売元：WOWOWプラス
Blu-ray：4,800円＋税
DVD：3,800円＋税

作品紹介〔7〕

ノスタルジア

製作	イタリア放送協会(RAI)レーテ2、オペラフィルム
協力	ソヴィンフィルム
公開年	1983年公開(日本公開1984年)
上映時間	2時間6分
脚本	アンドレイ・タルコフスキー トニーノ・グエッラ
撮影	ジュゼッペ・ランチ
音楽監修	ジーノ・ペグリ
出演	オレーグ・ヤンコフスキー(ゴルチャコフ) エルランド・ヨセフソン(ドメニコ) ドミツィアナ・ジョルダーノ(エウジェニア) パトリツィア・テレーノ(ゴルチャコフの妻) デリア・ボッカルド(ドメニコの妻) ミレナ・ヴコティッチ(温泉の掃除婦) ラウラ・デ・マルキ(入浴中の女)
受賞歴	1983年、第36回カンヌ映画祭・創造大賞ほか
物語	ソビエトの作家ゴルチャコフは、ロシアからイタリアに渡った18世紀の作曲家サスノフスキーの痕跡を辿るため、通訳のエウジェニアとトスカーナを旅していた。「出産の聖母」がある礼拝堂に着くが彼は中に入ろうとしない。彼はホテルのロビーで故郷の家族の幻影を見る。 翌朝、シエナの温泉周辺を犬とともに散歩するドメニコを、温泉客は世界の終わりから家族を守るために長い年月部屋に閉じ込めた狂人だと言う。ゴルチャコフは彼に関心を持ち、エウジェニアと家を訪ねる。しかしエウジェニアとの会話は成り立たず、彼女は帰ってしまう。ドメニコからゴルチャコフにロウソクが渡され、火を灯して温泉を渡って欲しいと頼まれる。

るヴィクトルから贈られたイコン画集を眺めている。妻のアデライーダは夫が俳優の名声を棄てて引退してしまったことを嘆き、ヴィクトルと浮気をしていた。やがてオットーがアレクサンデルへの贈り物であるヨーロッパの古地図を自転車に載せてやって来る。彼が蒐集した不思議な物語を披露してしばらくすると、家が振動して上空に何かが飛び交う音が聴こえる。しかし外にいたアレクサンデルはなぜかそれには気づかないまま、地面に置かれた家のミニチュアを見つける。召使いのマリアはそれが彼の息子の作った贈り物だと話す。これでイコン画集と古地図、それに家のミニチュアという三つの贈り物が揃う。

テレビでは核戦争が始まったことを告げている。妻は激しく動揺し、やがて電気や電話が停まる。アレクサンデルは神にすべての関係を断つので人々を救って欲しいと祈ると、オットーはマリアと寝れば願いは叶うと話す。彼はマリアの家へ向かい、救って欲しいと彼女に懇願する。すると彼女は妻の関係に苦悩していると誤解して抱きしめる。そして彼は人々が逃げ惑う幻影を見る。

翌朝、彼がソファで起きると、部屋には電気が通っている。戦争は消え去っていた。そして彼は神との約束を果たすために家に火を着ける。彼は家族から逃れるように泥濘を走り回り、救急車に乗って去っていく。彼の息子は水の入ったバケツを持って松の枯れ木に向かう。すると木は光に包まれていく。

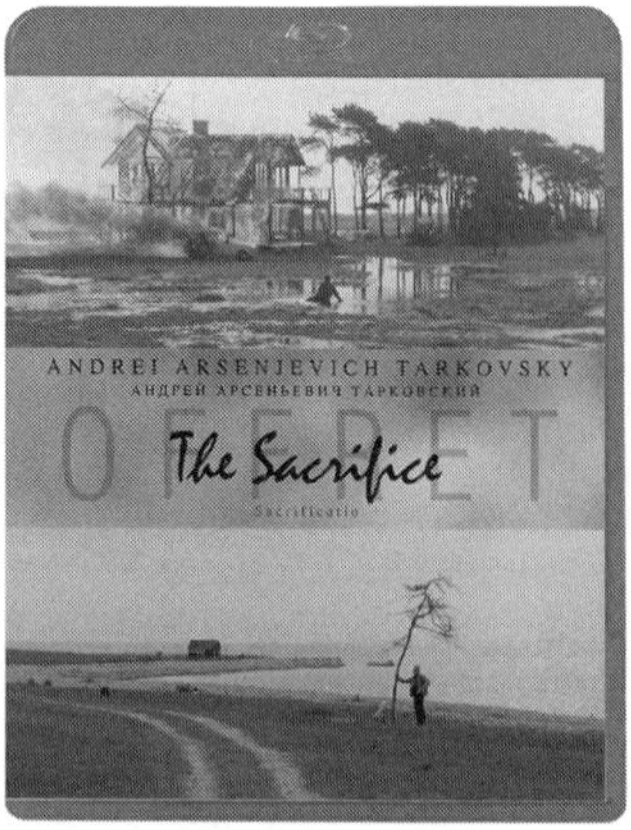

映像ソフト『サクリファイス』
発売・販売元：キングレコード
Blu-ray：¥2,500＋税
DVD：¥1,900＋税

作品紹介〔8〕

サクリファイス

製作　スウェーデン・フィルム・インスティテュート
アルゴス・フィルム

協力　フィルム・フォア・インターナショナル

公開年　1986年公開（日本公開1987年）

上映時間　2時間29分

脚本　アンドレイ・タルコフスキー

撮影　スヴェン・ニクヴィスト

出演　エルランド・ヨセフソン（アレクサンデル）
スーザン・フリートウッド（妻アデライーダ）
アラン・エドヴァル（オットー）
ウドラン・イスラドッティ（マリア）
スヴェン・ヴォルテル（ヴィクトル）
フィリッパ・フランセン（マルタ）
ヴァリレー・メレッス（ユリア）
トミー・チェルクヴィスト（息子）
トミー・ノダール（救急車の看護人）
ペール・カルマン（救急車の看護人）

受賞歴　1986年、第39回カンヌ国際映画祭・審査員特別大賞ほか

物語　アレクサンデルは松の枯れ木を植えながら、高僧が植えた枯れ木に弟子が毎日苦労して水を運んでいると三年後に花を咲かせたという話を、手術で声が出せない息子に語っている。そこに郵便配達のオットーが誕生祝いの電報を届けに来て、とりとめのない話をして帰っていく。アレクサンデルは息子に文明に対する危機感や死の恐怖について語り続ける。そんな話に飽きたのか姿を消した息子は、それに慌てたアレクサンデルに突き飛ばされ鼻血を出す。そんな息子を見てアレクサンデルは気絶し荒涼とした街を見る。

やがて彼は何事もなかったように、友人で息子の主治医でもあ

『サクリファイス』撮影中のアンドレイ・タルコフスキー

［©Mary Evansamanaimages］

「観客が、他人の経験を求めるのは、
自分が失ったりとり逃がしたものの一部をとり戻したいからである。
いわば『失われた時をもとめて』、観客ばやってくるのだ。
そしてこのとき、観客が新たに見出す経験がどれほど真に人間的なものになりえるかは、
もっぱら映画作家によって決まるのである。
それはなんという大きな責任ではないか！」
（『映像のポエジア——刻印された時間』より）

第一章　物語の深淵——隠された意図

序　パステルナークの予言

一九三二年の四月にロシアのヴォルガ川流域イワノヴォ州ザブラジェ村で生まれた男は、映画監督として一本の中編映画と七本の長編映画を撮り、小説や脚本、映画論を書き、ラジオドラマを制作し、舞台演出や講演、授業を行ない、そして数多くの具現化されなかった脚本や構想を残して、一九八六年の一二月にフランスのパリでこの世を去った。彼の名はアンドレイ・アルセーニエヴィチ・タルコフスキー。五四歳という早すぎる死だった。彼が残した計八本の劇映画は以下の通りである。

『ローラーとバイオリン』（一九六一年）〔中編〕
『僕の村は戦場だった』（一九六二年）〔長編〕
『アンドレイ・ルブリョフ』（一九六六年）〔長編〕
『惑星ソラリス』（一九七二年）〔長編〕
『鏡』（一九七五年）〔長編〕
『ストーカー』（一九七九年）〔長編〕
『ノスタルジア』（一九八三年）〔長編〕

『サクリファイス』(一九八六年)[長編]

この八本という数にタルコフスキーの心は捉われていた。『惑星ソラリス』を完成させて、『鏡』に取り組んでいた頃である一九七三年二月一六日の日記に彼は、「……ある降霊会におけるパステルナークとの(あるいはむしろ彼の魂との)対話について、この日記に書いただろうか。怠け者なので調べる気がしない。今後私は何本映画を撮るかという質問に、彼は四本と答えた。『そんなに少ないのか!』と私は叫んだ。そのかわり非常に優れた映画を撮る、と彼は言った。その四本中、一本を今撮り終えた。これが優れた映画と言えるかどうかはわからない。いずれにせよ私は彼が好きだ」[*04]と記している。

パステルナークの霊の予言が的中する原因として彼が想定したのは映画が撮れなくなるという、いわば映画作家としての死だった。彼の映画製作は終生を通じて困難を極め、それは西側に亡命した後も変わらなかったのである。癌を発症するまで、彼は自身の死によってその予言が的中することになるとは思っていなかった。死の瀬戸際まで書き続けた日記に何度か記しているように、彼は降霊会の記憶を生涯持ち続けた。例えば癌が見つかった頃の一九八五年一二月二一日の日記には、「日増しに具合が悪くなる。どうする、ラーラ、あの時ボリス・レオニードヴィチ・パステルナークの言ったことが当たっていたら?(略)私が全部で七本の映画を撮ると予言したあの時、彼は『ローラーとバイオリン』も勘定に入れた。あれは数えるべきではないのに。だが結果として、彼は間違ってはいなかった」[*05]と書かれている。ラーラとは彼の妻ラリッサのことである。

ボリス・パステルナークは二〇世紀を代表するロシアの詩人だが、その人生はタルコフスキーと同様に政治との軋轢《あつれき》の中にあった。小説『ドクトル・ジバゴ』の作者として知られる彼は、ソビエト国内ではまず詩人であり翻訳家として有名だった。一八九〇年にモスクワで生まれ、一九一二年にドイツの大学を卒業し、一九一四年に処女詩集を刊行。その創作活動は、ほぼ社会主義ソビエトに包摂される。スターリン批判の翌一九五七年には、発表する予定のなかった長編小説『ドクトル・ジバゴ』がイタリアで刊行され、翌年のノーベル文学賞に推挙される。しかし彼はそれを辞退し、二年後の一九六〇年にこの世を去っている。国民がこの小説を読めるようになったのは彼の死から二八年後の一九八八年である。

モスクワで死んだパステルナークは、イタリアでの出版をめぐって人生の終わりに大きな困難を迎えるが、タルコフスキーも人生の終焉間際、イタリアで映画を製作したのち亡命宣言という不可逆な選択をすることになる。二人とも人生の終盤にイタリアがかかわってくるというのは偶然だが、この二人の芸術家が全く無関係だったかと言えばそうではない。アンドレイ・タルコフスキーの父アルセーニーも詩人であり、晩年のパステルナークと親交を持っていたからである。

一九〇七年生まれの父アルセーニーは、詩人としてはパステルナークよりも不遇だった。わずかな詩編を雑誌やアンソロジーに発表しただけで、最初の詩集は発行直前に頓挫してしまい、一九六二年に刊行された『雪が降るまえに』が処女詩集となる。[*06]その間、彼はソビエト各地の文学作品を、現地でロシア語に翻訳する仕事に就いている。アルセーニーは一九三七年に五歳のアンドレイ・タルコフスキーと三歳の妹マリーナ、そして妻マリヤ[*07]を残して家族の元を去ったが、この出来事はタルコフスキーの心に大きな傷を残すことになる。しかし父はその後も子供たちと交流を続ける。タルコフスキーはこの父の影響からパステルナークに関心を持ったのだろう。

パステルナークの霊が伝えたという映画の本数はタルコフスキーの日記では曖昧だが、結果としてタルコフスキーは七本の長編と一本の中編の都合八本の作品を一九六〇年から一九八六年までの四半世紀に製作している。タルコフスキーの国際的な名声と評価に較べて、八本という数字はあまりにも少ない。彼の日記にはそれをはるかに上回る構想が記されていた。自身でも幾度となく嘆いている通り、環境さえ整えばもっと多くの映画を作ることができただろう。しかし逆に、タルコフスキーはソビエトで生まれたからこそ、八本の作品を残せたとも言える。繊細で鋭敏な彼の感性は、その地でしか開花できなかったのではないかとさえ思える。ともあれ彼は、パステルナークの霊の予言通り、素晴らしい映画を撮った。たとえ予言がなくても、常に製作中の映画が最後の作品となるかもしれないという緊迫した状況に彼はいた。しかしこの予言はまた彼の支えになったとも言えるだろう。数は少ないが優れた映画を作る、彼はそう自分に言い聞かせていたはずである。

〔1〕光と水の寓話——『ローラーとバイオリン』

凡庸な非凡さ

タルコフスキーが最初に触れ合った芸術は音楽だった。一九三九年に七歳で学校に入学すると、彼は音楽学校にも通い始めたが、ピアノを買えずに諦めざるを得なくなる。*08 そして以前から絵画に興味を持っていたことから一九四七年に美術学校に入るが、その年に結核を患い入院する。しかし入院した病院で子供劇団を結成し、退院後も学校で演劇活動を続けることになる。一九五一年の東洋言語単科大学アラブ語学科への入学は、父親が各地の文学をロシア語に翻訳していたことが影響したのかもしれない。だが語学に関心を持ち得なかったタルコフスキーは、やがて当時スチリャーガと呼ばれた不良青年たちの仲間となり、五三年には大学を中退する。そのことを心配した母親は無理やりシベリアの地質調査隊に入隊させるが、その体験は彼に大きな影響を与えることになる。

そして翌一九五四年、タルコフスキーは全ソビエト国立映画大学の監督科に入学するのだが、すでに彼は幼い頃から映像製作に必要な素養である音楽、絵画、演劇に接し、さらにインスピレーションを与えた大自然と触れ合う機会を得ていたことになる。映画大学ではミハイル・ロンム監督に師事し、習作として短編映画『殺人者』*09を監督している。物語の舞台はアメリカの禁酒法時代。あるレストランに常連客の男を殺すため二人の殺人者がやって来る。しかしいくら待っても男は来店せず、殺人者たちは諦めて帰っていく。殺人者に狙われた男の居場所を知っていた店員はそれを知らせに走るが、男はすべてを諦めたように逃げようとはしない。原作はヘミングウェイが一九二七年に書いた同名の短編小説である。タルコフスキーはアメリカの短波放送を聴いて覚えたジャズのスタンダードナンバー「バードランドの子守唄」を口笛で吹きながら、一人の客として出演している。この作品は原作に沿って製作されているが、殺人者をKGBの関係者と見ることも可能だろう。映画版は社会の閉塞感を際立たせ、また当時のソビエト映画では禁じられていた音楽を口笛とはいえ挿入させたことは冒険であった。

『ローラーとバイオリン』　バイオリン教室に通う少年サーシャとロードローラー運転士の青年セルゲイの出会いと別れの物語。音楽学校に通っていた幼い頃、父親的な存在を強く欲していたタルコフスキーの心情が反映している。
［写真提供：ロシア文化フェスティバル］

さらに妹マリーナの夫アレクサンドル・ゴードンと共同でドラマ『今日の外出許可は出ない』の製作や、アンドレイ・コンチャロフスキーとともに『南極大陸は遠い国』の脚本作りをしたのち、一九六〇年に同じくコンチャロフスキーと共同脚本の卒業制作中編映画『ローラーとバイオリン』（四六分）を監督する。卒業制作は通常二〇分ほどの短編だったが、彼には倍の時間が与えられ、翌年のニューヨーク国際学生映画コンクールで第一位を受賞する。ここから彼の短い栄光の時間が始まるのである。

この『ローラーとバイオリン』では、中流家庭のバイオリン教室に通う七歳の少年サーシャと、ロードローラーを運転する若き労働者セルゲイの交流と別れが描かれている。当時のソビエトではこのような通俗的な物語が映画製作上の方便となったのだろう。映画大学の卒業は映画監督としての地位を保障するものではなく、卒業制作が唯一の作品となる可能性さえあった。彼は今後のために、このような凡庸な型枠に自身の技量と思いを忍び込ませたのだが、その手法は以降の作品に引き継がれていく。

共同脚本のコンチャロフスキーは、『ローラーとバイオリン』が色と光の演出が特徴的なフランスのアルベール・ラモリス監督の短編映画『赤い風船』に影響を受けていると言う。[*10] サーシャが音楽教室に向かうときの風船は『赤い風船』へのオマージュだろう。この作品もその色と光の演出に着目しながら見ていくことにする。

物語の概略

タルコフスキーの幼い日々を再現するように、バイオリンのケースを持った少年サーシャが、アパートの廊下に現われるところから映画は始まる。壁は彼のセーターと同じように青く、シャツも淡い青で、外で作業中の赤いロードローラーに乗る運転手のセルゲイも、同じ色調の青い作業着と赤いシャツを着ている。パステル調の色合いは当時のヨーロッパ映画を彷彿させる。サーシャは近所の子供たちを避けようとするが捕まってしまい、彼らの悪ふざけでバイオリンケースの把手が壊れる。そんな彼らをセルゲイが諫《いさ》める。

サーシャがバイオリン教室へと向かう川辺には、青と赤のコートの女性が二人立ち、道端には赤旗が立てかけられ、たくさんの風船を持った女性が通り過ぎ、白い看板が吊り上げられるなど鮮やかな色彩が連続して現われる。サーシャが見入るショーウインドウの鏡に映る風景が分割されて、トロリーバスや袋から飛び出すりんご、水路に浮かぶオモチャの赤い帆船などが映り込む。しかし大きな時計と飛び立つ鳩が映ることで彼は音楽教室を思い出す。

音楽教室の廊下には光が射し込み、壁はアパートと同じ青色に塗られている。彼が教室の前で待っていると、髪に白いリボンを結ったピンク色のドレスの少女がやって来る。彼は「こんにちは」とだけ言うと、ポケットの黄色いりんごを弄《もてあそ》ぶ。そしてりんごを彼女の前に置く。

サーシャがバイオリンを弾くと教室に不規則な光が広がり、やがてピントが合うとそれが水差しだと分かる。教師は何度も演奏をやり直させ、教室が暗くなっていく。彼の演奏はメトロノームに合わず、叱られたサーシャは泣きべそ顔となっていく。彼を待っていた少女の視線には気づかない。椅子には彼女が齧ったりんごの芯が残されている。こうして幼いラブアフェアは始まらないままに頓挫する。

サーシャがアパートに戻ると、近くで黄色と赤のロードローラーがまだ動いている。サーシャはセルゲイの修理を手伝い、ローラーの運転を教わる。それは彼が初めて労働に触れる瞬間だった。それを羨ましく思う子供が、小さな鏡で光を当てる。

サーシャはセルゲイに昼食に誘われる。道すがら小さな子供をいじめている男の子と出会うと、サーシャはネクタイを取って立ち向かうが、逆に泣かされてしまう。それをセルゲイは微笑みながら眺め、泣いた顔を洗うように言う。セルゲイの仲間たちはサーシャを「立派な労働者だ」と言うが、セルゲイは「いや音楽家だ」と返す。それを聞いて普段から「音楽家」とからかわれていたサーシャは怒ってセルゲイからもらったパンを投げ捨ててしまう。するとセルゲイは「パンは木になってはいない。パンはバイオリンと一緒だ」と諭し、指をしゃぶる彼の癖を咎《とが》める。やがて気持ちが通じ合った二人が、濡れて輝く小道を笑いながら歩いていく。

突然雷鳴が響き、窓ガラスが揺れて光を反射させる。大勢の人に混じって建物の解体現場を見ていた二人が驟雨《しゅうう》に打たれる。溶接の火花が飛び散り重い鉄球が宙に踊る。人々は雨に逃げ惑い、セルゲイはサーシャを見失うがすぐに探し当てる。やがて陽射しが戻ると、崩れ去る古い建物の向こう側に巨大なスターリン様式の建物（外務省ビル）が現われる。濡れて光る路面をサーシャが駆け寄ると、セルゲイは彼を抱えて水たまりを跨いでいく。

資材置場で昼食をとる二人の顔に水たまりから反射した光が揺れている。サーシャは病気になると母親から禁止されていた牛乳を飲み、セルゲイの煙草の習慣を質《ただ》す。そこにサーシャの自我の萌芽がある。バイオリンケースを直してくれたお礼に、サーシャがバイオリンの説明を始めると、セルゲイの瞳に光が灯る。演奏するサーシャと、それを聴くセルゲイ。それは幼い芸術家が最初の聴き手を得た瞬間である。セルゲイを慕う赤いスカーフの女がそれを見ている。水たまりに波紋が広がる。映画を見る約束をして別れる二人が水たまりに映り、ローラーの車輪が動き出す。バイオリンの旋律とローラーの作業が重なり、今後の展開の前触れのようにスカーフの女がそこに映り込む。

自宅でサーシャが赤いシャツに着替えていると、グレーの服に黒い帽子を被った母親が帰って来て、サーシャの手の汚れを見て彼の変化に気づく。手の汚れを母親から咎められたサーシャは、汚れは油なので取ることはできないと言う。弱々しい自立の宣言である。母親はセルゲイを家に呼ぼうと言うが、サーシャは来ないと主張する。鏡に映るだけとなった母親は、彼が映画に行くことを許さない。部屋に鍵がかけられ、彼の自立は封じ込められる。彼は五線譜に赤い字で「僕のせいじゃない、ママが許さないんだ。サーシャ」と書き、紙ヒコーキにしてセルゲイに向けて飛ばすが届かない。そこに偶然を装ったスカーフの女が現われて二人は開演の鐘が鳴る映画館に入っていく。

サーシャは鏡に映る自分を見つめ、口に指を運ぶ。そして場面は幻影となる。視線が階段を飛び、サーシャが水に濡れた路面を走るセルゲイのロードローラーに駆け寄る。セルゲイは彼を抱えて乗り込ませる。鳩が飛び立ち、ローラーはさらに先へ進む。

悲劇の予兆

タルコフスキーは入念にこの作品を組み立てている。枠組みとしてまずは幼い「芸術家」と若い「労働者」の出会いと別れを設定し、その中に少年の成長と挫折の物語を挿入している。さらに第四章で見るように戦争の記憶という世代間の認識の違いを加えて、卒業制作作品として許容される型枠が完成する。この枠の中でタルコフスキーは繊細な技法を用いて物語を動かしていく。例えばその独特の色合いや光や水の演出は心理描写として機能している。また、のちの作品でモチーフとなる鏡やりんご、雨と雷鳴、光の反射、手の汚れなどが早くも登場している。その一方で、古い建物が重機で破壊され、その背後からスターリン様式の建物が現われる演出は、若い芸術家の表現としては陳腐に感じられる。しかしあえてそうしたのはゴスキノ（ソ連邦国家映画委員会）の検閲への「保険」の一つだと思われる。タルコフスキーが本当に描きたかったのは、建造物の威容ではなく、雨の中の火花を散らせる解体作業の美しさだったはずである。

表現で際立つのは雨上がりの水たまりの演出である。水滴が水たまりに何度も落ちて音を立て、波紋を広げる。そこにセルゲイの赤いロードローラーが映り込む。サーシャが彼の喫煙を咎めるとその瞬間に水滴が垂れ、サーシャのバイオリンの音が流れた瞬間にも水滴が落ちて波紋が広がる。さらに演奏を始めるときも波紋が生じるが、これはセルゲイに恋するスカーフの女性が小石を投げ入れたからである。サーシャとセルゲイが映画を観る約束をしたとき、木が映る水たまりに水滴が落ちて波紋が広がるのは、その女性の嫉妬のためである。

サーシャはセルゲイにバイオリンを聴かせたことで、演奏の喜びを得る。その顔は教師の前と異なり自信に満ちている。ロードローラーの運転を任された体験も影響しているのだろう。バイオリンが共鳴する場所を探し、声を反響させて弦をつま弾き、口笛を吹いてから演奏するサーシャの姿は屹然としている。セルゲイもバイオリンの音を通して別の世界を知る。弱いサーシャを庇護したいだけの気持ちが、その感性に触れたことで芸術への敬意に変化する。しかしそんな二人の心情はサーシャの母とセルゲイを慕う若い女性によって遮断される。最後にセルゲイがサーシャを探して振り返る姿は、父性と芸術を求める心情を表わしている。

タルコフスキーはこの映画で自分の芸術家としての未来を、サーシャの演奏に重ねているのだろう。また、セルゲイが象徴するのは、自分の作品に接する未来の観客ではないだろうか。彼らに向けてキャリアの開始を宣言したのがこの『ローラーとバイオリン』なのである。最後に映画館の開演を告げる鐘が鳴る。そこから始まるサーシャの幻影は、まだ存在しないタルコフスキーの映画の予告編なのである。

この作品に影響を与えた『赤い風船』は、少年と風船の友情を描くファンタジーである。少年はいつも寝間着のような服を着ていて、両親は登場せず、最後には数多くの風船とともに空に昇っていく。その赤い風船は、死期が迫った少年を天国へと誘う天使の役割を担っていたのかもしれない。その結末にサーシャの幻影を重ねれば、『ローラーとバイオリン』の結末は幻視の光景ではなく、五線譜の紙ヒコーキによって示唆される死への旅立ちの情景と言えるだろう。のちにタルコフスキーは主人公が死に辿り着く作品をいくつか手がけることになる。

〔2〕楽園への越境──『僕の村は戦場だった』

夢を実現させた夢

『ローラーとバイオリン』が受賞した学生映画コンクール第一位という栄誉は、必ずしもタルコフスキーに未来を約束するものではなかったが、大学を卒業した一九六一年の秋に突然、目の前の扉が開く。彼は『僕の村は戦場だった』の代役監督の座を射止めたのである。この最初の長編映画は翌六二年に完成する。原作は第二次世界大戦を舞台にしたウラジーミル・オシッポヴィチ・ボゴモロフの中編小説「イワン」[*11]（一九五七年）だが、当初の監督エドゥアルド・アバーロフはその悲惨な結末──主人公のイワンという少年の死──に苦慮して脚本を書き直していた。それがモスフィルムで問題となり、製作が中断されていたのである。それを知ったミハイル・ロンムはタルコフスキーに「脚本を書き直してみないか」と連絡を入れる。時間は限られていたので、彼は既存の脚本を参考にせず原作小説を読み込み、数日後にロンムに電話をかけて「イワンが夢を見るんです」と言った。

彼は原作にない夢の場面を加えることで、主人公の少年の死を芸術に昇華させ、代用監督の地位を得たのである。その際に彼は題名を『イワンの少年時代』に改めている。そこに主人公イワンの生涯が少年時代で終わったことへの皮肉が込められたのだろう。イワンは極めて一般的な名前である。彼を演じたのは、この作品の共同脚本家で出演もしているアンドレイ・コンチャロフスキーが撮った卒業制作短編映画『鳩と少年』で主役を務めたコーリヤ・ブルリヤーエフだが、彼は『アンドレイ・ルブリョフ』でもボリス役を演じている。脚本はタルコフスキーとコンチャロフスキーによって全面的に書き直されたが、クレジットには当初の脚本家ボゴモロフとミハイル・パパワの名が記されている。

『僕の村は戦場だった』 蜘蛛の巣が張った松の木の向こう側に、主人公イワンの顔が見える。これがタルコフスキーの長編第一作のオープニングである。この松の木と少年の組み合わせは、彼の最後の作品である『サクリファイス』のラストシーンで繰り返される。 ［写真協力：公益財団法人川喜多記念映画文化財団］

物語の概略

映画はイワンの夢から始まる。陽光の中、松の木の向こうに上半身裸で半ズボン姿の少年が現われ、森を走り抜けて自然と戯れる。彼は横顔のまま不思議な上昇をして、その視線の先のバケツを下げた母親が歩く光景を映して下降する。少年は彼女に駆け寄りバケツの水を飲む。すると金属が軋《きし》む音がして場面が変わり、彼は風車小屋で目覚める。少年を起こしたのは風に軋む扉の音だった。ボロを着てやつれた顔のイワンが小屋を出る。焼野原の大地を歩み、夜を待って暗い川を静かに渡ろう

『僕の村は戦場だった』　イワンはドイツ軍占領地の斥候を終えて、泥だらけのまま暗号として持ち帰った木の実などで敵の陣容を報告書にまとめる。植物に強い関心を持つ作者ならではの演出だろう。

［写真協力：公益財団法人川喜多記念映画文化財団］

とする。ここでタイトルロールが流れる。

場面はソビエト軍の宿営地に変わり、部屋で眠っていたガリツェフ中尉は、怪しい少年を捕まえたという声に起こされる。捕えられた少年は中尉の質問に答えずに、ただ司令部への連絡を訴えるので、やむを得ず電話を入れると、司令官のグリヤズノフ中佐は少年が書いたものを届けるようにと中尉に言う。少年は木の葉や実を袋から取り出して暗号書類を書き、それが終わるとすぐに眠りに落ちて夢を見る。彼の指から水滴が垂れて、井戸の底から見上げると彼自身とその母親が井戸の底を覗いている。母親は昼間でも井戸の底には星が見えると言う。少年は井戸の底で光る球を掴もうとするが、銃声がして釣瓶が落ち、母親は井戸のそばに倒れる。

少年が夢から覚めると迎えのホーリン大尉がやって来る。少年は彼に抱きつく。このとき少年の名が「イワン」だと分かる。彼は偵察のために対岸のドイツ軍占領地に潜入していたが、カタソーノフ曹長との帰還時の合流場所にドイツ兵がいて近づけなかったため、ひとりで川を渡りソビエト軍の宿営地まで戻ってきたのだ。イワンの任務を知っているのは、ホーリン大尉とグリヤズノフ中佐、そしてカタソーノフ曹長だけだった。指令部ではグリヤズノフ中佐がイワンの情報をもとに命令を変更している。カタソーノフはイワンの無事を知って安堵する。中佐たちはこの後イワンを戦場から安全な幼年学校に送るつもりだったが、それを知った彼は逃げ出し、辿り着いた焼け跡で妻が殺されたと言いながら彼女の帰りを待っている不思議な老人と出会う。そこに中佐たちの車が到着する。イワンが老人のためにパンと缶詰を井戸に置くと、老人はいつになったら戦争は終わるのか、とつぶやいてイワンたちを見送る。

『僕の村は戦場だった』 ホーリン大尉は看護中尉のマーシャを白樺の森に誘い出し、塹壕を飛び越えるときに彼女を抱かかえて唇を重ねる。彼のキャラクターに作者は父親のそれを表現したのかもしれない。
［写真協力：公益財団法人川喜多記念映画文化財団］

一方のガリツェフ中尉は看護中尉のマーシャを叱責している。言葉は厳しいがまなざしは優しい。それを見てホーリン大尉が笑う。後日マーシャとホーリンは森に出かけ、塹壕を越えるときに唇を重ねる。彼女は茫然とするがときめきを隠せない。やがてガリツェフがやって来るのを感じたホーリンが彼女を遠ざけるが、彼女の気持ちはすでにホーリンのものだった。彼らが宿営地に戻ると、カタソーノフが対岸のドイツ軍の様子を窺っている。ホーリンは偵察のためにガリツェフの部隊の小舟が欲しいと言う。ガリツェフはイワンを再び偵察に出すことに反対するが、話はマーシャのことに及ぶ。そんな中、カタソーノフがガリツェフの蓄音機を直してレコードを聴きたいと言い出す。

皆は部屋に戻り、ガリツェフはイワンにデューラーの画集を見せる。「ヨハネの黙示録」の世界が描かれたその絵を見て、イワンはこの光景を戦場で見たと言う。そしてガリツェフのナイフを欲しがる。それを聞いていたカタソーノフは別のナイフを探し出すと約束して、直った蓄音機でレコードの冒頭だけを聴き、残りは後でと言ってガリツェフたちと出ていく。その三人が小舟を点検しながらイワンのことを話し合う。ガリツェフは後方に送るべきだと主張するが、ホーリンとカタソーノフは敵への復讐心だけしか頭にないイワンを学校に入れるのは無理だと言う。

部屋に残ったイワンは小さな鐘を天井に吊り上げて、ガリツェフから借りたナイフを手に暗闇に敵の襲来を幻視する。懐中電灯が壁を照らすと、そこには〈僕たち八人は一九歳以下の少年で、一時間後には処刑される〉と刻まれていた。この言葉に反応したように、イワンは部屋を駆け回り、机を倒し吊るした鐘を連打し、掛けられた軍服に罵声を浴びせて泣き崩れる。それと同時に敵の砲撃が始まり天井の一部が崩れ落ちる。ガリツェフが心配して部屋に戻ると、イワンは土煙の中に立ち、「怖くなんてない」と言う。そこにホーリンが神妙な顔で部屋に帰って来て、カタソーノフは急な用事で出て行ったと告げ、偵察には彼の代わりにガリツェフが加わることになる。

うたた寝をしているイワンがまた夢を見る。雨が降り雷が鳴る中、りんごを満載したトラックが森の中を走る。荷台に自分と妹が乗っている。彼がりんごを妹に差し出すが彼女は受け取ろうとしない。トラックは水辺を走り、りんごが荷台から落ちていく。それを馬たちが齧《かじ》る。ホーリン大尉の声でイワンは夢から覚め、三人は偵察の準備を始める。そして岸に向かう途中、ガリツェフ中尉は流れ弾で死んだカタソーノフ曹長の死体を見つける。そのことをホーリンはイワンに伏せていたのだ。三人は小舟で川へ漕ぎ出し、ドイツ軍が占領している向こう岸に着くとイワンは偵察のためにさらに先へ向かう。残った二人はドイツ兵の偵察隊をやり過ごし、晒されていた二人のソビエト軍兵士の死体を回収して陣地へと戻る。帰還した二人はイワンのことが心配でならない。死んだカタソーノフが楽しみにしていたレコードをかけると、マーシャが後方に転属するために別れの挨拶に来る。ホーリンはあたりが静かだと言い、イワンが吊るした鐘を鳴らそうとするが、なぜか椅子を激しく床に投げつける。すると鐘の音が聞こえてくる。勝利に喜ぶ兵士たちと群衆、廃墟となったベルリン市街、そしてゲッペルスとその家族の焼死体や軍幹部の死体が映る。

ベルリンのドイツ軍司令部を占領したソビエト軍の兵士たちが記録文書を整理している。これが最後の戦争なのだろうかと、すでに戦死したホーリン大尉に向けてガリツェフ中尉がつぶやく。やがて彼はイワンの写真が貼られた処刑報告書を見つける。すると画面は明るくなり、冒頭の自然と戯れる夢を繰り返すように、上半身裸のイワンが川岸を歩く母親に近づき、バケツの水を飲む。そして数人の子供たちが円陣を作り、かくれんぼを始める。鬼となったイワンは木の陰に妹を見つける。逃げる彼女をイワンが追いかけて、追い抜いた後も走り続ける。やがて彼は一本の黒い枯れ木に手を伸ばし映画が終わる。

四つの夢

原作との関係から本作の構成を、［一］原作に新しく加えられた場面、［二］原作の流れに加えられた

『僕の村は戦場だった』　イワンは森の木々と戯れるように空中に浮かび上がる。作者の演出手法の一つである浮遊が、早くもここで登場している。イワンはこの後母親を見つけて下降する。　［写真協力：公益財団法人川喜多記念映画文化財団］

場面、そして［三］原作に沿った場面の三つに分類する。［二］と［三］を厳密に分けることは難しいが、［二］は前後とは独立した場面に限定した。［一］はタルコフスキーが作り出したイワンの四つの夢の場面が主であり、それらをここでは「森の夢」「井戸の夢」「りんごの夢」「かくれんぼの夢」と呼び、一部繰り返しになるがその内容を確認する。

最初の「森の夢」は、映画の冒頭から始まる。丘の上の松の若木に蜘蛛の巣が張り、その向こうに少年イワンの顔が見える。画面はまばゆいばかりに輝き、彼の顔は幼く、肌は若さに満ちている。自然は心地よく、現実の風景であることを疑わせる。彼はカッコウの鳴き声に誘われて木から離れる。すると視線は松の木の幹を辿るように上昇していき、木の向こう側に丘を下る半ズボン姿のイワン、さらにその先に大河が見える。一瞬、白い山羊の顔が映り、彼は驚いたかのように森へと走り出す。これは「贖罪の山羊」[*12]なのかもしれない。シナリオでは黒山羊となっている。そして野原を飛ぶ蝶が映る。山羊が死を表わすならば蝶は人間の魂復活の象徴である。[*13]イワンが立ち止まってそれを見つめると身体が蝶のように浮かび上がる。彼は笑い声を上げるが、木々の高さになると視界は下降し、バケツを持って歩く母親の姿と河岸の井戸が見える。

やがてイワンは木の根と土がむき出しになった崖の前にいる。ここと似た場所でのちにソビエト兵の死体が晒される。陽の光が射し込むと彼は母親に駆け寄りバケツの水を飲み、微笑む母親を見上げる。しかし腕で汗を拭う瞬間に彼女は不安な表情となり、金属音と「ママ！」と叫ぶイワンの声とともに画面が暗くなる。そして彼は扉が軋《きし》む音に驚いて風車小屋の干し草の上で目を覚ます。

二番目の「井戸の夢」は、イワンがガリツェフ中尉の部屋で見る夢である。ストーブの炎がクローズアップされ、乾かされた靴と白樺の薪が映り、イワンの手から水滴が落ちて洗面器に波紋が広がる。水滴はすでに『ローラーとバイオリン』で効果的に使われている。夢では彼の周囲が井戸の底になる。このように現実と夢が曖昧につながる場面は『ノスタルジア』などにも描かれている。

イワンが井戸の底から見上げると、イワン本人と母親が井戸を覗き込んでいて、彼が落とした羽根が回転しながら落ちてくる。イワンが「深いね」と言うと母親は「とても深いので昼間でも星が見えるのよ」と答える。それにイワンは「見えたよ」と返す。母親が「私たちにとっては昼間でも星にとっては夜なの」と話し、イワンが手を伸ばすと水面が波立って彼らの顔が揺れる。母親が声を出すのはこの夢だけである。昼間は太陽が強過ぎるので空の星々は見えないが、晴天時に太陽の光が届きにくい深い井戸の真上に星が来れば、その光が水面に映ることは理論上あり得るのだと言う。

イワンはいつの間にか井戸の底にいて、光の球を掴《つか》もうとしている。母親が井戸の桶を上げていると、突然ドイツ語の話し声と銃声がして、母親のベールと桶が落ちてくる。イワンは「森の夢」と同じように「ママ！」と叫ぶ。井戸の横で母親が倒れ、背中に水がかかる。星を探しに井戸の中にいたイワンは難を逃れたのだ。この「井戸の夢」を見ていたイワンを起こしたのはガリツェフ中尉だった。

三番目の「りんごの夢」は、最後の偵察に出る前、部屋でイワンが横になり壁に刻まれた子供たちの遺言が目に入ったところから始まる。天気雨が降っている森にトラックが走り、揺れる荷台からりんごが落ちていく。荷台にはイワンと妹らしい女の子もいる。雷鳴が響くと画面全体が白黒反転し、少女が空に向けて両手を広げると、反転した映像は背景の森だけとなる。

イワンがりんごを差し出すが、少女は首を横に振るので、彼は別のりんごを探し出す。手がアップになり、少女の顔に移動すると彼女はまた首を横に振る。荷台のりんごが揺れている。イワンは笑いながらりんごを選ぶ。手がまたアップになり、少女の笑った顔が右に移動して不安げな表情に変わり、濡れた顔や髪が乾く。イワンは三度りんごを渡そうとするが彼女の顔はだんだん険しくなっていく。りんごは知恵の象徴、あるいは生きる術の象徴であり、雨に濡れることは生命力を象徴しているようだ。作者はこの演出について、「さけがたい悲劇にたいするこの少女の予感を具体化したかったのだ」[*14]と言っている。トラックは水辺を走り、りんごを落としていく。それを何頭もの馬が齧《かじ》る。イワンはホーリン大尉の声で目覚め、彼らは偵察に出かける準備を始める。

タルコフスキーが学生時代に撮った短編映画『暗殺者』では、危機が迫っているのに逃げようとしない男が出てくるが、大状況を前に人は無防備かつ無抵抗になることがある。イワンもこの少女＝妹を救うことができなかった。その後悔が彼の心の底に重く沈んでいる。りんごは「井戸の夢」で彼が掴もうとした光の球なのかもしれない。

四番目の「かくれんぼの夢」は、エンディングに映し出される。陥落したベルリンのドイツ軍司令部でガリツェフ中尉はイワンの処刑報告書を見つけ、処刑の道具が並んだ部屋に入ると、そこでイワンの首が転がるような幻を見る。すると画面は明るくなり最後の夢が始まる。

イワンの母親が「森の夢」のように微笑みながら腕で額の汗を拭うが、銃声はしない。彼女の視線の先には水辺でバケツの水を飲むイワンがいる。「森の夢」と同じ構図だが背景は森ではなく岸辺で、二人の足元に川の水が迫っている。それは死が間近だということを示しているのだろう。イワンが水を飲み終えると母親はバケツを持ち、手を振って砂浜を去っていく。その場面に水着姿の子供たちの円陣が重なり合う。中心にイワンが立って一〇人ほどの男女を指差すと相手は砂地に横たわる。

イワンが円陣から抜けるとほかの子供たちが走り出す。イワンはかくれんぼの鬼となる。彼は黒い枯れ木の方に向いて数を数えている。近くの灌木に「りんごの夢」の少女が半ズボン姿で隠れている。イワンは枯れ木を離れて子供たちを探す。その様子を見ていた少女が笑いながら駆け出すと、イワンも笑って追いかける。彼らの背景の水面が輝いている。一瞬砂地と黒い木が映ったあと、カメラは俯瞰で浅瀬を走る二人を追う。二人の姿が影になり、水飛沫が上がる。イワンは少女に追いつき、追い越しても走り続ける。彼のまわりを光の反射が包み込む。カメラが彼に近づく。走りながらイワンは手を前に伸ばす。そして転びそうになったとき、目の前には枯れた黒い木がそそり立っている。

最初の「森の夢」と二番目の「井戸の夢」には母親が、三番目の「りんごの夢」には妹(少女)が出てくるが、この四番目の「かくれんぼの夢」には二人とも登場している。妹に不安な表情はなく、母親だけが寂しげである。この夢は最初の夢の続きのように母親の笑顔で始まっているが、終盤母親は何も語らずに手を振ってイワンと別れる。砂浜の一〇人ほどの子供たちも隠れたままで二度と現われない。

彼らはガリツェフの部屋に遺言を残した子供たちなのかもしれない。

三つの夢まではイワンが眠っているときの夢だが、最後の夢は彼の死の後に続いている。つまり死出の旅ということとなる。そこに優しい母親と愛おしい妹、そして彼に遺言を託して死んだ子供たちがいる。明るさに満ちたこの夢で奇異なのは、イワンが数を数えるときにもたれるのが黒い枯れ木で、走り続けた彼の前に現われるのも黒い枯れた木だということである。この枯れ木と対となるのが冒頭の松の若木なのだろう。この松の木に向こう側にいたイワンは、やがて枯れ木に辿り着き、タルコフスキーが変更させた題名の『イワンの子供時代』の通り、彼は少年の時代までの生を終えたことになる。

原作小説には戦争の予感を秘めたこれら四つの夢は存在しないが、小説の終盤にガリツェフ中尉はこんなことを語っている。「……少年時代の夏をいつでもすごしていた生まれ故郷の村が、いまも胸にうかんできた。それはなにもかもまるでつい最近のことみたいだったが、わたしには戦争前のあらゆることとおなじように、遠い昔の、またとおとずれてこないことのように思われた……。林の縁へでると、たちまち少年時代の思い出がきえた」[*15]。おそらくこの描写がタルコフスキーの幼い頃の記憶を呼び起こしたのだろう。それをイワンの夢として挟み込むことによって、彼は映画監督の地位を獲得したことになる。この原作小説の一文はまた、のちの『鏡』の情景とも一致する。

加えられた四つの場面

次に［一二］の原作の流れに加えられた四つの場面を取り上げる。原作小説は結末の後日談以外、イワンが偵察から戻り、また偵察に出るまでの物語となっているが、映画はその展開に加えて四つの独自の場面が設定されている。一つ目は部隊本部を飛び出したイワンが焼け落ちた家屋で老人と出会う場面、二つ目はガリツェフ中尉がデューラーの画集をイワンに見せる場面、三つ目はイワンが部屋で敵と戦う幻影を見る場面、そして四つ目は直った蓄音機でカタソーノフ曹長のレコードを聴く場面である。これらをここでは「老人の場面」「画集の場面」「一人遊びの場面」「レコードの場面」と呼ぶことにする。

『僕の村は戦場だった』 イワンは安全な場所に送られるのを嫌って脱走し、焼け跡に迷い込む。彼はそこで老人と出会うが、イワンを探しに来た兵士たちにはその老人が見えていないようだった。『サクリファイス』のアレクサンデルの幻影にも背景として彼の家の焼け跡が映っている。

［写真協力：公益財団法人川喜多記念映画文化財団］

まず一つ目の「老人の場面」では、イワンが学校に送られるのを嫌がって逃走し、焼け跡で鶏を連れた老人と出会う。老人が「遠くへ行くのか」と訊ねるとイワンは頷《うなず》く。老人の心は過去と現在を行き来し、ナチに妻が殺されたと言いながら、帰って来るとも言う。老人が妻の容貌を話すと焼け焦げた井戸が映る。探していた釘を見つけると老人は、持っていた額を燃え残ったペーチカの壁に打ちつける。彼はイワンとだけ話し、中佐たちがやって来ると物陰に隠れる。立ち去るときイワンは井戸端にパンと缶詰を残す。それを見ていた老人は「いつになったら戦いは終わるのか」と涙を流す。

この老人の心の混乱に作者の重要なモチーフである

「聖愚者《せいぐしゃ》」を見ることができる。ロシアでは聖なる愚者とされる人物が数多くの芸術作品に描かれている。ドストエフスキーの『白痴』の主人公ムイシュキン公爵もその一人である。キリストを愛するゆえに狂気となった人物や、狂気の世界に足を踏み入れることで独自の思考を持つことになった人物、あるいは狂気を演じることで世俗と別の世界に住む人物も聖愚者と呼ばれる。また、「狂気」という概念をより広い意味で捉えて、世俗から離れて楚々《そそ》として暮らす人物もまた聖愚者とされることがある。

そしてタルコフスキーもまた、自身を聖愚者であると感じていたのではないだろうか。彼は文化官僚たちに詭弁を弄《ろう》し、自分の作品がいかにソビエトの社会建設に役立つかを説得しなくてはならなかった。この表向きの理由と彼の内心の齟齬《そご》を思えば、彼は十分に聖愚者たり得たのである。

ところで、この老人が壁に掲げるのは、赤旗にレーニンとスターリンが重なる「耕作証明書」である。老人の拾った釘が磔《はりつけ》の釘を象徴するならば、架けられているのは革命の偉人たちということになる。イワンたちが帰るとき、その証明書が誇らしげに映る。イワンが井戸に残したパンと缶詰は老人への心遣いと思われるが、井戸は彼の母親が殺された場所でもある。老人はイワンに母さんは健在かと聞くが、イワンは返事をしない。それで老人は彼女の死を悟ったように頷く。つまりパンと缶詰は母親への捧げ物でもあるのだ。

二つ目の「画集の場面」では、ガリツェフ中尉がイワンにドイツ兵の残した芸術の本だと言ってデューラーの画集を見せる。原作でも本は渡す描写があるが画集ではない。イワンは一枚の版画「黙示録の四騎士」に目を止める。カメラは画面の中心に版画を映して止まり、騎士が踏み潰している人々を確かめるようにまた動き出す。イワンが「彼らはドイツ人なの?」と聞くと、ガリツェフは昔のドイツ人だと答える。だがイワンは「人を踏み潰している騎士にそっくりなドイツ兵を見た」と言う。ガリツェフが「それは想像画だよ」と言うが、「でも見たんだ」と返す。そして別の版画「ウルリヒ・ファルンビューラー像」をガリツェフが「ドイツの医師か作家だ」と言っても、イワンは「ドイツには作家なんていない。彼らは本を焼いていた。煤《すす》が一週間も舞っていたよ」と反論する。ここで版画の世界はそのまま現実の世界につながっている。それはナチスの焚書を連想させるが、同時にソビエトの状況にも想像は及ぶ。そしてまた第四の騎士がクローズアップされる。

　版画「黙示録の四騎士」は、「ヨハネの黙示録」の七つの封印が解かれたときに現われる四騎士を具象化したもので、その第六章の7節と8節には「そして（小羊が）第四の封印を開けた時に、私は第四の生き物が言うのを聞いた、『来たれ』。そして私は見た。そして見よ、青白い馬。そしてその上に座す者。その者の名は『死』であった。そして黄泉が彼に従っていた。そして彼に、地の四分の一で、太刀と飢饉と死において、また地の獣によって、殺す権力が与えられた[*16]」とある。

　幼くして戦争を体験したイワンは、そこで「ヨハネの黙示録」を目撃していたのである。「馬」がオートバイなら、「太刀」や「地の獣」は銃、砲弾、そして戦車であり、「飢

デューラーの「黙示録の四騎士」　『僕の村は戦場だった』でイワンが観ているこの絵画は「ヨハネの黙示録」の第六章7節と8節を描いている。視線は青白い馬に跨り地上に戦争をもたらす第四の騎士の顔で僅かに留まる。タルコフスキーは数多くの絵画を作品に登場させているが、この「ヨハネの黙示録」が最初の一枚である。

「鐘」や「死」も実在していた。ガリツェフ中尉はイワンの言葉を否定するが、版画の真意を捉えたのはイワンだった。映画は版画を映し出すことによって戦闘の場面を再現したことになる。

三つ目の「一人遊びの場面」では、部屋に残されたイワンが幻影の敵と戦う。原作では部屋にイワンを残すと問題を起こすと大人たちが危惧し、部屋に戻ったガリツェフ中尉は倒れた机を直すのだが、イワンが何をしたのかは書かれてはいない。その不自然さから検閲にあった可能性もある。映画でイワンは、誰もいない部屋の天井から鐘を吊るし、ナイフを握りながら一人芝居のように、床に伏せ、転がり、怯え、何かを狙っている。それに瓶を投げつけ、割れる音が響く。懐中電灯の光を壁に向けると白い文字が浮かび上がる。

それは〈僕たち八人はみんな一九歳以下だ。でも一時間後には処刑されてしまう。復讐してくれ〉と刻まれた子供たちの遺言だった。ナチスの演説が聞こえ、子供たちの叫び声があがる。懐中電灯がいるはずのない少年とベールをかぶった若い女性を照らす。この女性は僅かな時間しか映らないが、イワンの母親が髪を隠している姿なのである。さらに電灯を持っているはずのイワン本人さえ浮かび上がる。やがて彼は涙ぐんで鐘を連打する。群衆の歓声が沸き、声に押されてイワンが突撃する。彼は部屋を駆け回り、壁に掛かった軍服の外套に光を当て、そして言う。「出て来い。震えているのか。僕が忘れたと思っているのか。裁判にかけてやる。貴様を、貴様を……」。イワンは怒鳴り、そして泣き崩れる。そのとき対岸からの砲撃が始まり、イワンのいる部屋が被弾する。慌ててガリツェフ中尉が戻り、「怖がらなくてもいい、砲撃はすぐ終わるから」と言う。顔に涙の跡を残すイワンは、「僕は怖くなんかない」と答える。ホーリン大尉がガリツェフにイワンの家族は母親と妹が行方不明で、父親は戦死したと語るが、彼がどんな体験をしたのかは分からない。

「一人遊びの場面」の前半には戦争そのものが反映されている。子供たちの遺言をきっかけに、イワンの戦争への情念が爆発するのである。彼が鐘を鳴らすと群衆は決起し、その声とともに彼は突撃する。しかし続く軍の外套との対話はニュアンスを異にする。それは遊びから派生したものではなかった。その相手はホーリンが掛けたソビエト軍の外套なのである。イワンはそれを敵兵と幻視し、「震えているじゃないか」となじるが、それを照らす懐中電灯を持つ彼の手が震えていて、光が揺れているだけなのだ。そこには作者の父親への気持ちが滲み出ているが、これは第二章で論じることにする。

四つ目の「レコードの場面」はいくつかに分散している。原作にあるレコードの記述は、ガリツェフ中尉が本を渡したときにイワンから「蓄音機はないの」と聞かれ、「バネが壊れている」と返すだけだが、映画ではカタソーノフ曹長がレコードを手に入れたので、ガリツェフの蓄音機を直して聴くことになる。外出する直前に修理が終わりレコードをかけると、男性の低い歌声が部屋に響く。するとホーリン大尉とガリツェフが足を止めて、それを咎《とが》めるように見る。驚いたカタソーノフは、「直りました。晩飯の後にゆっくり聴きましょう」と言いレコードを止める。

このレコードはロシア民謡の『マーシャは川を渡れない』*17で、人気歌手フョードル・シャリアピンが一九二九年に録音したものである。一八七三年生まれの彼は、ロシア革命前からオペラ歌手として国の内外で活躍し、革命後も芸術家として活動していたが、一九二一年に不本意な亡命を余儀なくされている。カタソーノフは、「自分は砲兵隊からもらいました。彼らはもういらないそうです」と話していることから、このレコードが禁忌だと知らないまま聴こうとして、ホーリンたちを驚かしたのである。

そしてその後すぐに流れ玉に当たって死んでしまうカタソーノフ曹長は、結局それを最後まで聴けなかった。ホーリンは彼の死をイワンに伝えずに、突然の命令で遠くに行ったと嘘をつく。しかしイワンはカタソーノフの性格を知っていて、「彼なら会いに来るはずだ」と疑う。彼の代わりにガリツェフとホーリンがイワンを偵察地に送り出すことになり、出発直前にガリツェフがレコードをかけるが、ホーリンは「気でも違ったのか」とそれを止める。

イワンを敵地に侵入させて帰還した二人は、彼のことが心配でたまらない。すでにガリツェフもカタソーノフの死を知っていた。鎮魂のためかホーリンはレコードに針を落とす。男性の歌声の『マーシャは川を渡れない』が響き渡ると、歌詞と同じ名前のマーシャ、つまりマリヤがお別れの挨拶に来る。ガリツェフが彼女の身を案じて、後方の病院への転属命令を出したのだ。それを聞いてホーリンはマーシャに近づいて手を伸ばすが、そのときレコードの針が跳び、それを直している間に彼女は部屋を出てしまう。彼女の事情がレコードの歌詞と重なり合っている。部屋は静まり返り、彼女がいないことに気づかないホーリンが、「マーシャ、なんて静かなんだ。戦争は……」と言う。そしてイワンが吊り下げた鐘に触ろうとするが、静けさに耐えられないのか、彼は椅子を部屋の隅へ放り投げる。

『マーシャは川を渡れない』の歌詞の冒頭は以下の通りである。「マーシャは小川を渡ってはいけない／マーシャは若者を愛してはいけない／その若者はいとしい恋人／彼はどんな愛にも気づいてはくれない……」。レコードが終わった。それは戦争が終わったことを予感させる。軍人のマーシャが後方に送られるのに、なぜ子供のイワンを死の危険に晒すのか。苛立ったホーリン大尉が椅子を叩きつけたのは、この静寂を破壊したかったからだろう。しかし次の瞬間に終戦の歓喜の声が溢れ出る。『マーシャは川を渡れない』を歌うシャリアピンは、亡命後もヨーロッパで音楽活動を続け、映画にも出演。のちにタルコフスキーが演出することになる歌劇『ボリス・ゴドゥノフ』の主役を演じ、『惑星ソラリス』の重要なモチーフである小説『ドン・キホーテ』の映画で主役を務めている。彼は一九三八年にパリで亡くなり、当地に埋葬された。その運命は不思議とタルコフスキーのそれと重なっている。

意味することの先に

ここまで［一］原作に新しく加えられたイワンの四つの夢の場面と、［二］原作の流れに加えられた四つの場面を論じてきた。ここからは全体を貫く主題を考えてみる。すでに書いたように原作小説『イワン』が映画では『イワンの少年時代』と改題されたことによって、人生を少年時代で断絶させたことの皮肉、イワンの死の本質が強調されることになる。最初の夢の後のタイトルバックが終わり、イワンの姿が川面の闇に消えていく。そして物語が始まる画面に観客は驚く。暗闇に白く細い手が浮かんでいるのだ。微かに寝息が聞こえ、その手の主が眠っているガリツェフ中尉であることが分かる。

この白く繊細で弱々しい「手」のクローズアップから始まる物語は、いくつかの「手」に引き継がれていく。偵察から戻って部屋で眠るイワンの手からは水滴が落ちて洗面器に波紋を作る。井戸の水に浸かっていた彼は手を伸ばして星の光を捉えようとする。ホーリン大尉は森の中で倒木を渡るマーシャに両手を広げて彼女を抱こうとする。イワンは妹に渡そうとりんごを掴んだ手をさし出す。別れの挨拶を伝えに来たマーシャにホーリンは届かぬ手を伸ばす。ドイツ軍司令部の廃墟でイワンの死を確認したガリツェフ中尉は、包帯だらけの手で額の汗を拭い、同じ姿勢でイワンの母親は額の汗を手で拭っていた。そして水辺を走り切ったイワンは手を伸ばして黒い枯れた木に触ろうとする。

ここで気づくことが二つある。まず一つはこの映画は手から手と意味が手渡されていく物語であるということ。特に印象を残すのは、最初弱々しかったガリツェフ中尉の手が、終盤汚れた包帯に巻かれて傷だらけの額を拭うことである。それはイワンの母親が額を拭う二回目の動作に引き継がれていく。もう一つはイワンがいつも何かに手を差し伸べていることである。井戸の中では母に見せるために光に手を伸ばし、トラックの荷台では妹に食べさせようと、りんごを差し出している。それでは物語の終わりに彼が伸ばした手の先の黒い枯れた木にはいったいどんな意味があるのだろうか。

この黒い枯れ木は原作にはないが、映画ではイワンとカタソーノフ曹長が落ち合う場所が枯れ木とされている。イワンと再会したホーリン大尉が、「どうしたんだ。カタソーノフがディコフカの枯れ木のところでお前をまっているんだ。それなのにここにいるとは」と言う。グリヤズノフ中佐もイワンに会えなかったカタソーノフに、「イワンはもう帰っている。枯れた木のある河岸にはドイツ兵がたくさんいて、近づけなかったということだ」と話す。このように映画ではイワンとカタソーノフが落ち合う場所を、「枯れた木のある河岸」としているが、原作では「……ディコフカでボートを用意してまっているのに、おまえはこんなところに……」とあり、二人が合流する場所はただ地点として示されている。タルコフスキーはなぜそれを枯れ木のある河岸としたのか。そしてイワンはなぜ黒い枯れ木に走り寄ったのだろうか。

そこにイワンの死の重層的表現があると考えられる。最初の夢の後、イワンは荒涼たる焼野原を抜け、水辺の木々の間から岸に近づくが、また川に入りゆっくりと流されていく。そこにはドイツ兵やカタソーノフ曹長の姿はない。もしかするとイワンはカタソーノフと会う場所を思い浮かべながら、この暗く冷たい川に流されてしまったのかもしれない。そして映画のすべては、水の中で死の淵にいる彼の思いを描いていたのではないだろうか。彼は待ち合わせの場所である枯れた木に辿り着くことだけを念じ、まさに死出の夢の中で走り続けたのだ。[*18] そして枯れ木へ到着した後、彼は天国にも似た映画の冒頭にやって来る。そこには死を意味する山羊と復活を意味する蝶が舞っている。この最初の幻影が結末を暗示する手法は、のちの『ノスタルジア』でより複雑に表現されることになる。

ベルリン陥落後にガリツェフ中尉はイワンの処刑報告書を見つけるが、イワンとの関係を仄《ほの》めかすことはない。ガリツェフが思うのは書類に貼られた写真のままに床に転がる彼なのだ。イワンはソビエト軍の外套に辛辣な言葉を放っていたが、これは彼の敵がドイツ軍ではなく、戦争そのものであることを示している。大人たちはイワンを後方に送りたいが、彼はすべてを戦争で失なっていた。[*19] イワンに残された場所は皮肉なことに戦う場だけだったのである。

彼の願いはドイツ兵への復讐ではない。イワンの心の奥底にある願望は敵味方を峻別することなく戦争自体に挑むことだ。そしてその死を明確にすること、つまり自分を向こう側である死へと送り込むことである。彼は偵察のために川を何度も往復して、その機会を窺っていたのだ。その彼を後方へ送ることはその願いを奪うことになる。だからこそイワンはその企てを全力で阻止する。彼は食べ物をほとんど口にしない。すでに彼の精神は向こう側に移りつつある。その黒々として立つ枯れた大木は、向こう側への入り口となる。

　そしてイワンは向こう側の世界をまどろみの中で見る。そこは彼が強く希求する失われた場所である。彼にとって死はその夢の世界に行くことにほかならない。その望みは叶えられ、彼は光に満ちた川辺を笑いながら走り抜けていく。死によって主人公の願いが叶う展開は、『惑星ソラリス』や『ノスタルジア』で繰り返されることになる。

　戦争を舞台とした映画にもかかわらず、照明弾の落下や狙撃銃の発射音、そして一度の砲撃以外に戦闘を思わせる場面は描かれず、イワンをめぐる前線でのやりとりが淡々と進行し、その合間に夢としてイワンの記憶が挟まれる。しかし観客が戦争を忘れそうになると乾いた銃声が空気を引き裂く。それは座席に身を沈めた観客の胸を狙っているかのようだ。終盤に暗闇を進む数人のドイツ兵以外、敵は出てこない。二人のソビエト兵の死体と子供たちの処刑の暗示のほかは、ベルリン陥落以前に残虐な場面はない。ドイツ軍の砲撃は小舟を破壊し水や砂を巻き上げるが、誰も殺さない。カタソーノフ曹長の死因も明らかではなく、彼の死体もほとんど映らない。ただイワンの復讐心だけが蠢《うごめ》いている。しかし最後に映し出されるニュース映像はあまりに悲惨である。この子供たちの死体を映すわずかな時間に戦争の残虐さが凝縮されている。

　予感に満ちたイワンの夢と牧歌的とも言える陣地の情景は、イワンが部屋の暗闇で見た幻影とそれに続く砲撃や最後の偵察によって初めて緊張した場面に転化する。しかしイワンが敵地の闇に消えた後に到来したのはホーリン大尉が嘆く静けさだった。それはイワンの強い憤怒が消え去ったことで訪れた静寂なのかもしれない。

イワンの生きる場であった戦争は終焉を迎えて、本人も森に消えていった。しかし本当はガリツェフ中尉の部屋に辿り着くことなく、最初の川の流れに冒頭の夢を見ながら消えていったのではないだろうか。イワンはそこで山羊と出会い、蝶と遊ぶ。それは地上とは別の世界、例えば天国を暗示しているのではないか。

タルコフスキーは残虐な罠をもう一つ仕掛けている。登場人物たちにとって「さようなら」は禁句だった。どんなときの別れでも彼らは「それじゃ、また」と言う。原作ではそれを知らなかったガリツェフ中尉が最初にイワンと別れるとき、「さようなら」と言ってしまい、イワンに「また会おう、だよ」と叱られる。そして最後にイワンが偵察に出るとき、心の中で一〇回「じゃ、また」という言葉を繰り返し、最後にはしっかりと「じゃ、また」と言っている。しかし映画では、「じゃ、またね」と言うイワンに対して、ガリツェフに「さようなら、坊や」と言わせているのだ。

タルコフスキーはこのように主人公の死に執着している。イワンはたしかに描かれている通り、ドイツ兵に捕まり処刑されたのだろう。だがその死を単純に描いてはいない。イワンは戦禍での自分の死を希求し、まず黒い枯れ木が象徴する隠された死が、そして物語の結末としての死がある。この曖昧な死のあり方はのちの作品でも踏襲されている。

そして終盤、観客はガリツェフ中尉の独白に驚く。彼はすでに死んでいるホーリン大尉と話しているのだ。「老人の場面」で、その老人は燃え残った扉を閉めるとき、「神様、終わりはあるのでしょうか」と嘆いていたが、ベルリンの廃墟でガリツェフは、死んだホーリンに「これがこの地上の最後の戦争なのだろうか」と聞く。しかしホーリンが返したのは、皮肉屋の彼らしく「病院に行ったほうがいいぞ」

『僕の村は戦場だった』 イワンの最後の夢は彼が死んだ後に始まる。彼は光が満ちる川辺に妹とともに走り出し、彼女を追い抜いた後も走り続ける。主人公の死後を描いたと思われる場面は、『惑星ソラリス』や『ノスタルジア』に受け継がれ、『サクリファイス』でも未採用ながら撮影されていた。
［写真協力：公益財団法人川喜多記念映画文化財団］

である。そして最後にガリツェフは、「平和を維持しなくては」とつぶやく。これが登場人物の最後の台詞となる。

検閲通過の手法として、タルコフスキーはこのガリツェフの言葉を最後に持ってきたのかもしれない。しかし彼の本音はホーリンの言葉である。タルコフスキーの言う「隠されたもの」がここにある。イワンの死を含め、死者がまるで生者のように厳然と存在する。そんな死と再生のあり方はタルコフスキーの重要なテーマであり、続く作品でさらに深まり引き継がれていく。冒頭にイワンとともに現われる松の若木は、『サクリファイス』のアレクサンデルが植える枯れた松の木とつながっていて、最後にイワンが走る光に満ちた水辺と黒く枯れた木も、その枯れた松の木と周りの光る水辺に重なり合っている。それがタルコフスキーの死と再生の象徴である。光に満ちる水辺の向こうは、イワンにとって楽園であり希望であったのかもしれない。

〔3〕無言の想像力――『アンドレイ・ルブリョフ』

陰りゆく陽射し

タルコフスキーがデビューしたのは、フルシチョフ政権初期の「雪解け」の時期と重なっている。『僕の村は戦場だった』の代替監督に抜擢されたのも、タルコフスキーの才能や機転によるものだけでなく、時代の機微がそうさせたのだろう。しかしそのキャリアは早くも暗転することになる。一九六〇年、伝説のイコン画家アンドレイ・ルブリョフが生誕六〇〇年を迎えたことで、ソビエト国内では古代ロシアの芸術が見直されていた。同年九月に開館したモスクワのアンドレイ・ルブリョフ記念美術館には、イコン画の複製や写真が全国から集められ観客を楽しませていた。少年の頃、美術学校に入学したタルコフスキーもその一人だったに違いない。ただしそれらはあくまで歴史的資料や芸術作品として展示されたものであり、宗教的な意義づけは忌避されていたのである。

「タタールの軛《くびき》」と言われるモンゴル人の侵入にロシアが蹂躙されていた時代、ロシア人にとってロシア正教は彼らのアイデンティティであり、教会そのものが防御や反撃の拠点となっていた。それらは偉大なロシアの象徴として、第二次世界大戦の荒廃から復興を遂げた現代ソビエトと通じるのである。この郷土防衛という教会の役割が、イコン画を展示する建前として機能していたが、観客の多くは日常生活からは遠いキリスト教の精神世界を、自らの起源として思い起こさせるものだった。若きタルコフスキーもその一人だったのである。[*20]

一九六二年、彼の初の長編監督作品『僕の村は戦場だった』が、ベネチア国際映画祭の金獅子賞を受賞する。その秋には母親役を務めた妻イルマ・ラウシュとの息子セーニカ（アルセーニー）が生まれ、その名を授けた父アルセーニーは最初の詩集『雪が降るまえに』を刊行。タルコフスキーにとってすべては順調だった。彼が『アンドレイ・ルブリョフ』の企画書をモスフィルムに提出したのは、『僕の村は戦場だった』を製作していた一九六一年である。ただしルブリョフの生涯を映画化することを思いついたのは彼ではなく、俳優のワシリー・リバーノフだった。リバーノフがタルコフスキーやコンチャロフスキーと郊外を散策しているとき、自分はルブリョフを演じ、脚本は三人で書こうと提案したのだ。しかし結局、リバーノフはほかの映画出演のためにこの企画から離れ、『アンドレイ・ルブリョフ』の脚本は、タルコフスキーとコンチャロフスキーが練り上げた。彼らは膨大な資料を読み込み、何度も地方美術館に足を運び、さらに画集を眺めた。彼らの眼差しは『サクリファイス』でイコン画集を見つめるアレクサンデルのそれだったと想像できる。

一九六三年末までにこの二人による脚本が第三稿へ進み、その最終稿が承認されて、『映画芸術』の一九六四年四月号・五月号に掲載される。これは映画製作におけるロシア独自のプロセスで、「文学的脚本」と呼ばれる。脚本よりも小説に近く、情景の説明や登場人物の心理が詳細に描かれている。映画の専門用語はなく予算や上映時間への配慮もされていない。こうした文学的な脚本によって審査がなされ、そのあと本来の脚本の執筆が行なわれるのである。この段階で情熱のままに書き込まれた枝葉は刈り取られ、映像として具現可能なものに近づいていく。そのようなプロセスを経て『アンドレイ・ルブリョフ』の脚本が裁可されたのが一九六五年の五月である。それからカメラが回り始めたのだ。

企画書が提出されてすでに四年が経っていた。『僕の村は戦場だった』と比べると多くの時間と労力が費やされたが、最後の一年を除けば無駄な時間ではなかった。イコン画家アンドレイ・ルブリョフに関する直接的な資料は乏しく、逆に脚本化のために二人が目を通した文献は膨大だった。彼らは多くの宗教に関する書物を読み、まるで騎士道物語を耽読したドン・キホーテが自分を遍歴の騎士と思い込むように、タルコフスキーも宗教的世界観に浸り切っていたとも考えられる。

製作期間は短く、予算も乏しかったが、映画は一九六六年に完成する。ただ、脚本にあっても予算や上映時間の都合上撮影されなかった場面が多かった。そして映画が完成した後もタルコフスキーの苦難は続く。ソビエトでは概要の提出に始まり、文学的脚本や撮影用脚本など、作品の完成前にも数多くの審査が行なわれる。そして最後の関門となるのが完成作品の審査である。

こうした〟検閲システム〟はタルコフスキーを常に悩ませた。彼の長編デビュー作はこのシステムが幸いしたが、今回は逆に働き、完成作の上映は保留とされ再編集が求められた。上映時間は二〇五分から一八五分に短縮され、題名も『アンドレイの受難』から『アンドレイ・ルブリョフ』に変更される。しかしそれでもまだ上映許可は下りなかった。ソビエト国内での上映が禁止されている間にこの再編集版が非公式に西側に持ち出され、一九六九年のカンヌ国際映画祭の国際映画批評家連盟賞を受賞する。しかしソビエト国内での一般上映は、完成から五年後の一九七一年末まで禁止された。まさに『アンドレイの受難』という当初の題名がアンドレイ・タルコフスキーの身に起こったことになる。

この作品にはいくつかのバージョンがあるが、比較的容易に見ることができるのは、当初の完成版である『アンドレイの受難』を再現した版と、完成後に監督が再編集した『アンドレイ・ルブリョフ』の版で、日本では後者が発売された。上映時間は一八五分で作者の映像作品では最長である。ソビエト映画の通例として、『アンドレイ・ルブリョフ』も二部構成となっている。第一部はプロローグの後、「旅芸人——一四〇〇年」「フェオファン——一四〇五年」「アンドレイの苦悩——一四〇六年」「祭日——一四〇八年」「最後の審判——一四〇八年夏」と五つの章からなる。続く第二部は「襲来——一四〇八年」「沈黙——一四一二年」「鐘——一四二三年」の三つの章とエピローグで構成されている。

キャストとしては前作『僕の村は戦場だった』でイワン役だったコーリャ・ブルリャーエフが大鐘造りの青年ボリスを演じ、グリヤノフ中佐役だったニコライ・グリニコはルブリョフの同僚ダニール、イワンの母親役だった妻イルマ・ラウシュは白痴の娘を演じている。そして主役のルブリョフを演じるのは、初参加のアナトーリー・ソロニーツィンである。彼はウラル地方で活動していた舞台俳優だが、『映画芸術』に掲載された文学的脚本に魅了されてオーディションを受けたのだ。モスフィルムの幹部は彼を主役に抜擢することに否定的だったが、タルコフスキーは彼を選んだ。ソロニーツィンはこの後グリニコと同様にタルコフスキー映画の常連俳優としてキャリアを重ねることになる。

『アンドレイ・ルブリョフ』の製作が始まった頃は、フルシチョフ第一書記の雪解け政策が芸術家に恩恵を与えた最後の時期である。その陽射しの移ろいに気づかず、タルコフスキーは大きな野望と小さな自信を持って脚本作りに邁進した。しかし陽光は陰り始めた。これから『アンドレイ・ルブリョフ』

の物語を論じていくが、最初の版である『アンドレイの受難』について言及するときは「受難版」と記すことにする。

物語の概略

■プロローグ　群衆に追われた男が小舟に乗って小島の教会に辿り着く。そこでは男たちが気球の準備をしている。彼らが群衆と争っている間に男は気球に乗って上昇し、喜びの声をあげる。眼下の湿原地帯には家畜の群れが走り、建物が小さく見える。水辺は陽の光で輝いている。小舟の人々が気球を見上げる。しかしやがて高度が下がり始め、乗っている男の恐怖の叫び声とともに、気球はあっけなく墜落し、黒い馬が衝撃を受けたように地面に転がる。

これが本編の物語とは直接関係を持たないプロローグである。当初の構想としては翼を背負った男を飛ばす予定だったが、飛行している光景を映すことが困難なので熱気球に変更されたという。[*21] 男が墜落死すると黒い馬は躓《つまず》くように転がるが、「受難版」は馬が通り過ぎて、その向こうに死んだ男が横たわる場面になっている。

その時代、空へ飛び立つことは神を愚弄することだった。それゆえに男は群衆に追われる。しかしいったん空に浮かんでしまえば彼は神的な存在となる。「イカロスの失墜」や「バベルの塔」と共通する寓話である。『アンドレイ・ルブリョフ』の発想が生まれたのは一九六一年は、最初の宇宙飛行士ユーリー・ガガーリンが地球周回飛行に成功した年である。まだ宇宙に行くことが蔑まれる雰囲気さえ

『アンドレイ・ルブリョフ』 これは「鐘」の章で疲れて眠るボリスに重ねるように現われる、樹々の葉の中の若い頃のルブリョフである。すでにそのとき老いていたルブリョフは、ボリスに若き日の自分を見ていたのだろう。その光景が終わって現われるルブリョフの後ろには葉をすべて落とした木があった。
［写真協力：公益財団法人川喜多記念映画文化財団］

あった時代だったが、その成功はガガーリンを国家の英雄に仕立て上げた。のちの彼の栄光と悲劇は、熱気球の男の運命に通じるものがある。*22

■旅芸人——一四〇〇年 物語はイコン画家の修道士アンドレイ・ルブリョフとキリル、そしてダニールの三人がモスクワへの道を急ぐ場面から始まる。「受難版」には修道院を出るところやその集落も描かれている。雷鳴が響き、驟雨《しゅうう》が三人を走らせる。彼らが雨宿りのために川べりの家畜小屋に入ると、旅芸人が民衆に世の中を風刺する歌を披露していた。旅芸人は雨に打たれながら、鶏の鳴き声を真似る。これが使徒ペテロにまつわる雄鶏の声ならば、修道士たちにとっては屈辱の芸となる。

キリルは旅芸人を悪魔の使いと考えて、兵士に密告する。その様子が小屋の小さな窓から遠景として描かれる。ダニールは居眠りをしていたので、それを知るのはルブリョフだけだった。このことは物語の終盤のエピソードにつながってくる。その後、外側から小窓を通して小屋を覗《のぞ》いている婦人たちを映して、小屋にいる旅芸人のズボンが落ちる直前で終わるが、「受難版」ではズボンがずり落ちて尻が見える。作者はこの小窓を遠景と近景を強調する際の映画内フレームとして用いているが、残念ながら婦人たちの視線が旅芸人の尻に注がれる件《くだり》は削除されたのである。

突然、兵士が小屋に入ってきて旅芸人を捕えると、重い空気が流れる。人々は修道士が密告したことを知っている。雨が止み、修道士たちが出て行くときにダニールが言う「皆さんに祝福を」は皮肉にしか聞えない。旅芸人の陽気な音楽で始まった場面に、静かな女性のスキャットが流れて、遠い対岸では騎乗の兵士が旅芸人を護送し、手前ではルブリョフたちが同じ方向に歩き出す。再び雷鳴が轟き、雨が降り出す。遠近の光景を不明瞭にするようにすべてが雨に煙っていく。

■フェオファン――一四〇五年　五年後、キリルが車輪刑の処刑場を通り過ぎ、名高きイコン画家フェオファンの制作現場に入る。車輪刑とは罪人を車輪に括りつける刑罰で、ブリューゲルの絵画などに描かれている。キリルはその刑場の叫びに関心はない。自分をフェオファンが認め、彼から助手に欲しいと懇願されることに固執していたのだ。しかし後日、修道院に来たフェオファンの使いはルブリョフを指名する。キリルの期待は裏切られ、眠れぬ夜を過ごしながら、旧約聖書「伝道の書」の第一一章を思い浮かべる。「若者は青春を楽しめ。心行くまで青春の喜びを味わえ。心のままに自由に行くがいい。だが忘れてはならぬ。神の裁きがあることを。神の御心を忘れるな。やがて苦しい試練の日が来よう……」[*23]。これはキリルによるルブリョフへの助言と別れの言葉でもあるが、祝辞ではない。そして最後は「古人が言うようにすべては空しい」と結ばれる。ルブリョフはダニールに同行を求めるが、誘われていないと断られ、若い弟子のファマーたちを連れてフェオファンの元に向かうことになる。

一方、一人で修道院を去ろうとするキリルが、ルブリョフたちに止められる。すると彼は溜まっていた憤怒を爆発させ、激しい言葉で修道院を嘲《あざけ》り、走り寄った飼い犬を撲殺してしまう。「受難版」ではこの犬の死骸が映される。またキリルが「伝道の書」の文面を思う場面は、「受難版」ではフェオファンの使いが来る前に挿入されていて、キリル自身の傲慢を戒める場面になっているのである。タルコフスキーは後年、この「伝道の書」を『サクリファイス』の編集のために訪れたスタッフに病床で読み聞かせている。

■アンドレイの苦悩——一四〇六年　翌年、森で弟子のフォマーの嘘をルブリョフが叱っている。誰かに殴られたのか、ファマーは腫れあがった頬を泥で冷やす。この弟子の嘘の場面は「祭日」の章のルブリョフの嘘と「鐘」の章のボリスの嘘につながっていく。その連鎖を予告しているかのように、ルブリョフが蛇を目撃する。その近くで出会ったフェオファンは仕事をさぼったと言って突然ファマーに殴りかかる。逃げ出したフォマーは白鳥の死骸を見つけて棒で突き、翼を広げる。

フェオファンとルブリョフは、ロシアの娘がタタール人に髪を差し出した話から、民衆の無知について語り合う。話が「最後の審判」の解釈に及んだとき、フェオファンは導かなければ彼らは何度でもキリストを磔《はりつけ》にするだろうと言う。ルブリョフはイエスが磔にされたのは神の意思であり、憎むべきはイエスを愛した人たちだと返し、二人の民衆についての考え方の違いが明らかになる。

ルブリョフの一人語りが、雪の降るロシアの刑場にキリストの一行が向かう幻影につながる。その一行の中に天使がいる。十字架にロシア語で「ユダヤの王」と書かれた紙が釘付けされる。ルブリョフの言葉の激しさを危惧したフェオファンは、慎まないと追放されると窘《たしな》める。ルブリョフは修道士のイコン画家だが、フェオファンは俗世の画家なので宗教観も異なるのだ。ルブリョフとフェオファンの話を聞きながら、フォマーは川で絵筆を洗う。筆先で固まった絵の具が細かく砕けて水草の上を流れ出すが、それは彼の運命を暗示している。

この章の展開が分かりにくいのは、当初脚本にあった大公の領地で大公の弟である弟公が白鳥狩りをする場面が省略されているからだろう。ファマーが見つけた白鳥の死体も弟公の射たものと考えられる。それはファマーの死の予兆となり、「襲来」の章の予告ともなる。

■祭日——一四〇八年　二年後、旅の途中でルブリョフたちは、全裸で生の喜びと性の衝動を表わす異教徒の祭りに遭遇する。その灯火をフォマーは怖がるが、ルブリョフは好奇心から近づいていく。焚き火を飛び越す儀式をしている裸の女を彼が眺めていると、異教徒の男たちが現われ、ルブリョフは納屋の柱に括られる。ルブリョフは彼らに「最後の審判を恐れよ」「淫蕩《いんとう》の大罪だ」と言うが通じない。男たちが去った後、女は縛られたルブリョフに裸のまま口づけをして、「愛は罪なの?」と問う。ルブリョフは「本当の愛ではない。魂のこもらない肉欲だけだ」と返すが、彼女は「同じことよ。愛は愛だわ。どうしてあなたの考えを押しつけるの。皆ビクビクしているのよ」と言って彼の縄を解く。自由になったルブリョフは上着を脱いで、さらに森の奥へと進む。

翌朝、仲間たちと合流したルブリョフは森で迷ってしまったと嘘をつく。彼は前の章で嘘をついたフォマーと同じ立場となる。一行が小舟に乗っていると、ルブリョフが出会った女が兵士に追われて川に飛び込み、裸のまま彼らの舟の近くを泳いで逃げていくが、ルブリョフは目を背ける。異教徒の女は修道士であるルブリョフを助けたが、愛の真実を説き民衆の無知は罪ではないと言う彼自身は傍観者だったのである。

■最後の審判――一四〇八年夏　その年の夏、教会の壁は白いままで、ルブリョフが受けた壁画の仕事は全く進んでいなかった。司祭は主教が怒っていると伝えに来るが、肝心のルブリョフがそこにいない。彼はダニールと蕎麦の白い花が咲く広大な畑の脇で話し込んでいる。ダニールは早く絵を描きたいのだが、ルブリョフは人々に恐怖を与えるような「最後の審判」は描きたくないと言う。弟子のフォマーは「最後の審判」を別の教会で描くと言って出ていく。ルブリョフは爪を噛みながらそれを見ている。

　ここからしばらく幻影的な場面が続く。ルブリョフは「第一コリントス」の第一三章を心の中で唱え始める。「……天使の舌で語ろうとも、愛を持っていなければ、鳴る鉢か騒がしいシンバルになってしまったのである[*24]」。すると彼は黒い柱の残る焼け跡にいる。あたりにはポプラの綿毛が舞っている。どこなのかは分からない。「預言を持ち、あらゆる秘義とあらゆる知識を知っており、また山をも移すほどの信仰をすべて持っていたとしても、愛を持っていなければ、私は何でもない」。

『アンドレイ・ルブリョフ』　ルブリョフは異教徒たちの祭りに近づき、裸の女の儀式を見ているところを男たちに捕まって縛られる。この女に助けられると、彼は真実の愛を説くが説得力はない。翌日、舟に乗るルブリョフたちの近くを兵士に追われた彼女が逃げていくが、彼は傍観者のままだった。
［写真協力：公益財団法人川喜多記念映画文化財団］

白い壁ばかりの大公の屋敷の中にもポプラの綿毛が飛び、大公が通りかかる。「全財産を人に食べさせるために提供し、あるいは自分の身体を焼かれるためにわたそうとも、愛を持っていなければ、私は何の役にも立たない」。

また焼け跡に戻る。「愛は気が大きい。善良である、愛は、ねたまず」。振り返ったルブリョフは、焼けた黒い柱の下に若い草を見つけて、しゃがみ込む。「大言壮語せず、ふくれ上がらない……」。彼がその草を愛でようとすると、牛乳が顔にふりかかる。「すぐ怒ることをせず、悪を数え上げない。不正を喜ばず、真実をともに喜ぶ。すべてを我慢し、すべてを信じ」。牛乳をかけたのは大公の幼い娘だったが、彼女は大公の屋敷にいる。場所の辻褄が合わない。草が娘に変貌したのだろうか。「愛は決して倒れない。預言はといえば、止むだろう。舌はといえば、停止するだろう。知識はといえば、止むだろう。我々が認識するのは部分的なことでしかなく……」。ルブリョフは大公の屋敷にいて、悪戯して逃げる娘を笑いながら追いかけている。その間、「第一コリントス」が、娘に語りかけるように唱えられる。また、彼女が彼に牛乳をかけると、

『アンドレイ・ルブリョフ』　聖堂の絵画の構想が決まらないルブリョフは、石工たちが談笑する横で「聖ゲオルギオス」のイコン画を眺めている。聖ゲオルギオスは龍を退治することで村人をキリスト教に回心させた聖人で、モスクワ公国の紋章として大鐘にも描かれている。［写真協力：公益財団法人川喜多記念映画文化財団］

語りが終わり、ルブリョフは娘に、「お嬢様、いけません。悪戯は悪いことですよ」と言う。そして満面の笑みで大公の娘を抱きかかえる。

大公がルブリョフに石職人たちの仕事の出来を問う。ルブリョフは「最高です。軽やかで美しい」と答える。石職人たちも自慢する。だが大公の側近が、造り直したほうがいいと告げ口をする。石職人はそれを断り、次は弟公の仕事をすると言うと大公の表情がみるみる変わり、側近を呼んで何か指示を与える。ルブリョフは聖ゲオルギオスのイコンを見つめている。

大公の騎兵が弟公の屋敷に向かう石職人たちに追いつき、大公の命令通りに彼らの目を潰していく。屋敷では遊んでいた大公の娘が手を見つめて、「汚れちゃったわ」と言う。ルブリョフが唱えていた「第一コリントス」はこう続く。「完全なものが来たるときには、部分的なものは止む。幼児であったときには我々は幼児のように話し、幼児のように思い、幼児のように考えていた。だが私はすでに大人となったのだから、幼児のようなやり方を止めたのである。すなわち今私たちは鏡をとおして、謎のようなものを見ている……」。イングマール・ベルイマン監督の『鏡の中にある如く』(一九六一年)の題名はこの文言に依るものだが、この言葉がのちの展開と重なる。幼児とは大公の娘で、大公もこの娘ほどの認識しかない。ここで言う鏡とは正確に事物を映すことの比喩ではない。この時代の鏡は実際にはぼんやりとしか物を映さなかったのである。よって『鏡の中にある如く』とは曖昧な存在を指し、その曖昧さが石職人を殺すことになる。そして大公の幼い娘の手が汚れてしまうのだ。虐殺を知ったルブリョフは大公の娘の汚れた手が自分の手であるかのように、教会の白い壁に泥を塗りつける。場の緊張を和らげるためにダニールは虐殺の現場からただ一人生還したセルゲイに「第一コリントス」第一一章を読ませる。「……知るがよい、すべての男の頭はキリストであり、男が女の頭であり、神がキリストの頭である、ということを」。すると藁を抱えた白痴の娘が雨宿りのためか教会に入ってくる。彼女は髪を隠してはいない。「祈ったり預言したりするときに頭に何かをつける男はすべて、自分の頭を辱めるのである。祈ったり預言したりするときに頭に覆いをつけない女はすべて、自分の頭を辱めるのである。すなわちそれは頭を剃っている女とまったく同じことである。実際もしも女が（頭を）覆っていなければ、その女の髪を切ってしまえ。もしも女にとって髪を切ったり剃ったりするのが恥であるのなら、頭に覆いをつけるべきである」

娘が聖書を覗き込むと、セルゲイの朗読が止まる。しかしダニールに促されて再び読み始める。「……女が覆いをつけないで神に祈るのがふさわしいことであるかどうか。あるいはまた、男が髪を長くするのは恥ずかしいことであり、女が髪を長くするなら栄光あることだと……」。娘はルブリョフが汚した壁を見て泣きじゃくり、手で壁を拭くが逆に汚れが広がってしまう。その光景を見てルブリョフは「女に髪があるというのは……、聞いてくれ、今の話……、祭りのときに……罪人ばかりだった。罪は女だ。スカーフすらつけていない。罪なのは女だろうか」と言う。「第一コリントス」は「自然そのものがあなた方に教えているではないか。長い髪は覆いの代わりとして女に与えられたものだからである」と続く。

この「第一コリントス」の文言の矛盾はすでに指摘されている。*25 長い女の髪を称え、それが覆いの代わりであるのに女は教会ではかぶりものが必要だと説く。この意味不明な部分と白い壁の汚れに嗚咽する娘の長い髪を見て、ルブリョフは気づく。その元となったのが、「祭日」の章での一夜の体験だった。聖書の相対化という禁忌に触れたルブリョフは、感極まって雨の中に飛び出していく。悲しみに満ちた白痴の娘の絶望の表情と、歓喜に満ちた異教徒の女の欲望の表情によって、ルブリョフは描かれるべき「最後の審判」を見出したのである。絵画は無知なる民衆を畏怖させるものではなく、無垢なる民衆の、日々の絶望と欲望を描くべきであり、そこに「最後の審判」の情景があるのだと——。

ルブリョフを追いかけようとする弟子にダニールは、「懺悔をしにいくのだろう。そのままにしておけ」と優しく言う。ダニールはルブリョフが絵を描き始める予感を得たのだ。白痴の娘だけが彼の後を追いかけていく。ルブリョフを打つ雨は、彼の手についた汚れを落とすのだろうか。「第一コリントス」は、パウロが自分を批判するコリントスの教会へ送った書簡とされ、中でもルブリョフが唱えた第一三章は、「愛の讃歌」と称される特異な部分である。

タルコフスキーは男女の関係について、「女性にとってもっとも重要なことは、女性のままでいることです。……女性の特質は弱さであり、女らしさであり、愛です……」[*26]と言っている。

■襲来——一四〇八年　弟公の騎馬隊とタタール人の騎馬軍団が、怒涛のように大公の領地ウラジーミルを急襲する。弟公は兄の留守中に積年の恨みを晴らそうと、ロシア人の仇敵タタール人と密約を結んだのだ。民衆は弓矢や農具で応戦するが兵士に敵うはずもない。無抵抗の民が殺害されて、すべての物が奪われていく。ルブリョフの弟子も次々と犠牲になる。逃げ惑う人々が教会に集まる。そこに兵士が侵入する。ルブリョフは白痴の娘を助けるために、一人のロシア兵を殺してしまう。

タタール人の隊長は教会のマリヤ像を見て、処女懐妊を侮蔑する。金のありかを聞かれた司祭は口を割らない。弟公の顔に悔恨の表情が浮かぶ。ルブリョフが描くことを躊躇していた「最後の審判」がここに現出したのである。難を逃れたフォマーも弓矢を背中に受けて倒れる。両手を広げて川面に倒れる姿は、「アンドレイの苦悩」の章で彼が触った白鳥の翼のようである。川は彼が絵筆を洗ったときと同じように白く染まっていく。

ルブリョフと白痴の娘は教会の中で生き残っていた。焼けたイコノスタシス[*27]の前に現われた師フェオファンの亡霊に、ルブリョフはもう筆を握ることはないと話す。フェオファンが自分の絵は何度も焼かれたのに、お前は理由もなく絵を捨てるのかと問うと、ルブリョフは人を殺したことを告白する。

フェオファンは、「悪は人間の形でこの世に現われる。悪を倒すためには人を殺すこともある。神は許してくださるよ。殺した者は自分を罰しながら生きるのだ」と言い、「善をなすことを覚えよ。真実を探せ。追われた者を助け、孤児を守れ。主は言われた。私と共に考えよう。いかなる罪を犯そうとも、私が雪のごとく清めよう」と唱えて、「お前の罪くらい許される」と話す。これは「旧約聖書」の「イザヤ書」第一章の17節と18節にあたる。

ルブリョフは自分を罰するために無言の行に入ると言う。教会にはフェオファンが言ったように、雪が降ってくる。ここに「アンドレイの苦悩」の章でフォマーが川に流した絵の具の白が引き継がれる。白い雪は「最後の審判」の章の蕎麦の花、教会の壁や大公の屋敷、大公とその娘の服の色などとつながっている。さらに周りに浮かぶポプラの綿毛、殺された石職人の道具から流れ出す染料の白とも連なる。その染料は殺されたフォマーを追うように川を流れていく。次の「沈黙」の章にもそれは雪や人々の吐く息となって引き継がれ、白の循環はいったんそこで終わる。

フェオファンの言葉は、ルブリョフの心の内を表わしている。幻影はそれを見る者の意思を反映する――というタルコフスキーの設定はこの後『惑星ソラリス』でも繰り返される。

兄の大公と弟公は同じ役者が演じ、その違いは髪や髭の色合いぐらいである。大公が登場するのは、「最後の審判」の章と、この「襲来」の章で弟公が思い出す教会での和解の場面だけである。一方、弟公はこの章とのちに大公となって「鐘」の章に登場する。ただし「受難版」には弟公に捕えられた大公と妃、そして息子が民衆の前で蔑《さげす》まれる場面がある。この一人の役者が二役を演じる手法は、さらに複雑となり『鏡』の母と前妻、年少期の主人公とその息子で用いられる。

■沈黙――一四一二年　四年後、飢饉が到来する。ルブリョフが救った白痴の娘が、雪が積もった修道院の庭で食べ物を探している。修道士たちは腐ったりんごで餓えに耐えている。その中に出奔したはずのキリルがいた。彼が院長に許しを乞うと、聖書を一五回書き写して罪を償えと言われる。ルブリョフは無言の行を続けながら、焼けた石を木の枝が入った樽へ運んでいる。*28 そこに馬に乗った数人のタタール騎兵が現われて肉を犬たちに与え出し、白痴の娘もそれを食べる。彼女はタタール兵の隊長に近づき、輝いた武具に映る自分を見つめる。彼女の動きが止まり、隊長の顔を眺めるが、背を向けた彼女の表情は見えない。隊長は笑いながらこの娘を八番目の妻として「髪を金貨で飾ってやるぞ」と言って娘に兜《かぶと》を被せ、高級な布を纏《まと》わせる。娘は嬉しそうに踊り、引き戻そうとするルブリョフに唾を飛ばす。タタール兵の隊長は彼女を自分の馬に乗せ、ほかの騎兵とともに修道院を出ていく。

ルブリョフが作業に戻るとキリルが声をかける。「俺が分からないのか。大丈夫だ。きっとあの娘は戻ってくる」。ルブリョフからの返事はない。ただ動揺したのか、運んでいた焼け石を樽の手前に落とし、それが雪を溶かす。ルブリュフの無言の行を行なう原因となった娘はタタール兵とともに去っていった。彼女は本当に白痴だったのだろうか。ロシアには聖なる愚者——聖愚者を敬う伝統がある。聖愚者とはキリストを愛するがゆえに狂人となってしまった人や、狂人を演じることで世俗とは別の世界に住む人のことである。

白痴の娘は「最後の審判」の章でルブリョフの前に突然現われて、弟子が読み上げる聖書に耳を傾け、教会の壁が汚れたことを誰よりも悲しんでいた。ルブリョフは聖書の「女の髪」に関する文言から、気づきを得たのだが、彼女もタタール兵の武具に映った自分の姿を見た瞬間、何かを悟ったのだろう。彼女は狂気を装っていた聖愚者なのかもしれない。

■鐘——一四二三年　九年後、飢饉と病で疲弊した村に大公の騎兵が来て、少年ボリスに鐘職人の父親の居所を尋ねる。ボリスは父親も村人もほとんどが伝染病で死んだと言う。そして自分は鐘造りの秘伝を父親から受け継いでいると訴える。騎兵は疑いながらも彼を連れて帰る。兄の大公を倒して、その地位を奪って大公となっていたかつての弟公は、その権威を示すために巨大な鐘の鋳造を企てていた。

この章の主人公は鐘造り職人のボリスである。彼のいた村は焼け焦げてはいないが、『僕の村は戦場だった』の老人が暮らす焼け跡の村のように人気がない。ボリスも老人と同様に鶏を従えているのは、聖ペテロの象徴なのだろうか。彼はその聖ペテロのように物語の上で三度目の嘘をつく。それは「最後の審判」の章のフォマーの嘘と、「祭日」の章のルブリョフの嘘に続く、「自分は鐘造りの秘伝を知っている」という嘘である。その嘘から命を掛けたボリスの大芝居が始まる。大公が集めたほかの職人たちは彼の能力を疑い、製錬する土を見つけるために穴を掘れと命令しても従わない。仕方なく

『アンドレイ・ルブリョフ』 ボリスが鋳造した大鐘が姿を現わした。側面には聖ゲオルギオスが刻まれているが、ボリスの身体によって一部が隠されている。また鐘の音が響くときも綱でその顔が見えない。
［写真協力：公益財団法人川喜多記念映画文化財団］

少人数で土を掘ったボリスが木の根を手繰ると、根は大きな木につながっていた。それが彼に自信を与える。ボリスは粘土探しに苦労するが、ある雨の日、高台からすべり落ちた所に納得できる粘土を見つける。彼は「アンドレイカ、セミョーン、見つけたぞ。ピョートル、見つけたぞ。最高の粘土だ」と歓喜の声をあげて仲間を呼ぶ。そのとき対岸に馬車を引くルブリョフがいて、そのアンドレイカという名に反応したのか、彼はその後ボリスの鐘造りを見守ることになる。

ボリスは鐘造りの奇跡を何度も起こす。職人たちの意見が分かれて作業が頓挫しそうになれば、一番の手下であるアンドレイカに罰を与えて結束力を強めるのだ。

やがて巨大な鋳型に銅が流し込まれ、光と熱が現場を覆う。鐘造りは数多くの技術の集大成である。鋳型を造る粘土の質、水との配合、形、大きさ、厚さ、流し込む金属の分量、温度、流量などわずかな瑕疵《かし》がすべてを台無しにする、まさに知識と勘と経験が必要なプロジェクトだった。それは映画作りにも似ている。しかしボリスは鐘が完成に近づくにつれ苦悩の表情を見せる。彼には自信がなかった。彼の嘘が明らかになればすべてが終わる。それは彼の死を意味していた。不安に苛《さいな》まれるボリスを無言のルブリョフが見つめている。

白痴の娘が聖愚者かもしれないと書いたが、少年ボリスも虚実の曖昧な世界に住む聖愚者と言えるだろう。ロシアで最初の聖愚者はキリスト教をロシアに導入したウラジーミル公の息子のボリスとグレープだとされている。作者はその一人の名を最後の章の主人公に使っている。

鐘造りの現場には人が集まってくる。そこにかつての旅芸人もいた。彼はルブリョフの密告によって投獄されたと思い込み、彼を見つけると斧を持って襲いかかる。だがルブリョフは無言のままで身の潔白を主張しない。そこにキリルが割って入り、密告したのは自分だと訴える。すると旅芸人の怒りがおさまっていく。キリルはルブリョフに無言の行を止めるよう説得する。才能を使わないのは神の道ではないと彼は言う。集団作業である宗教画の製作には言葉が欠かせないのである。彼らの足元では焚き火が小さく燃えている。しかしキリルの説得も功を奏さない。

完成した鐘に浮き彫りで描かれている聖ゲオルギオスは、村人を苦しめていた龍を退治し、生贄の娘を助け、村人をキリスト教に改宗させた勇者である。モスクワ市の紋章にもなっている。「アンドレイの苦悩」の章ではルブリョフが聖ゲオルギオスのイコン画を眺めていた。完成した鐘の試し打ちの儀式に大公が臨席することを鐘造りの職人たちに伝えたのが、前大公のもとで石工たちの目を潰した騎兵隊の隊長だったので、職人たちは不安に陥る。馬に乗った大公は鐘を早く鳴らすようにとボリスに迫る。

列席したイタリア大使は、この鐘が鳴ることはないと断言する。彼の従者は「鐘が鳴らなければ、彼らは首を切られる」と話す。さらに大使はボリスを見て、「あの小僧を見てみろ。おびえきっている。

そうは思わんか」と言う。吊り下げられた鐘がゆっくりと回って聖ゲオルギオスの像が正面になるが、その顔は綱に隠れて見えない。

大使の従者は、「双子の兄がいましたが、大公に首を切られたとか」と話す。これはかつて大公だった兄が今の大公である弟に殺されたことを意味するが、話の流れからはボリスの兄が、大公に殺されたようにも聞こえる。かつての弟公＝今の大公はタタール人とともにルブリョフの弟子たちを含む民衆を殺している。またボリス役のコーリャ・ブルリャーエフが『僕の村は戦場だった』で演じたイワンも処刑させられている。さらに鐘造り職人を探して兵士が村を訪ねたときにボリスは、「イワンはタタール人に殺された」と言った。『僕の村は戦場だった』の要素がここに潜んでいる。

イタリア大使の関心は民衆にも向けられ、「それはそうと、きれいな女がいるぞ」と言う。その瞬間に、鐘は見事な音色を放つ。そして貴婦人のような白い衣装に身を包んだ、かつてタタール兵とともに修道院を去っていった白痴の娘が、女の子とともに馬を引いて現われる。白い連鎖は「襲来」の章では終わらず、この白い服の女の登場まで続くことになる。ボリスが造り上げた鐘が響き渡り、ルブリョフが振り向くと画面は女の微笑みに変わる。それは白痴の娘として登場したときの表情とは大きく異なり、別人のように見える。

人々のありようはここで逆転する。職人たちを威嚇した大公たちの存在は薄くなり、鐘の音が職人たちや民衆を祝福しているかのように響き渡る。騎乗の大公たちの行進に鐘の連打が重なると、それは退場の伴奏のようにも聴こえる。奇跡を起こしたボリスは座り込んだままだったが、やがて力なく泥濘《ぬかるみ》を歩き出す。その周りには職人たちを処刑するために用意されたかのように、車輪刑の柱が何本も立っている。ボリスはまた力尽きて、鐘を吊るすための縄の杭に泣き崩れる。
そんなボリスをルブリョフが自分の息子でもあるかのように抱きかかえる。それをかつての白痴の娘が遠くから見つめている。ルブリョフのもとを去った彼女がこの場に現われたことも奇跡と言える。聖堂の壁の泥に哀しみの嗚咽を漏らした彼女は、そのときルブリョフにイコン画の意義を気づかせてくれたのだが、いま彼女は再び聖愚者としてルブリョフの情熱を呼び覚ましたのである。それゆえにルブリョフはボリスを抱き上げる力を得たのだ。近くにある焚き火がここで燃え上がる。

『アンドレイ・ルブリョフ』 疲れ果てたボリスは鐘が鳴り響いた安堵から泥濘に跪く。ルブリョフは無言の行を終わらせ、自分は絵を描く、お前は鐘を造れとボリスに言う。ここには、父アルセーニーに『僕の村は戦場だった』の成功を祝してもらいたかった作者の心情が現われている。

［写真協力：公益財団法人川喜多記念映画文化財団］

ボリスの鐘造りを終始眺めていたルブリョフは、彼の嘘に気づいていた。嘘はこの作品の主題の一つである。フォマーのさぼりを取り繕う嘘に始まり、ルブリョフの異教徒との交わりの嘘、そしてボリスの自らの生死をかけた嘘がつながり、それらの奥底にはタルコフスキーの嘘が潜んでいる。ボリスは言う。「秘伝なんて嘘だ。親父は何も伝えてはくれなかった」。するとルブリョフは無言の行を破り、嗚咽するボリスに、「一緒にトロイツキイ教会に行こう。私は絵を描く。お前は鐘を造ればいい。皆が喜んでいる。泣くことなんてない。すべてはこれからだ」と諭す。
　ボリスの嘘——。全身全霊をかけたこの嘘が奇跡を起こした。二人の近くの焚き火が燻《くすぶ》っている。それがクローズアップされ、画面が朱色に染まり、朱色の絵画が現われてくる。ルブリョフの奇跡が始まろうとしている。

■エピローグ　焚き火の残り火の向こうに絵画が浮かび上がる。ルブリョフが描いたとされるイコン画が[*29]、「受胎告知」「エルサレム入城」「キリスト降誕」「イエス・キリストの変容」、そして「聖三位一体（至聖三者）」と続き、さらに「大天使ミカエル」と「救世主」の一部分が映し出され、最後に雷が轟《とどろ》いてイコンの表面に水滴が流れる。やがて光を浴びて川の中州にいる数頭の馬が、驟雨《しゅうう》に濡れて佇《たたず》む。その一頭は、たぶんプロローグで飛行の奇跡を行なって墜落死した男を目撃した馬であり、もう一頭はかつて蔑《さげす》まれていた白痴の娘と一緒に歩く女の子が引く馬、あるいは大公や大使の馬なのだろう。この馬たちは奇跡の目撃者でもあり、かつ「ヨハネの黙示録」に記された四頭の馬なのかもしれないのだ。タルコフスキーは「アンドレイ・ルブリョフの人生の物語は、われわれにとって、事実上、〈教授され〉、無理に押しつけられた思想についての物語であり、この思想は、生きた現実のなかで燃え尽きたあと、灰のなかから、まったく新しい、たったいま発見された真理として現出してくるのである[*30]」

ルブリョフの「聖三位一体」『アンドレイ・ルブリョフ』のエピローグに映されるこのイコン画は、ルブリョフがボリスにいっしょに行こうと話すトロイツェ・セルギエフ大修道院で描かれたという。この絵画は『惑星ソラリス』や『鏡』にも登場している。また『ストーカー』でテーブルに登場人物が集う構図はこの絵と酷似している。

と書いている。この焚き火の中からイコン画が現われる場面は、まさにそのことを表わしているのだろう。

受難と無言の行

タルコフスキーは、『僕の村は戦場だった』の監督の座を得るために、「イワンが夢を見るんです」と恩師のミハイル・ロンムに話している。それが悲劇的な小説を映画にする秘訣だと言う。この言葉はボリスの「僕は秘伝を知っているんだ。雇わないと後悔するぞ」に通じている。タルコフスキーはモスフィルムの監督だったが、まだ一本の作品もない給料取りだった。ゆえに貪欲で、彼の言葉には打算や虚栄からの嘘も含まれていたことだろう。

ボリスを連れて帰った兵士のように、ロンムはタルコフスキーを「使えそうな小僧だ」と考えた。映画製作には鐘造りのように知識と経験と勘が必要だが、ロンムは彼がそれらを持ち合わせていると見たのだろう。『僕の村は戦場だった』で描かれた「イワンの見る夢」は、タルコフスキーの少年時代の情景を反映しているが、それが彼の制作の原点となっていく。

デビュー作が完成するまでの道程《みちのり》は、ボリスの鐘造りに似て苦難の連続だったに違いない。職人たちがボリスを軽く見ていたことや、やがて彼らがボリスの指示に従う様子は、タルコフスキーの実体験でもあったのだろう。鐘の鋳型を造るまではシナリオ制作、銅を流し込む作業は撮影、型を剥がして鐘楼に吊るのは編集、そして鐘を鳴らすのは一般公開といったように、監督はすべてを睥睨《へいげい》し、「秘伝を知らないこと」を知られてはならないのである。

そして奇跡は起こり、『アンドレイ・ルブリョフ』の鐘の音に民衆が歓喜の声をあげたように、『僕の村は戦場だった』という名の「鐘」には賞賛の声が寄せられた。この「鐘」が響かなければ、ボリスの死が予定されていたように、タルコフスキーは監督としての未来を失っていたのかもしれない。『僕の村は戦場だった』で部屋に残されたイワンが、小さな鐘を天井から吊るして戦争遊びを始めるが、やがて心の中で本当の戦闘が始まる。きっかけは処刑された子供たちが天井に刻んだ遺言だった。それは文字で描かれた最後の審判なのだろう。彼はそこでベールを被った母親の幻影を見ているが、そこが教会だったから母親は髪を隠していたと考えられる。しかし同じ女優が演じる『アンドレイ・ルブリョフ』の白痴の娘は髪を隠していない。虐殺と最後の審判、そして鐘、さらに女の髪。それらは『アンドレイ・ルブリョフ』の重要な要素だが、作者はすでに『僕の村は戦場だった』にそれらを登場させていたのである。

とりわけ女の髪はこの作品の重要な要素である。「アンドレイの苦悩」の章のフェオファンとルブリョフの議論は、タタール人にロシアの女が髪を売ったというエピソードに端を発していた。「最後の審判」の章では、聖書の髪に関する記述からルブリョフは気づきを得ている。「襲来」の章では白痴の娘が犠牲者の髪を結っている。そして彼女は「鐘」の章の最後にベールをかぶった正装の婦人として現われている。

当初彼女は泣いたり笑ったり、わめいたりするだけで言葉を発することはなかった。ルブリョフが無言の行に入ってからは、二人でその行に徹しているかのようだった。ルブリョフが彼女に触れるのは「襲来」の章で手を引くときとロシア兵から逃れるとき、そして「沈黙」の章でタタール人たちから引き剥がそうとするときである。すべては彼女の危険回避を目的としている。また、彼女はルブリョフが焼けた石を運んでいればそれを手伝い、あるいは近くに座ってそれを楽しそうに見ている。「受難版」にはルブリョフが彼女の髪を撫でている場面もある。ルブリョフは大公の幼い娘と同様に彼女に

『アンドレイ・ルブリョフ』　石工たちが大公に殺されてルブリョフの信念が揺らぐが、白痴の娘の様子と聖書の文言から彼は気づきを得る。彼が雨に濡れて神に祈りを捧げると、彼を祝福するように娘が跪く。しかし作品ではルブリョフが聖堂を出るところで終わり、この場面は採用されていない。
［写真協力：公益財団法人川喜多記念映画文化財団］

接していたのである。「最後の審判」の章はルブリョフが教会の外に出て、娘が追うところで終わるが、その後雨に打たれながら跪《ひざまず》き祈りを捧げる彼の後ろで、娘が座り込んでいるスチル（上の写真）がある。[*31] ルブリョフは民衆の無知が罪ではなく、無垢であることが幸いだと知り、それを確かめるために祈っている。白痴の娘が彼の傍らにあるのは、聖愚者として彼の祈りを称えていることになる。それがあまりに率直な表現なために削除されたのかもしれないが、そこには二人の心情的な親密さが窺《うかが》える。ルブリョフは彼女に崇高な無垢を見て庇護しようとしたのだ。それは愛以外の何ものでもないだろう。「祭日」の章での異教の女と交わした、愛についての問答の答えがそこにあったのである。

ルブリョフはボリスの奇跡を目撃し、さらに彼女の復活の奇跡を知り、無言の行を終わらせた。一緒に来た女の子は先にいくが彼女は立ち止まって、ルブリョフたちを見つめている。それは『僕の村は戦場だった』の最後の夢の母親とイワンの関係を思い出させる。作者は自身の映画の奇跡をボリスの身を借りて、白痴の娘と重なる母に祝福させたのだ。ボリスの鐘が響く瞬間にルブリョフが振り向く場面は、「受難版」では鐘の鳴る前から映っている女の子と彼女が、鐘の音が響くと同時に微笑むのである。かつてルブリョフが見つめていたイコン画に描かれ、鐘に刻印された聖ゲオルギオスが救った娘とは、彼女だったのかもしれない。

『アンドレイ・ルブリョフ』は、『僕の村は戦場だった』とは異なり、タルコフスキー自身が企画した作品である。彼はボリスに自分の過去を投影させると同時に、ルブリョフに未来を託した。そしてエピローグで丁寧に映し出される色彩豊かなイコン群は、これから作る映画の象徴であった。ロシア正教のイコン画は修行を重ねた聖職者であるイコン画家が、何の手本も用いずに幻影として浮かぶイエス・キリストや聖母マリヤ、使徒、大天使、聖人など描いたものであり、信者はそこに描かれた対象を拝することになる。この幻影を媒介とした回りくどい信仰の手順は、偶像崇拝を禁止した教義と民衆の信仰の現場との妥協の産物なのだろう。タルコフスキーは制作スタッフに何度となく「映画とは、これは夢なのだ」[*32]と話していたという。つまり彼の作品は彼の思い描く幻影をフィルムに蒸着《じょうちゃく》させたイコン画と言えるのである。だが、ルブリョフが無言の行でイコン画の製作を中断させたように、タルコフスキーもまた五年間映画を作れなくなるのである。

〔4〕虚空の孤独――『惑星ソラリス』

撮影開始まで

前作『アンドレイ・ルブリョフ』は一九六六年に完成したが、公開そのものが禁止される。この時期のタルコフスキーは学生時代の友人であり、『ローラーとバイオリン』や『僕の村は戦場だった』でともに脚本を書いたコンチャロフスキー監督の『最初の教師』(一九六五年)の脚本作りに参加したり、妹マリーナの夫であるアレクサンドル・ゴードン監督の『セルゲイ・ラゾ』(一九六七年)の脚本作りに協力し、俳優としてもラゾを狙撃する風変わりな白衛軍将校役で出演している。また『アンドレイ・ルブリョフ』でルブリョフを演じたソロニーツィンが出演するレオン・コチャリャン監督の『千に一つのチャンス』(一九六八年)でも脚本の一部を担当、フォークナーの短編小説が原作のラジオドラマ『急旋回』(一九六四年)を製作していた。これは第二次世界大戦中のイギリス海軍将校の物語で、録音スタジオに集まった声優たちに役と同じ軍服を着せ、既存の効果音に満足せず生の音源も用いている。主役を演じたのは当時一八歳のニキータ・ミハルコフである。しかし完成しても放送許可は下りず、電波に乗ったのはタルコフスキーが亡くなった翌年の一九八七年九月だった。

映画製作を渇望していたタルコフスキーにとって、この空白の時期は耐え難かったに違いない。一九六六年から六七年に彼は、アレクサンドル・ミシャーリンとのちに『鏡』となる「告白」や「白い日」という名の脚本を執筆しているが、その企画が動き出す前に事態は別の方向へと向かう。一九六三年、タルコフスキーは映画監督セルゲイ・ボンダルチュクの娘でのちに『惑星ソラリス』の主演女優となる、当時一三歳のナタリア・ボンダルチュクから、ポーランドのSF作家スタニスワフ・レムの『ソラリス』を渡されたのである。[*33]

そして一九六五年にもう一つの出来事が起こる。タルコフスキーは、ソビエト訪問中だった原作者のレムに、『ソラリス』を映画化したい旨を伝え、[*34]この宇宙の物語のすべてが地上で展開するという企画案を提示する。[*35]しかしレムはそれを受け容れず、二人に合意点は生まれなかったのである。こうして二人の出会いの場は喧嘩別れの場となった。

物語の概略と原作との相違

『ソラリス』はレムのいわゆるコンタクト三部作の一作で、これらの作品は宇宙で接触する知的生命体は人間の想像を超える形態で存在し、意思疎通は不可能であるという主旨に貫かれている。

小説では人類が惑星ソラリスを探査し、ソラリスの〝意思〟にコンタクトしようとする徒労に満ちた歴史が研究書や報告書によって綴られていく。その細密な描写がこの小説の神髄である。

惑星の周回軌道上にある宇宙ステーションでは研究者が惑星調査に従事してきたが、何の成果も得られないまま年月だけが過ぎていった。その調査から撤退するかどうかの判断が主人公クリスに託される。しかし彼もまたソラリスの呪縛に囚われ、ソラリスの海から送り込まれた「お客」との接触に苦悩の日々を送る――というのが映画『惑星ソラリス』の骨格である。原作でもそうしたクリスと彼の「お客」である自殺した妻ハリーとの交流が描かれているが、それは小説の要素の一つに過ぎなかった。

さらにソビエトで出版された翻訳本は、編集段階で本文が大幅に削除されていた。日本で出版されたロシア語からの重訳である飯田規和訳の『ソラリスの陽のもとに』も同様である。そのロシア語版の前半は性的表現や宗教に関連する細かな部分が削られ、後半ではソラリス学やソラリスそのものの詳細な描写、そしてクリスが見る夢の内容が削除されている。このことで膨大なソラリス研究に関する魅力的な文章と整合性が失われ、結果としてクリスとハリーの不条理な恋の顛末の比重が大きくなったのである。

日本での『ソラリスの陽のもとに』は、まず『SFマガジン』の一九六四年一〇月号から一九六五年二月号に連載され、同年七月に「ハヤカワ・SF・シリーズ」として発行される。また一九六八年一一月には『世界SF全集23』(早川書房)に収録された。さらに一九七七年の映画『惑星ソラリス』の公開時、「ハヤカワ文庫SF」となるが、すでにソビエトでは一九七六年に完訳版が発行されているにもかかわらず、一部を除いて削除部分が訳出されることはなかった。日本での原著のポーランド語からの完訳は二〇〇四年の沼野充義訳による『ソラリス』(国書刊行会)が最初である。すでに小説が書かれて四五年、最初の日本語訳から四〇年の歳月が流れていた。現在はこの翻訳がハヤカワ文庫SFの二〇〇〇番として発行されている。

タルコフスキーはレムの意向を配慮して企画書を書き直し、一九六八年にモスフィルムによって映画化権が買い取られるのだが、映画化される前に、『ソラリス』の最初の映像作品であるソビエト製のテレビドラマが、ほぼクリスとハリーの悲恋物語として一九六八年に放映されている。このテレビドラマ製作とレムの間にトラブルがあったかどうかは不明である。レムとの軋轢《あつれき》はタルコフスキーに迷いを生じさせ[*36]、製作中の『惑星ソラリス』のセットや衣装には、さまざまな未来的意匠が施されては取り外されることになる。不採用となったそれらの意匠——黒焦げのロケットや惑星ソラリスの全体像など——はトレーラー映像[*37]などで見ることができる。

この作品における直接的な宗教的要素としては、タイトルバックと劇中に流れるJ・S・バッハの『イエスよ、私は主の名を呼ぶ』と、クリスが祈るように前に立つルブリョフのイコン画「聖三位一体」以外に見当たらないが、罪の意識や死の認識などを含めれば宗教的な意味合いは色濃い。作品のテーマを問われたタルコフスキーは「ただ人間の良心の問題だけが提起されていたのです。良心が、突然、物質化されて、現れ、その〈所有者〉を苦しめるのです[*38]」と答えている。つまりソラリスがクリスたちの夢を読み取り、それぞれに届ける「お客」は彼らの良心の創造物なのである。一方レムは、小説の意図を「人類が、他の星にいたる道の途上で、理解不能な未知の現象に出会った場合の製作見本《モデル》（私は精密科学の用語を用いている）となるはずの作品である[*39]」と語っている。つまりタルコフスキーの視線が過去と人間の内面に向いているのに対して、レムのそれは未来と地球の外側に向いていることになる。

レムはソビエト版にわざわざ序文を追加し作品の意図を説明している。その内容は一見理にかなっているようだが、小説を読み込むと首を傾げざるを得ない個所に遭遇する。例えば物語の終盤でクリスとスナウトがソラリスについて語り合う中、彼らは神の概念に触れている。この神学論争的な部分は当初のソビエト版では削除されているのだが、物語の結語めいたこの会話がレムの言う「未知の現象に出会った場合の製作見本《モデル》」だとすれば、この小説は人類と神の概念に似た存在との接触の不可能性を描いていることになる。またスナウトに「あの最高会議ときたら、おれたちをここに贖罪者として送り込んできたわけだが、ここで贖うべきは自分の罪じゃない、というわけさ」*40と言わせているが、この部分は当初のソビエト版でも削除されてはいない。この贖罪という概念はキリスト教上の最重要タームであり、心の奥底に潜む罪の意識に直面する人々の姿を描こうとするタルコフスキーにとっても重要なテーマである。つまり二人の本旨は、レムが述べているほど異なってはいないのかもしれない。私はその検証作業をすでに拙稿*41で試みている。

しかしレムはタルコフスキーのシナリオが気に食わず、映画を見たのはテレビで放映された四年後だったという。たぶん彼はどこまでも文字の人だったのだろう。*42

もう一つ原作に関する事情がある。タルコフスキーは『アンドレイ・ルブリョフ』の製作過程で脚本を一から作ることの楽しさと苦しさを感じていた。苦しさとは創作上のそれではなく映画製作上の困難のことである。彼は多くの時間と労力を費やして何編もの「文学的脚本」を書いた。それが審査に回され、それを潜り抜けてようやく製作に入ることができたとしても、脚本の一部は製作費の問題で見送られて、完成した作品にさらに手を加えることが要求され、修正してからも数年間の公開禁止が待っていたのである。

そこから彼は大きな教訓を得た。正攻法で物事を進めることはときに大きな障害を生む――と。そこでソビエトでも翻訳本が流通している著名なSF作家の作品を原作にすれば、製作が容易になると考えたのではないか。もちろん原作そのものにも興味を持っていたことは当然である。彼は主人公の夢の中に現われる贖罪の意識が現実化することに強く惹かれたのだろう。『僕の村は戦場だった』では主人公イワンが夢を見ることを提案して彼は監督の地位に着いたのであり、以降すべての作品で夢はタルコフスキーの重要なテーマとなっていく。当時彼は『惑星ソラリス』以外にも数多くの企画案をゴスキノ(ソ連邦国家映画委員会)に提出していたのだが、この作品はゴスキノの側にとっても極めて好都合な企画と考えられた。ゴスキノは海外でも評価の高い監督に製作の機会を与えないことは、対外的な見地から好ましくなく、またSFというジャンルを社会性の薄い分野と考えたのだろう。かくして審査は通り、一九七〇年に『惑星ソラリス』の製作が始まる。『アンドレイ・ルブリョフ』が完成してからすでに四年の年月が流れていた。

また、当時のタルコフスキーは決して孤独だったわけではない。『アンドレイ・ルブリョフ』の上映運動の一躍を担った一人に映画監督のグリゴーリー・コージンツェフがいた。彼は文芸作品を数多く撮ってきた監督で、タルコフスキーとは作風が異なるが、彼には才能ある若者を支える使命感があった。そうしたベテラン監督の言動が、『アンドレイ・ルブリョフ』の解禁だけではなく、『惑星ソラリス』の製作にも影響を及ぼしたと考えられる。

コージンツェフはタルコフスキーと手紙*[43]のやり取りでアドバイスを与えた。彼は『ドン・キホーテ』を監督していたが、『惑星ソラリス』ではその小説が重要なモチーフとなっている。また、コージンツェフが監督した『リア王』の主役ユーリー・ヤールヴェトがスナウト役に抜擢され、同じく『リア王』に出演していたドナタス・バニオニスがクリス・ケルヴィンを演じた。『アンドレイ・ルブリョフ』以来の常連となるアナトーリー・ソロニーツィンはサルトリウスを、ソビエト時代のすべての作品に参加しているニコライ・グリニコはクリスの父親、タルコフスキーに小説『ソラリス』を渡したナタリア・ボンダルチュクがクリスの妻ハリー、『アンドレイ・ルブリョフ』ではキリスト役だったソス・サルキシャンがギバリャン、そして製作スタッフでありながら、『アンドレイ・ルブリョフ』でキリストとともにゴルゴダの丘へ向かう聖母マリヤや、のちに『鏡』で「作者」の息子にプーシキンの文を読ませる不思議な婦人を演じるタマーラ・オゴロドニコワがクリスの伯母アンナを演じている。

以降、映画のこの物語を「地上の場面」「宇宙の場面」「帰還の場面」に分けて検討する。

「地上の場面」の概略

川の流れに水草が揺れて紅葉した落ち葉が一枚流れていく。それを草原に立つ主人公クリス・ケルヴィンが眺めている。金属ケースを手にした彼の表情は暗い。鳥の鳴き声や虫の羽音が聴こえ靄《もや》が立ち込めている。彼は森を歩き、水辺の向こうに大きな風船が括られた家を見る。馬が躍り出た後、彼が池の水で手を洗っていると遠くで自動車が停まり、その車を迎えた父親が「クリス、こっちに来なさい」と彼を呼ぶ。この父親の言葉が最初の台詞である。父の友人で惑星ソラリス探査のパイロットを務めたバートンが、その体験をクリスに伝えに来たのだ。バートンは男の子を連れていて、男の子はすぐに近所の女の子と遊び始める。バートンと父親は部屋の中でクリスが明日ソラリスへ旅立つことや、心理学者の彼が宇宙ステーションの存続を判断すると話している。バートンが家を褒めると、突然雷鳴が響いて雨が降り始める。子供たちは犬を連れて道路下のトンネルへと逃れるが、クリスは自宅のバルコニーで雨に濡れている。彼の前のテーブルにはお茶のカップとりんごが置かれ、齧《かじ》りかけのりんごには羽蟻が止まっている。

雨が止み、クリスと伯母のアンナはバートンが持参したビデオを見る。このビデオ映像を最初の映画内映像「バートンの審問」とする。そこにはかつてソラリスの海の上空を飛行したことに関する若いバートンへの審問が映っている。後ろにはツォルコフスキーとガガーリンの肖像がある。彼は海が公園のように変化したことや、大きな赤ん坊を目撃したことを話すが飛行中のフィルムには何も映っておらず、幻覚だったと結論づけられる。

父親はクリスとの最後の一日を大事にしたかったが、二人の関係はぎくしゃくしたままだった。旅立つクリスと父との永久の別れが仄《ほの》めかされるが二人は和解できずにいる。そんなとき、額に入った女性のモノクロ写真がクローズアップされる。彼女は亡くなったクリスの母親だとのちに分かる。クリスとバートンは話をするために外に出る。バートンが連れてきた男の子はクリスの家の馬を怖がっているので、アンナが「優しいのよ」と言って彼を馬小屋に連れていく。

クリスとバートンの会話は噛み合わない。クリスはソラリスを徹底的に調べる必要があると言うが、バートンは非道徳な手段は慎むべきだと返す。真剣なバートンをクリスは尊重せず、やがて二人の会話は口論となり、バートンは怒って帰ってしまう。それを知った父親は満足に人と接することができなければ、宇宙に行くのはとても危険だとクリスを諫《いさ》める。

居間で父親とアンナが見ている大型画面テレビのニュースで、ソラリス探査の現状と、研究員であるサイバネティックス学者のスナウト、天体生物学者のサルトリウス、そして物理学者のギバリャンが紹介されていた。その途中で画面が自動車に乗ったバートンからのテレビ電話に切り替わり、彼は自分が目撃した赤ん坊が行方不明の隊員の子供に似ていたことを伝え忘れた、ソラリスに着いたらそれを思い出すように——と言う。これを二つ目の映画内映像「バートンの連絡」とする。

夕暮れの中、クリスは庭で書類を燃やし始め、家族のフィルムと草を持っていくと父親に言う。アンナは涙を拭いてクリスから離れ、遠くの風景を眺めている。焚き火のすぐ脇には若い女性と老女の写真があり、近くの書類が燃え始めている。居間のテーブルの上にはセルバンテスの小説『ドン・キホーテ』と土の入った金属ケースが置かれ、旅立ちの準備をするクリスはそれを鞄に入れる。彼がテラスに出ると夕闇の中に馬が走り寄る。そして次の場面で彼はすでに宇宙船に乗っている。

「地上の場面」の検討

ぎこちない展開はタルコフスキー映画の特徴の一つだが、『惑星ソラリス』ではそれが特に顕著である。会話は不自然で動作は唐突、さらに物語の進展そのものが不可解で、観客はその疑問を解こうとする間もなく次の疑問に出会うことになる。どうして家に風船が結ばれているのか。なぜ馬を飼っているのか。金属ケースにどんな意味があるのか。バートンが連れた男の子は誰なのか。女の子はなぜ現われたのか。クリスはどうして雨に濡れるのか。アンナとクリスはどんな関係なのか。それらの答えは得られず、会話は尻切れトンボで要領を得ない。しかしそのいくつかはその後の展開の伏線となっている。タルコフスキーは『惑星ソラリス』を製作中の日記に「最小限のものを示すことで、その最小限から残りの部分がどうなのか、全体がどうなっているのか、観客が自分で考えざるをえないようにすることなのだ」[*44]と書いている。

この「地上の場面」は原作にはない。原作の登場人物も主人公のクリス・ケルヴィンとアンリ・バートン、そして写真のハリーの三人だけで、バートンは書類にのみ存在する。一方、原作にない人物はクリスの父親[*45]、伯母のアンナ、バートンの孫、彼と遊ぶ女の子、写真のクリスの母親、焚き火の近くの写真に写る老女である。ここでは「バートンの審問」に映る人物はカウントしない。

原作者のレムが命名した主人公クリスの名前はキリストを想像させる。タルコフスキーもこれを活用する。映画は父親の「クリス、こっちに来なさい」という台詞から始まり、この言葉は終結につながることになる。いくつかの親子の会話はクリスの旅立ちが終生の別れということを窺《うかが》わせる。不思議な存在なのはアンナと呼ばれるクリスの伯母である。物語への関与が乏しい彼女はクリスと父親の話の邪魔をして窘《たしな》められるが、馬を恐れるバートンが連れてきた男の子の世話をして、クリスとの別れに涙している。アンナという名前は聖母マリヤの母、つまりイエスの母方の祖母の名前である。

クリスの妻ハリーは焚き火の近くに写真として登場する。母親同様に彼女が誰かはここでは明かされていない。その写真は燃やされずにソラリスへの荷物となったことが後で分かる。さらに先ほど触れた焚き火近くの逆向きになっている老女の写真は、タルコフスキーの結婚したばかりの妻ラリッサの母親アンナ・セミョーノヴナと思われるが、このことについては第二章で述べることにする。

抽象的な映像にはそれぞれ意味がある。水草が揺れ動く最初の場面の美しさは、のちに映る宇宙ステーションの汚さと対極をなしている。一枚の枯葉が水草の上を流れカメラがそれを追いかける。観客はクリスとともに宇宙へ移動した後もこの場面を記憶し、終盤、揺れる水草を再び目にするとき、冒頭の場面がただ美しいだけではなかったことに気づく。クリスの左手には最初から金属ケースが握られている。父親との会話[46]や部屋に置かれている場面でこの中に草や土が入っていることが分かる。この金属ケースがのちに物語全体の鍵となる。森の散歩から戻ったクリスは池の水で手を洗っているが、その汚れは金属ケースに草と土を入れたときのものだろう。クリスは物憂げながらも心地良さそうに雨に打たれているが、その近くのテーブルのりんごとその噛み跡ものちの物語の一部と連関する。

散歩の途中に馬が躍り出るが、その厩《うまや》はガレージにある。「ルカ福音書」にイエスを飼い葉桶に入れたとあることから、[47]キリストが生まれたのは一般的には馬小屋とされている。その馬をバートンが連れてきた男の子は怖がっていたが、アンナは「やさしい馬よ。ごらんなさい、きれいでしょう」と言って彼の恐怖心を取り除こうとする。馬は地上の場面の最後にも、バルコニーにいるクリスの前に歩み出る。そして彼はこの後すぐに宇宙へと旅立つ。『アンドレイ・ルブリョフ』のプロローグでは気球に乗る男が空を飛び、そして墜落する。その男の近くにも馬がいるのだが、クリスもまた気球の男と同じ運命を辿ることになる。

犬も大きな役割を果たす。地上の場面では子供たちの相手となり、クリスとの別れを悲しむアンナの傍らに座る。鳥も重要なモチーフとなる。冒頭に鳴き声がし、あたりの草を揺らす。家の窓辺の鳥かごに入ったセキセイインコは、二羽が頭の周辺が黄色で胴体が緑、一羽が青色と白色で、その色合いはルブリョフの「聖三位一体」の天使の姿を思わせる。ほかにも気球を引っ張る鳥の絵が何枚かクリス家の室内に掲げられ、宇宙でも剥製の鳥が飾られている。そして挿絵の頁を開いたままテーブルに置かれる土に汚れた『ドン・キホーテ』は、終盤の物語に大きく関与していく。

この「地上の場面」では、レムの言う他者との接触が暗示されている。バートンが連れてきた男の子の行動がそれで、最初に出会った女の子に彼は「こんにちは」と挨拶し、女の子は間を置いて「こんにちは」と返す。この間こそ互いに理解し合えるかどうかを探っている時間なのである。彼にとって女の子は意思疎通が可能な対象であり、それはすぐに彼女の返答で確認される。知らない者同士だった彼らはすぐに意思と身体の交流、つまり遊びを始める。彼にとってはケルヴィン家の犬も共通理解の対象であり、二人の交流の素材として機能する。だが馬はそうではなかった。馬という存在は理解しつつも、突然目の前に現われたその他者は彼にとって恐怖すべき対象であり、彼は逃げ出すことになる。彼が容易に接することができた女の子と犬、また恐怖の対象として現われた馬はレムの言う「他者との接触のテストケースの表現」と考えられる。つまり男の子が人類の象徴ならば黒い馬はソラリスなのである。アンナは彼を馬の前に導き、それが優しい存在だと説明してくれる。そのことによって男の子と馬との接触は成立したようだが、クリスが向かう宇宙にアンナは存在しないのである。

「宇宙の場面」の概略

『惑星ソラリス』　この作品はクリスとハリーの奇妙な恋物語ではない。心の奥底にある望みが具現化されると、人はそれにどう対応するのか、そもそも人の望みとは何なのか。主人公は宇宙という場所で、その問いに直面するのだ。しかしクリスがこの服を着た場面は存在しない。　［写真提供：ロシア文化フェスティバル］

宇宙ステーションにクリスが到着しても誰も迎えに来ない。彼はそこで躓《つまず》いて靴紐を縛り直す。これが彼の宇宙での最初の動作となる。クリスが部屋を訪れると、スナウトは幽霊でも見るかのような不安な眼差しで彼を迎え、やがてクリス本人だと分かると、ギバリャンが自殺したこと、そして人間は三人だけだから変なものが見えても自制するようにと言う。そのときクリスはその部屋でハンモックに横たわる男の子を目撃する。

クリスは清潔に整った自分の部屋を確保すると、乱雑で汚れたギバリャンの部屋で自分宛のビデオ録画を見つける。これを三つ目の映画内映像「ギバリャンの遺言」とする。その場で再生すると彼はサルトリウスの主張であるレントゲン放射の案に賛成し、それが惑星ソラリスと接触する唯一のチャンスだと言う。そのビデオの途中で、クリスは人の気配を感じてドアを必死で押さえる。それがおさまると、ビデオの横にあった短銃を持って実験室にサルトリウスに会いに行くが、彼とは口論となる。ドアからは小人《こびと》が飛び出しまた戻っていく。このとき穏やかなソラリスの海の表面が映し出される。

そしてクリスは廊下を歩く青い服の少女を目撃し、ついていくと、ギバリャンの死体が安置されている冷凍庫に辿り着く。クリスは自分の部屋に戻り「ギバリャンの遺言」の続きを見る。そこには先ほどの少女が映っていて、ギバリャンは良心にかかわることで自殺する決意をしたと語る。少女は彼に牛乳のグラスを差し出す。映像を見終わったクリスは靴の紐を結び直してベッドでうたた寝をする。するとそこにクリスとの諍《いさか》いが原因で一〇年前に自殺した妻のハリーが現われる。バートンの忠告が具現化したのだ。裸足の彼女は履物をクリスの荷物に探すが、代わりに自分の写真を見つける。彼女は最初それが誰だか分からないが、鏡を見て初めて自分だと気づく。

そして彼女は知らないはずのスナウトの名前を口にする。クリスは彼女の服の紐を解きながら、服が脱げない構造であることを知る。ここにも紐が登場する。袖には自殺の注射のために破った跡と注射の傷がある。混乱した彼は彼女をロケットに乗せて宇宙へ放出してしまうが、その際の炎で火傷を負い、シャワーで冷やしているとスナウトが現われ、「お客」について話し出す。彼は「お客」が親しかった人だったのは運がよかったと言う。するとクリスが地球から持参した金属ケースが映る。その後スナウトは木の葉の音がすると言って、換気口に短冊状に切った紙を付ける。その音を聞きながらクリスが眠っていると再びハリーが現われる。クリスはこの彼女を受け容れ抱きしめる。そして朝、クリスがいないことに驚いたハリーはドアを打ち破り大怪我をする。しかしその傷はすぐに治ってしまう。

クリスはこの二人目のハリーを連れて、実験室でスナウトやサルトリウスに会う。その途中でハリーは紐状のものを拾う。クリスはハリーを「私の妻です」と二人に紹介する。彼女が持っていた紐はすぐにサルトリウスに奪われてしまう。実験室には乳児の顔の写真が何枚か貼られていて、ハリーはそれを「かわいい、あなたの？」とサルトリウスに言うが、彼は「いや、スナウトのだ」と言ってその前のカーテンを閉めてしまう。これらの乳児はスナウトに現われた「お客」の写真なのかもしれない。サルトリウスは彼女のような「お客」はニュートリノで作られていると言って、クリスにハリーの血液検査を勧め、酸で焼いてもそれが再生することから、彼女は人間ではないことが分かる。しかしクリスはすでに彼女を妻として接している。サルトリウスはクリスに「お客」と「感情的に接触しているのは良いことかもしれない」と言うが、結局二人は口喧嘩になってしまう。するとソラリスの海が渦巻き始める。

部屋に戻ったクリスはハリーに子供の頃の彼や両親、そしてハリーが映る家族の映像を見せる。これを四つ目の映画内映像「クリスの思い出」とする。しかしハリーは何も覚えていないと混乱しながらも、クリスの母親が自分を嫌っていると主張する。しかし母親は彼女と会う前に死んでいるのだ。

ルブリョフの「聖三位一体」のイコン画の前でクリスが祈るように立っていると、スナウトが来て、クリスの覚醒時の脳波をソラリスの海に放射すれば、「お客」が現われなくなるかもしれないと提案する。しかし彼はそれを拒否する。するとスナウトはサルトリウスが「お客」を直接消すニュートリノ破壊装置を作製中だと言う。そのサルトリウスに二人は会いに行こうとする。しかし何かを感じたクリスが急いで戻るとベッドでハリーが気を失なっていた。そしてソラリスの海がまた波立ち、上空の雲が動き出す。

ベッドでハリーは実際のハリーがどういう人だったのか、なぜ自殺をしたのかをクリスに聞く。ハリーはサルトリウスから真実を知らされていたのだ。かつてハリーと他愛のない喧嘩をして自分は家を出た。ハリーは自殺を仄《ほの》めかしたが信じなかった。冷蔵庫に劇薬があることを思い出したのだが、家に戻ることを躊躇し、帰ったときにすべては終わっていたとクリスは話す。

スナウトの誕生日を祝うために図書室に四人が集まることになったが、酩酊したスナウトは遅れて現われる。彼の背広の袖は破れている。「お客」との間で何かがあったのだろう。彼は『ドン・キホーテ』の一節を唱え、続きをクリスに読ませた後、その続きを暗唱する。サルトリウスは祝辞のように学問とスナウトを称えるが、逆にスナウトは大事なのは宇宙ではなく自分たちだと言う。クリスはギバリャンの名誉を守ろうとし、ハリーは「人間になりたい、いや自分は人間です」と言って涙を流す。この図書室で四人それぞれの思いが噴出し交差する。このハリーの言葉はイプセンの戯曲『人形の家』のノラの台詞、「……あなたと同じように人間であることを信じています、……いいえ、むしろ人間になろうとしているところだといったほうがいいのかもしれません」[*48]の引用だろう。やがて男三人が図書室を出てハリーだけが残るが、心配したクリスが戻ってみると彼女はブリューゲルの「雪中の狩人」を見つめながら煙草を吸っていた。やがて無重力状態となった図書室で二人は抱き合いながら浮かび上がる。

その後ハリーは液体酸素を飲んで自殺を図るが、死ぬことができず、苦しみながら蘇生していく。彼女が自分の不安をクリスにぶつけると、彼はここで一緒に暮らそうと話す。やがてクリスは熱病に罹り、目の前に何人ものハリーが現われては去っていく。そしてハリーはいつしかクリスの母親と入れ替わっている。クリスはその母親を抱きしめると、彼らは宇宙の痕跡を残した地上の家にいた。椅子の上の金属ケースに草が育っていて、近くでインク瓶の蓋が回っている。母親は小言を言いながら彼の手を洗ってくれるが、やがて去っていく。クリスがベッドで目覚めるとハリーの姿がなく、スナウトに託した手紙には自分で消えることを決心したとあった。「お客」が消えた宇宙ステーションに静寂が訪れ、スナウトとクリスはソラリスの海に島が生まれていることを知る。そして二人は宇宙や死について語り合う。二人が見つめる窓辺には草が育った金属ケースが置かれている。ここで「宇宙の場面」が終わる。

「宇宙の場面」の検討

■到着から「クリスの思い出」まで　宇宙ステーションに着いてすぐのクリスの躓《つまず》きは、その後の彼を象徴している。スナウトは彼を恐れ、本人だと分かった後も遠ざけようとする。煙草を燻《くゆ》らす動作もぎこちない。彼はハンモックで寝ている男の子を見せたくなかったのだ。奇妙な現象が起こる宇宙が舞台になってから、観客は「地上の場面」以上の不可解さに戸惑うことになる。ギバリャンの部屋の扉には首に紐が巻き付いた人の絵が貼ってあったが、これは「お客」の少女が描いたものだろう。クリスの靴紐、ハリーの服の無意味な紐、彼女が通路で拾う紐、これらの紐は死の暗喩なのかもしれない。

ギバリャンの部屋にはさまざまな物が散乱しているが、その一つの水瓶はこの後クリスと母親が会う部屋や彼が熱病に伏す部屋にもある。この小道具は現実と幻影との境を曖昧にする役割を果たしている。そして青い服の少女に導かれるように入った冷凍室でクリスはギバリャンの死体を見るが、その姿を真似るようにベッドに横たわるクリスは、一五世紀の画家アンドレア・マンテーニャの「死せるキリスト」と似た姿勢である。ギバリャン役のソス・サルキシャンは『アンドレイ・ルブリョフ』ではキリストを演じている。

宇宙ステーションにはスナウトの少年、サルトリウスの小人、そしてギバリャンの少女という「お客」が実在し、さらにクリスの妻ハリーが現われる。彼女は鏡に映る姿と自分の写真を見比べて自己を確認するのだが、知らないはずのスナウトの名前を口にするのは、クリスの意識が彼女に伝わったことを意味している。彼女の服の肩の部分が破れて腕に注射の痕が見えるのは、自殺したハリーを見つけたときのクリスの記憶によって彼女が再生した証左である。つまり睡眠時のクリスの記憶を探ったソラリスは、生者ではなく死者のハリーを甦らせたのだ。ハリーの服が脱げない構造になっているのもその記憶の曖昧さゆえである。このハリーの出現を恐れたクリスは彼女をロケットに乗せ宇宙に放出してしまうが、スナウトはこのことを、聖書を翻訳しているところに現われた悪魔にインク壺を投げつけたというマルティン・ルターの故事にちなんで「彼女にインク壺を投げたのか」と言う。クリスは火傷の傷をシャワーの水で癒す。ここにタルコフスキー映画の重要なモチーフ、火と水が登場する。クリスの火傷を手当てしながらスナウトは、ソラリスの海は人の贖罪の意識を実在化していると話す。つまり彼女は外部からではなく、クリスの心の奥底から現われたことになる。

そして次に現われた二人目のハリーは、まるで一人目のハリーから教えられたように、鋏を器用に使って服を脱ぐ。クリスはすべてを知ったうえでこの二人目のハリーを受け容れ、スナウトとサルトリウスに妻として紹介する。しかしこの二人の「お客」は姿を現わさない。彼らは「お客」に何らかの処理をして来たことになる。ハリーの血液検査で彼女が人間ではないことが確認されても、クリスは自殺に追いやった罪を贖《あがな》うかのように彼女を妻として遇し、家族の映像を見せるのだった。

■四つの映画内映像について　この作品には四つの映画内映像が存在する。まず一つ目の「バートンの審問」では、若き日のバートンによるソラリスの報告書の事実関係が審議されて、惑星との接触を体験しながら理解されることのない彼の孤独が描かれている。原作では宇宙でクリスがギバリャンから指示されてバートンの報告書を読むのだが、映画では本人をクリスが宇宙に行く前に登場させることで、直接ソラリスへの疑念を喚起させている。ただクリスは反応を示さず、他人の見解を尊重しない彼の独善性が明らかになる。ここで示されるバートンの過去と現在の外見上の違いは、そのまま物語の終盤に仄《ほの》めかされるクリスの老いとして繰り返される。

二つ目の「バートンの連絡」は、高速道路上を自動運転中のバートンの自動車からクリスの家に届くテレビ電話映像である。クリスの父親とアンナが見ていた大型受像機は、自動的に電話の映像に切り替わり舞台が未来であることが確認される。よく知られているようにこの映像の背景は東京の首都高速道路である。当初タルコフスキーは一九七〇年に大阪で開催される日本万国博覧会の会場で未来の風景を撮影する予定だったが、海外取材が認可されたのは閉幕後だった。やむなく会場の跡地をロケハンしたがそれに満足できず、代わりに首都高が選ばれたようである。*49 彼が日本に来たかったという単純な理由もあったのだろう。彼はこの来日時に憧れの監督である黒澤明と会っている。

バートンが連絡してきた目的は、彼がソラリスの海で目撃した「赤ん坊」が、行方不明になった乗組員の子供に似ていたことを伝えるためだった。そして彼は「向こうに行ったら思い出すといい」と付け加える。ここでバートンはソラリスの海との具体的な接触、つまり人間の認識をソラリスが具現化することを暗に警告したのである。そしてクリスはハリーの出現というバートンの想像を超える状況に遭遇することになる。

三つ目の「ギバリャンの遺言」はクリスの師であるギバリャンが自殺直前に残したビデオ映像で、そこには存在しないはずの少女が映っている。この映像はクリスに「お客」が来ることをはっきりと理解させるのだが、ギバリャンと「お客」との関係はほかの人の「お客」と同様に明確ではない。ただ少女がギバリャンに牛乳を飲まそうとしているので、ほかの作品の表現から推測すると、彼女を彼の母親の幼い頃の姿、あるいは母親的な存在と想像することができる。

さらにこの場面はドストエフスキーの小説『悪霊』(一八七三年)の、いわゆる「スタヴローギンの告白」との類似性を見ることができる。その登場人物は少女を凌辱《りょうじょく》したことを仄《ほの》めかし、その少女は首を括《くく》って自殺してしまう。ギバリャンの部屋の扉にも紐で巻かれて「人間」と書かれた絵が貼ってあった。またこれまでのクリスの靴紐、ハリーの服の紐、コード状の紐など何度も紐が映っている。原作にある彼の「お客」は肉感的な大人の黒人女性であった。

そして四つ目はクリスがハリーに見せる彼の家族のビデオ映像「クリスの思い出」である。唯一クリスが関与しているこの映像をよく見ていくと、作品全体にかかわる事象が隠されていることが分かる。例えば、図書室のブリューゲルの「雪中の狩人」とハリーの行動との関連性である。この「クリスの思い出」の映像は八つの場面に分けられる。
A　冬の雪景色。丘の上の赤い帽子が置かれたブランコが揺れる。木々の向こうに雪で覆われた平原が広がり、遠くに森と家々が小さく見える。子供の頃のクリスが手前の焚き火に枯れ枝をくべる。

Ｂ　秋。紅葉が始まった木々をバックにした母親のバストショット。
Ｃ　冬の雪景色。アップで若い頃の父親の顔が映り、野原で彼を子供の頃のクリスが追いかけ、触れる寸前で転ぶ。
Ｄ　冬の雪景色。石壁の前にタバコを喫いながら子犬を抱く母親。彼女が右を向くと、赤い帽子を被った子供の頃のクリスが焚き木を抱えて小走りでやって来る。
Ｅ　冬の雪景色。Ａと同じ風景の雪の中を母親が歩き、カメラを見つめて立ち止まる。
Ｆ　冬の雪景色。池の前の焚き火のアップ。それを見ていた少年時代のクリスが笑顔で振り返る。
Ｇ　秋。Ｂと同じ光景の池の近くに立つ母親の全身が映る。
Ｈ　冬の雪景色。家の近くの池の前に立って手を振るハリー。次に同じ場所のバストショットで横顔から笑顔で振り向く。

このＡからＨの八つの場面で「クリスの思い出」は構成されている。音声はなく映画のオープニング曲であるＪ・Ｓ・バッハのコラール前奏曲『イエスよ、わたしは主の名前を呼ぶ』が流れる。撮影場所は周囲の状況からすべて地上のクリスの家の近辺と考えられる。

この映像にはクリスの父親と母親、クリスの子供時代と少年時代、そしてハリーの四人が映っている。ＡＣＤＥの若い父親と母親、そして幼いクリスは平原を見下ろす場所から方向を変えて雪の風景を撮影しているが、ＢＧは母親だけが池の前に立つ秋の風景。Ｆは焚き火と少年のクリスが池の前に立つ冬の風景。そしてＨはハリーがやはり池の近くにいる冬の風景になっている。撮影された年代はＡＣＤＥが数十年前の同じ日。ＢＧの母親はＡＣＤＥの前後。Ｆの少年クリスは当然ながらＡＣＤＥ

の数年後。そしてHのハリーはそれからまた十数年後となるだろうか。

詳しくはのちに述べるが、「地上の場面」の終わりに伯母のアンナが眺めていた光景と同じ場所で撮影されたと思われるこれらACDEの雪景色は、図書室の場面と深く結びついている。また「地上の場面」に焚き火の場面があったように、この「クリスの思い出」にも時間を超えて三つの焚き火が映っている。興味深いのはFの焚き火を見ている少年クリスの微笑む方向が、Hのハリーがいる場所だということである。そして季節を超えてその二人の様子をBGの母親が不満げに見つめていることになる。

またFH、つまり少年クリスとハリーの映像は最初の「地上の場面」と異なる冬景色である。池は凍っているのだが、その風景は「帰還の場面」でも繰り返されることになる。つまりこの映像は「ソラリスの海が最後にクリスに届けるもの」の源泉、あるいは材料の一つとなっているのである。クリスはこの映像を見たことで、心の奥底にある感情をソラリスの海に伝えてしまったことになる。そしてクリスは宇宙ステーションに到着したときに躓《つまず》いているが、Cの父親を追う幼児期のクリスも躓いている。このことをソラリスの海がどのように解釈したかは、この作品の結末で明らかになる。

この家族の映像を見た後のクリスとハリーの会話は、二人の記憶が一致せず噛み合うところがない。ハリーはクリスの母親が自分を憎んでいたと言い、クリスは彼女はハリーと知り合う前に死んでいたと返す。さらにハリーは彼女とお茶を飲んでいたときに自分を追い出そうとしたと訴える。そのことからも彼女がハリー本人のコピーではなく、クリスの記憶から形成されていることが分かる。あるいは家族の映像を見たクリスの心に沸き上がる思いを、ソラリスの海が瞬時に読み込んでハリーに伝えたのかもしれない。二人はシャワー室の鏡に映る互いの顔、つまり反転させたコピーとも言える互いの顔を見つめながら平行線のままに話し続ける。そしてシャワーから滴り落ちる水が映り、この場面は終わる。ふつうに人が家族のアルバムを見せながら自分の生い立ちを語るようにクリスはハリーに接したのだが、クリスの思いとは逆にハリーの混乱は深まり、クリスもまた映像を見たことで望郷の念に囚われることになるのだった。

地上の焚き火の場面で、クリスが父親に宇宙へ持っていくと話す「焚き火のビデオ」とは、この「クリスの思い出」のことである。ここに映っている三人が彼にとって大切なもの、つまり燃やされる書類とは異なるものなのだが、ハリーの写真が地面に置かれていたことから、彼女に対しては迷いや悔恨があったと想像できる。そして父親が最後に時間を大切にしたいと話しているとき、母親の写真がクローズアップされるのである。この時点で彼女が母親であることを観客はまだ知らない。ただクリスと父親にとって大切な人であると推測できるだけである。この日が父親と過ごす最後の時間だと何度も繰り返されるのは、宇宙飛行の時間経過の常識を適用したからなのか、あるいは父親が何らかの病を患っているからなのか。いずれにしても母親とハリー、そして父親は宇宙にいるクリスにとってすでに喪失した人たちなのである。そして「クリスの思い出」によってクリスは一番大切に思っているものを悟り、またそれをハリーも知ることになるのである。

二人の会話が終わり、クリスは映像を映し終えていたディスプレイの前に佇《たたず》むが、そこにはアンドレイ・ルブリョフの「聖三位一体」が置かれ、コップの水が捧げられている。この場面はこの映画唯一の直接的な宗教表現と言っていいだろう。*50 これが祈りの場であるのなら、クリスはロシア正教徒ということになるが、そうとは断定できない。未来社会の科学者がイコン画へ祈りを捧げていると解されることは、時代的に危険であったからだ。絵画に対するクリスの立ち位置も微妙である。

ここでクリスはスナウトの提案である自身の脳波をソラリスの海に放射するか否かの選択に迫られる。過去の行動を悔いていたクリスは、現象として彼女に見える「お客」を妻ハリーとして遇し、「それ」が人間ではないという事実に目を背けてきた。しかしニュートリノの破壊というサルトリウスの手法を認めることはできない。だが本心ではおそらくハリーを消し去りたいと考えている。スナウトの提案もクリスがそう考えていることが前提なのである。そういった二人の会話が伝わったからかハリーは気絶してしまう。そのときソラリスの海は渦巻き、波打ち、泡立つ。彼女はすでに、サルトリウスから自分がソラリスの海が送り込んだ「お客」であることを知らされ、クリスからは実在したハリーの自殺の顛末を聞いていた。こうして彼女はクリスの思いを反映するだけの存在から、自分が「お客」であることを認識する自立した存在となるのである。

■図書室の五枚の絵画とドン・キホーテ　図書室にはフランドルの画家ピーテル・ブリューゲルの五枚の絵画が掲げられている。壁に向かって左から「イカルスの墜落のある風景[*51]」「雪中の狩人」「穀物の収穫」「暗い日」、そして「バベルの塔」である。

一枚目の「イカルスの墜落のある風景」には、農夫が馬を使って畑を耕している風景が広がり、その周辺に羊と羊飼いと牧羊犬がいる。「地上の場面」の馬と犬の登場である。洋上には帆船が描かれている。墜落したイカルスは海上で小さく足をバタつかせている。

二枚目の「雪中の狩人」は、獲物が少なかった三人の狩人と猟犬が重そうな足取りで丘の上から遠景の村へ帰る情景である。そこには豚を焼く炎、氷上で遊ぶ子供、薪を背負う農民、空を飛ぶ鳥たちと木々が写実的に描かれている。この絵は五枚の中では一番重要なモチーフとなる。

三枚目の「穀物の収穫」には、農民が実った麦を刈り取る作業と彼らの休憩の光景が描かれている。休憩中の農民の表情は収穫の喜びに満ちている。足を広げて午睡《ひるね》中の男のようすはクリスの眠りを彷彿させる。

ブリューゲルの「雪中の狩人」 丘を越えようとしている狩人と猟犬の歩みの先に村が広がるこの絵画には、映画の物語が凝縮されている。ハリーはこの絵を図書室で見つめながらクリスの子どもの頃を思い、クリスと母親の場面でもディスプレイに映っている。さらにこの絵画は、伯母のアンナが見つめる風景や、『アンドレイ・ルブリョフ』のゴルゴダの丘へ向かう一行の背景、そして『鏡』で軍事教練を終えた少年が眺める情景に似ている。

四枚目は「暗い日」で、季節は早春の夕暮れだろうか。村の近くの森で三人の農夫が薪を集めている姿は「地上の焚き火」を、ほかの三人が手紙か絵を囲んでいるところはのちの「ハリーの手紙」を連想させる。彼らを宇宙ステーションの三人と解釈できるかもしれない。遠景には荒れた川と海があり、船が何艘か浮かんでいる。

そして五枚目が「バベルの塔」である。ブリューゲルの「バベルの塔」は、ウィーンの美術史博物館にある建築中の絵と、ロッテルダムのボイマンス・ヴァン・ベーニンゲン美術館にある建設が進んで高くなった絵の二枚があるが、これは前者である。一見バベルの塔が崩壊しているかのように見えるが、塔の細かい描写や手前の王と従者のようすから建築中であることが分かる。

五枚の絵画は同じ大きさに見える。実物も——横が一一二センチの「イカルスの墜落のある風景」がやや小さいが、ほかの四枚が横一五五から一六三センチほどなので——同程度の大きさと考えていいだろう。それはこれらの作品が季節を題材とした連作だったからである。この映画で使われた「複製」も同程度の大きさか、やや小さいぐらいかと思われる。

絵画を見て気づくのは左右の二枚「イカルスの墜落のある風景」と「バベルの塔」が、ともに天に向かう人間の目論見が、太陽の熱や神の怒りによって破綻する物語を描いているということである。前者はイカルスが蝋《ろう》で作った羽を付けて大空へと旅立つのだが、あまりに太陽に近づいたために熱で蝋が溶けて墜落してしまう逸話に基づいている。それは、まさに宇宙へ挑む人間を表わしているとも言える。また、この出来事の目撃者として描かれている羊飼いは、昼も夜も羊の面倒をみるために教会に通えない人々のことであり、ソラリスで翻弄される人々とも重なっている。後者は人類が共通の言語を持っていた時代に、天にも届く塔を建てようとして神の怒りに触れ、人々の言葉が通じなくなるという話だが、これも宇宙や神に対する挑戦への警句、あるいは原作『ソラリス』のテーマでもある意思伝達の不可能性と取ることができる。この二枚を前にスナウトとサルトリウスの宇宙開発に関する論争が行なわれることは興味深い。そして物語の顛末に大きく影響を与えるのが、この二枚に挟まれた「雪中の狩人」の逸話である。映画内映像「クリスの思い出」の中の、低木の向こう側の開けた土地に家々が並ぶ場面が、「雪中の狩人」と似ているのだ。また「地上の場面」に登場した犬、馬、鳥、焚き火がこの絵画には描かれている。

図書室にスナウトは裂けた背広のまま遅れてやって来る。その場面では図書室の内側から出入口にカメラが向けられる。右の壁には縦長の四角い鏡がある。そこにクリスとハリーの寄り添った姿が映り、入り口にスナウトが立っている。このとき画面はヤン・ファン・エイクの絵画「アルノルフィーニ夫妻の肖像」*52の構図——正確にはその正反対の構図——となっている。この絵は来訪者の視点から部屋にいる新婚夫妻を描いていて、二人の先にある壁の鏡には来訪者と夫婦の背中が映っているのだが、映画ではちょうど逆に来訪者のスナウトをクリスとハリーの視線から描き、スナウトと同じ方向にある鏡に二人が映っているのである。これは二人が夫婦であることを表わしているのだろう。宇宙ステーションの通路にはこの絵にある円形の鏡を大きくしたようなミラー状のものが何枚も掲げられている。

ファン・エイクの「アルノルフィーニ夫妻像」 この絵画は夫妻がいる部屋を訪ねてきた二人の人物が中央にある小さな鏡に映っている構図だが、『惑星ソラリス』の図書室扉近くにスナウトが立ち、彼を見ているクリスとハリーが鏡に映っている構図とちょうど逆になっている。また夫婦像という題名や絵画の婦人がすでに死んでいる説がある点も『惑星ソラリス』と重なっている。

やって来たスナウトはクリスが読んでいた分厚い本を「これはくだらん！」と言って放り投げる。この本は原作に照らせばソラリス学の書物ということになる。そして代わりにスナウトが探し出した本がセルバンテスの『ドン・キホーテ』である。「地上の場面」でもこの本がテーブルの上に金属ケースとともに土で汚れ、開いた状態で置いてあった。スナウトはクリスにそれを読むように言い、「地上の場面」と同じドン・キホーテとサンチョ・パンサの出立の挿絵がある頁を開く。しかしクリスが読んだのは終わりに近い頁のサンチョ・パンサの別の台詞で、「おれは、セニョール、一つだけ知っている……、おれは眠っているときは恐怖も希望も苦労も幸福も感じない。眠りを発明した人に感謝しよう。これはすべての人に共通の宝物であり、牧童にも王様にも馬鹿にも賢者にも平等に同じ重さなのだ。ただ一つ困るのは深い眠りだ……それは死ととても似ているそうだ……」[*53]という文章だった。さらにスナウトは続くドン・キホーテの台詞を暗唱で、「サンチョよ、いまだかつて、おまえはこんな優雅な言葉を言ったことがなかった」と唱える。ソラリスの海は人が眠っているときの意識を探り、それを「お客」として送り込む。つまり眠りは禍《わざわ》いの元となる。また「深い眠り」が「死ととても似ているそうだ」という一節は、やがて夢と現実の境が曖昧になったクリスが辿り着く世界を表わしているようである。

スナウトの誕生日の祝いのために来たサルトリウスだったが、二人の会話は争いとなっていく。スナウトが「人間はもう宇宙を必要としていない。人間に必要なのは人間だ」と言い、サルトリウスが「真実を目指して前進すれば人間は真実を認識することができる」と応じる。[*54]ここで気づくのはサルトリウスのあまりに公式的な見解である。論議は続きサルトリウスの批判の矛先はクリスの日常へ向けられる。するとハリーはクリスを擁護し、「お客はあなたたちの良心です」と言う。その言葉にサルトリウスは「あなたはただのコピーだ」と返す。するとハリーは「私は人間になる、いえ自分は人間です」と言う。この言葉は「人間になれない、人間ではない」ことの裏返しである。彼女はすでに自分がソラリスの海が送り込んだ存在だということを知っている。そして「クリスは自分のことを守ってくれる。

それはたぶんクリス自身から守ることだ」とも言う。なぜクリスはハリーを守ろうとするのか。クリスはかつて地上でハリーを自殺に追い込んだ。その贖罪の思いが宇宙ステーションでハリーを出現させたのである。この贖罪の思いによってクリスは彼女を守ってくれるとハリーは期待したのだろう。彼女を消すことは再び過ちを犯すことであり、また自身の贖罪の機会を喪失することになるからだ。したがってクリスはハリーを拒絶する自意識に抗わなくてはならない。

男たちは言い争いののちに図書室から去っていく。しかしスナウトと一緒にいったん外に出たクリスが図書室に戻って来ると、そこにはクリスがいなくても動じないハリーの後ろ姿があった。かつて通路に出た彼を求めて扉を破った彼女は、明らかに変化を遂げている。似合わない煙草を喫って壁の絵を見つめているハリーは、クリスが近づいても気づかない。ここで女のつぶやくような小さな声が聞こえてくる。ハリーの視線が「雪中の狩人」を辿る。乏しい獲物を携えて猟犬と丘を下る狩人たちの眼下に彼らが帰る村が広がる。クリスの家の飼い犬に似た猟犬がこちらに顔を向けている。凍った池でスケートに興じる子供たち、薪を背負う人、火事を消そうとする人々、教会と遠くに見える高い山々、森を飛ぶカササギなど、冬の田園風景が二重写しを含めて映し出される。それに似た風景を私たちはすでに地上でアンナが眺める光景や、「クリスの思い出」の中の冬の雪景色に見ている。さらに言えば次作の『鏡』に出てくる冬景色の丘に登る少年の頭に小鳥が止まる場面[*55]もこれによく似た景色なのである。

女のつぶやきは鳥の鳴き声や重い音楽に代わっていく。そして「クリスの思い出」の雪景色の中で、赤い帽子を被った子供の頃のクリスがブランコの近くに立つ場面が映る。これは「雪中の狩人」を見ているハリーの意識内の映像である。ここで「クリスの思い出」と絵画の情景が混じり合ったことになる。ハリーはクリスの呼ぶ声に気づかないほど絵画に見入っている。二人は図書室の扉近くの鏡に映っているのだが、先ほどの「アルノルフィーニ夫妻の肖像」のような像にはなっていない。

この場面は物語の展開に大きく関与している。例えば煙草を喫いながら「雪中の狩人」を見ているハリーは、「クリスの思い出」のDの場面で煙草を喫っている母親と同じ姿勢である。つまりハリーはクリスの母親を強く意識していることになる。絵画を凝視していたハリーの右手は『ドン・キホーテ』の挿絵——新たな旅に出るドン・キホーテとサンチョ・パンサ——のある頁に置かれている。彼女はクリスが読み上げた『ドン・キホーテ』の「ただ一つ困るのは深い眠りだ……それは死ととても似ているそうだ……」という台詞を自分に当てはめたのか、それともクリスの新たな旅を予感したのだろうか。すでに彼女はクリスに「眠れないの、本当にこれは眠りじゃないわ。でも、それは何だか眠りのようで、まるであたしの頭の中だけじゃなくて、もっと遥か遠くまで……」と話しているが、この「遥か遠く」とはソラリスの海を意味するのだろう。彼女はすでに「死ととても似ている」場所へ戻る決心を固めているのである。

そして宇宙ステーションは無重力状態となり、クリスとハリーが抱き合いながら浮かび上がる。ゆっくりと浮遊する燭台はシャンデリアと接触し、美しい音を立てる。燭台のロウソクとシャンデリアは前に触れたヤン・ファン・エイクの絵にも婚礼を祝うように描かれている。二人の前を、ハリーの右手が触れていた『ドン・キホーテ』が挿絵が見える状態で通り過ぎていく。そこには馬上のドン・キホーテと驢馬《ろば》に跨《また》がったサンチョ・パンサが描かれ、サンチョは「ねえ、遍歴の騎士の旦那様、おいらに約束しなさった島のこと、どうかわすれねぇでくだせえよ。おいらは、どれほどでかい島でもちゃんと治めてみせるだからね」と言い、[56]その言葉通りにサンチョは島の領主となるのだが、クリスも最後にソラリスの海に浮かぶ「島」を自分のものにするのだ。

また、イエス・キリストはエルサレムに入城する際に、馬ではなくサンチョと同様に驢馬に跨っている。[57]クリスの家にある馬小屋がキリストが生まれた場所の暗喩であれば、クリス＝サンチョ・パンサ＝イエス・キリストという連想が生じる。さらにサンチョが『ドン・キホーテ』の物語で島の領主となるのは、クリスと同様に「宇宙飛行」を体験した後のことである。物語では貴族の一人が戯れに彼とドン・キホーテに目隠しをして木馬に跨らせ、風や爆竹の音と匂い、燃やした麻くずの熱さなどを感じさせて、彼らに宇宙を旅したと思わせるのである。いわば原初的バーチャル・リアリティである。そしていよいよ島の領主となるサンチョは、宇宙の旅があまりに印象的だったのか、「おいらが天上を旅してまわり、天の高いてっぺんから地球を見おろして、それがひどくちっちゃいこと

ギュスターブ・ドレの『ドン・キホーテ』の挿絵　クリスが宇宙に行く準備をしているテーブルの上にあり、図書室ではクリスがこの本を読み、さらにハリーとクリスが浮遊する前を漂うとき、この挿絵の頁が開いて登場する。そしてサンチョ・パンサの言葉の通り、クリスは島を手に入れる。

が分かってからというもの、それまで抱いていた、領主になりたいっていう、あんなに強かった気持ちがいくらかしぼんじまいましたよ。だってそうじゃありませんか。芥子《けし》の種ほどのところを支配するってのがそんなに偉いことでしょうかね？」と言う。[*58] そして陸続きの「島」の領主となったサンチョは、その辛さにドン・キホーテの元へと舞い戻るのである。

無重力状態の中でクリスとハリーが抱き合っていると、また「雪中の狩人」が映し出される。そしてオープニングや「クリスの思い出」の場面と同じ音楽が流れる。クリスはただハリーを抱くだけだが彼女は周囲の絵を見つめている。このとき壁の一番左に掲げられていた「イカルスの墜落のある風景」と「雪中の狩人」が逆になっていて、「バベルの塔」は見当たらない。

クリスは「ハリーの思い出」に満ちた地球から離れて、遥か遠くの宇宙ステーションに着いた。そこは彼の新しい人生の始まりの場となるはずだったが、待っていたのは贖罪意識の実在化である。そこは弁護士や検事のいない法廷であり、しかも「被害者」は自分を批判せず、地上での彼女のふるまいと同じようにクリスを愛し続けるのだ。

ただ、ここで一つの疑念が生じる。この「お客」としてのハリーの自己はどのように成立しているかということである。個として存在しているのか、クリスの潜在意識の反映に過ぎないのか。それとも何らかの使命を携えたソラリスの海の使者なのか。明確な答えがないまま物語は終盤に向かっていく。こうして人類の宇宙へのフロンティアが、人間の価値観、認識、存在意義そのものが限りなく問われる場となっていくのである。

ここでクリスは『アンドレイ・ルブリョフ』のルブリョフと同じ立場となる。彼はロシア兵を殺した罪を償うために無言の行に入り、罪の象徴である白痴の娘と過ごすことになる。クリスはハリーを死なせてしまった罪を抱えながら、再生した彼女と暮らすという罰を受けるのである。ルブリョフの娘は、やがて自らタタール兵と過ごすことを選択し、終盤にそれまでとはまったく異なる聡明な婦人として彼の前に現われる。ハリーもまた図書室の経験を通して別の人格になろうとする。やがて彼女は「クリスの思い出」にはなかったクリスの母親の視線の情景――幼いクリスの記憶――を思い浮かべるのである。ハリーは別の存在になる準備に取りかかったのだ。

クリスがスナウトに請われて読む『ドン・キホーテ』の文章は、サンチョ・パンサの夢への思いを語る部分だった。スナウトはクリスの朗読を引き継ぎ、ドン・キホーテのようにクリスを褒める。地球を遠く離れた場所で自分を見つめ直すはずのクリスは、ハリーの出現によって「ノスタルジアの病」に囚われ、そして彼の心情を察知したハリーは、クリスの懐かしい故郷の風景を「雪中の狩人」の中に見るのである。それはのちの『ノスタルジア』でゴルチャコフがドメニコの家で見るロシアの風景に似た箱庭と同じ意味を持っている。

いつしか無重力状態は終わり、クリスはソファに座るハリーの膝に顔を埋めている。それはまるで母親に許しを請う子供のようである。その頭にハリーは優しく口づけする。すると赤い帽子を被った子供の頃のクリスが焚き火に枯れ枝をくべ、火が明るく燃え上がる。この映像は母親の視線でありながら先ほど書いたようにハリーの新しい意識の情景である。図書室の場面の前半でクリスがハリーの前に跪《ひざまず》いたとき、彼は拒絶されている。しかしこの場面でクリスはハリーの膝の上で眠っているかのようだ。ハリーはクリスの母親になりかわることを決意したのだ。「クリスの思い出」の中で焚き火に枯れ枝をくべるクリスは帽子を被ってはいなかったが、クリスを思いやるハリーの光景で彼は赤い帽子を被っている。彼女の変化の兆しとして泡立つソラリスの海が映し出される。かくしてブリューゲルの「雪中の狩人」は、クリスの希求するノスタルジアの原風景として機能し、ソラリスの海からクリスへ届けられた「お客」は、「ハリー」から「母親」、そしてその次へと移り変わろうとしているのである。

ハリーはクリスと交流することでゆっくりと「自己」を獲得していったのだが、それはハリーではない別の女性、あるいは人間ではない別の存在としての「自己」なのかもしれない。彼女の感性は「クリスの思い出」の記憶と「雪中の狩人」の光景を共鳴させることで、クリスの帰るべき場所を理解したのだろう。それはソラリスの海の理解でもある。ハリーが見つめていた「雪中の狩人」の中の薪を運ぶ人物は「クリスの思い出」の幼いクリスの姿でもあり、暖炉の煙突から火が噴出している家屋は、クリスの家によく似た造りである。痩せた狐を一匹しか捕らえられなかった狩人たちは、ソラリスの海の探求が徒労に終わったことを表わすかのようである。クリスは熱にうなされて宇宙ステーションをさまよい歩くとき、犬の絵の切れ端を拾う。それはクローズアップされて「雪中の狩人」の中の狩人の犬と同様に彼を地上の家へと誘う。そしてそこには彼の愛犬が待ち受けているのだ。ここで作品の成り立ちは逆転することになる。タルコフスキーはこのブリューゲルの「雪中の狩人」に魅了され、その絵に描かれた村――かつて幼い頃に暮らした村――に自分の身を置きたいと考えたのであろう。彼は「雪中の狩人」をクリスの、そして自分の帰るべき場所として、「地上の場面」の風景を造り上げたのだ。

■図書室の場面以降　渦巻くソラリスの海が映し出されたまま破裂音がして、割れた容器が転がる音とともに、冷たくなったハリーが倒れている。彼女は液体酸素を口に含み自殺を試みたのだ。しかしクリスのために自らを消し去ろうとしたその思いも、自分では遂げることができない。想像を絶する苦しみののちに彼女の生は続く。口から血を吐きながら苦しみ、やがて蘇生するその姿は、『アンドレイ・ルブリョフ』の司祭が堅い信仰ゆえに溶けた金属をタタール兵に飲まされる場面を思わせる。

通りかかったスナウトはクリスに同情しながらも、ハリーという現象の本質を直視しようとしない彼に「科学の問題をすり替えるな」と苦言を呈す。蘇生したハリーは自分が誰だか分からずに「これはわたし？　わたしはハリーじゃない」と言う。しかし彼女は誰でもないのだ。クリスはそんな彼女を抱きしめながら、「学問の真実よりも、君のほうが大切だ」と言い切る。まさに科学者による科学の否定である。しかしその顔には最初のハリーをロケットに乗せたときの火傷の痕がはっきりと残っている。そこをスナウトが「お客」を処理するために慌てて通り過ぎ、その様子をハリーが見つめている。するとソラリスの海が渦巻き霞《かすみ》のようなものが沸き上がる。

ハリーが気づいたように、ソラリスの海はクリスの心のさらに奥底に潜んでいたものを探り当てたのかもしれない。クリスの脳波がソラリスに放射された後で、彼は熱にうなされベッドに横たわる。それはソラリスがクリスの心を走査している副作用と考えられる。彼は病身のまま宇宙ステーションの通路をさまよい、スナウトに「愛の根源を知るために我々はここにいるのかもしれない」と話す。これは世俗の愛や科学に対する疑義と言えるだろう。しかし物語はそこに留まることはない。その間にもソラリスの海は渦巻くのである。

クリスはスナウトとハリーに支えられてベッドに戻り、一瞬だけ地上の家の幻影を見た後、部屋に何人ものハリーと母親が現われては消えていく。ソラリスの海はクリスにどちらかを選ぶように仕向けているのだ。何人ものハリーと母親のうちの一人をクリスが抱くと、ハリーに見えたその女性は実は母親だったのだ。この人物の入れ替えは、『サクリファイス』の終盤でアレクサンデルの妻と家政婦のマリアの間で繰り返される。クリスが母親を抱いた場所は半透明のシートに覆われた地上の部屋だったが、このシートはベッドで病に伏すクリスの近くにも張られていた。椅子の上ではインク壺の蓋が音を立てて回り、近くには芽吹いた植物と何枚もの硬貨が入っている金属ケースが置かれている。スナウトはマルチン・ルターが悪魔にインク壺を投げた逸話を引いて、クリスに「ルターのようにインク壺を投げつけたのか」と言ったがその壺がここに現出したのである。しかし現われたのは悪魔ではなく「クリスの思い出」の服を着ている母親だった。つまりソラリスの海は彼の判断を見て彼女を送り込んだのである。[*59]

彼女はテーブルの前で本を開く。そこには地上の家のテラスにあったりんごとコーヒーカップが置かれている。彼女がのちに齧《かじ》るりんごが地上の家で雨に濡れていたそれならば、ここに時系列の逆転が生じている。母親はクリスの汚い手を見て、叱りながらも洗ってくれる。すでにクリスは幼い頃の言葉遣いに退行している。彼女が使う水差しと同じものが、ギバリャンの部屋や熱病から目覚めたクリスの部屋にあることから、この空間が彼の記憶で構成されていることが分かる。そして母親はクリスに優しく接することなく姿を消す。ソラリスの海はついに人ではなく、部屋を届けるようになったのである。

これまで見てきた四つの映画内映像はいずれも、地上の家の居間にある大型画面か宇宙ステーションの部屋にある大型画面に映し出される。クリスと母親が出会う部屋にも同じような大型画面があるのだが、そこには作品全体のモチーフである「雪中の狩人」が掲げられている。

意識を取り戻したクリスはベッドでハリーを呼ぶが、彼女はもういない。スナウトに託された置き手紙には、サルトリウスのニュートリノを破壊する装置に自らの意志で身を委ねるとあった。しかしそれは母親の「何だか変な生活をしているようね。汚らわしいこと!」という苦言に、クリスが反応した結果なのかもしれない。「地上の場面」で父親に呼ばれる直前に彼は、家の近くの水辺でも手を洗っている。彼の手は金属ケースに土と草を入れるときにすでに汚れていたのである。それ以降「お客」の来訪が途切れたのは、クリスの覚醒時の脳波がそれを望んでいたからなのだ。しかし「お客」が一人もいなくなった宇宙ステーションを、彼らは本当に願っていたのだろうか。崇高なるソラリスの海は睡眠時の彼らの心の奥底から彼らの望みを理解し、それを送り届けてくれた。しかし彼らは望みの成就に恐怖した。結果として宇宙ステーションは静けさに包まれた。この静けさこそが愛の定義や科学の意義さえ曖昧となった世界のありようなのである。

だが物語はここでは終わらない。クリスとスナウトは窓の外に広がるソラリスの海にいくつもの島が出来ているのを目撃する。彼らはそれが「お客」の次なる形態であることに気づかない。クリスはここに留まると言う。しかしその後の彼のスナウトとの会話には、幸せとは死に際に考えるもの、知りたいという願望の中に死の秘密がある、自分の死ぬときを知らないと不死となってしまうなど、死への言及が満ちている。そして彼はそこが痛むかのように左の胸に手を当てる。クリスの耳が大きく映り、その耳毛を映し出す。クローズアップされたスナウトの「お客」の耳やハリーの頬の産毛は若さの象徴だが、クリスの耳毛は老いの象徴である。これまでとは違う穏やかなソラリスの海を映しながらクリスの独白が流れる。何かの感慨に浸りながらも意味するところがよく分からない彼の言葉は、物語を収束させるための擬似的な終焉のための台詞であって、物語の本当の結末はさらに引き延ばされる。そして私たちは次項で述べる本当の結末――最後の場面――に驚愕することになる。

スナウトが窓辺に目を向けると、そこに若芽が伸びたままの金属ケースが置かれている。これを大きく映して「宇宙の場面」は終わるが、それに重ねてテーマ曲のバッハが流れ始め、その調べが宇宙と地上を結び付ける。

タルコフスキーはこの映画を制作中だった一九七〇年九月五日の日記に、「人間の生の長さがごく短いということを考えてみれば、無限の理念が考えだされたというのはすばらしいことだ。この理念そのものが無限的である。実際、この構造全体の基準が人間なのかどうか、私にはまだ確信がもてない。もしかしたら基準は植物なのかもしれない！　基準は存在しない。もしくはそれは至る所に存在する――宇宙のもっとも小さな粒子のなかにさえも」[*60]と書いている。クリスは懐かしい地球のミニチュアであり、その素材である土と草の種を金属ケースに入れて宇宙に持っていった。土はその言葉のままに「地球＝アース」を意味する。草は生きるものの象徴である。ソラリスはこの金属ケースの土とソラリスの陽射しを浴びて育った草を原基形態とし、さらにクリスの記憶や感慨を素材にして作り上げた故郷の家を、サンチョ・パンサが島を得たように彼に捧げるのである。

「帰還の場面」の概略

まるで宇宙ステーションの窓辺の草の芽を引き継ぐように、水草が揺れている。クリスは家のそばに立つ。あたりは冬景色で、木々は黒く、わずかに雪が積もり、池は凍っている。犬が彼を迎えるように走り寄る。家の前ではクリスが旅立つ前日のように焚き火が燻《くすぶ》っている。窓から部屋を覗くと父親が本の整理をしているが、不思議なことに彼の背中にお湯が滴り落ちている。そして窓辺には蓋を閉じた金属ケースと『ドン・キホーテ』の本がともに水に打たれている。クリスは玄関へと向かい、出迎えた父親の足元に跪《ひざまず》く。すると二人と家全体を映していた視線は上昇していき、それを追いかけるように家に結ばれていた風船が浮かび上がる。やがて雲が出てきて、そこはソラリスの海に浮かぶ島だということが分かる。そして映画は終わる。

「帰還の場面」、そして全体の検討

それまでソラリスの海の動きを何度も見てきた観客は、この「帰還の場面」の水草の揺らぎをソラリスの海の動きと錯覚するかもしれない。しかし冒頭と異なる寒々しい風景が続くと、それがバートンが審問で述べた石膏の作り物の風景のように見えてくる。しかしこれは「クリスの思い出」の最後にハリーが登場した風景そのものなのである。

クリスはここで飼い犬に出迎えられるが、それはヒエロニムス・ボスの絵画「放蕩息子の帰還」を想起させる。*61 この犬は地上の場面や宇宙の場面でクリスが病に伏す部屋にもいて、さらに「クリスの思い出」でも同種の子犬を母親が抱いている。そして最後、父親に跪くクリスの隣に役割を終えたように控えている。この犬と主人公の関係性は『ノスタルジア』で再現される。

クリスが眺める室内の窓辺には宇宙ステーションの窓辺にあった金属ケースが閉じて置かれ、その横の『ドン・キホーテ』の本とともに部屋に降る雨に打たれている。クリスは静止画のように動かない。とりわけ奇妙なのは室内で本の整理をしている父親の背中にも、天井からお湯が滴り落ちていることである。しかしこれらの意味するところは明らかだろう。ソラリスの海は金属ケースの中にあった土と草をこの地上の再現に原基形態として、図書室でハリーの手が触れていた『ドン・キホーテ』の挿絵にある「島の領主になりたい」というサンチョ・パンサの言葉のままに、この家と周辺を島として作り上げたのだ。そのことを強調するように、この挿絵の頁はクリスが身支度をする地上の家のテーブルで開かれ、図書室でスナウトはその頁を開いてクリスに読むように言い、空中を浮遊するクリスとハリーの前を挿絵が見える状態で本が横切るのである。

もちろんクリスが帰還した地上の細部は彼の記憶、あるいはハリーとともに見た「クリスの思い出」によって構成されている。部屋に雨が降るのは彼が地上で自然を慈しむように雨に打たれた忘れ難い記憶によるものなのである。この不合理さはハリーの服が脱げない構造だったのと同様に、ソラリスの海の不手際なのだろう。また、父親が整理している本や書類は二人をつなぐ重要な媒介物であり、クリスの焚き火で焼かれなかったそれらは、父親によって水で清められることになる。

図書室にいたハリーはブリューゲルの「雪中の狩人」を記憶するかのように見つめていたが、彼女の視線は移動し火事の家に村人が水を掛けている部分でいったん止まる。この火を水で制する情景を見た彼女の眼差しも地上の家の材料となり、部屋に温かい雨を降らせたのだろう。火事はタルコフスキーにとって家族の元から父が去ったことの暗喩でもある。このようにクリスはまるで中国の伝説の絵師のように絵画の世界に入ったのである。

部屋を覗き込むクリスの背後では焚き火が勢いを増している。『惑星ソラリス』には焚き火が何度も登場する。クリスは不要な書類を焚き火で焼き、「クリスの思い出」の映像では子供の頃のクリスが木の枝を焚き火にくべ、少年期のクリスは水辺の焚き火とともに現われる。さらに図書室の「雪中の狩人」には焚き火や焚き木が描かれ、「暗い日」にも森で焚き木を集める農夫と絵か手紙を眺める農夫が描かれている。

さらにギバリャンの部屋には何かを燃やした跡がある。また、電子機器はスパークして火花を散らし、スナウトのライターは必要以上の炎を上げ、クリスは一人目のハリーを乗せたロケットの噴射で火傷を負う。図書室には蝋燭の火が漂い、ハリーはクリスの母親と同じように煙草を燻《くゆ》らせている。このようにこの作品には火が満ちている。そして「雪中の狩人」を見つめていたハリーは、子供の頃のクリスが木の枝を焚き火に入れる情景を思い浮かべている。その火の勢いが増す様子は家に帰還したクリスの背後の焚き火に通じているのだろう。第三章で見るように作者がモチーフとして多用する風、土、水、火は、古代ギリシア哲学の四大元素でもある。中でも哲学者ヘラクレイトスは火を重要視している。彼は「万物は火から成立し、またそれへ解体する、そして万物は運命によって生じ、存在するものは相反する道によって調和を保っている」と言い、また「生と死、覚醒と睡眠、若年と老年は、いずれも同一のものとしてわれわれのうちにある。このものが転化して、かのものとなり、かのものが転化して、このものとなるからだ」としている。*62 この伝で言えば火は変化のモチーフであり、場面や登場人物が別の段階に移ることのきっかけになると解釈できるだろう。『惑星ソラリス』で人々の生と死は覚醒と睡眠の狭間にある。若さと老いも同様である。すでに見た『アンドレイ・ルブリョフ』でも最後に焚き火が現われる。『鏡』でも最後の台詞は火事を予感させ、『ノスタルジア』や『サクリファイス』も火によって閉じられている。

ではクリスはなぜこの地上の家に戻ってきたのだろうか。死の予感に満ちたクリスとスナウトの最後の会話のあと、画面は窓辺に置かれた金属ケースの中の草を大きく映し出して「宇宙の場面」は終わる。この場面の窓辺は帰還したクリスが覗き込む地上の家の窓辺と重なり合う。その二つの場面をつなぐのが水草の揺らぎである。

原作では、クリスはヘリコプターでソラリスの海の島に降り立ち、そこで海との奇妙な触れ合いをして、何をなすべきかを自問して終わる。つまり原作の島はソラリスの不可解さの類例に過ぎなかった。しかし映画でクリスが訪れるのはソラリスの機能を素直に表現した風景、つまりクリスの心の奥底が具現化された場所なのである。死んだ妻ハリーを送り込んだソラリスは、次に部屋と母親を彼に届け、最後に懐かしい家と父親を与えたことに不合理な点はない。ここで演出が冴えるのはクリスがソラリスの海に降りる場面がなかったことである。観客はクリスが故郷に戻ったと思い、そこで彼が父親の前に跪く――という結末だと理解する。しかし作者は凡庸を好まず、この父子の視線ではなく観客の視線でもない、すべて俯瞰する視線を最後に導入することで、まったく異なる観点、つまり神の視点を提示しているのである。

人間とは何なのか、そう話していたスナウトの問いへの答えとして、クリスはソラリスの海の浮かぶ島にいる。サルトリウスが科学の進歩を信じながら、重要な研究材料である「お客」を破壊し、スナウトはクリスに地球に戻ることを勧めた。しかし彼はただ待つために残ることを選んだのである。この待つことは『ノスタルジア』のゴルチャコフの最後の選択に似ている。確かにソラリスの海の島にいる彼は残ったことになる。しかし彼の存在自体が曖昧である。熱病に罹った彼の前をハリーと母親が交互に現われ、宇宙ステーションに地上の部屋と母親が出現するあたりから、彼自身がソラリスと包含関係を持つ存在になったかのようである。「帰還の場面」に彼の台詞はない。タルコフスキーが日記に「宇宙のもっとも小さな粒子のなかにさえも」と書いた粒子のように宇宙と融け合い、クリスの言葉通り、「不死なる存在」となったのかもしれない。

クリスが病の床に伏していた部屋は天井や床が鏡張りになっていて、彼もまた何人も映り込んでいる。ここは『二〇〇一年宇宙の旅』でボーマン船長が到着した部屋を思わせる。それらは絶対者が作った部屋であり、ボーマン船長と同様にクリスも最後には故郷へと戻っていくが、その前に宇宙ステーションの部屋と地上の部屋が混じり合ったような場所で母親と出会う。この手法に当初構想していた地上ですべてが完結する物語の様子が垣間見られる。

クリスは故郷から遥か遠い場所で、激しい郷愁の思いに駆られる。その思いに従ってソラリスは母のいる部屋や地上の家を彼に与えたのである。その家の上空に舞い上がる視線は、彼が地上の最後の日に燃やす書類を映し出し、さらに雲が沸き上がり、家の周囲だけが小さな島となってソラリスの海に浮かぶ景色が映し出される。クリスが強く希求した父親との再会は、「地上の場面」で何度も言及されたように見果てぬ夢だった。それを叶えるためにはクリスの死と再生が必要だったのである。その

レンブラントの「放蕩息子の帰還」　出奔した息子の帰還を父親が優しく迎えるという聖書の逸話を描いたレンブラントの絵と、地上に戻ってきたクリスが父親の前に跪く姿勢はよく似ている。作者はその動作を不自然に演出し、そこにある意味を示したのだろう。

こともまた『二〇〇一年宇宙の旅』、そしてキリスト教に重なるのである。

この「帰還の場面」はクリスが父親に足元にすがりつく不自然な姿で終わるが、その構図はレンブラントの「放蕩息子の帰還」とほぼ同一である。この絵画の由来となる「ルカの福音書」*63では、父親の財産を分けてもらって家を出た次男が、散財の果てに困窮し父親のもとに帰ってくると、父親は格段の優しさで迎えて宴を開く。それを見た長男は怒るのだが、父親はすべてがお前のものだ、死んだはずの息子が戻ってきたのだから、祝うべきなのだと諭すのである。

クリスはハリーの出現によって贖罪の意識に苦しみ、その果てに心の奥底で母親を求めるようになる。しかし母親も彼の心情を癒《いや》してはくれない。彼は次に故郷そのものと父親を欲したのである。クリスは大地を離れて心のままに宇宙を放浪し、そしてまた父親に跪《ひざまず》き、許しを請い、彼の心が癒された証のように、最後に屋根に括られていた風船が放たれる。これは『アンドレイ・ルブリョフ』で墜落した気球と操縦者への敬意なのかもしれない。そしてソラリスの海に浮かぶクリスの島の全容はブリューゲルの「雪中の狩人」に描かれた街並みの一部のようにも見える。子供の頃のクリスは「クリスの思い出」の映像の中で、父親に追い付こうとして躓《つまず》いている。そのときの思いがついに数十年後に叶い、かくしてこの作品の冒頭の「クリス、こっちに来なさい」と父親が彼を呼ぶ最初の言葉がここに完結するのである。

〔5〕記憶の牢獄——『鏡』

芸術化された家族の記憶

一九七一年末に完成した『惑星ソラリス』にはわずかな修正が施された。翌七二年二月一六日のタルコフスキーの日記には「自分の『ソラリス』を作り終えた」[*64]とあるが、その近辺の日記には、『アンドレイ・ルブリョフ』のような運命に陥るかもしれないとの危惧も書かれている。案の定、ゴスキノ（ソ連邦国家映画委員会）からコメントとともに修正リスト[*65]が提示された。しかしタルコフスキーがそれに応じることはなかった。そして事態は変わる。三月三一日にこの作品は突然受理されるのだ。タルコフスキーはその日の日記に「それにしても、こんなに首尾よくいくとは、奇跡か何かのようだ」[*66]と書いている。

『鏡』　タルコフスキーは若い頃の母親の顔を、前妻イルマ・ラウシュの顔として思い出すという。その苦しい記憶を作品にしたのが、『鏡』である。彼は田舎の家があった場所に家を作り直し、前妻を本人と若い母親の二役として起用しようとしたが、断られてしまう。　［写真協力：公益財団法人川喜多記念映画文化財団］

彼はさっそく次の作品に取りかかる。いやすでに取りかかっていた。『惑星ソラリス』の製作中から彼の心の中は次作の構想で満たされていたのだ。『白い、白い日…』と名付けられていたその作品は、当初の企画書や脚本とまったく異なる『鏡』として完成する。多くの論議と紛糾と諍《いさか》いが繰り返されたのちの一九七四年一〇月二二日、受理書にサインが入り、二カ月後の一二月二〇日に一般公開される。これがタルコフスキーの中編も含めると五本目の劇映画となる。

『鏡』は一見物語性に乏しく難解に見えるが、その成り立ちを理解すれば逆に極めて分かりやすい作品だと言える。タルコフスキーは『惑星ソラリス』に取りかかったばかりの一九七〇年九月七日の日記に、「たえず『白い日』について考えている。すばらしい映画にすることができる。全体が私の経験に基づいて構成された、まさにそうした映画だ[*67]」と書いている。

『鏡』がこれまでの作品と大きく異なるのは、それまでは暗喩として作品に表現されていた彼の家族が実像として描かれている点である。この映画は病の床にある「作者」が自分の幼年期と少年期、そして現在を思い描く展開になっているのだが、そのことは終盤になってから明らかになる。しかしその時代やあまり場所が明示されず、以下に示していく場面の年代も推測によるものである。

『鏡』では一人の俳優が別の人物を演じ、複数の俳優が一人の人物を演じている。そのことが物語を理解しにくくしているが、それもタルコフスキーの意図であると思われる。時代も一九三五年頃と一九四四年頃、そして映画が製作された一九七五年頃の〝現在〟が、ほぼ何のことわりもなく入れ替わっていく。語り手である「作者」のアレクセイ（アリョーシャ）は、監督アンドレイ・タルコフスキー自身がモデルだが、ほとんど姿は現わさず、最後に映るベッドに横たわった下半身と腕だけをタルコフスキーが演じている。ただし声は本人のものではない。本書では作中の主人公である彼を「作者」と称して映画の作者＝タルコフスキーとは区別する。しかし実際の主役は「作者」アレクセイの母親マリヤと前妻ナタリアである。マリヤはタルコフスキーの母マリヤ、ナターリャは前妻イルマ・ラウシュがモデルで、母親の若い頃と前妻の二役をマルガリータ・テレホワが、老いた母親をタルコフスキーの実母マリヤが演じている。前妻の役名ナタリアは、『惑星ソラリス』のハリー役ナタリア・ボンダルチュクから取ったと考えられる。「作者」の父親でマリヤの夫には名前がないが、タルコフスキーの父親アルセーニーがモデルであり、本人によく似ているオレグ・ヤンコフスキーが演じている。そのアルセーニー自身は自作の四編の詩を朗読しているがその説明はない。また五歳の頃の「作者」をヤンコフスキーの息子フィリップが演じている。一二歳の「作者」と前妻との息子のイグナートの二役を演じるのがイグナート・ダニーリツェフである。この前妻との息子はタルコフスキーと前妻ラウシュの息子セーニカ（セーニカは愛称であり、作者の父アルセーニーの名を譲り受けている）がモデルで、役名は役者の名前から取ったのだろう。「作者」の妹の役名はタルコフスキーの妹の実名マリーナとなっている。

〝現在〟の母親マリヤを本人が演じているが、ほかにもタルコフスキーと家族が三人ほど出演している。若い母親が宝石を売ろうとする婦人に妻ラリッサ、その赤ん坊がラリッサとタルコフスキーの息子であるアンドリューシャ、一二歳の「作者」が射撃場で見つめる赤毛の少女は、ラリッサとその前夫との娘オルガである。つまりタルコフスキーと彼の母親が本人役を、彼の妻と息子、そして義理の娘が別の人物を演じ、父親が自身の詩を読んでいることになる。

さらに蕎麦畑に現われる見知らぬ男をタルコフスキー作品の常連俳優となったアナトーリー・ソロニーツィン、印刷工場のマリヤの上司役をやはり常連であるニコライ・グリニコが演じている。なお、母マリヤが夫が家族のもとを去ったのは一九三五年と話すことから、対応する場面を「一九三五年」としたが、実際にタルコフスキーの父アルセーニーが去ったのは一九三七年である。役名も含めてタルコフスキーは事実の細部や自身に起こった出来事の時期を微かにずらしている。物語はこの「一九三五年」から始まる。

交差する三つの時代

■一九七五年――現在　この作品には『アンドレイ・ルブリョフ』と同様、本編とは直接関係しないプロローグがある。のちに「作者」の息子イグナートと分かる少年がテレビのスイッチを入れると、記録映画のような画面に吃音の青年が映る。彼はうまく話せないのだが、言語治療士の施術によって明瞭かつ大きな声で「僕は話せます」と言えるようになる。

彼のようにタルコフスキーは「作者」を通じて自らを語り始める。青年の言葉、「僕は話せます」は、タルコフスキーの映像作家としての再出発の宣言だろう。『アンドレイ・ルブリョフ』でルブリョフは無言の行に入り、その要因だった白痴の娘も言葉を発しなかった。そしてその作品は上映禁止となった。しかし『惑星ソラリス』によって彼は言葉を取り戻し、同時期に『アンドレイ・ルブリョフ』の上映禁止も解かれている。災いが再びこの作品に訪れないように、おそらくタルコフスキーはこの青年の言葉を冒頭に置いたのだろう。

■一九三五年頃　タイトルバックにJ・S・バッハの『オルゲルビュヒライン』の第16曲「古き年は過ぎ去りぬ」が流れ本編が始まる。蕎麦畑を見つめながら柵に座り煙草を喫う母親の後姿が映る。まだ音楽は続いている。やがて汽笛が鳴り、ナレーションが始まるあたりで音楽が止む。母親は蕎麦畑の向こうから男が近づいて来るのを眺めている。姿を見せない語り手である「作者」は、そこは戦争前に過ごしたイグナチエヴォ村からトムシノの途中にある祖父の家であり、父親が戻るとすればこの道だと言う。

近づいてきた男は母にトムシノへの道を聞くが、彼の話はとりとめがなく、彼女がなぜここにいるのかを訊ねたり、鞄を開けるための釘かネジ回しがないかと問いかけたりしてくる。釘と言えば『僕の村は戦場だった』で、イワンが出会う老人が焼け跡に釘を探していたことを思い出す。男は彼女が指輪をしていないので夫がいないことを見抜くが、女の表情は分からない。『アンドレイ・ルブリョフ』でも、タタール兵と向かい合う白痴の娘の表情が相手の顔から読み取れる場面があったが、その演出がここでも使われている。

男は母に親しげに話しかけた後、彼女に煙草をねだるが、そのとき子供たちの存在に気づく。それを察した母が振り向いた視線の先のハンモックに、幼年期の「作者」アリョーシャ（アレクセイ）とその妹がいる。「作者」は目を開けているので、それまでの様子を見ていたことになる。冒頭の画面は彼の視線で映されており、語りも彼の思い出を語ったものである。

男が腰を下ろそうとすると柵が崩れてしまい、子供たちの母親である女とともに地面に転がる。すると男は笑いながら、「植物には感情や意識があって、ものを理解することもできるかもしれない。木はどこにも走ってはいかないのに、われわれは走り回り、せわしない。みんなくだらないおしゃべりばかりだ」と言う。この言葉は『惑星ソラリス』の重要な役割を果たす金属ケースの草と重なり合う。しかし男はその後煙草を喫いおしゃべりをして元来た道を帰っていく。すると蕎麦畑に風が吹き抜ける。その揺らぎも『惑星ソラリス』の冒頭に揺れる水草の場面を思い起こさせる。また『アンドレイ・ルブリョフ』の「最後の審判」の章でルブリョフとダニールの前に広がる、白い花を咲かせた蕎麦畑につながっているようにも見える。

男が去るのを見届けて家に向かう母親の背に、自作の詩を読むアルセーニーの声が重ねられる。その声の主こそ彼女が帰還を願う夫なのである。母親の寂しそうな背中を息子が見ている場面から父のいない家族の場面になり、父の詩「はじめの頃の逢瀬」が流れる。[*68]「逢瀬のひとつひとつの瞬間を、／僕らは祝ったものだ、神の顕現のように、／全世界に二人きりで君は」。[*69]一九六二年に書かれたこの詩は、妻マリヤではなく、若い頃エリザヴェトグラード（現在のキーロヴォグラード）で出会ったマリヤ・ファーリッツに捧げたものである。彼女は一九二六年にアルセーニーと別れ、二年後に別の男性と結婚したが、一九三二年に病気で亡くなっている。マリヤと結婚したその時期に、父アルセーニーはこのファーリツに捧げる詩を何編か書いている。

涙する母親の顔が鏡に映し出される。そして画面は子供たちの姿から、燃える納屋につながっていく。「作者」は母の涙、つまり父の失踪と納屋の炎上を重ねて記憶しているのである。母親は炎を眺めながら涙の跡を消すように井戸の水で顔を洗う。ここで井戸は『僕の村は戦場だった』と同じように母の象徴となっている。再び風が森を駆け抜け、幼い「作者」がベッドから起き上がり「パパ」とつぶやいて隣の部屋を覗く。そこには半裸の父親と髪を洗う母がいる。後ろではコンロの火が燃え、天井から水や漆喰が落ちてくる。それは幼少の「作者」にとって理解しがたい情景の抽象的な記憶で、おそらく父母の情交の場面であり、「作者」が母に宿った日の象徴かもしれない。それはのちに幼い「作者」が「ママ」とつぶやいて始まる母親の空中浮遊と対になっている。

『鏡』 幼い「作者」は、天井から漆喰や水が滴り落ちる部屋で母親が髪を洗う様子を盗み見する。この「作者」が受胎した表徴と考えられる幻影的な映像は、水と火と鏡といったタルコフスキーが好んで使うモチーフによって成り立っている。
［写真協力：公益財団法人川喜多記念映画文化財団］

髪を洗った母親がショールを羽織って鏡に向かうと、老人となった彼女の姿が映る。彼女が鏡に触るのは現在への橋渡しとなるのだが、その前に火にかざされた若い人の手の映像が唐突に入る。それが少年期の「作者」が思いを寄せる少女の手だということはまだ分からず、炎にかざす手の美しさだけが印象に残る。

■一九七五年――現在　夢を見ていた「作者」アレクセイが、母親からの電話で起こされる。彼の姿はなく、「作者」の部屋が映る。母親は彼の声が変だと言う。彼は喉が腫れていて仕事を休んでいる。黙っているのもたまにはいいと答え、子供の頃の母の夢を見ていたのだが、唐突に彼は「父親がいなくなったのは三六年か、それとも三七年だったろうか」と母親に聞く。「作者」は母の用件を聞く前に夢の情景を話す。先ほどまでの場面は彼の夢だったことになる。二人の会話はちぐはぐで、意思の疎通が滞る。彼が母親と話すのはこの場面だけである。視線が部屋の奥に進むと、作者の父アルセーニーの写真が壁に掛けられている。彼の問いかけに母親は、「一九三五年」と言う。彼は夢の内容である「納屋が焼けたのもその頃か」と尋ね、母は「そうだ」と伝えてから、彼女の用件、リーザが亡くなったことを伝える。部屋のカーテンはその死を悼むように黒く、次の場面で母を乗せるバスの音が時代を越えて微かに聞こえてくる。すると「作者」の夢想が再開され、リーザが登場する場面となる。

■一九三五年頃　リーザは「作者」が幼い頃、母が校正係として勤務していた印刷工場の同僚だった。前の場面の音を引き継いで、バスから降りた若い頃の母マリヤは、雨に濡れるのも構わずに印刷工場へ走り、同僚のリーザや若い職員ミローチカと印刷物の校正の確認を始める。マリヤは念校の誤りを危惧して戻ってきたのだ。廊下を歩く彼女の姿にアルセーニーの詩が被せられる。「朝からずっと君を待っていたさ、昨日は、／やつらは言いあてたよ、君は来ないって、／君はおぼえてるかい、どんな天気だったか？／お祭りの日みたいさ！　だから僕は外套なしで出かけたんだ」[*70]。この詩には一九四一年一月二日の日付がある。

　壁にトロツキーに似た肖像画がある。彼はロシア革命の立役者でありながらスターリン時代に反革命分子とされ、近年までその烙印は押されたままだった。スターリンのポスターも二度ほど映される。モスクワ裁判が始まっていた時代、印刷物の誤植が問題となれば校正者が粛清される可能性もあった。「どんな印刷物でも誤植があってはいけないのよ」とリーザが言うが、それがどんな印刷物なのかは分からない。しかし作者が後年『鏡』の脚本をもとに書いた中編小説『白い、白い日』*71ではそれはスターリンの著作集とされている。

　極度の緊張感を伴なう確認作業の結果、校正ミスがなかったことが分かる。安堵感からマリヤとリーザに穏やかな表情が浮かぶ。しかしそれも束の間、リーザは突然マリヤをなじり始める。夫が去ったのも彼女の性格が悪いからだと言うのだ。この言葉に怒ったマリヤはシャワー室へと急ぐが、突然お湯が出なくなる。裸のままで彼女は笑い、そして泣く。すると夫の不在の象徴である燃え上がる納屋が遠くに映し出され、彼女は嗚咽する。

■一九七五年——現在　先ほどまでの母親マリヤと同じ女優が登場するが、髪をストレートにしている彼女は母親ではなく、「作者」の前妻ナタリアである。「作者」アレクセイが自分のアパートで彼女と話し合っている。「作者」の姿は映らず、彼女は鏡に向かってしゃべる。「作者」は昔を思い出すと母親マリヤの顔が彼女の顔になると言う。すると昔の村にいる母親が一瞬映る。「作者」は若い頃の母の姿は記憶から消えて、前妻の姿が母親と代替していると告白する。実際にタルコフスキーの母と前妻のイルマはよく似ていた。

結婚が破綻した原因を「作者」と妻は語り合う。妻は彼を自信過剰だと言い、「作者」は自分には父親がいなかった、このようになったのもそのせいだからきみも早く再婚するべきだ、と話す。母親に育てられた彼は母に感謝しながらも、その過度な関与にわだかまりを持ち続けている。息子イグナートにはそんな人生を繰り返してほしくないのだ。部屋の遠くで息子がりんごを齧《かじ》りながら、二人の会話を聞いている。

同じ建物に暮らしているスペイン人の一家と「作者」たちの関係は明らかでないが、あとで流れるニュース映像から、彼らはスペイン市民戦争でソビエトに逃れてきた子供たちの成長した姿だと推測できる。スペインの共和国派は友好関係にあったソビエトに、自分たちの子供を脱出させたのだ。彼らも中年となりわずかな記憶を支えにして望郷の念を募らせているのだった。

闘牛のニュース映像に合わせてスペイン人一家の父親と思しき男が闘牛士の身ぶりを再現し、続けてフランコ派を支援するドイツ軍機が爆撃するスペインの市街地が映る。割れた大きな鏡を持つ女性、地下道に避難する女たち、国を脱出する子供たちを見送る親、別れの悲しみに沈む子供たち……。当時多くの子供がソビエトに移り住み、その政治の混乱に巻き込まれていった。それを予感させるように、少女の笑顔が凍りつく。〃現在〃の彼らは名闘牛士のしぐさに興じ、故郷を知らない娘の踊るフラメンコを嘆く。遥かな故国に思いを馳せる彼らの心中には、スペインに暮らす人々よりも優美な故郷が存在しているのだ。

その感情を「作者」は共有している。現在の母親や前妻と満足な意思疎通ができず、思い巡らすのはスペイン人と同様にすでに失なわれた幼年期の日々なのである。彼の見る夢はニュース映像にも似た遠い場所の歳月を越えた風景であり、前妻の顔に重なる若き母の姿なのである。

ニュース映像は一九三〇年代のソビエトの出来事——気球の成層圏飛行や飛行士を歓迎するパレード——が映る。だがこれらの映像には嘘がある。気球の飛行は成功したが、着陸に失敗し飛行士は死亡している。祝われているのは別の人物なのだが、映像の編集によって帰還した飛行士が祝われているように見える。このような映像による歴史の偽証は、ソビエトの歴史改変の常套手段である。タルコフスキーはそれをスペインへの子供たちのソビエト政府の思惑につなげていく。

ニュース映像が終わると、「作者」の息子はレオナルド・ダ・ヴィンチの画集の「聖母マリヤ」を見ているが、その頁には一枚の枯れ葉が挟まっている。さらに開かれる頁の「聖アンナと聖母子と小羊」には、『惑星ソラリス』の最初の構想にあった登場人物の名前アンナとマリヤが書かれている。また「三博士の礼拝」は『サクリファイス』の重要なモチーフである。手の素描画は、『僕の村は戦場だった』の展開を導く手のクローズアップシーンを思わせる。このようにダ・ヴィンチの画集によって奇しくも作者は今までとこれからの作品を紹介しているようだ。

前妻が外出しようとして鞄の中身を床に撒いてしまう。息子がそれを鞄に戻すのを手伝っていると、彼の指に静電気が走り、以前にもこんなことがあったと話す。それは息子に内在する父親の記憶なのかもしれない。ただし彼の祖母マリヤも宝石を床に落とすが、同じ役者が演じる「作者」は拾おうとはしなかった。

息子が家に一人でいると、部屋に見知らぬ婦人と使用人が現われる。古風なビロードの服を着たその婦人は、彼に棚のノートに記したチャーダーエフ宛のプーシキンの手紙を読ませる。そこには「……

ロシアにはロシア独自の使命があった。ロシアとはそういうものです。蒙古族の侵入を呑み込むことができたのもロシアの広大無辺な大地があったからですし、タタールはあえてわがロシアの西の国境を越えようとはせず、ロシアを背後にとどめた。やがて彼らは自分たちの荒野へ退き、かくしてキリスト教文明は救われたのです。この目的達成のために、われわれはまったく個性的な生き方を選択しなければならず、そのおかげでわれわれはキリスト教徒であり続けることができたのです」[*72]とあった。

西洋のキリスト教文明は、タタールの侵略を阻止したロシア人の障壁によって存在し得たということなのだろう。その先駆となったのが、『アンドレイ・ルブリョフ』の時代に生き、教会をタタールへの擁壁とし、中央集権的政体を提唱した聖セルゲイの存在である。手紙が読まれる部屋には、聖セルゲイが製作に大きく関与したとされるルブリョフのイコン画「聖三位一体」をメインビジュアルとする、フランス語版の映画『アンドレイ・ルブリョフ』のポスターが飾られている。

手紙を読むイグナートの後ろの壁には、タルコフスキーの母親マリヤの若い頃の大きな写真が飾られている。客が来たと見知らぬ婦人が言うのでイグナートが玄関へ向かうと、年老いた「作者」の母マリヤが立っている。しかし彼女が誰なのかイグナートが分からないでいると、彼女は家を間違えたと言って立ち去る。部屋に戻ると婦人たちの姿はすでになく、ただテーブルのティーカップの跡がゆっくりと消えていく。『惑星ソラリス』の図書室にもプーシキンのデスマスクがあった。プーシキンは父アルセーニーが愛した詩人であり、タルコフスキーも自身の日記で一三回も言及している。

この不思議な婦人を演じたのは、製作スタッフのタマーラ・オゴロードニコワで、『アンドレイ・ルブリョフ』のゴルゴダの丘に向かうキリストに伴う聖母マリヤや、『惑星ソラリス』で旅立つクリスとの別れを悲しむ叔母アンナを演じている。二人の女性が消えたことに息子が驚いていると、「作者」である父親から電話が入り、イグナートの祖母が来なかったかと尋ねる。彼は誰かが来たけれど、家を間違えたらしいと答え、それが自分の祖母であったことに気づかない。父アルセーニーの実際の母マリヤ*73と妻マリヤの関係は良好ではなかったという。もしビロードの服の婦人が時代を超越してやって来たアルセーニーの母マリヤだとすると、妻マリヤの登場が双方を退場させたことになる。この点は第二章で論じることにする。電話の父親は話題を変えて、「もっと友だちと遊ぶべきだ」と話し出す。すると「作者」の夢は、父アルセーニーの母マリヤが死んだ一九四四年へと舞台を移す。それは「作者」が思いを寄せた娘がいた時代である。

■一九四四年頃　雪が降る日、少年たちは射撃場で軍事教練をしている。その中にいる少年の「作者」アリョーシャは、通り過ぎる赤毛の少女を見ている。「作者」が息子イグナートに電話で話した恋の相手とは彼女のことだった。「作者」の息子イグナートを演じた少年が、ここでは第二次世界大戦期の「作者」の少年時代を演じている。

印刷工場の顛末と同様にここでも時代性が色濃く表現されている。少年たちの一人アサーフィエフが教官の指示に従わないので、親を呼ぶぞと言われるが、ほかの少年たちの会話からアサーフィエフの両親は、ドイツ軍に包囲されたレニングラードから彼を脱出させた後に死んでいることが分かる。一方、かつての英雄だった教官もレニングラードの戦いで頭部に重傷を負い、前線に戻ることができないでいる。

アサーフィエフが鞄から手榴弾を出すと、別の少年がその信管のピンを抜く。手榴弾が射撃場を転がっていく。教官は自分の身体をその手榴弾に被せる。すると彼の頭のカバーが外れ戦場の傷が露わになる。手榴弾は模擬弾だったので爆発はしなかったが、少年たちに死の恐怖を与えた。そして身を挺して少年たちを救おうとした教官は、その機会——犠牲としての死——を奪われ寂しげに射撃場から去っていく。その後赤毛の少女の顔が大きく映る。唇が裂けて血が滲み出し、彼女はそれを指で触れる。

再びニュース映像が流れる。一九四三年、クリミア半島の巨大な湿地シヴァシュ潟をソビエトの兵士たちが渡ろうとする。彼らの多くは帰還せず、カメラマンも撮影した日に死んだという。*74 彼らの姿にアルセーニーの詩「生命、生命」が重なっていく。「予感を信じない、迷信を／僕は恐れない。中傷からも毒からも／僕は逃げない。この世界に死は存在しない。／誰もみな不死である。何もかもが不死である。／死を恐れることなどない、十七歳であろうと、／七十歳であろうと。存在するのは現実と光だけ、／闇も死もこの世界には存在しない」*75。一九六五年八月二〇日の日付があるこの詩は、死に向かう兵士たちへの哀悼の言葉となる。射撃場を出たアサーフィエフが涙を溜めて、丘を躓《つまず》きながら登り、口笛を吹く。

アルセーニーの詩が続く。「僕たちはみなすでに海岸に出て、僕もいる、網ひく人々の中に、不死が群れなしてゆくそのときに。家の中で暮らしなさい、——そうすれば家は崩れない。／僕はいくつもの世紀からどれでもひとつ呼び出し、／そこへ入って、そこに家を建てる」。この詩は『サクリファイス』を予感させる。そしてその後もさまざまなニュース映像が映し出される。戦勝の祝砲、プラハを行くソビエトの戦車、ヒトラーの死体らしきもの、松葉杖の勇士、原子爆弾によるきのこ雲、ビキニ環礁の核実験、文化大革命、中ソ国境の紛争など、タルコフスキーが生きてきた時代の出来事が綴られていく。やがて丘の上に立ったアサーフィエフの帽子に一羽の鳥が舞い降り、それを彼が掴む。
同じ時期、母マリヤがバルコニーで薪を整えていると、そこに兵役から一時帰郷した前の夫が現われる。森では少年の「作者」がダ・ヴィンチの画集を見ている。妹マリーナが彼に「本を盗んだのね。言いつけるわよ」と言う。この画集は父親の蔵書であり、やがて「作者」に渡され、さらに一九七五年の場面で「作者」の息子が見ることになる。告げ口をすると言う妹をアリョーシャが小突くと彼女は泣き出す。そのときマリーナを呼ぶ父の声が森に響き、二人は声のほうへ走り出す。途中で「作者」は躓くが、三人は涙を流して抱き合う。アサーフィエフと違い「作者」の両親は生きているが、この父は「作者」にとってすでに不在だった。そのことを表わしているのがダ・ヴィンチの画集である。森に残ったダ・ヴィンチの肖像画の頁に松葉が何本か落ちている。父（アルセーニー）から「作者」アリョーシャ（タルコフスキー）、そして息子イグナート（セーニカ）へと受け継がれたこの画集のように、離婚という家族の関係も父から息子の「作者」に引き継がれる。映し出された「ダ・ヴィンチの自画像」の頁と一九七五年の場面で映し出される「聖マリヤ像」の頁は、「作者」の父親と母親が象徴されているのだろう。

レオナルド・ダ・ヴィンチの「ジネヴラ・ベンチの肖像」
軍服の父親に少年の「作者」と妹が抱きつく様子を母親マリヤは目を逸らし、そこにダ・ヴィンチの『ジネヴラ・ベンチの肖像』が映る。『ヨハネの受難曲』が流れる中、「作者」の母親の思いが込められたこの絵画を経て「作者」の前妻ナタリアの顔に代わる。

抱き合う父と子供たちから母マリヤは哀しそう

『鏡』「作者」の前妻と若い頃の母親を同じ女優が演じ、同様に「作者」の少年時代とその長男を同じ子役が演じている。そこにあるのはタルコフスキーが若い母親を前妻の顔として記憶していない苦悩と、父親から受けた苦しみを自分も同様に息子に与えている辛苦である。［写真協力：公益財団法人川喜多記念映画文化財団］

に目を逸らす。そこにまたダ・ヴィンチの「ジネヴラ・ベンチの肖像」が、ハレーションの光を絵の上に移動させながら映り、ドイツ語の『ヨハネの受難曲』が流れる。その歌詞には、「そして、見よ、神殿の幕が二つに、上から下まで裂けた。また大地が震え、岩が裂け、墓が開いて、眠っていた聖者たちの多くの身体が甦り……」とある。「眠っていた聖者」とは前夫のことなのだろうか。再会を喜ぶ息子と娘を前に、ただ立ち尽くす母親。彼女の思いを引き継ぐようにジネヴラ・ベンチの顔が「作者」の前妻ナタリアの顔に取って代わる。

■一九七五年――現在　前妻ナタリアと「作者」が息子イグナートのことを話し合っている。つまり子供に関する争いが、世代を超えて続いていることになる。しかし映るのは母親だけである。前妻と暮らしている息子が父親に会いに来ていて、「作者」は息子と自分がいっしょに暮らすことを提案し、彼の気持ちを聞くべきだと言う。しかし息子は驚きの表情で、そんなことは必要ないと言う。前妻は「作者」の現在の母マリヤと自分の写真を見比べて、二人は似ていると言うが、夫はそれを否定する。しかし彼は昔の母の顔を前妻の顔として思い出すと話したばかりだ。前妻は夫の母親への罪悪感について、「お母さんはあなたを抱きかかえて、守ってあげたいと思っているだけ」と言う。だが彼女はそれが自分の息子への思いと同じだということに気づいて唖然とする。「作者」は彼女の新しい恋人をけなし始めるが、路地で焚き火をしている息子を窓の外に見つけ、「作者」の気持ちがそちらへ向かう。焚き火を見ながら前妻は、天使が現われてお告げをする聖書の言葉を思い出す。「作者」が「それはモーゼだ、お告げを聞いて民を導き、海を渡らせる」と話すと、前妻は「どうして私にはお告げがないのかしら」と言う。そして彼女は義母マリヤの若い頃と同じように自分の髪を結う。彼女が「作者」の母親に替わろうとしているのだ。これは『惑星ソラリス』のハリーが母親に替わる場面を思い起こさせる。何かの鳴き声が聞こえて、場面が母親の時代に移る。

■一九三五年頃 森の草木がわずかに揺れている。何かの鳴き声がまだ聞こえている。農家の室内で若い女が鏡を見て身繕いをしている。天井のランプを外す少女の下で、五歳の「作者」が小さな鏡を傾けて遊んでいる。そこに映したのは少女のスカートの中なのだろうか。彼は鏡を本の下に隠す。「作者」が幼い頃、戦争が始まる前の祖父の家の日常風景である。薄い夏服の母親が部屋を通り過ぎる。ランプを外した少女が、バルコニーでそこに油を注いでいる。「この光景を夢に見れば喜びをもたらすが、目覚めればいつも霞んでいく」と「作者」はつぶやいている。

このランプを外す場面は、『無法松の一生』(監督・稲垣浩、一九四三年)の冒頭の引用と考えられる。壊れたゼンマイが入ったガラス瓶の向こう側を、幼い「作者」が歩く。風が庭のテーブルの上のランプやパンを落としていく。彼は家に入ろうとするが扉が動かない。しかし彼が諦めるとゆっくりと扉が開き、中で母親が床に転がるジャガイモを拾っている。それは大戦期の貴重な食料であり、この場面は戦争の予感を示している。タルコフスキーとコンチャロフスキーがゲスト出演した一九六一年の映画『私は二十歳』(マルレン・フツィエフ監督)でも、ジャガイモは大戦時の飢饉と苦難の象徴となっている。

■一九四四年頃　ジャガイモが象徴する大戦期の飢饉の時代。雨が降る疎開地を、母親マリヤと一二歳の「作者」が一軒の家を訪ねる。彼らを不安な面持ちで迎える婦人をタルコフスキーの妻ラリッサが演じている。母と「作者」は靴を履いていない。彼らが足の汚れをマットで拭くとき、婦人の暮らしとの違いが明らかになる。母はマットの上に、金属ケースを落として宝石が床に散らばる。しかし息子は拾うのを助けない。現在の前妻とその息子のエピソードとは逆である。二人はトルコ石の耳飾りを売るため遠くまで歩いて来たのだ。宗教画では宝石が散らばる場面を、マグダラのマリヤが富の虚しさを知るエピソードとして描かれる。

婦人は母を奥の部屋に通す。残された「作者」は居間にある楕円形の鏡に自分を見つける。灯油ランプの光が部屋に満ちて、顔を照らしている。唐突に焚き火が映り、その中の燃える鏡に五歳のときの彼の顔がぼんやりと映っている。それは彼がかつて灯油ランプの少女の下半身を映したあと、本の下に隠した鏡である。ランプの光と鏡が彼の性的な記憶を甦らせる。

そして記憶の連鎖が始まり、彼が射撃訓練場で見かけた赤毛の少女が、薄く白い服でストーブの前でしゃがみ込み、燃えさしに手をかざした手が赤く透き通る。彼女の近くにも灯油ランプがある。この赤く透き通る手は、すでに髪を洗った母親が鏡の前で今の母親と入れ替わる場面に一瞬だけ映っている。少女の手が母親の手に結びつく。灯油ランプが突然消えて、母親と婦人が奥の部屋から出てくるとランプを介した彼の夢想が途切れる。婦人は耳飾りを付けて鏡を眺める。商談は成立したようだ。

婦人がランプに火を点けると、彼の火とランプにまつわる夢想が再開し、空中浮遊で象徴される母の妊娠と出産につながっていく。婦人は赤ん坊を二人に見せ、主人が戻らないと耳飾りの代金を払うことができないと言う。しかし母は一刻も早くこの家から出たかった。彼女は夕食の誘いや、咳をしている「作者」を医者の夫に診せるという婦人の提案を断る。婦人と母親の姿を横から光が照らし出し、母親の影だけが板張りの壁に映る。すると婦人は母親に鶏の処理を頼む。難しいと母親が言っても膝に鶏は載せられ、騒がしい鳴き声とともに鳥の羽根が舞う。恐ろしい表情の母マリヤが正面に顔を向ける。その後ろの壁に水が滴り落ちていく。

■一九三〇年頃　画面はモノクロになり、前の場面の母親と向き合うように父親の顔が映る。父親が母マリヤと向き合う場面は、『ノスタルジア』でも同じ俳優ヤンコフスキーと聖母マリアの絵画の間で繰り返されることになる。父親はベッドの上に浮いている母マリヤの手を撫でている。彼は「何もかもうまくいく」と言い、母親は「会えるのはいつも具合の悪いとき」と答える。彼女の身体から一本の紐が臍《へそ》の緒のように垂れている。そしてマリヤが「私は飛び立った」と言うと彼女の上を小鳥が飛んでいく。

■一九四四年頃　母マリヤと一二歳の息子アリョーシャは急いで婦人の家を出る。先ほどの場面の続きである。彼女の手には大切な耳飾りが入った金属製のケースが握られている。母親は耳飾りを売らなかったのだ。小川の土手を裸足で歩く二人にアルセーニーの詩「エウリュディケ」が重ねられる。「人間の肉体は／ひとつ、まるでひとり者のよう。／魂に愛想をつかされた、／すっぽりつつむこの殻は、／五コペイカ硬貨の大きさの／耳や目があり、／皮膚——傷痕が骨格に着せられている。……」[*76]

婦人は子供が父親に硬貨の単位であるコペイカの価値を問うた話をしていたが、それはこの詩に通じている。書かれたのは一九六一年である。

■一九三五年頃　森から風が吹き抜け、風の中を小鳥が飛ぶ。アルセーニーの詩「エウリュディケ」が続いている。「そしてその生ける牢獄の／格子ごしに聞こえくる／森や畑の鳴子、／七つの海のラッパ。／肉体なき魂は罪深い、／まるでシャツを着ない肉体のよう、――／思考もない、行為もない、／意図もない、詩行もない……」

風がまたテーブルのランプを倒し、パンを揺らし、食器やじゃがいもを転がして、吹き抜ける。詩が続く。五歳の「作者」の前で家の扉が今度は簡単に開く。彼は何かを抱えて入っていく。左側に何かがわずかにこぼれる。窓にかかった布が風に吹かれて大きく揺れている。そこには誰もいない。納屋に視線を向けると光が満ちていき、やはり布が舞っている。部屋に視線が戻ると先の中央に鏡があり、そこに視線が近づき、光が反射する。部屋を進み、先に鏡があるのは、作者が母親と電話で話している場面と同じである。そこにまだ詩が続いている。「……たとえ四分の一の聴覚にでも／ひとつひとつの歩みにこたえ／ほがらかに、素っ気なく／大地が耳元でさわぐなら。」

この詩も、結婚する前の恋人マリヤ・ファーリッツの思い出を綴ったものである。やがて部屋に満ちていた光が消えて、牛乳が入った大きなガラス瓶を抱える五歳の「作者」が、闇の中から現われて鏡に映る。このガラス瓶には時計のゼンマイや草花が入っているときもある。『惑星ソラリス』でも、地上と宇宙の両方に登場している。

五歳の「作者」が妹と食事をしているときにテーブルに牛乳がこぼれている。耳飾りを売りに行った家にも牛乳の大きな瓶があり、どこからか牛乳が滴り落ちている。そこに住む婦人が盥《たらい》に入れて庭に流していたのも牛乳のようだ。そしてアルセーニーが生まれる前の家族写真の中で、アルセーニーの母親とともに写った父親も牛乳の容器を持っている。*77

小川を裸で泳ぐ五歳の「作者」の背中が見える。彼が目指すのは洗濯中の母親マリヤと妹マリーナだ。柵には洗濯物がかかり、近くに金盥《かなだらい》がある。岸辺に着いた彼は母親に向かって立ち上がる。泳ぎは冒険だった。母のもとに戻った彼はその誇らしさに身体を晒《さら》す。彼女が洗った白い布は彼が誰もいない家で見たシーツやカーテンなのだろう。彼の夢の故郷がゆっくりと朽《く》ちていく。

■一九三五年頃＋一九七五年――現在　画面は室内に戻る。午後の陽射しを受けた部屋の中を視線が通り抜け、本と卵が置かれた窓辺から外を歩く五歳の「作者」が見える。その先に老いた母親マリヤと三歳の妹マリーナがいる。この場面は時系列を無視している。鳥の羽根を持った五歳の「作者」が近づくと、老いた母親は遠くを眺めながら煙草を喫っている。その姿は冒頭の彼女と同じだが柵ではなく切り株に座っている。その柵は遠い昔、見知らぬ男が倒していったのだ。

幼い「作者」は老いた母親に灯油コンロが煤《すす》を出していると話す。それは火事の予兆か、やがて家が朽ちることを予言しているのか。彼女は家の方を一瞬だけ振り向いて、また向き直る。この「作者」は物語の始まる頃、コンロの近くを歩いている。つまり彼と現在の母親マリヤが四〇年ほどの歳月を超えて出会い、この現在の母親に誘《いざな》われて、現在の「作者」は五歳の「作者」の姿をして夢から抜け出そうとしているのだ。

■一九七五年――現在　壁に何枚もの鏡がかかった「作者」の部屋の椅子に、かつて息子イグナートの前に現われたビロードの服を着た婦人と使用人が座っている。彼らは医者から「作者」の病状の説明を受けている。医者は「よくあることです。扁桃腺炎《へんとうせんえん》には関係ありません。大事な人を亡くすと、このようになる場合がある」と言う。婦人が「でも誰も死んではいない」と返すと、医者は「それでは良心、あるいは記憶の問題かもしれない」と語る。「作者」はこのとき大事な人との関係性を失なおうとしていたのだが、そのことについてはのちに述べる。

　すると顔は映らないがベッドに横たわる「作者」が「僕のことは、放っておいてくれ」と言う。その右手がベッドの上の小鳥を握り、彼は「僕は幸せになりたかっただけだ。すべてはうまくいく」と続け、手を広げて小鳥を宙に放つ。この「すべてはうまくいく」は、母マリヤがベッドの上に浮遊しているときの父親の言葉で、その母の上にも小鳥が飛んでいる。この「作者」アレクセイを演じているのは、アンドレイ・タルコフスキー本人だが、顔は映らない。ここで初めて病の床にある「作者」の見る夢が、この作品のすべてであることが分かる。

■一九三〇年頃　農家の近くの草むらに、若い頃の母親マリヤと父親が寝ころんでいる。父は「どっちが欲しい、男の子か、それとも女の子か」と聞く。すでに妊娠している母は、問いには答えず、これからの人生を悟っているかのように、少し笑いながらも寂しさを含む表情になる。そして彼女は家のある方向を振り向く。そこにはおそらく次の場面に現われる老いた彼女と幼い子供たちがいるはずである。

■一九三〇年頃＋一九三五年頃＋一九七五年──現在　老いた母親マリヤが五歳の「作者」アリョーシャと三歳の妹マリーナを連れ、洗濯物の入った金盥を抱えながら茂みを抜け出る。岸辺での洗濯の続きのようだが、若い母親は老いた母親に交代している。ここにかつて暮らした家があった。それを目前にして三人は立ち止まる。自然に帰りつつある廃屋、苔むした建物の土台や汚れた井戸。それらを確認した母親はマリーナの手を引いて早足にひき返す。途中の朽ちた柵には白い布がかけられ、金盥が置いてある。そこは彼女の登場した場所であり、「作者」の記憶が始まった場所である。五歳の「作者」が近くに立っている。彼らが去っていくと柵に吊るされた布が一枚落ちる。

若い母親の近くにあった布や金盥は、すべてを子供たちに捧げた彼女の辛苦と喜びの隠喩なのだろう。若い母マリヤが彼らのほうを振り返り、自分の未来を感じ取ったように悲しみを堪えた笑顔で立っている。老いた母マリヤはマリーナとともに蕎麦畑を進み、幼い「作者」が続く。彼らが通り過ぎた後、遠く十字架のように立つ電信柱の近くで若い母マリヤは、彼らが遠ざかるのを見つめている。この場を去りがたいのか、少し遅れて歩いていた「作者」が、叫び声を上げて二人に追いつく。

三つの時代が混在しているこの場面で、「作者」アリョーシャ、つまりタルコフスキーが生まれる前の両親は草むらに寝転がり、自分たちの未来を語らっている。そして数年後、父親と暮らしていない五歳の「作者」と妹マリーナと、その二人を連れた現在の老いた母親がいる。「作者」を病へと誘い込む三つの時代がここで交差する。幼い「作者」は老いた母が象徴する現在を選び、叫び声をあげて彼女と一緒に歩み出す。

四〇年の時の流れが「作者」の記憶の拠りどころだった家を完全に朽ちさせ、母マリヤの姿を甘美な記憶と遠いものにさせた。しかし夢の中を彷徨《さまよ》っている「作者」は、今を生きる老いた母によって、夢幻たる記憶の世界から現実へ帰還する。それを記憶だけに生きる若い母が見つめているのだ。

歩き続ける老いた母と幼い子供たちの先に現在があり、記憶はただ記憶として廃屋となった場所に残される。「作者」は記憶をそこに残すことで、その病――夢の中でさえ自分を病の床に置く病――から逃れようとしている。こうして彼のノスタルジアの病は癒えることになる。

自己回生のためのフィルム

タルコフスキーが作った八本の劇映画の中で、唯一物語らしい物語が存在しない作品が『鏡』である。あえて物語を「語る」とすれば、甘美な子供時代の記憶の迷宮に迷い込んだ男が精神的な病を得て、夢や幻影の世界に逃げ込むが、やがてその夢の中の親しき人々の力を借りて、現実に戻ろうとする物語――とでも言えるだろうか。「作者」とされる男が迷い込む時代は、一九三五年頃と一九四四年頃、そして〝現在〟である一九七五年に限定されている。タルコフスキーにとって一九三五年とは父親が去った年であり、一九四四年は疎開地に父親がしばしば戻った年、そして一九七五年は、前妻の息子との別れが決定的となった年である。彼はこの息子との関係性の中に前妻とのつながりを得ていたとも言える。

若い頃の母親と前妻を同じ女優が演じていたように、そして「作者」自身が語っていたように、彼は母の思い出を前妻の姿として記憶している。彼にとって前妻との決定的な別れは、彼を癒《いや》す子供時代の記憶との別れでもあったのだ。その事態に恐怖した彼は、不器用に息子との暮らしを前妻に提案し、その息子によってたやすく否定されるのである。こうして病の床で記憶の襞《ひだ》に彷徨《さまよ》い続けた彼は、それ自体を作品とすることで記憶の牢獄から抜け出ようとする。まさにこれは作者本人の物語なのである。

〔6〕絶望の中の希望――『ストーカー』

何も起こらない物語

『鏡』を完成させたタルコフスキーは、一九七四年四月八日付の製作ノート[*78]に「大変な騒ぎとなった」と綴っている。ゴスキノ（ソ連邦国家映画委員会）議長のエルマシが『鏡』を見て、「私には何も分からなかった」と言ったからである。その瞬間から、予定されていたようにタルコフスキーの闘いが始まる。そして日記と製作ノートによると彼は辛くも勝利した。一〇月二二日の製作ノートには「今日、委員会は『鏡』の受理の書類にサインした。これで納入をめぐる長い物語は終わった」と記し、次の作品『ストーカー』に本格的に取り組むことになる。

原作であるロシア人作家アルカージー&ボリス・ストルガツキー兄弟のSF小説『路傍のピクニック』と作者の出会いはあっさりとしていて、一九七三年一月二六日の日記には、「たったいま、ストルガツキーのSF小説『路傍のピクニック』〔邦訳『ストーカー』〕を読み終えた。これも誰かほかの人のためにシナリオ化してもいい[*79]」と書かれている。そしてその前後には家族全員が病気だということ、映画『白い日』（のちの『鏡』）の製作が困難な状況にあること、そして別のシナリオや借金返済の算段などが記されていた。しかし金策の手段に過ぎなかったこの『路傍のピクニック』のシナリオ化は、やがて彼がソビエトで製作する最後の作品『ストーカー』となるのである。このSF小説は一九七二年、レニングラードの文芸誌『オーロラ』に四回ほど掲載され、その序章の要約と第一章だけが翌年のアンソロジー『現代SF全集』に収録されたが、第二章以降は長らく出版されなかった。

タルコフスキーの日記から推測すると、『オーロラ』の連載を彼は読んでいたことになる。アンソロジーに収録された部分は、日本では「密猟者」として『SFマガジン』の一九七八年一月号に掲載されている。ソビエトでの全編の刊行は一九八〇年だが、日本では映画の題名『ストーカー』に改題され、一九八三年に「ハヤカワ文庫SF」として発行された。

この小説は立ち入り禁止地区「ゾーン」に侵入して物品を盗み出す、「ストーカー」と呼ばれる活動を行なっていた国際地球外文化研究所職員レドリック・シュハルトの、二三歳から三一歳までの物語が四つの章に分けて描かれている。ただし三章は別の人物が主人公で、四章ではレドリックの役職名がなくなり、ゾーンには望みが叶う場所があるとされている。タルコフスキーはこの第四章をベースに構想を練ったのだろう。

『路傍のピクニック』は、やがて彼が本腰を入れて取り組む作品となるのだが、まだ『鏡』が完成しておらず、完成後も「騒動」のために長い期間を要していた。そして『鏡』は委員会のわずか一票差で公開館やプリント数の少ない第二カテゴリーとして一九七四年の一〇月から公開されることになった。それから『ストーカー』が完成するまでの長く辛い日々がまた始まるのである。

タルコフスキーは『路傍のピクニック』を自身で製作すると決心したとき、シナリオは原作者のストルガツキー兄弟に依頼することにした。そこには『惑星ソラリス』でのレムとの苦い体験が反映していたのかもしれない。一九七四年一二月二五日の日記には「私にとってもっとも調和のとれた形式《フォルム》を取りうるのは、いまのところストルガツキー〔の『路傍のピクニック』〕を基にした映画だ[*80]」とあり、翌七五年の三月二七日には、「アルカージー・ストルガツキーに会ってきた。『ピクニック』を映画化したいというと、非常に喜んだ。シナリオは三人で書く――対等の原則で[*81]」と書いている。

タルコフスキーは日記にこの作品の題名(仮題)を「ピクニック」「ストルガツキー」、あるいは「ストーカー」と記したが、一九七六年一二月一四日の日記には「ストーカー」の由来は、"to stalk"『忍び込む』[*82]とあり、この時点で『ストーカー』という題名に確定したと考えられる。しかしその後も困難が待ち構えていた。予定していたロケ地が地震で使えなくなり、撮影済みのフィルムに現像事故が起こる。そして日記にはストルガツキー兄弟の仕事ぶりへの苛立ちや批判が書き綴られる。タルコフスキーはこれら製作上のトラブルやスタッフとの軋轢《あつれき》を逆に利用して、作品の主題を変更し脚本の書き直しをストルガツキー兄弟に求めるのだった。

一九七七年八月二六日の日記には、「今、あらたなストーカー像を作るために、アルカージーとボリースが全面的な書き換えをやっているところだ。ストーカーは、麻薬の売人や密猟者のようであってはならない。ゾーンの信奉者、献身的な信徒でなければならない[*83]」とある。しかし原作のストーカーはまさに「麻薬の売人や密猟者のよう」だった。結果として原作者が『路傍のピクニック』を映画化するにあたって書いたシナリオ『願望機』(群像社)に記しているように、「ゾーン」「ストーカー」という用語と「ゾーン」が願望が叶えられる場所という設定以外、原作の小説『路傍のピクニック』のほとんどが反映されていない映画[*84]が完成し、一九七九年の四月にゴスキノに受理されるのである。

ストルガツキー兄弟による映画シナリオ『願望機』でも作家と教授、そして「ガイド」と呼ばれるストーカーとその妻が登場し、台詞の多くが映画に採用されている。さらに別の台詞から映画では窺《うかが》い知れない登場人物の思いを読み取ることができる。

映画『ストーカー』は、三人の男がゾーンと呼ばれる立入禁止地域にあるという、願いが叶う部屋を目指す物語である。ストーカーは案内人で、彼は中年の作家と初老の教授を連れてゾーンに侵入する。彼らは恐怖と困難を乗り越えて部屋の前まで辿り着くが、中には入らずに出発した場所に戻ってくる。その短い旅の途中で、彼らはいったい何を得たのだろうか。

■タイトルバック　初老の男が食堂に入ってコーヒーを飲み始めるとテロップが流れる。「……隕石か、宇宙の生命体か、ある地域に奇妙なことが起こった。それがゾーンだ。軍を送ったが戻らない。そこで非常線を張り、立ち入り禁止区域とした。充分な対応ではないにせよだ。分からないのだ。——ノーベル物理学賞受賞ウォレス博士へのイタリアのテレビ局によるインタヴュー」。これまでの作品で物語の前提が語られることはなかった。説明調のこの一文は内容を手繰り寄せる鍵となる。

■ストーカーの部屋　寝室の扉の向こうにベッドが見える。奥の黒い壁には一対の松葉杖が立てかけてある。椅子の座面に注射器が入った金属ケース、脱脂綿、錠剤、水の入ったコップ、紙屑、さらに食べかけの林檎が置かれ、それらが列車の振動で動き出す。

ベッドに妻と娘、夫が寝ているが、夫は目を覚ましていて二人の様子を窺っている。彼が主人公の「ストーカー」である。列車の音とフランス国歌の『ラ・マルセイエーズ』が重なり、夫は立ち上がって時計を付け、身繕《みづくろ》いして寝室を出る。扉の隙間から妻が起きたのが見える。夫が台所で顔を洗っていると妻が照明を点けるが、電球はすぐに焼き切れる。彼女は「時計を返して」と言い、「どこに行くつもり？　あなたのせいで私は苦労続きよ。待つのはもうたくさん。定職について真人間になると約束したのに」と続ける。しかし夫は「すぐ帰る」と言うだけ。妻は「今度牢に入ったら五年ではすまないわよ。最低一〇年よ。その頃にはゾーンも何もなくなっているわ」と言う。

夫は「どこでも牢獄だ」と返し、起き上がった娘のベッドの脇を通って出ていく。妻は、「ゾーンで死ねばいいわ。だから呪われた子供が生まれたのよ。私には何の希望もないわ」と泣き叫ぶ。この場面で二人は娘のことを「お猿」と呼んでいるが、それは愛称であるとともに何か障害があることを示している。妻は注射器と金属ケースを持ち、「私も生きてはいないわ」と言ったのち、床に倒れて身体を痙攣《けいれん》させる。列車の音と爆撃の音にワーグナーの『ワルキューレ』が重なる。

■作家との待ち合わせ　列車の音が続く中、ストーカーが線路を横断していく。そこに「この世界は退屈でやりきれない」という男の声が聞こえてくる。「テレパシーやUFOなど存在しない。融通のきかぬ法則は存在を許さない。だから法則と呼ぶんだ」とその男＝作家が女性に話している。

長いコートを着た彼は美しい女と車の近くに立ち、「中世のほうがましだった。家には精霊が住み、教会には神がいた」と続けている。夜通し酒を飲み、女と超常現象の話題で意気投合したのか、作家は雄弁だが女の名前を知らない。そして「迎えが来たようだ。失礼するよ」と言いながら、ストーカーに「ご婦人もゾーンに行きたいそうだ」と女を紹介する。

女は「あなたがストーカー？」と聞くが彼は「お引き取りを」と返す。すると女は怒って作家に「ばか！」と罵声を浴びせ、車の屋根に彼の帽子を載せたまま去っていく。それでも酒を飲み続けている作家をストーカーが「酔っていますね」と嗜《たしな》める。ストーカーは使命感を持ち、妻の懇願を無視してゾーンに向かおうとしているが、作家には真剣さがほとんど感じられない。

■ゾーンへの進入　ストーカーは作家と冒頭の食堂へ向かう。開いたドアの向こうに原子炉らしい建物が映る。待っていた初老の男は作家を見て、「彼も一緒かな」とストーカーに尋ねる。作家は「あなたは大学教授ですか」と聞くが、自己紹介の言葉はない。そこでストーカーは長いコートの男を「作家」、初老の男を「教授」と名づける。そして彼は「ストーカー」となり、ここで三人の呼び名が決まる。

作家は「真理らしいものを見つけるとすぐに変化して醜悪なものになる」と話し、教授に「なぜゾーンに関心があるのか」と聞く。教授は「物理学者だから」と答えて、同じ質問を作家に返すが、作家は「失なったひらめきを取り戻すためだ」と言う。列車の汽笛を聞いたストーカーは腕時計を見て、出発の時間になったと言い、食堂の店主に「リューゲル、家族を頼んだぞ」と告げて握手する。彼は唯一名前のある登場人物である。

三人は教授が用意しストーカーが運転する四輪駆動車に乗り込む。彼らはサイドカーの警官をやり過ごし、廃屋に入ってあたりの様子を窺《うかが》う。作家はつぶやくようにバーでの話を撤回し、「ひらめきは関係ない。求めているものを、何と呼べばいいのか分からない。自分が何を望んでいるのか、何を望んでいないのかさえ分からない」と話すと、冷やかすように教授は「世界征服では？」と言う。三人は再び車を走らせ、大きな碍子《がいし》（電信柱などにある絶縁器）を積んだ貨物車に隠れて検問ゲートを突破する。警備隊の一斉射撃を受けるが弾は当たらない。彼らは廃墟の中に車を停めて、奥にあった軌道車に乗り換えて線路の先にあるゾーンへと向かう。

ここまでの三人の動きをめぐる状況はこの後のゾーンでの歩みに似て複雑かつ不可思議である。サイドカーの警官は三人に気づかず、四輪駆動車のすぐ後に機関車が進むが地面に線路が見当たらない。最初のゲートを開けた係員の動きと三人の時間経過に差がある。そして機銃掃射を受けても誰も怪我をせず、車にも損傷がない。

検問所を突破した作家の頬には、恐怖の証拠のように涙の痕がある。それゆえに彼は酒を飲み続けるのだろう。一方の教授は、ストーカーと入念な打ち合わせをしていて、怖気づいた作家に代わって軌道車の確認をしている。この違いは彼らの本来の目的と関係している。

軌道車が動き出すと三人の顔がアップになる。後方を見ている作家がふと先を見ると、教授の顔が映し出される。彼とストーカーは前方を注視している。彼らの向こう側に街並みが見えるが人は映らない。軌道車のガッタンゴットンという音が、ゆっくりと電子音に変わっていく。

『ストーカー』 軌道車に乗った左から教授、ストーカー、作家の三人が着く丘の上がゾーンの入り口だった。今までモノトーンだった画面がカラーとなり、三人はその景色に魅了される。しかしそこは三本の十字の電柱が立つゴルゴタの丘のようにも見える。
［© 1979 MOSFILM］

■ゾーンを進む 突然、画面はカラーになり、光に満ちた風景が広がる。遠くに川が流れ、近くには倒れかかった十字架のような電信柱があり、手前に錆びた何かの部材が転がる。軌道車が音を立てて停止するが、三人は風景に魅了されたように無言のままだ。やがてストーカーは腕を天に伸ばして、「着きました。私の住まいです。世界一静かです。美しくて誰もいない場所です」と言う。作家は「私たちがいる」と返すが、ストーカーは「三人では何も変わりませんよ」と答える。しかし教授はさらに「変えられるとも」と言い、彼の目的を仄《ほの》めかす。

ストーカーはナットに白いリボンを結ぶようにと教授に頼み、二人から離れる。金属が絡み合った樹木と蜘蛛の巣があり、遠くに目的地の発電所跡が見える。ストーカーは草むらに寝ころび、目を閉じて精神を集中する。彼の手を虫がはっていく。

残された教授は作家に、ストーカーがゾーンを知り尽くしていて、何度も投獄されていることや、娘には足がなく、彼の先輩のジカブラス（ヤマアラシ）は金持ちになった途端に自殺したことを語る。

ストーカーが戻り、三人は歩き出す。ストーカーはリボンの付いたナットを任意の方向に投げて、落ちた場所に向かう。それを何度も繰り返す。途中、燃え尽きたバスや朽ち果てた戦車などが転がっていて、作家がバスを覗《のぞ》き込むと、中にはマシンガンを手にする焼け爛《ただ》れた死体が横たわっていた。

この回り道に耐え切れなくなった作家が何気なく樹木に触わると、ストーカーは鉄の棒を投げつける。そして作家の酒瓶の中身を流してしまう。怒った作家は一人で発電所跡に直接向かおうとするが、少し歩くと「止まれ、動くな」という声が聞こえて、怯えながら戻ってくる。ストーカーは「ゾーンは複雑な罠だ」と言い、三人はまた歩き始める。

崩れた建物の近くで休んでいる作家と教授に、ストーカーが「行きますよ」と呼びかけ、二人が立ち上がると、唐突に井戸の中が映り、大きな音がして水面に波紋が立つ。これはのちに作家が望みが叶う部屋の近くで井戸に石を投げ込むことを示しているのだろう。この場面とストーカーが廃墟の壁を伝う姿に彼の語りが重なる。「振動させ続けなさい。あなたの心に生じたその響きを、情熱と称するものは魂の力ではなくて魂と外界の摩擦だ。気をいっぱいにして脆弱《ぜいじゃく》であれ。幼子のように弱くあれ」

『ストーカー』 ストーカーの一行は恐怖のアトラクションを巡るように進む。乾燥室という名の場所には大量の水が轟音を立てて流れる場所だった。ストーカーと作家はここで教授を見失うが、二人が進んだ先に彼を見つけるのである。
［©1979 MOSFILM］

これは、ヘルマン・ヘッセの『ガラス玉演戯』の文章とレスコフの『旅芸人パンファアロン』のエピグラフにある老子の『道徳経』をつなげたものだという。*85

作家と教授がいる場所にストーカーが戻ってきて、また進むことになる。そこでリュックを忘れた教授が戻ろうとするのをストーカーが止める。やがて「乾燥室」という名の滔々《とうとう》と水が流れる廃墟に辿り着くが、そこで教授がいないことに気づく。だが戻ることは困難で、ストーカーと作家がさらに進むと激流の脇になぜか焚き火がある。そしてそこを通過すると、その先にまたしても焚き火があり、その火でお茶を沸かしている教授がいるのだった。作家への警告の声も含めて、ゾーンは彼らを注意深く導いているようだ。

しかも辿り着いたのは、先ほどまで彼らがいた場所だったのである。ストーカーは自殺したジカブラスが残したナット

『ストーカー』 寝転がるストーカーの足元に黒い犬が座り込むと彼の幻覚が始まる。地面が波立ち、疾風が土塊を舞い上げる。女の声で「ヨハネの黙示録」が聴こえ始める。そして水に沈んだ注射器、硬貨、銃、機械の部品、そして『ヘントの祭壇画』の「洗礼者ヨハネ」などが映る。黒い犬は彼の家にまでついてくるが、『惑星ソラリス』や『ノスタルジア』でも主人公は最後に犬とともにいる。
［©1979 MOSFILM］

を見つけて、もう動くことはできないからここで休む、と言う。教授は焚き火を消すが、消し炭からまた炎が上がる。そして三人はわずかに残された水に濡れていない場所を探して寝ころぶ。

横になった作家は教授に「よっぽど大事なリュックらしい」と声をかける。教授が「何も分からないくせに」と返すと、作家は調子に乗って、「気圧計か何か詰め込んでゾーンを調査するんでしょうよ」と中身に興味を示す。そして会話は文化論に及ぶ。教授が「ゾーンで得たひらめきで人類に貢献しようとでも思っているのかね?」と話すと、作家は「人類ですって? その中の一人にしか関心ありません」と返す。作家の興味はストーカーに向かい、「部屋に入って叶えたくないのかね。自分の望みを?」と聞くが、ストーカーは「今のままでいいです」と答える。

やがて寝転がるストーカーに黒い犬が近づき、その足元に屈むとストーカーの幻覚が始まる。地面が波のように揺れて、つむじ風が走り、大きな煤《すす》のようなものが舞い上がる。その風景をストーカーはうつ伏せのまま目を見開いて感じている。

そして女の声が流れる。「私は見た。そして大きな地震が生じ、太陽は毛の荒布のように黒くなり、月全体が血のような（色）になった。そして天の星は地に落ちた。いちじくの木が大風を受けて、うらなりの実を振るい落とすように。そして天は、巻物が巻き上げられるようにして引きはがされ、すべての山と島がそれぞれの場所から移された。そして地の王たち、高官、千卒長《せんそつちょう》、金持、有力者、またすべての奴隷や自由人が山々の洞穴や岩に身を隠した。そして山や岩に言う、『我らの上に落ちよ。そして座に座す者の前から、また小羊の怒りから、我らを隠してくれ。彼ら（＝神と小羊）の怒りの大いなる日が来たのだから。誰が（その前に）立ち得よう』と」。これは「ヨハネの黙示録」の第六章12節の途中から17節の部分なのだが[*86]、ストーカーが見た幻影のようである。しかもこれを語る声は彼の妻の声によく似ているのだ。

ファン・エイクの「ヘントの祭壇画」　この絵画の上段右から三番目の「洗礼者ヨハネ」を、休息中のストーカーが幻影の中に見る。洗礼者ヨハネは新訳聖書にも記載された人物で荒野にキリストの出現を預言し、贖罪の場に立ち会う人とされている。

目を閉じたストーカーの顔からカメラは移動し、水に沈んだものが映し出される。注射器、硬貨、銃、機械の部品などが映り、ストーカーの手元へ戻ってくる。その中にはヤン・ファン・エイクと彼の兄が描いたとされる「ヘントの祭壇画」の中の「洗礼者ヨハネ」があった。この作品で唯一の宗教画である。ストーカーは聞こえてきた黙示録に答えるように、「ルカの福音書」の第二四章13節の途中から17節までをつぶやく。「彼らのうち二人が同じ日に、エルサレムから六〇スタディオン（一〇キロ強）離れたエマウスという名の村に行く途中だった。彼らもまたこのところ起こった一切のことについて互いに話し合っていた。そして彼らが話し合い、議論している時に、イエス自身が近づいてきて、彼らと一緒に行く、ということが生じた。だが彼らの眼は押さえられていて、イエスを認識できなかった。そこで彼らに対して言った、『あなた方が歩きながら互いにぶつけあっているこの言葉は何なのですか』」。*87

ここで言う二人とは、科学や芸術について語り合っていた作家と教授のことであろう。二人はストーカーの言葉を聞いているのか、最初に寝転がった場所ではなく、お互い折り重なるように寝そべっている。彼らにストーカーが言う。「……さっきあなた方は人生や芸術の意味についてお話しでしたね。音楽はどうです。現実と最も関係が薄いし、主義主張もなく全く機械的な意味のない音で、連想も呼び起こしません。それなのに音楽は人の魂に直接ひびくのです。……何のために私たちを感動させるのでしょうか？　……何のためでも誰のためでもなく〝無欲〟なのですか？　そんなはずはない。すべて必ず価値を持っているはずです。価値と理由を」

この作品には『ラ・マルセイエーズ』など既存の曲が使われている。そしてこのストーカーの言葉は、次作の『ノスタルジア』の主人公たちの音楽に国境があるのかという会話につながっている。森に囲まれた美しい湖が映るが、それは旋風に土塊が飛び交う先ほどの幻影が落ち着きを取り戻した風景のようであり、また作者が別荘を建てたミヤスノエ村の風景にもよく似ているのである。*88

ストーカーがこの場所を「罠だ」と言ったように、ここで休息する三人、特にストーカーの姿は映るたびに異なっている。最初はうつ伏せで次に仰向けとなり、さらに場所を移動している。ソラリスの海のようにストーカーの浅い眠りにゾーンの意思が忍び込み、彼の心の奥底に潜む思いを読んだのかもしれない。「ヨハネの黙示録」の朗読がゾーンによるならば、ストーカーはそれに「ルカの福音書」で応えたことになる。

『ストーカー』 肉挽き器と呼ばれる通路の扉を開ける三人。くじで最初に入ることになったのは作家だった。ストーカーは教授の影で怯えている。恐怖に震えながら歩き終えた作家は最後の扉の前で短銃を取り出すが、ストーカーの説得でそれを置いて禊の儀式のように全身を水に沈める。
［写真協力：公益財団法人川喜多記念映画文化財団］

■部屋の近くへ 休息の場でゾーンに試されたのがストーカーならば、「肉挽《ひ》き器」と呼ばれる地下通路で試されるのは作家である。臆病で偏屈、さらに強情な彼はくじ引きで地下通路の先導役となり、案内人であるはずのストーカーは教授の影で怯えている。恐怖に震えながら通路を歩き終えた作家は、最後に閉じられたドアの前に立ち、どこからか短銃を取り出す。ストーカーがそれを捨てるように訴えると、不承不承、彼は短銃を置いて、まるで禊《みそぎ》の儀式のように全身を水に沈めた後、ドアの先へ進む。そしてストーカーは作家の短銃を水に沈める。待っているように言われた作家は、砂の小山が連なる場所まで歩いていく。ストーカーは彼の方向にナットを投げて、教授と一緒に伏せる。すると大きな黒い鳥が現われて、ストーカーたち

『**ストーカー**』　三人は砂の小山が広がる大空間に出る。作家はストーカーに出口で待つように言われたのに先に進んでいた。ストーカーが紐のついたボルトを投げると、猛禽類の鳥が現われる。そして作家は井戸の近くに倒れ込む。その姿は『僕の村は戦場だった』で狙撃されたイワンの母親と同じである。　［©1979 MOSFILM］

のほうへ飛んでくるのだ。

　ストーカーたちが見ると作家は井戸の近くの水たまりに倒れている。周りは砂だらけだが、彼の周囲は水が浸みていた。その姿は『僕の村は戦場だった』で殺された母親のようだが、やがて彼は起き上がって井戸に石を落とし、水音がした後に、「石を落としたのも実験だ。こうして実験を続け事実を証明するのか？　……事実など存在するものか。ゾーンの謎だって？　そんなもの誰かの想像上の産物さ」と言う。作家はさらに編集者との関係を、「私の魂も心も食いつくそうとしている。そして原稿を急かす。自分はこれを変えようとして同類になってしまった」と訴える。

　ストーカーは「地下通路で多くの人が死んだのに、あなたは通過することができた」と作家を褒めて、そこで死んだジカブラスの弟の詩を朗読する。「とうとう夏が過ぎていった、まるでなかったように。ひだまりはあたたかい。ただ、これでは足りない。……意味が、悪いことにも／良いことにもなかったわけではない、何もまばゆく燃えていた、ただ、これでは足りない。人生は翼でかばってくれた、守ってくれた、助けてくれた、僕は本当に運がよかった。ただ、これでは足りない。……」[*89]。これはタルコフスキーの父アルセーニーが一九六七年に書いた詩である。

ストーカーは皆が無事に到着したことがうれしくて、二人とも良い人だと言う。すると作家は不機嫌になり、くじ引きは仕組まれたものだったと言い出し、ストーカーはゾーンがあなたを選んだのだと反論する。ここで起きることのすべてはゾーンが決めて、ストーカーはただ案内するだけだ、と言うのである。

三人が小さな部屋にいると電話が鳴る。作家が受話器を取ると相手が「診察所か」と尋ねたので、「間違い電話だ」と言って切ってしまう。しかし三人は二〇年も前の廃墟に電話が通じていることに慄然とする。そして教授はどこかへ電話をかけ、自分は何かを決行すると同僚に話す。しかし相手は教授を脅し、教授の妻と寝たことの仕返しだろうと言い放つ。その会話はほかの二人に聞こえていない。ここで初めて教授の思いの一片が示される。

やがて教授が、願いが叶う部屋には多くの人が殺到するだろう、犯罪者や独裁者、世界を変えようとする人がいるかもしれないと話すと、ストーカーは誰が何の目的で来るかは分からない、とつぶやく。

しかし作家は教授の考えに疑問を呈して、人は愛や憎しみで世界を変えることはできない、金や女や昇進、そして上司を呪うことぐらいだ、世界の正義や神の国の実現は個人の願いではなく、むしろ本能的欲望が勝っている、と主張する。作家が壁のスイッチを押すと部屋の電球が眩《まぶ》しく輝いた後で焼き切れる。ストーカーの部屋で照明が光を発して切れたのと同じである。ゾーンには電話も電気も通っていたことになる。

『ストーカー』 作家は願いが叶う部屋に入ろうとしない。教授は小型核爆弾を組み立て始める。彼は部屋を破壊しに来たのだった。ストーカーは爆弾を奪おうとするが、作家は彼を突き飛ばし、なぜ部屋に入らないのかと罵る。
［©1979 MOSFILM］

ストーカーに促されて、作家と教授は願いが叶う部屋の前に立つ。ストーカーは注意事項を確認するかのように二人に語りかける。「最も重大な瞬間です。最も切実な心からの望みが叶います。精神を集中して人生を思い出すことです。過去を思うとき善良になりますから」。そしてストーカーは作家に部屋に入るよう促すのだが、作家は入ろうとはしない。すると教授が「私だ」と言って何かを組み立て始める。それは二〇キロトンの小型核爆弾だった。彼は「ここは誰も幸せにはせず、悪用されるばかりだ。それを防ぐために仲間たちと爆弾を作った。しかし奇跡や希望を残すためにゾーンを破壊しない意見があり、爆弾は隠された。それを見つけて持って来たのだ」と言う。

　ストーカーはその爆弾を奪おうとするが、作家が彼を突き飛ばす。ストーカーは「希望を失ってもいいんですか?」と問うが、作家は「お前は他人の不幸をあざけり、稼いでいる。ここでは貴様は王で神だ。なぜ自分で部屋に入らないのか。それは秘密の権力を楽しんでいるからだ」と罵《ののし》る。するとストーカーは涙ながらに、「自己利益を目的にしてはいけない。自分はできそこないで、妻も幸せにすることができず、友だちもいない。ここが私のすべて、自分の幸福も自由も尊厳も全部ここにあり、人助けできることだけが幸せなのだ」と言う。

　だが作家は、彼の心の奥底にあるものを追及する。作家は「ここで叶う望みとは無意識のもので、自分でも気づかない本性が表われるはずだ。ジカブラスは死んだ弟を返してくれと哀願したのに大金を手にした。本性を突きつけられた彼は首を吊った。だから私は部屋に入らない。自分の本性の腐肉《ふにく》など欲しくないし他人にも見せたくない」と言う。作家は教授からジカブラスの話を聞いていたのだが、教授はその話をストーカーから教えてもらっていた。自分が認識している望みと、心の奥底の願望が異なっていたことを知り、教授も自分の行動に確信が持てなくなる。

　するとストーカーは呟くように、「何もかも捨てて、妻や『お猿』と一緒にここへ移り、暮らそうか。誰もいない。面倒もない」と言う。

　三人は望みが叶う部屋の前に座り込み、中に入ろうとしない。彼らを見守るように、部屋からの視線が彼らを捉える。そして部屋にだけ激しい雨が降り、水たまりが波立つ。教授は爆弾を分解し、部屋に部品を放り込む。やがて雨が止むと、水に沈んだ爆弾の部品に魚が寄ってくる。冒頭と同じように列車の通過音がして、ラベルの

『ストーカー』　作家も教授も望みが叶う部屋には入らない。部屋に激しい雨が降る。教授は部屋に分解した核爆弾の部品を放り込むが、黒澤明の『羅生門』でも雨宿り中の三人のうちの一人が教授と同じように焚き火を水の中に投げている。
［写真協力：公益財団法人川喜多記念映画文化財団］

『ボレロ』が重なる。水たまりに投げ込まれた核爆弾の部品から、放射性物質と思われる茶色い筋が漏れ出し、すぐに水全体が黒い液に覆われていく。これをタルコフスキーの重要なモチーフである水と「火」の統合と見ることもできる。

この水に沈む床には八角形のタイルが敷き詰められている。これはストーカーが幻視した多くの遺物が沈んでいた床のタイルと同じである。つまり彼は望みが叶う部屋に投げ込まれたものをすでに見ていたことになる。そしてその一つに教授の核爆弾が加わったのだ。

■三人の帰還　ラベルの『ボレロ』と列車の音が続いている。ストーカーの妻が食堂の入り口に娘を座らせて入ってくる。ドアが列車の振動で揺れている。作家と教授、ストーカーが最初と同じようにテーブルを囲み、何かを飲んでいる。ゾーンの黒い犬がいて、店の蛍光灯はまだ点滅を繰り返している。

店主を含めた四人が妻に見入る。彼女は一言「帰ったのね」と言ってから、彼らが連れてきた犬のことを訊ねる。ストーカーが「ただついて来た」と返すと、彼女は優しく、「さあ、帰りましょう。『お猿』も来ているのよ」と言う。

バーの出入口から娘の姿と発電所の原子炉のような建物が見える。妻は「犬は要りませんか」と言うが作家は「五頭飼っている」[*90]と辞退する。彼女は「犬がお好きなんですね。いいことですわ」と言いながら、ストーカーとともに店を出ると、犬がついて来る。作家と教授は座ったまま彼らを目で追う。三人は汚れた顔をしているが表情は穏やかだ。妻も彼が出て行ったときとは異なり、穏やかな話しぶりになっている。

■再びストーカーの部屋　スカーフを被ったストーカーの娘の横顔が、まるで歩いているように左から右へと移動する。彼女は父親に肩車されていたのだ。彼らは対岸に原子炉のような建物が建つ川の岸辺を犬と一緒に歩く。部屋に戻ると妻は犬にミルクを与える。疲れ果てたストーカーは床に寝転がり、「彼らのどこがインテリなんだ、信じるための器官が退化しているんだ[*91]」と言って作家や教授を愚弄《ぐろう》する。妻は彼を抱き起こし、「かわいそうな人たちなのよ」と夫をなだめ、労わりながらベッドに寝かす。背後の壁に大きな書棚がある。

彼は続けて、「彼らは人生についていてたわごとを並べ立てるが、天国とは無縁で、何かを信じたことなどない。もう誰も信じない。誰もあの部屋を必要としていない。誰も連れていく気はない」と言う。それを聞いた妻は、「私が一緒に行ってあげる。私にも願い事がある」と話す。すると目を閉じていたストーカーは妻を見つめて、「ダメだよ、お前にもしものことが起こったら……」と必死に拒絶する。彼はジカブラスの不幸が繰り返されることを恐れたのである。これが彼の最後の台詞となる。妻は正面に視線を移して、これまでの人生を思い出しながら言葉を続ける。「……母は、『ストーカーよ。呪われた永遠の囚人よ。ろくな子供は生まれない』と言いました。覚悟はしていました。でも好きになったのですから仕方ありません。苦しみの中の幸せのほうが単調な暮らしよりましと、こじつけました。私は後悔していません。生活に苦しみがなかったら味気なく、幸せも希望もありません」

娘は本を読んでいる。先ほどの書棚の一冊なのだろう。彼女は本を膝に置いて前を見つめる。口は動かさず、ただ声だけが、「私は愛する、お前の眼を、わが友よ、その燃えるような驚くべきたわむれを。不意にふと眼差しをもちあげて、空わたるいなずまのように速かに、あたりくまなく眺めわたすときのその眼を……。さらに強い魅力が、しかし、ここにある……。燃えるような口づけのときの、伏

『ストーカー』 ストーカーの娘がチュッチェフの詩を黙読し、テーブルの三個のグラスを見つめると一つずつ動き出し、最後の一つはテーブルから落ちていく。しかし奇跡はそれではなく、彼女がチュッチェフの詩を読んだことではなかったのか。 ［©1979 MOSFILM］

せられたお前の眼差しが、低く垂れたまつ毛を通して見える。欲望の陰欝なほの暗い火が[*92]」と流れる。

これは一九世紀のロシアの詩人フョードル・チュッチェフが一八三六年に書いた詩である。読み終えた彼女がテーブルのコップを見つめると、最初は褐色の液体が入ったコップ、次に卵の殻と羽根が入ったコップが彼女と反対の方向に動き出す。そこに犬の鳴き声が聞こえ、ポプラの綿毛が舞う。娘がテーブルに頬をつけると、三つ目の何も入っていないコップが動き始め、やがて縁から落ちる。彼女がそのままの姿勢でいると、残ったコップと一緒に列車の振動で揺れ始め、その音にベートーベンの『歓喜の歌』が重なって映画は終わる。

三人の中で起こった物語

『ストーカー』は三人の男が移動する物語だが、作中とりたてて何も起こらない。三人はゾーンに進入し、願いが叶う部屋の前に辿り着くが、誰も部屋には入らずに戻って来るだけ。機銃掃射に誰も傷つかず、死を覚悟してゾーンに入ったものの、作家は自分の願望に怖気づき、教授は部屋の破壊を放棄する。ストーカーも願いが叶うことが幸福を意味しないことに気づく。しかし本当に何も起らなかったのか。そのことを作家、教授、ストーカーの順に考えてみる。

■作家の中で 作家はゾーンのことをほとんど知らなかった。しかし教授からゾーンの噂やストーカーの人物像、ジカブラスの悲劇などを教えてもらう。彼は多弁で、不安や鬱憤《うっぷん》を晴らすようにストーカーや教授を罵《ののし》る。その言葉には法則や科学、そして理念や現代社会への嫌悪感がある。彼が登場するとき、連れの女性に中世を讃美し超常現象を希望の現象と話していた。初対面の教授には、あなたは真実を探し出せばいいが自分は見つけた真実さえも変化してしまう、と話している。さらに検問所を突破する前にはその前言を翻《ひるがえ》して、ひらめきを求めてゾーンに行くのではない、自分の望みさえ分からないとつぶやいている。

ゾーンに入ってからも彼は勝手に行動して、何者かの声を聞いて戻って来る。ゾーンが注意喚起したのは、ストーカーが言うように彼が選ばれているからだろう。彼の恐怖心は肉挽《ひ》き器と呼ばれる地下通路で頂点に達する。その怯えの結晶と言えるのが取り出した短銃で、その銃口はゾーンにではなく、万一のとき自分に向けられるはずである。彼は待っているだろう恐怖を恐れていたのだが、その結晶をストーカーは水の中に沈めている。

何かが投げ込まれた井戸の映像が流れたのは、作家が井戸に石を落とすことをゾーンが知っていたことの証左で、石を投げ入れた彼の独白は創作活動への根幹的な疑問となる。周囲を変えようとした自分が、逆に周囲と同類になってしまったという感慨はタルコフスキーと重なり合う。そして最後のフレーズ、「奴らは知ろうとしない。むさぼるだけだ」は、日記に散見されるタルコフスキーの嘆きを想起させる。

作家は「ゾーンから善い人だと判断されたのだ」とストーカーから言われ、その気恥ずかしさから「くじ引きはいかさまだ」と憤懣《ふんまん》をぶつける。誰とも理解し合おうとしない彼は、ストーカーと論議している間に、木の枝でキリストの荊《いばら》の冠《かんむり》を模したものを作り上げて、それを自分で被る。ここで彼が登場する場面に立ち返れば、彼が女性といた場所には太い木の杭が立っていた。宗教画では太い木や杭は磔《はりつけ》の象徴である。

作家は望みが叶う部屋に入ろうとせず、部屋を破壊しようとする教授を止めようとしたストーカーを押し倒し罵倒《ばとう》している。そして自殺したジカブラスを例に出して「自分は心の奥底の本性など知りたくない」と言う。それは自分の心の奥底を窺《うかが》う淵に立ち、初めて気づく心境であり、彼は自身の本性をすでに垣間見ていたのである。

作家はゾーンに懐疑的で自分が拠って立つ文学も信用してはいない。当初は屹然《きつぜん》としていたが、やがて自信のなさを漏らし始める。そして教授という相手を得たことで、法則や技術全般を揶揄《やゆ》し続ける。彼は文学の世界を改革しようとして、いつしか一番嫌っていたその厭《いや》らしさと交じり合い、抜け出せなくなっていたのだ。彼は自分を変えるために信じてはいないゾーンに向かったのだが、その望みさえも不確実なことに気づき、根源的な恐怖に陥る。しかしその怯《おび》えこそ彼をして作家たらしめているのである。ゾーンは彼の実像を映す鏡の役割を果たしたことになる。

■教授の中で

教授は作家とは逆に心の揺らぎをほとんど見せない。彼はストーカーと周到な打ち合わせをして四輪駆動車やガソリンを用意し、ストーカーの経歴や家族、ゾーンの成り立ちやほかのストーカーの運命も、まさに学者のように調べ上げていた。そしてストーカーの指示に黙々と従い、求められたとき以外はほとんどしゃべらない。

彼はゾーンへ行く動機を作家に訊かれて、学者の好奇心と答えている。しかしそうではなかった。食堂を出るとき、作家に後戻りをしてはいけないと諭すエピソードは、二人の今後の関係を示唆している。彼は心情を露《あら》わにしないが、わずかなつぶやきや表情は彼の目的に合致し、そしてその視線は目的にのみ向けられている。作家が「自分は何を求めているか分からない」と言うと、教授は「世界制覇では？」と返す。ゾーンに着いたストーカーが「三人では何も変わらない」と言えば「変えられるとも」と話している。これらの発言は彼のゾーンに対する目的の伏線となっている。

教授が変貌したのは、作家が一人で歩き始めた頃からである。不思議な声を聞いた作家が戻ると、「自分で声を出したのだろう」と言う。作家が彼の目的の障害になることを危惧し始めたのだ。教授は一人で待つと言うが、ストーカーから同じ道を戻ることはできないと言われ単独行を諦《あきら》める。そんな教授にも奇跡が起こる。彼は「乾燥室」に荷物を取りに戻ったが、そこに先に進んだ二人が現われたのである。

願いが叶う部屋の近くで電話をかけるとき教授の心情が吐露《とろ》される。電話の相手が教授の妻との不倫関係を話し出すと、彼は受話器を置いてから自分の考えを二人に伝える。しかし願いが叶う部屋の危険性に触れるが、彼が何をしようとしているかまでは語らない。

部屋に向かう前、教授は細い通路の奥に二つの白骨死体を見つける。一人は赤毛の長い髪の女性で、もう一人は男性と思われる。二人の間からは垂直に一本の植物が伸びている。窓が開閉する音とともに、死体に光が当たっては消える。そしてその前には黒い犬がいる。そのことを彼は二人に伝えない。それは教授が行なおうとしていることの顛末を表わしているのだろうか。やがて彼は爆弾を組み立て、部屋を破壊するために来たことを二人に告白する。その意思に揺らぎはなかった。かつて研究機関の同僚とゾーンの破壊を企て、同僚が抜けても一人で実行しようとしているのだ。ゾーンに到着してから教授が作家に話した「ゾーンが人類へのメッセージ、または贈り物だ」という考え方は、途中で部屋を破壊する企てから降りた同僚の思いだったのである。

教授の行動は正義に裏付けられていた。部屋の前で語ったように、そして作家の思いを世界征服と勘ぐったように、彼はゾーンの部屋が独裁者やテロリストに使われることを危惧していたのだが、そんな彼もゾーンは通過させたのだ。

だが、作家が話す「誰も世界を変えようとは思わない。関心があるのは金や女や昇進についてだけで、本能的な欲望がまさっている」という言葉に、教授の拠って立つ正義が揺らぐ。彼は電話で同僚に部屋を破壊すると伝えたが、電話の相手は教授の行動をあざ笑い、それは正義の行動ではなく自分と彼の妻が浮気をしているからだと言う。まさに作家の言葉が自分と重なったのである。結局彼は爆破を思い留まり、組み立てたばかりの爆弾を分解していく。

彼は科学の本質を追求し法則と論理、そして正義の世界にいた。それらが科学技術を向上させ、その一つの例として小型核爆弾を現出させたのだ。それを正義に使う計画を彼は簡単に撤回する。危うい人物が部屋を使うことを危惧していた彼は、自分がその一人であることに気づくのである。

■ストーカーの中で　妻の懇願を無視してストーカーは家を出る。その使命感は家族の犠牲のうえに成り立っている。彼は軌道車がゾーンに到着した瞬間にそこを「私の住まい」と言う。妻や娘が住む場所ではなく、危険や罠が潜むこの場所が彼の家なのだ。彼は妻との言い争いで「どこでも牢獄だ」と言ったが、唯一牢獄でないのがこのゾーンなのである。彼は作家の苛立ちや苦言に耐えながら、ゾーンの部屋を目指す。その途上、「乾燥室」の近くで三人は休憩を取るが、そこで彼は別の世界を行き来するように、何度も姿勢と居場所を変えている。

「ヨハネの黙示録」を聞いた彼は、それに「ルカの福音書」で応える。そして彼は作家と教授の人生や芸術の論議に対して、音楽を例にすべてに価値と理由があると語り出す。ストーカーが知的な意見を述べるのはこの場面が初めてだが、物語の最後の場面で彼の部屋には大きな書棚があることが分かる。彼は知識人だったのだ。詩を暗唱したのもその表われだったのだろう。ただ作家がくじ引きをいかさまだと言うと、それはゾーンが選んだ結果なのだと主張するように、彼は完全にゾーンの信奉者である。だから電話がかかり、電灯が点くことに何らかの予兆を感じて慌てることになる。

そして試練が訪れる。全身全霊をかけて到達した希望の部屋に男たちは入ろうとせず、教授は破壊しようとさえする。彼はここで精神的危機に直面し、さらに爆弾を奪おうとしても、教授と敵対していたはずの作家に投げ飛ばされてパニックに陥る。ゾーンへの進入が徒労に終わったストーカーの「家族と一緒にここで暮らせば、誰もいないし、面倒もない」という言葉は、ゾーンに着いてすぐ彼が言った、「ここが私の住まいです」に通じている。この後ゾーンでは誰も何も話さない。

戻って来た三人の前に現われた妻の表情や立ち振る舞いは優しさに満ちている。朝の諍《いさか》いがなかったかのように彼はそれを受け容れる。家に戻るとストーカーはほかの二人を批判し嘆く。それを慰める妻は、自分には願い事があるからゾーンに行ってあげると言う。以前とまったく違う彼女がそこにいるのだが、ストーカーは「お前を失ないたくない」と言ってそれを拒絶する。彼のすべてだったゾーン、彼が移住さえ望んだゾーンではなく、ストーカーは妻と娘との場所を選ぶことになる。

ゾーンの部屋に入ろうとしなかった作家と教授を見て、ストーカーの何が変わったのだろう。二人の行為はストーカーへの侮辱《ぶじょく》である。彼の信仰を否定したからだ。しかしストーカーは、その部屋の前で二人の隣に座り込みながら恨みの言葉もなく、「何もかも捨ててここで家族と暮らしたい」と言う。しかし結局彼が暮らしたい「ここ」とはゾーンではなく家族の部屋だったのである。彼は理解していなかったが、彼の言う「何もかも」捨てるにはゾーンが含まれていたのだ。これは『サクリファイス』のアレクサンデルの言葉でもある。妻は夫が戻ったことを喜び、もうゾーンには行かないと言ったことに安心したのだろう。『惑星ソラリス』と同様にこの最後の場面には、タルコフスキー映画の主題の一つと言える「放蕩息子の帰還」を見ることができる。ストーカーがゾーンで繰り返し述べた希望は、彼女の内に苦しみとともにあった。ゾーンがもたらす奇跡は緩やかに静かにストーカーの家族、そして作家と教授の内にも訪れているのである。彼らの望みは部屋に入らなかったからこそ叶ったことになる。

三人が象徴するもの

タルコフスキーは物語で強調したい場面をよく知られる絵画に当て嵌《は》めることがある。顕著な例は

『惑星ソラリス』の最後に表現されるレンブラントの「放蕩息子の帰還」である。

『ストーカー』では、三人の登場人物が揃う食堂の場面がそうだ。テーブルを囲んで正面に立つストーカーの左右に教授と作家がいる。それはルブリョフの「聖三位一体」とほぼ同じ構図になっている。また、彼らが辿り着いたゾーンの小高い丘の上の場面。そこには無数の傾きかけた電信柱が立ち、その多くは十字架状である。『鏡』の最終場面ではこのような電信柱の近くに若い頃の母親が立っていたが、これらを十字架と見るならば、『ストーカー』の三人が到達したゾーンはゴルゴダの丘を意味することになる。彼らはゾーンに入る前に警備兵からの激しい銃撃を浴びていて、無傷であること自体が不思議である。ストーカーの妻が激しく危惧したように、この三人のゾーン行脚は死出の旅という側面を含んでいるのだ。

ゾーンへと侵入を果たした三人であるが、彼らの名は「作家」「教授」そして「ストーカー」と職業で表わされている。このことから彼らは「芸術」「科学」「信仰」の象徴と見ることができる。作家は想像力の涸渇を回復するために、教授は物理学者の好奇心を理由に、そしてストーカーは人々の幸せのためにゾーンの部屋を目指したが、そこで彼らが理解したのは叶う望みとは自身が思い描く願望ではなく、本人すら知り得ない心の奥底の望みであるということだった。実際に彼らは部屋の一歩手前で知り得なかった自分自身を見つめることになる。結果として作家は部屋に入ることを拒否し、教授は破壊の企てを棄て、ストーカーは彼らが希望を理解していないことを嘆き悲しむ。

では彼らとタルコフスキーとの関係はどうだろうか。タルコフスキーに近い存在は「作家」だろう。作家の口の悪さはタルコフスキーの日記の文体に似ていて、作家が悲嘆《ひたん》にくれる業界での地位と同様に、タルコフスキーも映画界で不安定な立場にあり、嫉妬や噂話、批判に曝《さら》されていた。作家はストーカーの指示に従わず、ゾーンから警告を受け、一番危険だった肉挽《ひ》き器を通り抜け、井戸に石を投げ込んでも何も起こらない。それらは彼がゾーンに承認され、祝福される証である。ゆえに作者であるタルコフスキーは彼に父親の詩を贈り、棘《いばら》の冠《かんむり》に似たものを被せる。

「教授」はどうだろうか。彼だけに見えたものは、互いを抱くような男女の白骨死体とその間に伸びた植物である。それは娘を挟んで眠っているストーカーと妻の姿にも通じているが、ゾーンが教授に伝えた彼自身の望みの結果を示していたと見るべきだろう。それは科学を万能だとする思想がもたらす当然の結果であったのかもしれない。彼は爆弾を分解してからは何も話さず、バーに戻ってからも、去っていくストーカーとその家族を見つめるだけである。タルコフスキーは文明の急速な発展を危惧していた。社会の発展に科学技術が必要であったとしても、そこに危険性が伴うことは原発事故などで明らかであり、さらに技術開発の動機自体に個人的確執や利得が含まれることを知っていた。そうした科学の持つ脆弱《ぜいじゃく》性を教授の行為としてタルコフスキーは表現したのである。

そして「ストーカー」である。原作ではゾーンから物品を運び出して金銭に替える〃密猟者〃=荒くれ者だったが、映画のストーカーはまったく異なり、ゾーンを信仰する——自分の幸せも望まない——求道者なのである。この性格付けは最初からあったものではない。すでに書いたように映画の製作が多くの困難に直面する中、タルコフスキーは『ストーカー』の内容を大きく変えることを決断する。それが「聖愚者」としてのストーカー像である。

ロシアでは多くの文学作品に「聖愚者」とされる人物——自らの意志で愚かなる者を演じる聖的な

存在――が登場する。ストーカーもその列に並ぶだろう。タルコフスキーは『アンドレイ・ルブリョフ』を作る際に、宗教関連の書籍を読み耽ったが、そこで得た知識は映画の素材となるだけでなく彼の精神にも大きな影響を与えている。ストーカーの使命は、人々をゾーンの部屋に案内することだが、その思いと行為自体がタルコフスキーの映画製作と重なり合う。タルコフスキーはまさに警備の目を盗み、あるいは正面突破を試み、危険で複雑、かつ困難な道のりの果てに映画を製作してきた。しかし『ストーカー』の作者と創作された主人公であるストーカーとは相似形を成していない。タルコフスキーはすべてを捨て去り、信仰のみを糧に生きるわけではない。彼は聖職者ではなく何より映画監督として生きている。ただ、タルコフスキーの理想とする人物がストーカーと言えるのかもしれない。

『惑星ソラリス』の先へ

タルコフスキーが既成の文芸作品を映画の原作として選んだのは、『惑星ソラリス』と『ストーカー』の二作だけである。『僕の村は戦場だった』にも原作があるが、タルコフスキーがそれを選んだのではない。結果として二作ともにSF小説だったことになる。彼はもともとSF小説を読むことはあったが、日記を読む限り、SF映画に関心はなかったようである。ではなぜタルコフスキーは『路傍のピクニック』という小説を映画の原作に選んだのだろうか。一九七六年一月七日の日記にこうある。

『ピクニック』(『ストーカー』の原題『路傍のピクニック』のこと)を作りたいという私の願望は、どこか『惑星ソラリス』を作る前の状態に似ている。今ではその理由が分かる。この感覚は、合法的に超越的なものに触れることができる可能性と関係があるのだ。……『ソラリス』ではこの問題が解決されなかった。ようやくプロットを組み立て、いくつかの問題を提示することができただけだ」[*93]

彼は『惑星ソラリス』で果たせなかったことを、『ストーカー』に託したのである。たしかに二つの作品には多くの共通点がある。例えば心の奥底の願いが叶うという設定、主要な登場人物が三人であるということ、主人公の先輩が願いが叶えられた結果に悩み自殺するということ、旅立ちと帰還の物語であることなどである。

『惑星ソラリス』の主人公クリスは妻ハリーを自殺に追い込んでしまった。その贖罪の意識が宇宙空間で具現化してしまう。まさに心の奥底の願いが出現したのである。しかし作品は原作者との確執やSF的なガジェットに阻害されて、満足な仕上がりにはならなかった。心の奥底の願いの実現は、この『ストーカー』を経由して、『ノスタルジア』や『サクリファイス』に引き継がれていく。

『ストーカー』では「作家」が芸術を、「教授」が科学を、「ストーカー」が信仰を象徴するということはすでに触れたが、この三人を『惑星ソラリス』に重ねると、「作家」がスナウト、「教授」がサルトリウス、そして「ストーカー」がクリスとなるだろうか。教授はサルトリウスと同様に科学を自己存在の根拠としている。ただし二人とも――サルトリウスは主張を述べながら眼鏡を壊すほど激昂し、教授は同僚との電話で動揺を見せるなど――科学を信奉しながらも自分の確信にどこか不安を抱いている。そしてそれがあるとき表出するのだが、全編を通じて二人とも作中では理知的な存在として描かれている。例えば教授はストーカーに従って侵入の準備を行なうが、ゾーンや部屋の知識を事前に得ていた。彼は理知的にゾーンを捉えようとしていたのだ。

それに対して作家やスナウトは、科学こそ不安定で根無し草であると断言する。この二人はともにそれぞれの理想を追い求めているが、その理想とは裏腹の己れの立ち位置に悩んでもいた。彼らほど明確ではないが、ストーカーとクリスも信仰という類似性を持つ。ストーカーの信仰の対象はゾーンと部屋であり、クリスが信仰するものの象徴はイコン画である。二つの作品で大きく異なる点は、『惑星ソラリス』が、願いが叶う場所(ソラリス圏内の宇宙ステーション)に主人公が偶然入ったのに対して、『ストーカー』は、自らの意志でそこ(ゾーンの部屋)に入ろうとしていることである。そしてそれぞれの場所で主人公の身近な人間が死んでいる。『惑星ソラリス』のギバリャンは、宇宙ステーションで起こる事象を受け容れられず自殺し、『ストーカー』では死んだ弟の復活を望んだはずのジカブラスが、心の奥底では大金を求めていたことを自覚して自殺する。

タルコフスキーは完成した『ストーカー』に満足していた。主人公であるストーカーは部屋に戻ってから、誰一人ゾーンを信じていないと嘆くが、そこに行くという妻を止めたことで自分も彼らにと同じであることを知るのである。そのとき彼はゾーンの呪縛から逃れたことになる。ここにタルコフスキー自身の願望からの超克がある。

ストーカーは信仰の対象としてのゾーンの部屋を失なったが、娘のまなざしが奇跡を起こす。ポプラの綿毛が舞い、『歓喜の歌』とリュミエール兄弟の『列車の到着』を思わせる音と振動がその部屋に満ちたところで、この映画は終わる。しかし奇跡は手品のようなコップの移動にあるのではない。それは列車の振動によって動いている可能性もあるのだ。対して本を抱えるように持つ娘の唇は動かないが、私たちは彼女の声としてチュッチェフの詩を聞いている。「呪われた子供」と母親が言う彼女が、一九世紀の詩を読むことこそ奇跡なのではないだろうか。まさにストーカーの願いは絶望の中に叶えられたのである。

これ以降、タルコフスキーはソビエト国内で作品を作ることはなかった。コップに振動を伝える列車は、イタリアに向けて出発したのだろうか。そこには『歓喜の歌』が流されている。次の作品である『ノスタルジア』では「RAI」という製作者のクレジットが映し出される。RAIとはイタリア放送協会の略称であり、『ストーカー』の冒頭でテロップとして表示されるインタヴュアーの会社でもある。

〔7〕死に至る郷愁――『ノスタルジア』

国境を越えて

タルコフスキーは『ストーカー』の製作途中の一九七八年一二月二三日の日記に、「最近私は、悲劇的試練とかなわぬ夢の時代が近づきつつあることを、いよいよはっきりと感じる」[*94]と書き、続けて『ストーカー』がすんなり通れば、その後『イタリア旅行』に取り掛かれると思う。だが一悶着は避けられそうにない」と記している。この『イタリア旅行』こそ、のちに『ノスタルジア』となる作品である。翌一九七九年四月一六日の日記には『ストーカー』が「私の映画のなかでもっともいいものになりそうだ」[*95]と書き、完成した後に起こるいつもの「一悶着」を経て四月一九日にゴスキノ（ソ連邦国家映画委員会）に受理される。

そしてトニーノ・グエッラと一九七六年から構想を練り、『ノスタルジア』と改題された共同脚本が八〇年の九月三日に完成する。タルコフスキーはその間の七九年二～四月、七～九月、そして八〇年四～八月の都合三回、イタリアに赴いて、ロケハンや撮影の準備、そしてグエッラとの共同製作によるドキュメンタリー映画『旅の時』の撮影と編集を行なっている。タルコフスキーが『ノスタルジア』の製作のために最後のイタリアへの旅に出るのが八二年三月七日、そして映画の完成後の八四年七月一一日にミラノで、実質的な亡命宣言となる記者会見が行なわれるのである。

『ノスタルジア』はタルコフスキーの撮った映画八本の中で最も説明的なシーンが少ない作品と言えるだろう。登場人物は皆寡黙で名前さえなかなか明らかにされず、彼らがなぜそこにいるかが不明瞭で、主人公の心の内は最後まで分からない。しかし映像は極めて繊細で饒舌《じょうぜつ》なのである。

二人を隔てる境界

■タイトルバック　モノクロで男の子と女の子、母親と祖母と思しき女性二人が映り、近くにシェパード犬が控えている。家族なのだろう。彼らは白っぽい寝間着に濃い色のショールやジャケットを羽

『ノスタルジア』　ゴルチャコフは家族の幻影を何度も見る。タイトルロールもその一つである。彼らは早朝に家を出て、白い寝間着の上に黒い羽織り物の姿で丘を下っていく。幼い息子はたぶん父親ゴルチャコフの上着を着ている。

織って、草むらの斜面を下っていく。そこに白い馬がいて、ロシア民謡の歌が重なる。彼らは立ち止まって、何かを探すようにあたりを見回す。流れる民謡にヴェルディのレクイエムが交差し、画面が静止して白抜きのタイトルロールが現われると、民謡が消えレクイエムだけが流れる。

　民謡の歌は、「……花輪を編むなら、私に編んでおくれ。ドナウ川へ行くなら、私を連れて行っておくれ。花輪を投げ入れるなら、私の花輪を放っておくれ。お前の花輪は水面に浮かんだが、私の花輪は底に沈んでしまった。お前の友は戦争から戻ったが、私の友は戻らなかった……」と、前の詞を次の詞が紡いでいく。これはピート・シーガーの『花はどこへいった』や、その原曲とされる『静かなドン』の主人公グリゴーリーが聴く歌を連想させる。レクイエムの歌詞は、「主よ、永遠の安息を彼らに与え、……わが祈りを聴き入れたまえ。すべての肉は主のもとに至らん」であり、ここで流れる二つの楽曲はともに死者に向けられたものになっている。つまり民謡はこの家族が帰らぬ誰かを待ちわびていることを、レクイエムはこの家族がすでに死んでいることを暗示している。この作品にはこうしたモノクロ幻影がいくつか出てくる。このオープニングの光景を「家族の幻影1」とする。

■到着と「出産の聖母」　本編はカラーとなって始まる。車が霧の草原を右から左へと走り抜け、また左側手前に現われて停まる。画面の色は極めて薄く、車のテールランプの赤色が植物の淡い緑と白い霧に映えている。主人公たちがイタリアのトスカーナ地方に到着したのだ。若いイタリア人女性の通訳エウジェニアが降りて、ロシア語で「主のお導きね」と言う。それはまるでイタリアで映画製作を始めたタルコフスキーの感慨のようである。しかし同乗していた中年のロシア人ゴルチャコフは「イタリア語で話せ」と返す。彼は彼の母国語を拒否したのだ。ここでロシアとイタリアという二人の出身地と「国境」という主題が明らかになる。もちろんこの時代のロシアはソビエトという社会主義体制下の末期にあった。

エウジェニアは「やっと着いたわ」とイタリア語で話し、「見て、すばらしいわ。初めて来たとき、泣いたの。モスクワを思い出すでしょ。光線がよく似てる。さあ、来て」と言って目的の場所にゴルチャコフを誘う。彼女はロシアに滞在した経験があるようだ。ゴルチャコフは「私は行かないぞ。美しい景色など見飽きている。結局は自己満足にすぎない。うんざりだ」と返して、ひとり言のように「私は行かない。美しい景色など見飽きた」と言う。しかし少し間があってから彼は彼女のあとを追う。二人の行く手にぼんやりと礼拝堂が見える。

タルコフスキーは当初、主人公のゴルチャコフをロシアの詩人ではなく、建築史家にするつもりだった。だから彼は建物に見飽きてしまったと言うのだ。*96 しかしこの言葉は方便に過ぎない。イタリアの美しい風景が彼にロシアの風景を思い起こさせ、望郷の思いを抱かせるのだ。そのことが彼を苦

ピエロ・デッラ・フランチェスカの「出産の聖母」　エウジェニアはゴルチャコフをこの絵画がある礼拝堂に誘うが断られる。しかしその後彼女を追う彼の姿がある。その聖マリアの顔がクローズアップされ、続いてそれを凝視している彼の顔が映される。彼がこの絵画を見ていたことは、のちのドメニコとの会話でも明らかである。

しめていたのである。さらに彼はイタリア人の美しい通訳エウジェニア[97]の魅力にも戸惑っていた。

エウジェニアが礼拝堂に入って行くと、地元の女性たちが跪《ひざまず》いて祈りを捧げている。ゴルチャコフの姿はない。ピエロ・デッラ・フランチェスカの絵画「出産の聖母[98]」の前にロウソクが燃えている。寺院の男がエウジェニアに「子供が欲しいのか、それとも逆かな」と声をかけ、彼女は「ただの見学よ」と答える。男は「心をこめて祈りなさい。うわの空では何も起こらないよ」と言い、「何か起きるの？」と問う彼女に「願いが叶う。有用なものすべてだ。祈るのなら、跪くほうがいい」と答える。ここで早くも作者の重要なテーマ「願いの成就」が現われている。しかし彼女は跪けない。それは『ストーカー』で作家が願いが叶う部屋を拒否した場面を思い起こさせる。礼拝堂で出産を願う女たちは跪いている。彼女たちが葛藤なく跪いていることにエウジェニアは違和感を覚えるのだ。

やがてたくさんのロウソクを灯した山車《だし》と「出産の聖母」を模した人形が運ばれてくる。白いベールを被った若い女がその前に立つ。エウジェニアは、「女だけが神にすがるの？」と寺院の男に聞くと、男は「それは女の役目、子を産み育てるためには忍耐と犠牲が必要だからだ」と答える。ここで「犠牲（サクリファイス）」という言葉が出てくる。エウジェニアは反論するように「女の役目はそれだけ？」と聞くが、男は「さあな」と返すのみ。のちに「この場面は古典的な女性像を讃美しているのか」と問われてタルコフスキーは、寺院の男の発言を「女性についての自分の観点をそれほど代弁しているものではない」としながらも、女性には男性と異なる割合があると強調している。*99

エウジェニアが「参考になった」と言うと、男は「考えもしなかったことだ。大切なのは幸福になることではないよ」と返す。この言葉は『鏡』における「作者」の言葉「僕はただ幸福になりたかっただけだ」に対置している。

立ち去ろうとするエウジェニアを寺院の男は呼び止め、彼女が振り返ると儀式が始まる。「……高貴の聖母、屈辱の聖母、苦悩の聖母、誇り高き聖母、母の苦悩を知るすべての母の聖母、子を持つ喜びを知る聖母、子を持てない苦しみの聖母、人と神の子キリストの聖母、母たる子を理解しお助けくださ い」と、白いベールの女が唱えて人形の腹の布を開くと、そこからたくさんの小鳥が飛び出して、その羽根が祭壇のロウソクの上に落ちていく。

『鏡』では、「幸福になりたかっただけだ」と言って「作者」が手の中の小鳥を宙に放ち、続いて両親が生まれてくる子供を「男の子か女の子か」と話す。また出産間近の母がベッドの上に浮かび、その上を小鳥が飛んでいる。このようにタルコフスキー作品の出産に関係する場面には鳥が登場することが多い。

白いベールの女は女性の喜びと苦しみを聖母の名とともに唱える。「ただの見学」をしているエウジェニアは、慈愛を含む視線でそれを見ている。そして振り返るが、そこにゴルチャコフの姿はなく、エウジェニアの表情に苦悩が浮かぶ。その彼女の顔に「出産の聖母」の苦痛に耐える顔が重なり、鳥のさえずりとともに聖母の顔が大きくなっていく。

画面はモノクロに変わり幻影が始まる。聖母の顔を凝視していたようにゴルチャコフの顔が現われ、ガラスが触れ合う音が聞こえてくる。ゴルチャコフが空を見上げると、一枚の羽根が彼をかすめて水たまりに落ちる。それを拾おうとする彼の足元の泥濘にはグラスや硬貨があり、靴が白いベールを踏みつけていた。彼の背後には遠くにロシア風の家が建ち、そこに天使が近づいていく。ゴルチャコフが拾った羽根は天使のものなのだろうか。その天使が振り返ると、画面はホテルのロビーに座るゴルチャコフの後ろ姿となる。彼は礼拝堂の儀式を実は眺めていて、ロビーでのうたた寝でこの幻影を見ていたようだ。これを**「一人の幻影a」**とする。

■ロビーでの会話

ゴルチャコフとエウジェニアはロビーでホテルの主人を待っている。エウジェニアは「出産の聖母」を見ようとしなかったゴルチャコフを責めるが、彼はそれに答えずに彼女が読んでいるイタリア語訳のアルセーニー・タルコフスキーの詩集に関心を持つ。

エウジェニアの顔を映したまま二人の会話が続く。ゴルチャコフは「芸術は翻訳できない」と話す。「音楽なら伝わる」とエウジェニアが言うと、ゴルチャコフはロシア語で歌い出す。エウジェニアは微笑みながら、「歌詞には翻訳が必要よ。トルストイやプーシキンも。ロシアの理解にも」と言う。ゴルチャコフは「君はロシアを理解していない」と突き離した言い方をする。エウジェニアは「あなたのイタリアと同じよ。言葉を知らないと、ダンテやペトラルカやマキャベリを……」と反論し始めるが、ゴルチャコフは諦めたように「残念ながら理解不可能だ」と言う。「どうすれば理解できる？」と尋ねるエウジェニアに、ゴルチャコフは「境界をなくすんだ」とつぶやく。「何の境界？」と聞き返すエウジェニアに、「国境だよ」と答えたゴルチャコフが振り返ると、水音がしてグラスを拭く女性が現われる。そのグラスは「一人の幻影a」で彼の足元に落ちていたものだろう。この短い場面を「家族の幻影2」とする。

唐突に犬の鳴き声がして、エウジェニアが髪をかきあげると、場面はホテルのロビーに戻っている。犬を連れた婦人が挨拶しながら二人の間を通り抜ける。ゴルチャコフはエウジェニアの髪の匂いで目を覚ましたのかもしれない。エウジェニアがゴルチャコフに郷愁のせいで屋敷に放火した家政婦がミラノにいると話し出す。ここで初めて「郷愁（ノスタルジア）」という言葉が現われる。付け加えるようにエウジェニアは「音楽家のサスノフスキーは、なぜ危険なロシアに戻ったの？」とゴルチャコフに聞く。

ゴルチャコフがイタリアに来たのは、このサスノフスキー[*100]の伝記を書くためだった。ゴルチャコフが答えないでいると、エウジェニアは「話すほどには私を信頼していないのね」と言う。ゴルチャコフは「これを読めば分かる」と言ってボローニャで見つけたサスノフスキーの手紙を渡す。この時代、ソビエトの知識人は西側で自らの心情を明らかにはできなかった。この場面にはタルコフスキーのイタリアでの経験が反映されているのだろう。ゴルチャコフはサスノフスキーが酒に溺れて自殺したと言って、二つ目の質問には応じない。ロビーの向こう側に立像が見える。

やがてホテルの女主人が現われて、ゴルチャコフが彼女から部屋の鍵を受け取ると、廊下の反対側に映画の冒頭に出てきた家族の幻影を見る。彼はポケットにある自分の家の鍵を触わる。家の鍵は故郷の家族の象徴である。ゴルチャコフが見る幻影は故郷に残してきた彼の家族なのだろう。幻影ではグラスを磨いていた女が微笑む。彼女が振り返ると、天使が入っていった家から、部屋着の女の子と男の子、そしてシェパード犬が走り出し、水たまりの前で女の子が棒を投げる。犬がそれを追う。これを**「家族の幻影3」**とする。

「自慢の部屋です。昼間だと景色がすばらしく、川やきのこもあります」と言う女主人の声が幻影に重なる。ゴルチャコフの幻影の風景を説明しているかのようでもある。エウジェニアが「おやすみ、アンドレイ」と言う。ここで初めてゴルチャコフのファーストネームが明かされる。ちなみにエウジェニアという彼女の名前は、終盤に彼女がゴルチャコフにかける電話の中で初めて明かされる。

女主人は階段を昇りながら、「ここから恋物語が多く生まれました。彼は恋人でしょう?」と聞くが、エウジェニアは否定する。それでも「彼は悩んでいるみたいね」と女主人は続けるが、「別の悩みよ」とエウジェニアは言う。女主人はゴルチャコフの悩みが彼女との間で生じていると誤解しているようだ。

■ゴルチャコフの部屋　ゴルチャコフが一階の部屋に入り、窓を開けてまた閉める。雨は降っていないが水の撥ねる音がする。点滅する蛍光灯を消してベッドのライトを灯す。洗面所で水を飲んで薬を含む。クロゼットを開けた後、置いてあった聖書を手にする。何か気配を感じて、扉の方向を見つめる。するとコインが転がる音が聞こえる。聖書には金髪の髪の毛が絡まった黒い櫛が挟まっている。これはのちにエウジェニアがこの部屋で髪を梳《と》く予兆のようだ。

ゴルチャコフが部屋の扉を開けると、アルセーニーの詩集を手にしたエウジェニアがいる。彼女はノックをしていない。ゴルチャコフは気配や音の正体を確かめるように廊下を歩く。ノックがなく扉の向こうに人が立っているのは、『鏡』で「作者」の息子がいる部屋に祖母が訪れたときと同じである。エウジェニアはゴルチャコフと翻訳の話をするために詩集を持って来たのだが、それを遮るように電話が鳴る。彼女は「モスクワに電話を。奥さん、待っているわ」と言うが、ゴルチャコフは「いいんだ」と取り合わず、彼女から本を受け取って部屋に戻る。廊下に残されたエウジェニアは、徒競走のスタートのときのように跪《ひざまず》いてから階段へ走り出すが転んでしまう。すると電話の音が消える。エウジェニアははしゃぎながら階段を昇っていく。跪くのは礼拝堂の女たちへの皮肉、笑い出したのは転んでしまった自分の滑稽さゆえだろう。モスクワからかかってきた電話がエウジェニアの思いに打ち勝ったことになる。一方のゴルチャコフは自分の不甲斐なさに本を放り投げる。エウジェニアはゴルチャコフと話がしたくて部屋を訪れたので、詩集を受け取ることは彼がそれを拒否したことを意味している。

『ノスタルジア』 ゴルチャコフのホテルの部屋。聖書には金髪の髪が絡まる櫛が挟まっていて、エウジェニアは翌日ここで髪を梳く。つまり現実でも彼の幻影と同じように時間の逆転が生じている。洗面所の椅子は、『ストーカー』や『サクリファイス』に登場するそれとほぼ同じデザインである。

　部屋でゴルチャコフがまた窓を開けると今度は雨が降っている。ゴルチャコフはベッドで浅い眠りに入る。遠くで犬の鳴き声が聞こえている。彼が寝転がる直前からゆっくりとズームアップが始まり、洗面所からシェパード犬が現われ、ゴルチャコフに近づく。『ストー

カラヴァッジオの「ナルキッソス」　いわゆるナルシスを描いた絵画。ゴルチャコフがホテルの部屋で見る夢に妻マリヤやエウジェニアが登場するが、そこにはこの絵と同様にナルキッソスがエウジェニア、その下で眠っているのがゴルチャコフという構図が見られる。特にエウジェニアはナルキッソスとほぼ相似形となっている。これ以外にも鏡に映るゴルチャコフとドメニコ、聖マリアと妻マリヤなど相似とも言える人物を結ぶ表現がある。

カー』にもストーカーに犬が近づく場面がある。画面に変化がないままにゴルチャコフの幻影が始まったのかもしれない。犬がベッドの脇に来ると瓶が転がる音がする。この犬は先ほどの**「家族の幻影3」**にも現われている。窓の向こうの壁の一部が、『鏡』で落下する漆喰のように剥がれ落ちていく。床が濡れて雨が瓶に当たる音がするが、この音はのちに彼が訪れるドメニコの部屋でも繰り返される。うつ伏せになっているゴルチャコフの顔にわずかな光が当たる。すると雨が止む。

　そしてゴルチャコフの幻影が展開する。先ほどから彼の幻影に登場していた女であるゴルチャコフの妻マリヤの横顔が右に移動して、彼女の手がエウジェニアの肩に置かれる。するとエウジェニアは涙を流しながら振り返る。マリヤはエウジェニアの髪をかき上げて抱き寄せる。場面が変わりエウジェニアは一人眠るゴルチャコフの顔を上から見つめながら、何か言葉を発している。ベッドには彼女の汚れた左手が下ろされている。彼女の顔のアップから腕を伝ってゴルチャコフの顔に至る場面は、イタリアの画家カラヴァッジオの絵画「ナルキッソス」によく似ていて、特にエウジェニアの表情は絵を転写したようにそっくりである。この絵のモチーフは水面に映った自分の姿に恋するナルシスの逸話である。エウジェニアはゴルチャコフを愛してしまった。涙を流すエウジェニアはマリヤの肩越しにベッドの前に佇むゴルチャコフと、そこに横たわる出産間近のマリヤを見つめている。わずかに泣き声が聞こえ、幻影の中のゴルチャコフがベッドから離れると、マリヤは暗いベッドで白く輝き、「アンドレイ」とつぶやく。

ここでゴルチャコフの妻マリヤは、「出産の聖母」と同じ身重の姿となっている。マリヤは聖母マリアに変容し、幻影の中でエウジェニアに勝利したのだろう。ゴルチャコフはのちに自分の妻がこの聖母に似ているとドメニコに告げている。この幻影の場面はゴルチャコフの性愛の記憶と現在の彼の心情との葛藤を表わしているようだ。二つの場所——ソビエトとイタリア——と二つの愛——マリヤとエウジェニア——の心象風景である。彼はエウジェニアの気持ちが自分にあることを知っているが、それに応えることができない。彼の眠りが抽象的にそれを「映像化」したことになる。

扉をノックする音がして、白く浮かぶマリヤが消えていく。ここで終わる幻影を**「イタリアの幻影A」**とする。そしてエウジェニアの「アンドレイ、起きて、もうすぐ食事よ。すてきな所だわ。聖カテリーナも訪れたのよ[*101]」と言う騒がしい声に、ゴルチャコフは、「すぐ行く」と返事する。この彼女の声はゴルチャコフが幻影でマリヤの声として聞いていたものだった。

ドメニコとの接触

■温泉の周辺　シェパード犬を連れたドメニコがシエナの温泉バーニョ・ヴィニョーニを散歩している。その後ろにゴルチャコフが小さく見える。エウジェニアは、湯気で姿が見えない露天風呂の客

『ノスタルジア』　ゴルチャコフとエウジェニアが泊まるバーニョ・ヴィニョーニの近くには、写真のようなお湯や湯気が湧き出す場所がある。手紙らしきものを読むエウジェニアの向こうにゴルチャコフが見えるが、この場面は採用されていない。

［写真協力：公益財団法人川喜多記念映画文化財団］

たちとゴルチャコフの話をしている。「連れの男性のお仕事は?」と聞かれて「詩人よ」と答え、「何を書いている?」と言われて「ロシアの音楽家の伝記よ」とエウジェニアは答える。そして「なぜ、ここへ?」という問いに「その音楽家が留学していたの」と話す。ここで初めて彼らがここにいる理由が明かされる。

ドメニコが犬に、「何を急ぐ」「彼らを無視しろ。我が道を行け」などと話しかけている。その犬はタイトルバックやゴルチャコフの部屋に登場した黒い犬に似ている。やがて温泉に浸かっている男三人に女一人の温泉客が見えてくる。ドメニコが着衣のままお湯に入ろうとすると、彼らの関心がゴルチャコフから彼に移る。「彼は何者?」、「世界の終末を待つんだと、七年間、家に閉じこもったよ。家族まで道連れだ」、「ただの嫉妬さ」、「頭がおかしいのさ」、「やつは恐れているんだ」、「信仰が深いのよ」――そうした会話をゴルチャコフが聞いている。

温泉に入るのをやめたドメニコはエウジェニアに煙草をもらい、「彼の彼女への言葉を忘れるな」と言いながら去っていく。「彼って?」とエウジェニアが言うとドメニコは天を指さす。「彼女って?」とエウジェニアが再び聞くと、ドメニコは呆れたそぶりで「聖カテリーナさ」と答える。物語にざわめきが生じる瞬間である。エウジェニアは続けて「神は何て言ったの?」と尋ねる。すると、「お前が存在するのではない。私が代わりに存在する」[*102]と言う。温泉客から「いいぞ、ドメニコ!」と声がかかる。

ゴルチャコフはエウジェニアに温泉客が話していた「フェーデ」の意味を聞く。エウジェニアはゴルチャコフをからかいながら、「いわば信仰よ」と答える。ゴルチャコフは同意して「彼はおかしいわけじゃない。信仰だよ」と話す。エウジェニアは「イタリアにはね。熱狂的な信者が多いの。彼らは孤独よ」と言い、ゴルチャコフも「彼らを理解しようとせず、毛嫌いするだけ。だけど間違いなく彼らは真理に近いよ」と続ける。二人の思いが一致して、エウジェニアの気持ちが高揚する。

この「熱狂的な信者」とは信仰を強く持ち、行動が奇異に見える者、いわゆる聖愚者のことを言う。『アンドレイ・ルブリョフ』の白痴の娘や『ストーカー』のストーカーなどがその類だろう。聖愚者に強い関心を持つと、その影響から自身の聖愚者的な素質が顕在化する。やがてゴルチャコフもその一人となる。彼はエウジェニアを見つめ、「君はきれいだ。この光線の中でね」と言う。このようにゴルチャコフが素直な気持ちをエウジェニアに伝えることができたのもドメニコの影響だろう。エウジェニアは微笑み、その言葉を受け容れる。

ゴルチャコフは「分かりかけてきたようだ」と続け、エウジェニアは「何が?」と次の言葉を期待する。しかしゴルチャコフは、「なぜ家族を七年も閉じ込めたと思う?」とドメニコのことを話し、エウジェニアの明るい表情が失なわれていく。そこに突然電話の音が鳴り響く。エウジェニアはただ「分からない」と言って立ち去る。やがて時計の音がしてゴルチャコフの向こう側に男の立像が見えてくる。文学や音楽の翻訳は不可能なのかとゴルチャコフとエウジェニアは話し合っていたが、美には触れていなかった。ゴルチャコフは光を受けたエウジェニアを見て、美には国境がないことを知るが、その気づきは、彼女にではなくドメニコの心の奥底へと向かう。彼を愛しているエウジェニアにとってそれは屈辱でしかない。

トスカーナに到着したときのエウジェニアの言葉、「ロシアの光線」をゴルチャコフはここで感じたのだろう。光を受けた彼女の姿にロシアの片鱗を見た彼は、あえて自分の「国境」を築くことになる。郷愁の記憶は現実から大きく乖離し、彼を苦しめる怪物となっている。しかし彼はそこに戻ることを欲し、かつそれが困難であることを理解している。そして眼前のエウジェニアの美に逃げ込めば、虚構として彼の故郷の美は永遠に失なわれることになるのだ。

■ドメニコの住まい　エウジェニアが温泉客からドメニコにエウジェニアの家の場所を聞き、ゴルチャコフと彼の家へ向かう。スタンドを立てたまま自転車を漕ぐドメニコにエウジェニアが話しかける。「私の連れは詩人で作家なの」。ドメニコは不機嫌そうに「私は凡人だ。小説の題材はないよ」と言う。エウジェニアは体験を彼に話して欲しいとドメニコに言う。そして「彼はモスクワから来たの」と付け加えるが、ドメニコは「わざわざ？　ご苦労だな」と言って家に入ってしまう。彼女はもう一度、外に出てきたドメニコに話しかけるが、「帰ってくれ」と言われ、ゴルチャコフに「彼はおかしいのよ。あとは知らないわ。あなただってイタリア語を話せるでしょ」とゴルチャコフに言い残して帰ってしまう。

今度はゴルチャコフがドメニコに語りかける。「すまないが、教えてくれ。なぜそんなことを？」と言いながらゴルチャコフが自転車の前輪に触れると、ドメニコは「何が、自転車か？」と言う。「いや、君の家族のことだ」とゴルチャコフが言うと、ドメニコはただ「疲れたよ」と言って家に入ってしまう。

ゴルチャコフがドメニコの家の扉を開けると、その床には精密に作られた森と川、そして畑のミニチュアが広がっていた。ゴルチャコフにとってそれは故郷ロシアの光景であり、これが彼を聖愚者の領域へ歩み出させるきっかけとなる。ミニチュアの向こうにはトスカーナの情景が借景のように続き、ここでは国境が消えている。

趣味としての箱庭は日本由来のもので、趣と精緻さが尊ばれる。この騙し絵的なロシアの風景は視線が動くに従って精緻になり、唐突に椅子が映り込まなければ実際の風景と見まがうばかりである。借景も日本独自のものでタルコフスキーの日本への強い関心が窺える。このミニチュアによく似たイタリアの風景が彼のポラロイドの写真集『Bright,bright day』に掲載されている。*[103] タルコフスキーはゴルチャコフと同様にイタリアの風景にロシアを見ていたのかもしれない。

ミニチュアに幻惑されたゴルチャコフは、「どこだ。来いよ」と言うドメニコの声で我に返る。ベートーベンの『歓喜の歌』が一瞬だけ流れ、それが電気ノコギリの音に変わる。「分かるか。ベートーベンだ」とドメニコが言う。彼はオイルを手の平に落とし、「一滴に一滴を加えても一滴。大きな一滴になる」*[104] と話し、ゴルチャコフから煙草をもらってロウソクに火を点ける。そして「煙草よりもっと重要なことを、覚えるべきだな」と言う。この煙草の火は彼らのこれからを予言している。

雨が降り出すが、部屋には光が射し込んでいる。ドメニコはパンとワインをゴルチャコフに渡して息を吐く。空瓶に雨水が落ちて音を立てている。これらはドメニコの礼拝の作法のようだ。雨水が奏でる音もパイプオルガンを連想させる。これに似た音をゴルチャコフはすでにホテルの部屋で聞いて

『ノスタルジア』 ゴルチャコフはドメニコの家でパンとワインの儀式の後に一本のロウソクをもらう。それに火を灯して聖カテリーナの温泉を渡ってほしい。自分はローマでもっと大きなことをやるからと言われる。このことで停止していたドメニコの行ないが再開し、ここから火が連鎖する物語が始まる。
［写真協力：公益財団法人川喜多記念映画文化財団］

いる。やがてドメニコは「大きな心を持つべきだった」と話し出し、「エゴイストだった。家族を救おうとした。皆を救うべきなのに、世界をね」と続ける。

世界が終わると確信した彼は、家族を救うために自宅に七年間も幽閉し、結果として家族を失なうことになる。そして今は聖カテリーナの教えに従って世界を救う方法を探っている。その一つがロウソクに火を灯して聖カテリーナの温泉を渡ることだった。これは聖カテリーナの苦行を再現する行為なのだが、それを行なうと自分は周囲の人に追い出されてしまうので、ゴルチャコフにロウソクに火を灯して聖カテリーナの温泉を渡ることを頼む。承諾したゴルチャコフにドメニコからロウソクが渡される。しかしイタリア語で話すドメニコの真剣さが、ゴルチャコフには伝わっていない。迎えのタクシーが着くとゴルチャコフはロウソクを棚に戻そうとするが、ドメニコに見咎められポケットに入れる。

ゴルチャコフが「なぜ自分に頼むのか」と聞くが、ドメニコはそれには答えず、「子供は?」と言う。ゴルチャコフは嬉しそうに「二人いる。娘と息子だ」と言って子供たちの背の高さを手で示す。そして

「奥さんは美人か」と聞くドメニコに「出産の聖母にそっくりだ。色は黒いが」と言う。これで幻影の中の人物がゴルチャコフの家族であることが分かる。ドメニコは「ロウソクを頼む」と念を押し、自分はローマでもっと大きいことをやると言う。壁に書かれた「1＋1＝1」という数式は、ドメニコが言う「一滴に一滴を加えても一滴」ということを表わしているのだろう。

ゴルチャコフはここで「出産の聖母」を見たように話している。物語として彼はこの絵画を見てはいないはずだが、礼拝堂に向かうエウジェニアを追う彼の姿は映っているのである。そして礼拝所の絵画が大映しになった後に続く幻影の中で彼は絵と相対するように立っているのだ。

二人で話しているといつのまにかドメニコの犬の姿が消えている。ドメニコは「ゾーイ、どこだ？ゾーイ、返事をしろ。待ってくれ。独りにするな」と犬の名を叫ぶ。電気ノコギリの音がする。残された唯一の家族である犬を見失ない、彼は恐怖に陥る。その恐怖がドメニコに幻影を見せる。モノクロの画面となり、彼が幽閉した家族が救出されていく。その記憶が孤独の中に再生されていく。モノクロの過去とカラーの現在が交互に映し出される。男の子を抱えた母親が家を出ていく。現在の犬が映る。昔のドメニコも家を出る。今のドメニコが犬と一緒に階段を降りる。モノクロで母親が警官の足元に跪《ひざまず》き、その近くで瓶から牛乳が地面に流れ出ている。男の子が走り出し、昔のドメニコが追う。電気ノコギリの音が続いている。彼は聖カテリーナの「……世間にいても『自己を知る』という小さな部屋に住まなければなりません。その部屋こそ、この世を通って永遠へと旅する者が、再び生まれなければならない『うまや』なのです*105」という言葉に従って、家族を「小さい部屋」に閉じ込めたのだろう。つまり幻影の男の子はイエスということになる。

『ノスタルジア』 ドメニコの家の前に立つゴルチャコフだが、彼が一人でここに立つ場面は本編にはない。ドメニコが正面の家に家族を七年間閉じ込め、やがて警察によって解放される様子はドメニコの幻影によって再現される。
[©1983 RAI-Radiotelevisione Italiana. Licensed by RAI TRADE-Roma -Italy, All Right Reserved.]

城塞のような街と一本の道、そこを走る車がカラーで映る。それは男の子が初めて眺めた風景だが、車はエウジェニアが運転する緑色のワーゲンだ。彼女はホテルに戻ろうとしている。カラーのまま男の子は父親のドメニコに、「パパ、これが世界の終わりなの」と聞く。父のほうを向いた男の子の唇にはタルコフスキー映画の登場人物によくつけられる傷がある。ドメニコの息子が世界の終わりの風景と見たのは現代なのだ。

ドメニコとゴルチャコフが抱き合って別れる。近くに犬のゾーイが戻っている。ゴルチャコフがタクシーで去ると、二人が別れた場所がそのままモノクロとなり、ドメニコの家族が救出される場面が遠景として繰り返される。

境界をさまよう男

■エウジェニアの苛立ち ゴルチャコフがホテルに戻ると部屋の鍵はかかっておらず、ベッドで薄い寝間着に黒い上着だけのエウジェニアがドライヤーを髪に当てている。彼女は自分の部屋ではお湯が出ないので部屋を借りたと言うが、彼女の髪はすでに乾いている。エウジェニアはゴルチャコフを待っていたのだが、この情景はすでに髪の毛が付いた櫛が聖書の間にあったことで予告されていた。

ゴルチャコフがエウジェニアに「出発したと思ったよ」と言うと、彼女は「悪かったわね」と返し、「よかった」というゴルチャコフの言葉に「無理しないで」と言う。それは別れた恋人たちの修復の儀式のようでもある。ゴルチャコフは家族の象徴でもある鍵をポケットに戻すと、エウジェニアのいるベッドに座り、ドメニコにもらったロウソクを誇らしげに彼女に見せる。この瞬間、エウジェニアは彼の心が変わっていないことを知る。半裸を晒《さら》してもゴルチャコフの心はドメニコという狂人に向けられている。

彼女の半裸よりも、彼の関心は他愛のないロウソクなのである。彼女は立ち上って鏡に映った姿を確認しながら言う。「自由が怖いの？　コンプレックスね。あれほど、望んでいたのに」。彼女にとっての自由とはゴルチャコフが思いのままに振る舞い、自分との関係を深めることだが、ソビエト人にはまた別の意味となる。エウジェニアは窓を開けて、「自由はここにある。何を求めたの。これなの？」と言って左の乳房を晒し、すぐに「まさか、違うわね。あなたは聖人だもの。興味は聖母だけ。気味の悪いインテリよ」と言葉を撤回する。「聖母」という言葉には妻マリヤへの皮肉が含まれている。

「何を言っている」とゴルチャコフが言うと、エウジェニアは「分からない？　どんなに屈辱を感じているか」と言う。ゴルチャコフは「普通じゃない」と言って部屋から出て行く。エウジェニアがそれを追いかけて、「奥さんの所に帰りなさいよ。あなたは豚よ！」と言い、さらに「偽善者」と罵《ののし》る。ゴルチャコフはエウジェニアに惹かれているが、それをおくびにも出さない。怒ったゴルチャコフがエウジェニアの尻を叩くが、その拍子にゴルチャコフは大量の鼻血を出し床が汚れる。彼は体調を崩していた。しかしエウジェニアはそれに気づかず部屋に戻って行く。

ロシアには「女房をなぐればなぐるほど、それだけスープがうまくなる」という諺《ことわざ》があるという。[*106] ゴルチャコフは発作的にロシア人男性の悪習に従ってしまい、仕返しを受けたように鼻血を出す。彼は床の血を拭き、鼻を啜《すす》りながらロビーの奥へ向かう。荷物をまとめたエウジェニアが下りて来て、彼のいない部屋の前でサスノフスキーの手紙を広げる。それが男の声で読まれる。

サスノフスキーの手紙はイタリアに来て二年目にロシアの親友のピョートルに宛てて書かれたものだった。サスノフスキーは悪夢を見たと書く。それはロシアの伯爵の劇場でオペラを上演するとき、大庭園の彫像が実は生身の男たちで、少しでも動くと重い罰を受けるというものだった。サスノフスキー自身も伯爵が見つめている彫像の一人で、足に台座の冷たさを感じている。それは現実の戯画であった。ロシアに帰りたいと強く願う彼は、その叶わぬ思いに押しつぶされようとしている。そして手紙は「我が故郷、あの林、幼年時代の空気、哀れな友より、愛をこめて。サスノフスキー」と閉じられる。

ゴルチャコフがエウジェニアとロビーにいたとき、彼が彼女に美しいと伝えたとき、ロビーの先にあった男の立像は、この文面の予兆だったのである。男の声はサスノフスキーの声であるのと同時に、ゴルチャコフの内なる声でもあった。サスノフスキーはロシアの芸術家の象徴である。イタリアに来た彼は自由を謳歌するが同時に故郷を思い続けてもいる。手紙にある「伯爵」とは故国の為政者であり、文化官僚であり、また民衆であるのかもしれない。

手紙が読まれる場面の後半、ゴルチャコフはロビーのソファで横になったまま幻影を見る。彼はベッドで眠っている妻に「マリヤ」と声をかける。どこかで犬が吠えている。妻は声のするほうを向いて起き上がる。小さく靴音が聞こえる。マリヤはわずかに微笑むが、すぐに不安な表情となり、カーテンを開くと窓辺に白い鳩がいて、椅子には白いベールがかかっている。それは**「一人の幻影a」**でゴルチャコフが踏んでいたベールなのだろう。

『ノスタルジア』 ロビーで鼻血を出したゴルチャコフが死を予感しながら家族の幻影を見る。彼らは朝方、気配を感じて家から外に出て丘を下る。すると強い光を放つ何かが家の屋根の上に昇る。この写真は実際の映像と立ち位置が異なっている。[©1983 RAI-Radiotelevisione Italiana. Licensed by RAI TRADE-Roma -Italy, All Right Reserved.]

幻影の中の妻マリヤは一方の扉を開けて、もう片方の扉へと進む。その間、ずっと声がしたほうに顔を向けている。外には映画の冒頭の**「家族の幻影1」**と同じようにだぶだぶの上着を着た息子とシェパード犬がいて、娘が白い寝間着に黒いショールをまといながら近づき、老女が黒い上着を着る。斜面の先には白い馬と犬がいてマーチのような曲が聞こえている。丘の下に移動したマリヤの顔から視点が右へと移動する。そこには娘と老女が立っている。さらに右に進むとまた妻と息子が一緒に映る。この同一人物が場所を変えて複数回映る撮影技法は、『惑星ソラリス』でクリスとスナウトが話をする場面や『ノスタルジア』でもドメニコの家を訪れたゴルチャコフに使われている。冒頭の**「家族の幻影1」**と同じように彼らは周囲を見回している。やがて彼らの視線が家の上に注がれると汽笛が聞こえ、犬の遠吠えとともにそこに光り輝くものが昇っていく。

これはゴルチャコフが多量の出血をし、死を予感しながら見る幻影である。彼の帰還をこの家族は待ちわびていたのだ。妻は自分を呼ぶ夫の声を聞き、ほかの家族たちも何らかの気配を感じて外に出たのだろう。しかしやって来たのは不気味な空の輝きだったのである。『タルコフスキー・ファイル in「ノスタルジア」[*107]』に映る演出中のタルコフスキーは「ルナ(月)」と言っているが、突然現われたそれは満月よりも明るい。情景が明け方であれば満月が昇るはずもない。これを**「家族の幻影4」**とする。そして画面はカラーに戻り、ゴルチャコフの後ろ姿が映る。マリヤの声だろうか、「アンドレイ」と呼びかけるとゴルチャコフは一瞬だけ声のするほうを向く。彼は眠っているときにエウジェニアの声をマリヤの声として聞いていた。エウジェニアの彼への思いは閉ざされている。

■廃墟のゴルチャコフ　川の流れに揺れる水草に天使の像が見え隠れする。ゴルチャコフがロシア語で詩を暗唱しながら歩いて行く。後ろ手で組まれた手にはエウジェニアから受け取った詩集が握られている。「子供の頃、僕は病気になった、空腹と恐怖のあまり。かさぶたを唇からひき剝がしては——唇をなめる。おぼえてしまった、ひんやりとして塩辛い味。僕はどんどん歩く、どんどん歩く、歩いてゆく、……[*108]」。この詩のように彼は歩いて、水に浸されて廃墟となった寺院に入って行く。酒に酔った彼の声がそこに反響する。彼の詩の朗読は続く。「建物の入口の階段に腰かけて、身体を温める、うなされながら歩いてゆく、まるで笛につられ、ネズミ捕りにつづいて川へ入るように。座って——身体を温める。……そのとき鳴りだしたラッパ、光がまぶたを打ち、馬たちがいないた、母は道路の上を飛ぶ、手招きしながら——やがて、飛び去っていった……いまも僕は夢を見る、りんごの木の下の白い病院、……」

彼は詩の冒頭、「子供の頃、僕は病気になった」を繰り返す。これはタルコフスキーの父アルセーニーが一九六六年に書いた詩で、その「かさぶたを唇からひき剝がして」は、彼の映画に何度も登場する唇に傷を持つ子供たちと符合する。ドメニコの息子の唇にも同様の傷があった。ゴルチャコフは焚き火の近くに詩集を置いて、読んだ頁を丸めて火にくべる。紙のコップにウォッカを注ぐと、また水の中を歩きながら落ち着いた口調で言う。「そうだ、父に会おう。家の戸棚には背広を三年も吊るしたままだ。帰ったら着よう。外には出ずに、だれにも会わないで」。彼のホテルの戸棚には何も吊るされていない。この後彼が見る幻影の戸棚の鏡にはドメニコが映り、**「家族の幻影」**の息子は彼の大きな背広を羽織っている。ここでゴルチャコフは「父に会おう」と言うが、タルコフスキーは現実には父アルセーニーと再び会うことはなかった。

酔ったゴルチャコフの前に突然少女が現われる。彼はロシア語で「何をしている。驚いたよ」と言ってからイタリア語で話しかける。「(イタリア人は)靴を持ちすぎるよ。……だれもが次々と靴を買う。なぜなんだ。この靴は一〇年はいてる」と自分の靴を見せるが、これは作者自身への皮肉である。タルコフスキーは父アルセーニーの浪費癖を受け継ぎ、イタリアを旅行中の一九八〇年五月二二日の日記に「今日は私の罪の日だった。靴を二足買い、一三万リラ使ってしまった。気違いじみている」[*109]と書いている。

ゴルチャコフは続けて、「大恋愛の物語を知っているかい。昔風でキスはなし、何もないんだ」と物語の口上を伝えるが、これはエウジェニアへの思いを抑えている自分のことだろう。ゴルチャコフは少女という聴衆を得て饒舌となり、自分を茶化しながら自身の状況を確認している。そしてロシア語で小さな物語を語り始める。

ある男が泥沼に落ちた男を助けた。二人は息も絶え絶えに岸に上がった。すると助けられた男は、何のまねだ、おれは沼に住んでいたのに、とかんかんに怒った——という話は自分の境遇を皮肉る小噺だろう。助けられた男は沼に落ちたのではなく、好んで沼で暮らしていたのだ。男はサスノフスキーであり、ゴルチャコフであり、タルコフスキー自身である。彼らはソビエト・ロシアという沼の住人だったが見知らぬ男から救い出された。しかし救い出されたそこもまたイタリアという沼だったのである。

アンジェラと名乗った少女に、ゴルチャコフは「人生には満足しているかい」と聞く。少女は「ええ、満足よ」と微笑み、足を組んで水の中に石を投げる。アンジェラとは天使という意味だが、この場面の冒頭で水に沈む天使像が映り、すでにゴルチャコフは**「一人の幻影a」**で天使を見ている。かつてタルコフスキーは作家E・T・A・ホフマン[*110]をモデルとする作品の企画を進めていて、一九七六年にそのシナリオ[*111]が雑誌に掲載されている。そのホフマンには『ノスタルジア』との関係を窺わせる「G町のジェズイット教会[*112]」という短編小説がある。

ある画家が芸術に理解のあるナポリの大公の屋敷を訪れて、庭園の洞窟でときを過ごしていた。すると彼の目の前に聖カテリーナとも見まがう崇高な女性が現われ、彼の絵画への情熱が高ぶるのだが、のちに彼女は大公の娘アンジェラだと分かる。そしてナポレオンのイタリア侵攻の際に屋敷が民衆に襲われ大公は命を落とすが、アンジェラは画家に助け出される。物語はその後も続くが注目すべきは画家が大公の娘アンジェラを聖カテリーナの姿として幻視したこと、そしてその出会いの場がゴルチャコフと同様に洞窟に似た場所であったことである。さらに付け加えればアンジェラを救うとき、その画家は同じ画家であるルブリョフと同じように殺人を犯すのである。ちなみにホフマンは画家でもあった。

そしてそこに静かな口調でアルセーニーの別の詩がイタリア語で流れるのだが、それを読んでいるのはゴルチャコフではなくドメニコなのである。「僕は蝋燭、僕は宴で燃え尽きた。／朝になったら僕の蝋を集めてください、／するとあなたにそっと教えるでしょう、この頁が、／いかに泣くべきか、何を誇るべきか、／最後に残った楽しみの三分の一をいかに／みなに分け与え、安らかに死を迎え、／そしてたまさかの宿りのもと／言葉のごとく、死してのちにいかに燃ゆるべきかを[*113]」

一九七七年に書かれたこの詩は、まるでドメニコの死を予言しているかのようである。揺れる光がアンジェラを照らし、水が沸き出す水底を映す。ゴルチャコフが少女に話しかけた水面には一つの羽根が浮かぶ。詩の朗読が終わり、ゴルチャコフは石の上に横たわる。すると焚き火の近くで詩集が燃え始める。開いた頁にはドメニコが読んだこの詩が書かれていたのだろう。

場面はモノクロとなり、ゴルチャコフが幻影の中の石畳の道で起き上がる。路上には布やゴミが散乱している。この光景がドメニコの言う「世界の終わり」なのだろう。そこにまた電気ノコギリの音が響く。画面に背中を向けてゴルチャコフは放置された戸棚を眺めながら、「なぜ考える？　もう十分だろ」と言う声を聞く。それに対してゴルチャコフは「神よ、なぜですか。私の家族をどうすればいい？もう何年も太陽を見ない。日の光が怖い。なぜこんな悲劇が起こる？」と返すが、その悲劇とはドメニコの事件のことではなかったのか。ゴルチャコフにもドメニコと同じ思いがあるのだろうか。「もう何年も太陽を見ない、日の光が怖い」と言うが、彼が見た**「家族の幻影4」**の家族の頭上には強い光が現われる。それはゴルチャコフが家族を喪失したことの象徴なのだろう。この二人の悔恨は重ねられ、彼が開けた戸棚の鏡にはゴルチャコフと同じ服を着たドメニコが映ることになる。

モノクロのまま、ゴルチャコフはサン・ガルガノ聖堂の廃墟を歩く。すると男と女の声が聞こえてくる。女は「神よ、お分かりでしょう。何かお言葉を」と男への声かけを求める。しかし男は「言ってどうなるのだ?」と言う。女はさらに「神を感じさせて」と言うが、男は「感じさせても、彼が気づかないのだ」と話を終わらせる。それは幻影の中でゴルチャコフが神に問いかけた答えだった。この神と聖カテリーナを思わせる声は、ドメニコとエウジェニアのものである。ゴルチャコフは天を仰いで歩き出す。すると鳥が羽ばたく音が聞こえてくる。ここまでを**「イタリアの幻影B」**とする。

場面がカラーに変わり、空に向かって開いた大きな空洞から白い羽根が回転しながら落ちてきて、先ほどまでゴルチャコフが立っていた水面に浮かぶ。詩集は燃え尽き白い煙を出している。石の上でゴルチャコフは目を覚ますが、羽根が落ちてきたことに気づかない。それは幻影での鳥の羽ばたきの結果であり、**「二人の幻影a」**で彼が拾った羽根とたぶん同じものである。

境界を超える二人

■ローマとの会話　ローマの遠景が映った後、ゴルチャコフがホテルの前に立ち、その脇には鞄や紙袋が置かれている。ゴルチャコフはソビエトへ帰ろうとしているのだ。そこにローマにいるエウジェニアから電話がかかってくる。ゴルチャコフは彼女が言う「モスクワからの電話」ではなく、彼女からの電話には出たのである。エウジェニアはドメニコがローマに来て三日間も演説を続けていると伝え、「会いに来る？ 帰国するの？」と続ける。「会いに来る」とはドメニコだけでなく、彼女と会うことも意味している。しかしゴルチャコフは、「帰国するの？」にだけ答えて「今日帰る」と言う。エウジェニアは「ドメニコが聞くの。義務は果たしたかって」と付け加える。

それはゴルチャコフがドメニコと約束したロウソクに火を灯して温泉を渡ることだった。「やったよ」とゴルチャコフは嘘をつく。それを信じたエウジェニアは「彼に伝えるわ。待ちかねていたから」と言う。そして彼女は新しい恋人とインドへ行くと話す。ゴルチャコフもまた彼女の言葉を信じて、「よかった。幸せに」と返し、エウジェニアも「ええ、モスクワによろしく」と心にないことを言う。モスクワとは妻マリヤを意味する。エウジェニアはさらに「体の具合はどう？ 心臓は大丈夫？」とゴルチャコフに聞く。「さあな、悪いんだろう。体がだるい。早く帰りたいよ」とゴルチャコフは言って電話は切られる。このように一つの愛の終わりが淡々と描かれる。

場面はエウジェニアの恋人の職場に変わり、エウジェニアは恋人に「煙草を買ってくる」と言い、陰鬱な表情で外出する。恋人は広間の大きな机で食事を続け、彼女には何の関心も示さない。そして無表情にテーブルクロスの隅を裏返すと、そこにカップルが近づき札束入りに見える封筒を置く。彼は何事もなかったように食事を続けている。エウジェニアの恋人は役職をこのように活用している。彼女の心には未だにゴルチャコフがいる。この場面にはタルコフスキーの西側世界での体験が素直に表現されているのだろう。

ゴルチャコフは案内役の若い男に、出発便の変更とヴィニョーニ温泉までの運転を頼む。案内役の男はソビエトから派遣され、知識人であるゴルチャコフが西側でどのような行動をするか監視する役人のようである。タルコフスキーがこの映画を製作している間、同様の男がそばにいたのだろう。ゴルチャコフは車を待ちながら体調が悪いのか胸に手を当てて、手にあった煙草を捨て、ポケットの鍵を触わってまた天を見上げる。彼の故郷が再び遠くなる。

■ドメニコの演説とゴルチャコフの遭難　ドメニコはローマにあるマルクス・アウレリウス騎馬像の上で演説を続けている。それを奇怪な風体の人々が囲み、大きな階段にはマネキンのように人々が立ちそれを聞いている。まるでパフォーマーの集会が行なわれているようだ。彼らに向けてドメニコは叫ぶように言葉を紡ぐ。「語りかけるのは誰か」と問い、自分は「すでに一人の人間ではなく、無限を感じている。……無意味と思えるものに耳を貸して、視覚と聴覚のすべてで大きな夢を始める必要がある。重要なのは完成ではなく、願いを持続すること、魂を広げることだ」と訴えてビラを撒き、言葉を続ける。「人間よ。従うのだ！　君の中の水に、火に、そして灰に。灰の中の骨に。骨と、灰だ！」。この「骨と灰」という言葉はこの後のドメニコの運命、灰となって燃え尽きる彼自身を表わしているのだろう。

一方ゴルチャコフは、バーニョ・ヴィニョーニの温泉に戻っている。温泉は掃除のためにお湯が抜かれ、手前の石垣には温泉の底にあった車輪、石像、ランプ、ベール、瓶、電球、鍵などが置かれ、コップの中に掃除婦が硬貨を入れている。温泉の底には車輪が一つ取れた自転車がまだ残っている。これらはすべてすでにこの物語に登場している物たちである。車輪はドメニコの自転車であり、ガラス瓶は彼の家で雨に打たれていた。天使の石像はゴルチャコフがさまよった水の下に沈み、鍵は彼のコートのポケットにある。そして硬貨は彼が「一人の幻影a」で羽根を拾うときに落ちていて、その転がる音をホテルの部屋で聞いている。掃除婦はそれらを聖人の持ち物のように集め並べていく。そのわずかに水の残った温泉に、ゴルチャコフはドメニコとの約束を守るため降りていく。そして苦痛に耐えながら壁に身を寄せて薬を飲む。ローマではドメニコの演説が続いている。「私はどこに存在するのだろうか。現実にも空想にも、存在しない」、「原点に戻ろうではないか。単純な原点に、道を間違えた場所まで戻るのだ。水を汚すことなく、根元的な生活へ戻ろう」と叫ぶドメニコ。この言葉は彼がエウジェニアに授けた聖カテリーナの「お前が存在するのではない。私が代わりに存在する」という言葉と、彼がゴルチャコフに言った「一滴に一滴を加えても一滴。大きな一滴になる」に重なっている。彼は物事の原点化と根元化を求め、間違えた道ならば戻ればよく、水は清くあるべきだと訴え、そして文化と文明の遊離、人の心と科学技術の背離が犯す災いを警告する。

『ノスタルジア』 聴衆がドメニコの演説を聞いている。彼が最後に灯油をかぶり「音楽を」とつぶやくと、階段の上から男が「音楽が故障だ。助けてくれ！」と叫びながら降りてくる。ドメニコはそれに構わず、自分に火を点けて演壇から転がり落ちる。すると「歓喜の歌」が途切れ途切れに流れ始める。
［写真協力：公益財団法人川喜多記念映画文化財団］

演説を中断したドメニコが「ここで音楽を」とスタッ

フに伝えると、灯油缶が運ばれ、彼はそれを頭からかぶる。そして「言い忘れた」とポケットからメモを取り出し、それをポケットに戻してから「母よ、母よ。風は軽いものだ。私がほほ笑めば、風もそっと動く」と演説を締めくくる。彼は母のいる風に加わろうとしている。そこで彼が微笑めば、風もそっと動く――。この母とは彼が尊崇する聖カテリーナなのだろう。エウジェニアからもらった煙草の火や、ゴルチャコフに託したロウソクの火が母への捧げものであるとすれば、ここで彼は火となってそれに加わろうとしているのだ。その結果として彼は風になるのである。

火と水、そして風はタルコフスキーの重要なモチーフでもある。聖カテリーナはのちに聖人に列せられたが、彼女の「著作」には自身の信仰を火に例えることが多い。また彼女は火の中でも火傷をしなかったという伝説があり、聖カテリーナ自身が「私の天性は火です*114」と述べていることから、火事、転じて消防士や看護師などの守護聖人とされている。ドメニコは彼女が火から自分を救ってくれると信じていたのかもしれない。

ドメニコが灯油をかぶったままでいると、男が階段を走り降りて、「音楽が故障だ。助けてくれ！」と叫ぶ。ドメニコは音楽を待っていたのだ。それはゴルチャコフが彼の家を訪ねたときに短く流れた『歓喜の歌』だったが、彼は音楽が流れ出るのを待たずにライターで自分に火を点ける。すると『歓喜の歌』が途切れ途切れに聞こえてくる。炎に包まれたドメニコは騎馬像から落ちて地面を転がり呻き声をあげる。ドメニコが聖カテリーナに奇跡を願っていたのならば、それは叶わなかったことになる。『ストーカー』でも娘がコップを動かす奇跡の場面で流れるこの曲は、「歓喜よ、神々の麗しき霊感よ／天上楽園の乙女よ／我々は火のように酔いしれて／崇高な汝（歓喜）の聖所に入る」と歌われるが、それはドメニコの聖カテリーナへの訴えに思える。

　現代の音楽は生演奏以外、再生機器でいつでも享受することができる。しかし機械に故障はつきものである。ドミニコは「音楽の故障」のせいで予定通りに焼身できない。映画もまた機械によって複製されたフィルムやデータで表現され、音楽よりも機器に依存する度合いは大きい。「映画（カメラ）が故障だ。助けてくれ！」があり得ること、つまり近代的芸術の宿命をタルコフスキーは理解していたのだろう。事実、タルコフスキーは『ストーカー』でフィルムの現像事故に遭遇し、『サクリファイス』ではクライマックスでのカメラの故障という致命的な災難に見舞われている。

　燃え上がるドメニコを見て彼の唯一の理解者である犬のゾーイが吠えるが、リードにつながれて動くことができない。炎とともに這い回る彼のくぐもった悲鳴が広がっていく。場面が変わり、ドメニコの火を受け継ぐように、温泉に降りたゴルチャコフはライターでロウソクに火を点ける。ドメニコが言っていたように、ゴルチャコフもドメニコもライターの別の使い方をしたことになる。ゴルチャコフは火を消さないようにコートで風を避けて、温泉の端から端まで歩き通そうとするが、その火は二度、途中で消えてしまう。

　エウジェニアはこの温泉を「すてきな所だわ。聖カテリーナも訪れたのよ」と言ったが、聖カテリーナはこの温泉に行楽や療養で訪れたのではなく、熱い硫黄の湯に身を浸し、その苦悩を罰の代わりとして神に捧げたのである。[*115] ドメニコも聖カテリーナの苦行を我が身のこととし、自身の代わりにロウソクの火を灯しながら熱い湯の中を歩くという苦行をゴルチャコフに頼んだのだった。温泉のお湯は清掃のために抜かれていたが、病を抱えていたゴルチャコフにとっては苦行以上のものだった。

『ノスタルジア』 温泉を渡り終えたゴルチャコフは泥濘に倒れ込み、死して故郷の風景にいる。そこに家族の姿はなく、ただドメニコの愛犬ゾーイに似た故郷の犬が寄り添っている。彼がしゃがみ込むのは、最初の幻影で彼が泥の中から妻が磨いていたグラスを拾った場所であり、かつ彼が倒れた温泉の泥濘なのだろう。
［写真協力：公益財団法人川喜多記念映画文化財団］

ゴルチャコフは温泉を渡ろうとして二度失敗し、三度目に挑むとき、彼の体調はさらに悪化していった。しかしゴルチャコフは必死に歩く。犬の鳴き声が聞こえ、レクイエムが静かに流れる。やっと約束通りに温泉の向こう側に辿り着き、壁際にロウソクを立てると、ゴルチャコフはその場に崩れ落ちる。案内役の男が駆け寄る。それを掃除婦が見つめている。慈悲に溢れているかのような大きな瞳のその女性は、聖カテリーナその人なのではないだろうか。モノクロとなり正面を向いた彼の息子が振り返ると、その肩に母親の両手が添えられる。この短い場面を**「家族の幻影5」**とする。

モノクロのままゴルチャコフは故郷の幻影の中にいる。彼は死して故郷に帰還したのである。これを**「一人の幻影b」**とする。彼は自分の家を背にして水たまりの前にしゃがみ込み動かない。傍らにシェパード犬がいる。カメラがゆっくり遠ざかると、水たまりに廃墟の大聖堂が映り込み、やがて家が大聖堂に囲まれていることが分かる。雪が降り始めて、映画の冒頭と同じ民謡とレクイエムが流れる。家の屋根に雪が降り積もる。そして「母の思い出に捧げる　アンドレイ・タルコフスキー」と文字が出て映画は終わる。

ソビエトへの郷愁

『ノスタルジア』はタルコフスキーがソビエト以外で撮った初の長編映画[*116]だが、イタリア放送協会(RAI)がソビエトのソヴィンフィルムと協力して製作したという体裁をとっている。ソビエトの映画監督は映画製作に多くの労力と気配りが必要だったが、その一人であるタルコフスキーがそのような束縛から逃れて描こうとしたのは、故国ソビエト・ロシアへの郷愁だったのである。しかしそのことは決して意外なことではない。彼のすべての作品は失なわれた場所や時を求め、それが叶わない主人公を描いているのだから。逆に製作の場所と作品の舞台がイタリアだったことで、彼はソビエト・ロシアへの新たな視座を獲得したと言えるだろう。

ノスタルジアという言葉は、かつての暮らしや風俗への懐かしさのことだと思われがちだが、ロシア人にとっての「NOSTALGHIA」とは、より重く深く心に沈殿する、苦しく辛く、ときに死に至る病ともなる感情なのである。この映画を撮った動機をタルコフスキーは「祖国を遠く離れているロシア人に起こる、われわれの民族に特有の、固有のあの精神状態について、映画を撮りたいと思ったのである[*117]」と書いている。

そしてその精神のありようをこう説明する。「その状態とは祖国から遠く離れ、自分の親族から遠く離れ、存在の一瞬一瞬を貫くような深い、ぐったりと疲れ果てさせるような憂愁のことである。これは私の過去に依存するような、宿命的になった執拗な感覚である。これこそいよいよ耐えがたくなる〈ノスタルジア〉という名の病いなのだ[*118]」

タルコフスキーはこうした感情のありようを、『鏡』の中ではソビエトに住むスペイン人一家に仮託して描いている。子供の頃、戦禍を逃れてソビエトにやって来た彼らは、アイデンティティを求めて幼い頃の祖国の記憶を理想化させる。そして戻ることができない現実を前にして「ノスタルジア」という病に陥るのだった。

イタリアでの時間を積み重ねていったタルコフスキーもその病に無縁ではなかった。「この映画のスクリーンをみたす息をつまらせるような望郷の念が、私の残された生涯の宿命になるとどうして想像することが出来ただろうか？[*119]」。交通が発達し情報が瞬時に世界中に広がるようになっても、故郷を離れた人々の多くは、程度の差こそあれこのノスタルジアという病に罹患する。そして私たちは『ノスタルジア』が、イタリアを舞台にしたソビエト映画であることに気づくのである。

ゴルチャコフの幻影

ゴルチャコフはほとんど感情を表に出さず、その心のありようは幻影に表出されている。彼が見る幻影は全部で九つだが、ここではそれらをすでに**「家族の幻影」「イタリアの幻影」「一人の幻影」**の三つに分類した。**「家族の幻影」**とは故郷の記憶による幻影で、彼の家族や家が登場する1、2、3、4、5である。**「イタリアの幻影」**とはイタリアに来たことで生まれた幻影で、本人やエウジェニア、妻マリヤが現われるAと、無人の街頭やサン・ガルガノ聖堂を彼が歩くBがある。そして**「一人の幻影」**はゴルチャコフだけが故郷の風景の中にいるa、bである。以下分類した幻影を改めて検討してみよう。なおこれらの幻影は、映画ではすべてモノクロである。

■家族の幻影1・2・3・4・5　**「家族の幻影1」**はタイトルロールの場面で、父親の姿がない家族がなだらかな坂を下り、そこで何かを探しながら静止する。**「家族の幻影4」**でもその一部が繰り返される。**「家族の幻影2」**は、ゴルチャコフがホテルのロビーにいるとき、息を吹きかけてグラスを磨いている妻が一瞬だけ浮かぶ。そのグラスは**「一人の幻影a」**の地面に落ちている。

「家族の幻影3」は、ロビーから部屋に向かう途中に始まる。妻が微笑み、娘と息子、シェパード犬が家から走り出し、その水たまりの手前で娘が棒を投げると犬が追いかける。**「家族の幻影4」**は、エウジェニアが部屋の前でサスノフスキーの手紙を広げて男の声で読み上げ、鼻血を出したゴルチャコフがホテルのロビーで横になるところで始まる。彼が妻マリヤに名前で呼びかけると、彼女はベッドから起きて部屋を一回りした後、家族とともに斜面を下る。彼らは周囲を見回しながら何かを待っている。彼らの視線が家の屋根に向けられ、そこに光るものが昇る。繰り返すがこの幻影の一部は**「家族の幻影1」**と同じで、一番長い幻影である。**「家族の幻影5」**は、ドメニコとの約束を果たして倒れ込んだ後、父を見ていたように息子が映り、その肩に妻の手が添えられる短い幻影である。

■イタリアの幻影A・B　**「イタリアの幻影A」**は、ゴルチャコフがホテルのベッドに入った後に始まる。部屋で妻マリヤとエウジェニアが立ったまま抱き合い、エウジェニアは眠っているゴルチャコフを真上から見つめ、彼女が下した手は汚れている。さらに身重の妻がベッドに横たわり、彼女が「アンドレイ」と呼ぶ声と彼を起こすエウジェニアの声が重なる。これは過去の妻マリヤと現在のエウジェニアとの間を逡巡する彼の心情の描写である。**「イタリアの幻影B」**は、ゴルチャコフが水に沈む寺院で眠り込んだ後、彼がゴミや家財が散乱する路地で起き上がり、放置された戸棚の扉を開けると鏡にドメニコが映る。さらにサン・ガルガノ聖堂を歩くと頭上では神と聖カテリーナが話しているが、その声は彼には届かず、ただ鳥の羽ばたきが聞こえてくる。この幻影は、ゴルチャコフが眠っている場面で現われることから、夢と言っていいのかもしれない。また、ゴルチャコフとドメニコが別れるときの幻影はドメニコのものと考えられるのでこの中に入れていない。

■一人の幻影a・b　**「一人の幻影a」**は「出産の聖母」が大映しになった後、ゴルチャコフがそれを眺めていたように立っていて、頭上から舞い落ちた羽根を拾う。彼の足元の泥の中にはグラスや硬貨が落ちていて、白いベールを彼の足が踏みつけている。ゴルチャコフが振り返ると故郷の家に近づく天使が見える。**「一人の幻影b」**は**「家族の幻影5」**に続いて現われる映画のラストシーンである。ゴルチャコフがシェパード犬とともに故郷の家の前でしゃがみ込んでいる。やがてその後ろに大聖堂が見えてくる。a・b二つの幻影は**「家族の幻影」**と同じ場所だが、そこには彼一人しかいない。

■幻影の時系列　本編で最初の幻影である**「一人の幻影a」**ではゴルチャコフが故郷の家の前の泥濘に立ち、その足元にはグラスとベールが落ちているのだが、それは**「家族の幻影2」**で彼の妻が磨いていたグラスと、**「家族の幻影4」**に映る彼女のベールと考えられる。つまり**「一人の幻影a」**はいくつかの**「家族の幻影」**の後の光景であることが分かる。この**「家族の幻影」**には彼の家族の日常が描かれているが、その中で特異なのは**「家族の幻影4」**の屋根の上に強い光が現われていることである。これは家族に何らかの悲劇が訪れたことを意味しているのではないだろうか。彼らの白い寝間着の上に羽織った黒いショールなどもそれを示唆している。なお画面はモノクロだが、服の色合いはスチル写真や『タルコフスキー・ファイルin「ノスタルジア」』のメイキング映像で確認できる。

この**「家族の幻影」**や**「一人の幻影b」**にはシェパード犬が登場しているが、犬は異界や冥界への案内役の象徴である。また**「一人の幻影a」**でゴルチャコフが目撃する天使も、彼をラストシーンの**「一人の幻影b」**に誘う役割なのかもしれない。つまりこの物語は彼が**「家族の幻影」**と同じ泥濘に立つ**「一人の幻影a」**と、死してそこにしゃがみ込む**「一人の幻影b」**のあいだの刹那を描いていると言えるのである。泥の中に家族のグラスやベールを見つけた彼は、そのまま跪《ひざまず》いて幻影の中に残ったということになる。このように物語の途中に物語の最後を結び付ける演出は、すでに書いたように『僕の村は戦場だった』やこの後述べる『サクリファイス』でも繰り返される。

■「黙示録」第六章の完成

すでに『僕の村は戦場だった』では、イワンが見るデューラーの版画「黙示録の四騎士」によって「ヨハネの黙示録」第六章7節から8節が提示されている。また『ストーカー』ではゾーンで休息中のストーカーがその第六章12節から17節を聞いている。そしてこの間にある第六章9節から11節には、「そして(小羊が)第五の封印を開けた時に、私は祭壇の下に、神の言葉と彼らが持っていた証しの故に屠られた人々の生命を見た。そして彼らは大きな声で叫んで言った、『いつまで、聖なる真実の主よ、あなたは裁くことをなさらず、地の上に住む者たちに対して我らの血を報復して下さらないのですか』。そして彼ら一人一人に白い外衣が与えられた。そして、彼らと同じように殺されることになっている仲間の僕《しもべ》や《兄弟たち》が満ちるまで、もう少しの間休んでいるように、と告げられた」[120]とある。この黙示録の文言はそのままゴルチャコフの**「家族の幻影」**の光景に重なってはいないだろうか。もし『ノスタルジア』における幻影の場面が「ヨハネの黙示録」第六章9節から11節を表わしているのならば、タルコフスキーはこの三つの作品によって「ヨハネの黙示録」の第六章を描き切ったことになる。

ともあれ、この**「家族の幻影」**はゴルチャコフの過去の記憶を、**「イタリアの幻影」**は彼のエウジェニアやドメニコ、そしてイタリアへの逡巡の思いを、そして**「二人の幻影」**は彼の未来を表わしている。それらの幻影は頑《かたく》なに閉じ込められていたゴルチャコフの記憶が、ロシアに似たイタリアの風景やドメニコの信仰に共鳴したことをきっかけに現われたものだろう。**「家族の幻影」**に父親であるゴルチャコフの姿はなく、息子が羽織る男物の上着にその不在が暗示されている。

映画のラストシーンである**「二人の幻影b」**では、しゃがみ込んだゴルチャコフの前の水たまりにサン・ガルガノの大聖堂が映り込み、やがて家の背後が聖堂に囲まれる。彼はイタリアに居ながら、死して誰もいないロシアに帰還した。ここでロシアとイタリアは重なり合い、ゴルチャコフが言うように国境が無くなり、彼の「1＋1」もドメニコと同様に「＝1」となったのである。

ロシアの家は聖堂の大きさに合わせて小さく作られている。その巧みな仕上がりと遠近感が家を実物大と錯覚させて聖堂をさらに巨大に見せている。この映像の不思議な感覚は、ここことは違うどこか、イタリアでもロシアでもない——例えば天国を思わせるのである。

信念と信仰

シエナの温泉バーニョ・ヴィニョーニは、エウジェニアが言うように、一四世紀のドミニコ会修道女であるシエナの聖カテリーナが訪れた場所である。ドメニコはエウジェニアからもらった煙草のお礼に、聖カテリーナの神の言葉、「お前が存在するのではない。私が代わりに存在する」という言葉を返している。この言葉はドメニコの行動理念の一つなのだろう。この煙草の火をきっかけに聖カテリーナが物語と結びついていく。ドメニコが望んだロウソクを灯して温泉を渡り切る儀式は、聖カテリーナの苦行を引き継ぐ彼の最後の捧げ物だった。そのためにドメニコはこの世に存在したのだが、ゴルチャコフにその行ないを託したことで彼は自由に行動できるようになったのである。

ゴルチャコフはドメニコから渡されたロウソクを喜んでエウジェニアに見せる。彼との約束によってゴルチャコフはドメニコが「ローマでもっと大きいことをやる」ことの手助けをすることとなり、結果としてドメニコとともにこの世の舫《もや》いを解くことになる。よってゴルチャコフを見送るとき、自身の死を思うドメニコの精神の緊張は極限に達し、幽閉が解かれた家族の情景と現実が混ざり合う幻影が現われるのである。

ドメニコは自分の過ちで家族を失なった。その悔いによってノスタルジアの病に陥ったのだろう。そしてドメニコは世界を救うために、彼が導き出した「1＋1＝1」をローマで実践する。彼は「＝1」となって世界を救うこと、少なくともそのための一部になること、そして火を司る聖カテリーナに救済されることを願って自らに火を点けたのだ。

ゴルチャコフはエウジェニアからの電話でドメニコのことを聞き、自分の不明と、さらに彼女に嘘をついたことを恥じる。彼がドメニコと約束したのはロウソクを灯す儀式であって、命を捧げるものではなかった。ドメニコの行動の顛末を知らぬまま、ゴルチャコフは約束を果たすために温泉に戻る。ゴルチャコフはソビエトへ帰るのではなく、しばしイタリアに留まることを選んだのである。しかしその選択が彼を死に向かわせる。これはソラリスに留まる決心をした『惑星ソラリス』のクリスが、死してソラリスの海が作り上げた地球に戻ったことを想起させる。

ゴルチャコフの死はドメニコの死と違い、迷いの果てに辿り着く遭難である。体調が悪化する中、彼が温泉を渡る先の石垣は掃除婦が集めた車輪や石像、ランプ、ベールといった「遺物」が祀られた祭壇なのである。そしてゴルチャコフは死に向かう瞬間、息子のまなざしを**「家族の幻影5」**として見ることになる。**「家族の幻影」**では女性たちは薄い色の寝間着に濃い色の上着かショールを羽織っている。それはシエナの聖カテリーナを象徴するドミニコ会の僧衣に似ている。正式には白いベールを被るのだが、それは妻マリヤの部屋の椅子にかかっていた。幻影の霧の中に静かに立つ女たちの姿には聖なるものを感じさせるが、それらの衣装はおそらくゴルチャコフの心情が着せたものである。女性たちと幼い息子はゴルチャコフには郷愁の象徴であり、同時にすでに手の届かない遠い場所となっている。そしてそれはすでに書いたように「ヨハネの黙示録」の第六章の光景と符合するのである。

ゴルチャコフはイタリアに行くことで彼らを喪失した悲しみから逃れようとしていたのだろう。しかしその地でロシアの気配を感じた彼の前に、封印していた記憶が幻影として甦るのである。ゴルチャコフが「イタリアの幻影B」で荒廃した街を歩くとき、ドメニコの家族の悲劇を自分のこととしてつぶやく。それはゴルチャコフがドメニコと同じ体験をしていることを意味する。そしてゴルチャコフは戸棚の鏡の中でドメニコと一体化する。

彼はそのままサン・ガルガノ大聖堂の廃墟を歩く。聖カテリーナは彼に神の言葉を伝えるように懇願する。しかし神は彼が気づかないだけだと言う。ゴルチャコフの幻影が終わると、朽ちた寺院に羽根が舞い降りる。ゴルチャコフはすでに「一人の幻影a」で羽根の落下を見ている。彼は鳥の羽ばたきや硬貨が転がる音などの気配を感じていたが、それが何の徴《しるし》なのか理解できなかった。タルコフスキーはドストエフスキーを例に出して「神を信じたかったのだが、信じることができなかった。器官が退化してしまったのだ」と日記に書いている。[*121] これは『ストーカー』でストーカーが最後に口にする嘆きでもあった。

メイキングフィルムである『タルコフスキー・ファイルin「ノスタルジア」』には、背中に羽根を付けて天使の姿となったエウジェニアが、ゴルチャコフの故郷の斜面から水辺に向かって歩き出し、ゴルチャコフがそれを追う場面がある。エウジェニアが扮する天使が彼を天国へと導いている幻影の場面だと思われるが、あまりに説明的なために採用されなかったのだろう。

世界の終わりに

ドメニコは家族を守るために家族を失ない、ゴルチャコフの家族もすでに彼と遠い存在となっている。タルコフスキーは『ストーカー』がまだ受理されていない一九七九年四月一〇日の日記に、『ノスタルジア』のアイデアを書いている。「トニーノと一緒にあるシナリオを思いついた。／非常にいいものだと思う。世界の終わりについてだ。／一人の男が世界が終わるのを待ちながら、家族全員と自分の家に閉じ籠る。／（父親、母親、娘、息子）／息子がもうひとり生れる。／父親は宗教的な男である。／彼らは家の中に閉じ籠もったまま四〇年近くを過ごす。／最終的には、警察と救急車が彼らを連れ去っていく。どういうわけか彼らの存在が知れたのだ。彼らはおぞましい状態にある。／上の息子が父親に言う。あなたはぼくに四〇年間も本当の生活を隠すという罪を犯した。／彼らが連れ去られるとき、下の子供があたりを見ながらこう言う。／『パパ、これが世界の終わりなの？』」*122

この構想と台詞はドメニコが家族を幽閉するエピソードとなるのだが、大きく異なるのは四〇年という歳月の長さと家族構成である。四〇年前とは第二次世界大戦の時期にあたり、主人公がそれを世界の終わりと見たとしても不思議ではない。ドメニコの言う「世界の終わり」の正体は不明だが、核戦争への恐怖とも考えられる。タルコフスキーのイメージしていた世界の終わりは、**「イタリアの幻影B」**でゴルチャコフが歩く人々が消え去った街並みなのである。そこでもドメニコの家で聴こえていた電気ノコギリの音がする。ゴルチャコフがドメニコに共感したのは、彼と家族との関係を自身のそれと見たからだろう。

タルコフスキーが日記に書き留めたこの「あるシナリオ」の構想は、かくして『ノスタルジア』におけるドメニコの家族とゴルチャコフの家族に反映することになった。ゴルチャコフも家族を別の世界に「幽閉」したのである。**「一人の幻影a」**は彼が「出産の聖母」と相対して始まる。羽根がゴルチャコフに舞い降り、家に天使がやって来る。これが受胎告知を意味しているのならば、妻マリヤが「家族の幻影5」で手を肩に置く男の子がイエスということになる。ゆえにゴルチャコフはエウジェニアの「出産の聖母」への視線を引き継ぐように「一人の幻影a」の中に立っていたのである。そしてイエスは誰かという問いかけに答えるように、現実や幻影の中で断続的に電気ノコギリの音がしているのである。その工具を使っている大工はマリヤの夫にほかならない。そしてこのイエス生誕の物語は次作の『サクリファイス』に引き継がれるのである。

〔8〕神なき者の祈り——『サクリファイス』

作品の前提

タルコフスキーの最後の作品『サクリファイス』は、一九八五年三月から七月にかけてスウェーデンで撮影され、同年八月と翌八六年一月に編集、四月に音響の修正が行なわれ、八六年五月にストックホルムで公開された。そしてこの年の一二月二八日にタルコフスキーは五四歳の若さでこの世を去るのである。*123 前作『ノスタルジア』がイタリアで作られたとき、まだソビエト国籍だった彼はイタリアに留まりながら、自分が西側で仕事を続けることと、息子アンドリューシャと義母アンナの出国をソビエト政府に求めた。しかしそれは叶わず、タルコフスキーは八四年に「亡命宣言」を行なう。つまり『サクリファイス』は亡命者タルコフスキーが製作した唯一の作品ということになる。

彼が構想を練るのは映画が完成する何年も前のことが多く、実際に完成した作品のほとんどは最初の構想とは異なる仕上がりとなっている。『サクリファイス』も当初、ソビエトのSF作家で映画『ストーカー』の原作『路傍のピクニック』を書いたストルガツキー兄弟の一人アルカージーに、『魔女』という題名で脚本の執筆依頼をしていたのだが、意見の相違が生じ、結局タルコフスキーが一人で書くことになった。『ノスタルジア』の製作が始まる前年、一九八一年五月八日の日記には、「アルカージー・ストルガツキーに会った。『魔女』は断念することにした。……『魔女』は私ひとりで書くことにする」*124とある。タルコフスキーが一人で自分の映画の脚本を書き上げたのは、この作品だけである。

当初『魔女』は、癌に罹った主人公アレクサンデルが、魔女と寝ることで病が癒えると予言者から言われ、実際にそうすると病が完治するという話だったが、タルコフスキーが西側で感じ取った文明批判的な要素が加わり、大きく内容を変えて、『サクリファイス』として完成する。彼はソビエトでの慣習に従って、文学的脚本と言える小説『サクリファイス』*125を、一九八四年の二月にイタリアのサン・グレゴリオで書き上げている。映画とほぼ同じ内容で、彼の作品としては物語性に富み、映画の展開を理解させるための材料を冒頭から提示している。

物語は舞台劇のように限られた人物と場所で繰り広げられる。主な登場人物はかつての名優にして知識人のアレクサンデル、その妻でイギリス出身の元女優アデライーダ、アレクサンデルの親友で幼い息子の担当医師でありアデライーダの愛人でもあるヴィクトル、アデライーダの連れ子と思われる娘マルタ、家政婦のユリア、通いの家政婦マリア、郵便配達人のオットー、そして手術によって声を出せない状態にあるアレクサンデルの幼い息子の八人である。物語が展開する場所は、アレクサンドルの家とその周辺、そしてマリアの家だが、アレクサンデルが見る夢と幻影の場面もある。終盤に読まれるアレクサンデルの置き手紙には「一九八五年六月一九日午前一〇時七分」という日時が記されていることから、この物語は一九八五年六月一八日の夕刻に始まり、翌日の昼前に終わることが分かる。また劇中に示されていないが、物語の舞台はロケ地であるスウェーデンのゴトランド島と考えていいだろう。実際の撮影はアレクサンデルの置き手紙の日時を含む五月六日から七月にかけて行なわれている。

物語の概略

まず『サクリファイス』という物語を簡単に辿ってみよう。冒頭、画面に濃い茶色の絵画の一部が映る。一人の老人が何かを捧げ持ち、それを誰かに渡そうとしている。その相手は腕だけを見せている。クレジットが映り、J・S・バッハの『マタイの受難曲』が流れる。

音楽は波の音と鳥の鳴き声に変わり、画面が絵画の上部へ移動すると、映っていたその腕は聖母マリアに抱かれた幼いイエスであり、その絵はレオナルド・ダ・ヴィンチの「三博士の礼拝」*126だということが分かる。画面はさらに上昇し、牧童や馬、老人、葉が満ちたオリーブの木と棕櫚《しゅろ》の木が映し出さ

『サクリファイス』 水辺に枯れた松の木を植えながらアレクサンデルは、幼い息子に若い僧が枯れ木に水を与え続け、やがて花を咲かせたという古代の逸話を話す。喉の手術のせいで話すことのできない息子は父親の作業を手伝っている。物語はこの枯れ木に始まり、この枯れ木で終わる。
［©1986 SVENSKA FILMINSTITUTET］

れる。そして暗い茶色の絵画から光に満ちた水辺の風景となり、絵画のオリーブの木に継ぐように、枯れ木を初老の男が立ててその根元に石を置いている場面となる。小さな息子が彼の作業を手伝っている。息子は一言も発しないが、初老の男アレクサンデルは彼に一つの昔話を語り聞かせる。

昔、枯れ木を山に植えた老僧が、若い僧にこの木が生き返るまで毎朝水をやりなさいと言うと、若い僧は毎朝手桶を持ち、長い時間をかけて山に登り、枯れ木に水を与えて夕暮れに戻ってきた。若い僧がそれを三年間続けると木は満開の花を咲かせた、という話である。アレクサンデルはそのような行為で世界は少し変わると付け加えて、立てた木をイケバーナ（生け花）と呼ぶ。

そこに郵便配達人のオットーが、アレクサンデルの誕生日を祝う電報を届けに自転車でやって来る。アレクサンデルは自分宛ての電報をオットーに読んでもらう。オットーは電報を読み終えた後、アレクサンデルに神やニーチェについての突飛な話をするが、アレクサンデルはとりあわない。しかしオットーとのやりとりを楽しんでいるかのようだ。そして息子にオットーの自転車を縄で木に結ばせる。それを知らないオットーがアレクサンデルの誕生日の宴に参加すると言って自転車で去ろうとすると、縄が結ばれていた自転車が転倒する。オットーは怒った仕草をして帰っていく。

森の中でアレクサンデルは息子に一人語りをしていると、近くに車が停まり、アレクサンデルの妻アデライーダと医者のヴィクトルが降りてくる。ヴィクトルはアレクサンデルに誕生日おめでとう、と言って術後の息子の喉の経過を診察する。二人が車に戻ると、アレクサンデルは息子に家を買ったときの奇跡や死の恐怖についての話を続ける。やがて息子が姿を消したことに慌てたアレクサンデルは、突然目の前に現われた息子を突き飛ばしてしまい、鼻血を出したその姿を見て気絶する。そして世界の終わりのような荒廃した風景の幻影を見る。

場面は室内となり、アレクサンデルがヴィクトルから贈られた色鮮やかなイコンの画集を眺めて感嘆の声を上げる。自分が医者であることに疑問を持っているヴィクトルは、アレクサンデルに人生をどう思うかと問う。アレクサンデルは息子が生まれてすべては変わった、と答えて演劇人からの電報の話をする。娘のマルタはその会話にある芝居を見たと言うが、年代的にあり得ないことだった。妻のアデライーダは俳優を引退したアレクサンデルを批判し、夫婦の間で言い争いになる。

そんなとき、オットーが額装した古い地図をアレクサンデルへの贈り物として自転車に載せてやって来る。すると家の中の雰囲気が変わる。オットーと入れ替わるように通いの家政婦マリアは仕事を終えて帰ろうとするが、アデライーダは彼女に用事を言いつける。

アレクサンデルは古地図に見入る。不思議な話の蒐集家《しゅうしゅうか》だと言うオットーは、その一つを皆に話し始め、それが終わった後、倒れ込む。しばらくしてオットーが起き上がると、「悪い天使の翼が触った」と言う。

するとと突然、家が爆音に包まれ、その振動で牛乳の入った瓶が棚から落ちて床に砕け散る。その頃、アレクサンデルは外にいて、家のミニチュアが地面にあることに驚く。通りがかったマリアに聞くと、誕生日のお祝いに息子と一緒にオットーが作ったものだと言う。二階の部屋に戻ったアレクサンデルに、オットーが食事の準備ができたと言いに来る。下に降りるとテレビは核戦争が起こったことを告げていた。アデライーダは恐怖で錯乱し、ヴィクトルに鎮静剤を注射される。アレクサンデルは「この瞬間を待っていた」とつぶやき、ヴィクトルの鞄の中にピストルを見つける。

アレクサンデルは自分の部屋で中空を見つめながら「すべてを捨てますから人々を世界の終わりから救ってください。今日を今朝や昨日に戻してください」と神に祈る。そして祈りが終わるとソファに寝転がり、短い夢を見る。そこにまたオットーがやって来て、家政婦のマリアは良い魔女で、彼女のところへ行き、一緒に寝れば世界の終わりは防げると言う。その荒唐無稽な話にアレクサンデルは呆れ返る。言い終わったオットーは帰ってしまう。半信半疑のままアレクサンデルはマリアの家へ出かけることにする。彼がヴィクトルのピストルを持って家を出ると、家族は白夜の下で食事をしている。アレクサンデルはオットーの自転車でマリアの家へと急ぐ。

深夜自宅に来たアレクサンデルをマリアは部屋に招き入れ、汚れた腕を洗ってくれる。アレクサンデルはオルガンを弾きながら、病床の母が大切にしていた庭に手を付けた自分の愚行をマリアに語る。そして朴訥《ぼくとつ》に私と寝て欲しいとマリアに頼む。しかし断られると、アレクサンデルはピストルの銃口を自分の頭に向ける。マリアは家庭で何かがあったと勘違いして、彼を受け容れる。そしてアレクサンデルはまた幻影を見る。

やがて彼は自分の部屋のソファで目を覚ます。朝がやって来ていた。途絶えていた電気が復旧し、電話も通じていた。彼の神への願いは叶ったのだ。アレクサンデルは神との約束を果たす準備を始める。家族を家から遠ざけるために、「息子と立てた松の木を見に行くように」と置き手紙を残して、彼らがいなくなった隙に家に火を放つ。家が燃え上がる。それを地面に座り込んで彼が見ていると、家族たちが駆けつける。その様子がワンショットで映される。アレクサンデルは狂人のようにあたりを走り回り、やがて救急車に乗り込む。マリアは走り出した救急車を自転車で追う。そんな混乱から離れたところで、息子は枯れ木のために水が入った二つのバケツを運んでいる。やがて枯れ木の下に寝ころんだ息子は父のことを思う。水面を背景にして松の木の枝がシルエットになり物語が終わる。

この作品はスウェーデンで製作され、撮影監督のスヴェン・ニクヴィストや美術のアンナ・アスプ、俳優のエルランド・ヨセフソンやアラン・エドヴァルなどイングマール・ベルイマン監督の常連スタッフやキャストが参加しているが、演出や構成にもベルイマンの作品とよく似たところが見受けられる。

例えば『鏡の中にある如く』は、作家の父と劇作をしている娘、学生の息子、そして医師である娘の夫の四人の家族がひと夏を孤島で過ごす日々を描き、最後に精神が不安定となった娘がヘリコプターで島を去る物語だが、家族の属性や結末などが本作と重なっている。また『沈黙』(一九六三年)では、登場人物が海外旅行から帰る途中に政変が起こりホテルに留まると、路上を走る戦車の振動が部屋のグラスを揺らして音を立てる。これは核戦争の到来を示す本作のグラスが振動して音を立てるシーンを連想させる。さらに『恥』（一九六八年）では内乱に巻き込まれた孤島の夫婦を描いているが、彼らの家の上を飛び去る戦闘機の音が、本作の爆音によく似ている。そして『叫びとささやき』（一九七二年）のオープニングに映る外景は、アレクサンデルが夢の中で立つ光景と同じ場所で撮影され構図もほぼ同じである。そもそもベルイマンが多くの作品を撮影し、長い期間暮らしていたフォール島は本作のロケ地ゴトランド島と隣接する小島なのである。

作品の特異性

タルコフスキーは幼い頃の体験や過去の悔恨を作品に反映させるが、『サクリファイス』ではそれが見受けられない。この作品は第二章で論じるようにタルコフスキーの家族の「今」を描いているのかもしれない。主人公アレクサンデルはかつての名声とは裏腹の鬱々《うつうつ》とした閉塞感の中にいるが、それは当時のタルコフスキーが感じていたものだろう。またアレクサンデルの家族の描き方は通俗的であり、一つの家族の物語として映画が展開する点もそれまでの作品とは趣が異なっている。さらに、この作品で注目すべき点はクライマックスが存在するということである。

ほかの作品――例えば『僕の村は戦場だった』ではイワンが戦場の狂気に殉じ、『アンドレイ・ルブリョフ』ではルブリョフがボリスの奇跡を見て覚醒することがクライマックスと言えるが、タルコフスキー作品の主人公の多くは曖昧な展開の中で結末を迎えることになる。通例であれば、『サクリファイス』の結末もアレクサンデルが神との約束を果たさず、『惑星ソラリス』のクリスや『ノスタルジア』のゴルチャコフのように、どこか別の場所に移動して終わっていただろう。実際、「魔女」と題された『サクリファイス』の原案では、アレクサンデルは魔女とともに何処かに去っていくことで終わっていた。この曖昧さこそがタルコフスキーらしさだった。

しかし『サクリファイス』の主人公は曖昧な行動ではなく、涙ぐみながらも明確な意思を持って車を移動し椅子をテーブルに積み上げ、自分の大切な家に火を点け、自ら望む結末に向かっていくのである。ここに『ノスタルジア』でドメニコを焼いた火と、ゴルチャコフのロウソクの火が受け継がれていると言える。

タルコフスキーは火や水、風、木、そして雨といった自然現象を何らかの関係性を持つように演出することが多い。しかし『サクリファイス』にはそれが乏しい。『サクリファイス』はタルコフスキー映画でほぼ雨の降らない唯一の作品である。水も水辺以外にはほとんど現われず、水たまりか泥濘に限られる。アレクサンデルの夢の場面で、男が逃げ去る廊下に水たまりがあり、水滴が波紋を作っているぐらいである。また、風はアレクサンデルと息子が林にいるときにそよ風が吹き、家族がアレクサンデルの置き手紙を読むときに吹くが、強調はされていない。夢の中の爆風は風の表現とは別物だろう。

つまり『サクリファイス』は、通俗的な物語の整合性を保ちつつ確固たる結末に向かって展開する、詩的な表現に乏しい作品——つまりはタルコフスキーらしくないタルコフスキー作品なのである。

表現の検討

■オープニング　『サクリファイス』の主題は、冒頭に映し出される絵画やアレクサンデルと息子の会話で最初から提示されている。特に物語のエッセンスが凝縮されているのはタイトルバックに映るレオナルド・ダ・ヴィンチの「三博士の礼拝」である。この未完の油絵には、新星の輝きに導かれてイエスの誕生を祝うために東方からやって来た三人の博士が、幼子イエスに捧げ物を渡すという「マタイの福音書」に記された逸話*127が描かれている。タルコフスキーは『サクリファイス』の製作が始まる一九八四年の一一月に、フィレンツェのウフィツィ美術館でこの絵を見ている。タイトルバック以外にもアレクサンデルの部屋に掲げられた複製画として本編に三度ほど映される。

数多くの宗教画に描かれているこの「三博士の礼拝」のエピソードは、若い博士が王権の象徴である黄金を、壮年の博士が神性を表わす乳香を、そして老齢の博士が受難と死を意味する没薬を幼子イエスに捧げているとされている。映画のオープニングで拡大され長々と映されているのは、老いた博士が捧げた没薬に幼いイエスが手を伸ばしている部分である。そして本編の主人公アレクサンデルはこの日、三人の男から贈り物を受け取るのである。

オープニングの絵画のクローズアップとともに流れる音楽は、J・S・バッハ『マタイ受難曲』の中の「神よ、この涙にかけて憐れみください」である。これは三度の嘘を悔いるペテロの祈りとして、「マタイの福音書」のイエスが捕まる第二六章と磔《はりつけ》にされる第二七章の間に、「憐れみたまえ、わが神よ、したたり落ちるわが涙のゆえに。照覧あれ、心も目も、御前に激しく泣く。憐れみたまえ！　憐れみたまえ！*128」とアリアで歌われる。本質的な弱さを持つゆえに人間は神に憐れみを乞う――ということが歌われ、アレクサンデルが虚空を見つめて、すべてを元に戻して欲しいと祈る姿を想起させる。彼はマリアと同じ床の中で、マルタを思わせる全裸の女性が鶏を追っている幻影を見る。それはこの「マタイの福音書」第二六章の最後でペテロにイエスが言った「鶏が鳴く前にあなたは私を三度否《いな》むであろう」と言う鶏なのかもしれない。

アリアの音が小さくなって、海鳥の鳴く声が重なると画面は絵画の上に移動し、幼子イエスの顔と聖母マリアの顔の半分を映し出した後、二人の天使とオリーブの幹を伝ってさらに上に向かい、背後に棕櫚《しゅろ》の木と二頭の馬を映しつつ、画面はオリーブの葉で覆われていく。マリアの後ろに控えるイエスの養父ヨセフは、ここでは映っていない。

レオナルド・ダ・ヴィンチの「東方三博士の礼拝」　救世主の誕生を祝うために三人の博士がイエス・キリストと聖母マリアを訪れた構図となっている。若い博士は王権の象徴である黄金、壮年の博士は神性を表わす乳香、そして老齢の博士は受難と死を意味する没薬を捧げているが、映画のオープニングでは老博士と捧げられた没薬とイエスの腕が映し出される。なおこの絵画は修復前に撮影されているので、現在とは異なる色合いになっている。

■枯れ木を立てるアレクサンデルとオットーの会話

物語が始まるとオープニングのオリーブの木とつながるように、主人公のアレクサンデルが水辺で松の枯れ木を立てている。アレクサンデルが呼ぶと小さな息子が左腕に縄を束ねて近づき、木の幹のまわりに石を置いていく。そしてアレクサンデルが息子に語りかける。それは正教会のブリャンチャニーノフ主教の『聖人伝』[*129]にある次のような逸話である。

遥か昔、修道院のパムヴェという老僧が枯れかかった木を山に植えて、若い僧イオハン・コロフに「この木が生き返るまで毎朝水をやりなさい」と言った。それからイオハンは毎朝手桶の水を持って山に登り、木に水を与えて夕暮れに帰って来た。それを三年続けると、その木に満開の花が咲いた。

タルコフスキーはこの逸話を『サクリファイス』の製作が始まる三年前の一九八二年三月五日の日記[*130]に書いているが、そこでは花ではなく木に実が結び、老僧は若い僧たちに修行の果実を味わうがよいと言ったと記されている。だが「松の木」では果実を味わうことも、花を愛でることもできない。奇しくもここで無償の行為の意義が高められている。

そこに郵便配達人のオットーが、アレクサンデルの誕生日を祝うためにかつての俳優仲間から送られてきた電報を届けに来るのだが、この瞬間から物語に軋《きし》みが生じ始める。オットーが画面に現われる直前、アレクサンデルに向けたオットーの声が流れる。「私を簡単に追い払えませんよ」。この言葉通りにアレクサンデルはオットーに導かれ、そのすべてを神に捧げるまで彼を追い払えなかったのである。

アレクサンデルはオットーに電報を読むように頼む。電報には「お誕生日おめでとうございます。我らがリチャード王と、ムイシュキン公爵にキスを贈ります。神が幸福と健康を授けますように。いつも変わらぬ敬意と愛情をこめて。『リチャード』派『白痴』派より」とある。それを聞いてアレクサンデルは「ぐっと来るな」と話す。かつて著名な俳優だったアレクサンデルは、シェークスピアの『リチャード三世』のリチャード王やドストエフスキーの『白痴』のムイシュキン公爵を演じていた。『白痴』の浮世離れした性格からムイシュキンは作中で聖愚者になぞらえられている。そしてアレクサンデルはこの劇中その聖愚者に近づいていくのである。

すでに何度か書いているがタルコフスキーの作品を語るとき、欠かせないのはこの聖愚者の存在である。信仰の深さゆえにその振る舞いが常識から逸脱している人物、あるいは高い学識がありながら愚《おろ》かなる者を自ら進んで演じている人物をロシアでは「聖愚者」と呼ぶ。

電報の送り手がアレクサンデルの役どころを宛名に含めたのも、役柄とアレンサンデルが重なることを揶揄したのだろう。オットーはそのことを「仲間内の符丁《ふちょう》ですか」と言う。まさにアレクサンデルは痛いところを突かれたのである。アレクサンデルはこの後、妻との言い争いの中で、俳優を辞めたわけを、「私は己を役に溶かし込み演じてきた。それが嫌だった」と弁明している。役柄と自己を一体化せざるを得ない俳優であるとき、彼は「白痴」の「聖愚者」ムイシュキン公爵なのである。オットーはここでリチャード王には触れず、ただ「『白痴』派とはなかなか」と追い打ちをかけている。

そのオットーもまた聖愚者、あるいはそれに近い存在であることは立ち振る舞いや言説で明らかである。彼は手紙の常套句である「神が幸福と健康を授けますように」を受けて、「あなたは神をどうお考えで?」と尋ねるが、アレクサンデルは「何とも、ただ怖い」とだけ答える。ここでオットーは彼の神への気持ちを確認し、アレクサンデルが無神論的な立場をとりながらも「怖い」という信仰心がある人物であることを知る。このオットーの質問はこの後のアレクサンデルの神への祈りを予感しているかのようである。オットーはここでアレクサンデルを自身の信仰に近づけようとしている。電報を読んだ後の二人の会話は、そのための口頭試問の役割をはたしている。オットーが去ると、アレクサンデルは一人語りで「怖がらないで死など存在しない。死への怖れがあるだけだ」と言っている。そして彼の家族はやがてその死の恐れに直面する。オットーもまたアレクサンデルの部屋に飾られた「三博士の礼拝」を、「何と禍々《まがまが》しい。レオナルドの絵はどれもとても怖い」と言う。彼はレオナルド・ダ・ヴィンチの絵画に描かれたイエスの運命を理解しているのだ。

この場面以外にも「怖い」という言葉は数多く使われている。アデライーダが核戦争を前にして死の恐ろしさを母国語の英語で、「怖いのよ！　怖いの！」と言い、全身でそれを表わす。さらに子供を起こそうとするアデライーダに、家政婦のユリアが「起こして怖い思いなど、させてはいけません。眠っていれば、何も、知らずにいられますから」と言っている。その言葉通りに「怖さ」はアレクサンデルの眠りに封じ込まれることになる。

冒頭の二人の会話に戻ると、オットーはアレクサンデルには才能と名声があるのに、なぜ暗い顔をしているのかと聞くが、アレクサンデルはその質問に答えない。今の自分は幸せだと思うことにしていて、その質問自体が不快なのだ。しかし実際には彼は幸福ではなく、暗い顔をしているという言葉は彼にとって事実なのである。やがてオットーは「人は何かを、待つものです。例えばこの私も、生まれてからずっと、何かを待って、何と申しますか……いうならば、駅のホームにいる気持ちでした。常にこの人生は、真実の生ではなくて、真の生を待っているような、待ち続けている。そんな気がしています。そう思ったことは？」と言う。

オットーは不思議な話を蒐集しながら、〝誰か〟をずっと待っていた。そしてその待っていた人物がいま自分の前にいるということが分かったのである。アレクサンデルも核戦争が始まったことを知った瞬間に「私はこれを待っていたのだ」とつぶやく。この二人が待っていたものとはいったい何だったのだろうか。現実の人生が「真の生」でないのならば、彼らが待っている「真の生」とは、アレクサンデルの祈りとその代償としての行為によって彼が最後に入り込む世界なのかもしれない。

　そしてオットーは、「私だって考えますよ。……例えばあの小人《こびと》です。禍々《まがまが》しいあの有名な小人」、「ニーチェの著作に出てきますよね。あの背中にこぶのある。ツァラトゥストラが気絶したじゃありませんか」と言う。実際にニーチェの『ツァラトゥストラかく語りき』には、小人がツァラトゥストラを気絶させるという描写は見当たらない。ただし小人が登場する個所はいくつかある。例えば第一部の「市場の蠅について」は、「君は、……小人の刺す針にさいなまれているようだ」と始まり、「新たな価値の創造者がいて、世界はこの人のまわりをめぐる――眼には見えずとも、めぐる。だが、芝居を打つ役者のまわりをめぐるのだ、大衆と名声は、それが世の成り行きだ。役者にも精神がある。だがその精神には良心がほとんどない。……明日、彼は新たな信仰を持つだろう」[*131]とある。このニーチェの文言は家のミニチュアを見たアレクサンデルが創造主を連想して恐れる場面や、彼の演劇観と重なり合う。

　また日本語版の字幕に表示されない「ほら、あの……せむしですよ！　ニーチェですよ！　ツァラトゥストラを気絶させた！」[*132]はオットーの話の文脈から「小人」と同義と考えられるが、これは同書第二部の「救済について」にある「そしてひとりのせむし男が、彼に向ってこう言った」[*133]以降の文章を指すのかもしれない。そこでは、このせむし男がツァラトゥストラに、「盲者や足萎えを直すことができるのなら、このこぶも小さくすることができるだろう」と言うと、ツァラトゥストラは「そのこぶを取り去るならばその精神を取り去ることになる」と返している。この辺りが『ツァラトゥストラかく語

り き』を新約聖書のパロディと呼ぶゆえんなのだろう。

この言葉につながるのが、アレクサンデルが演じたリチャード三世である。シェークスピアはリチャード三世をくる病で背中が曲がっている極悪人と設定している。アレクサンデルは自身が「理解できていない役柄を知った振りをして舞台に立ち演じることは不誠実」と日々悩みながら、このまったく逆のキャラクターである二人の人物を、「己を役に溶かし込み演じてきた」ことになる。このことから彼は名優と謳《うた》われながらも、不安定なアイデンティティに苦しんできた。そしてアレクサンデルはオットーとこの話をした後、一番大切な小さき人＝息子によって気絶し、オットー自身も家の中で不思議な話をした後気絶するのである。

しかし冒頭の場面のアレクサンデルは、『『小人』とは？　話についていけないんですが」とオットーの話に呆れ返る。そしてさらに二人のちぐはぐな会話が続く。この一見ピントはずれな会話が実はアレクサンデルの運命を強く示唆しているのである。

オットーはニーチェの「永劫回帰」について、「……前世を思い出すことなく、生まれ変わる。すべてが生まれ変わる。転生するのです。すべて同じではなくても、違いはほんのわずかなもので……違いはほとんどない。いわば再演するようなものです。それなら人生は思い通りになるかも……そう思いませんか?」と話す。そのとき、雷が鳴る。雷はタルコフスキーの作品の多くで、主人公を次の段階に進ませる合図になっている。このオットーが引くニーチェの言説こそ、アレクサンデルの運命を予言している。オットーは「永劫回帰」を演劇に例えて「違いがほとんどない人生を再演するようなものなら思い通りになるかもしれない」と言うのだが、その「違いがほとんどない人生の再演」こそアレクサンデルが最後に望んだ祈りの実現である。彼は俳優を辞めて彼自身の最後の「完璧な演技」をこれから演じることになる。

アレクサンデルはこのとき、オットーの意見を否定して、「それはよく耳にする思想だけれど、人間は普遍的な構造や、完璧な架空の設計物、まっとうな真理など創造できない。そうすれば創造主となってしまうから……」と言う。しかしアレクサンデルは核戦争が始まった瞬間に、完璧な設計物としての彼の愛すべき家のミニチュアを見ることになる。それは彼にとって恐怖以外の何ものでもなかった。また彼が演劇を辞めたことに妻アデライーダが強い不信感を持ち、それが原因で崩壊状態となった夫婦関係に悩む彼は、心の底では「永劫回帰」的な状況を強く望んでいたのである。

アレクサンデルが永劫回帰を信じているのかとオットーに聞くと、「ええ、ときどき信じます。いいですか。何かを心底信じれば、現実になります」とオットーは言う。この言葉もアレクサンデルへの予言である。彼はまさにこのように行動するのだ。オットーはこうして荒唐無稽な言葉を発しながら、アレクサンデルに自身の心の奥底を覗くように仕向けている。そんな会話が楽しかったのかアレクサンデルは少し陽気になって、息子にオットーの自転車を縄で縛るように唆《そそのか》す。するとオットーはその悪戯《いたずら》に引っかかったふりをして、まるで道化師が怒ったようなポーズをして去っていく。『無法松の一生』にはこの場面と同じ構図で、怒った客と人力車を遠景にして、主人公が男の子の凧糸のほつれを直すシーンがある。

ここでオットーは、「『人それぞれ信じる所によりて……』、では失礼します」と言う。これは「マタイの福音書」の第八章13節を引いたものと考えられる。そこには「そしてイエスは百卒長《ひゃくそっちょう》に言った。『お行きになるがよい。あなたの信じたようにあなたに生じるでしょう』。そしてその子はそのときに癒された」*134とある。

これはイエスの治療の奇跡を知った百卒長が自分の病気の子供のために、イエスに何かの言葉が欲しいと言い、イエスは百卒長の信仰の深さを褒めて、信仰に従って生きるならば、子供の病気は癒えると予言し、実際にそうなったというエピソードである。アレクサンデルもまた信ずるところを行ない、その成果である平和を得る。さらに息子は癒えて言葉を発するようになる。このオットーの言葉もアレクサンデルの今後の行動に直接つながっている。このように冒頭の二人の会話には、物語の行方が暗示されているのである。

さらにもう一つ指摘しておきたい。冒頭の場面には一つの時間的な矛盾がある。オットーは最後に「今日はお祝いですから、祝電に埋まりますよ」と言うのだが、彼がやって来たときは「今日最後の配達です。郵便局がしまったので……。このあと、届いても明日配達になります」と話している。持ってきた電報が最後であれば、今日のお祝いの場が祝電に埋まることはない。オットーはすでに今日という日が繰り返されることを知っていたのだろうか。もちろん繰り返される今日という日は、彼が言うように、「わずかに違っている」「今日」のはずである。

■ヴィクトルとアデライーダの登場

オットーが去り、アレクサンデルは息子を相手に一人語りを続ける。息子が呻《うめ》き声を出したので、「何を呻いているんだ？〝初めに言葉があった〟と言うがお前は黙っているしかない、魚のように」と言う。この「初めに言葉があった」は「ヨハネ福音書」の巻頭の言葉であり、「魚」というのはキリストの喩《たと》えでもある。この場合、「魚」の声が人々には聞えないことを意味しているのかもしれない。またこの「黙っているしかない、魚のように」は、アレクサンデルの結末の行動とも一致している。すべてを知るということは口を閉ざすということなのだ。

前作の『ノスタルジア』でも、サン・ガルガノ聖堂を歩くゴルチャコフには神の声が届いていない。「ヨハネの福音書」第一章1節の「ことば」には「理性[*135]」という意味が含まれるという。その伝で言えば『サクリファイス』という作品は言葉と理性による自己超克の物語でもある。

アレクサンデルは自分に語りかけるように「我々は道に迷っている。人類は道を誤りひどい危機にある。人間が最初に恐れを知るのは……」とつぶやくと、近くに車が停まり、妻アデライーダとアレクサンドルの友人で息子の主治医でもあるヴィクトルが降りてくる。ここで中断された一人語りは、文明論である。ひどい危機にある人類、人間が最初に怖れを知るのは……に続く言葉は二人が去った後に語られる。

アレクサンデルたちに近づきながらヴィクトルがアデライーダに「最近、彼はどうかね」と聞くと、彼女は「変わりないわ。仕事をしている」と答える。アレクサンデルの一人語りが聞こえたヴィクトルは、「あの独白は好きじゃない」と言ってから、大きな声で「アレクサンデル」と声をかける。アレクサンデルの一人語りは、すでに日常となっていたのである。

この呼びかけにアレクサンデルは息子を肩車しながら、「重くなった」と言って林の中から現われる。この日常的な風景も、オープニングの「三博士の礼拝」から連想すれば、幼いイエスを背負って川を渡る聖人クリストフォルスを彷彿させる。クリストフォルスが子供を背に乗せて川を渡ろうとすると、どんどん重くなり、万人の罪を一人で背負うキリストだと知る伝説である。キリストが棕櫚《しゅろ》の木でできた杖を植えさせると、翌日に花を咲かせ実をつけたという。[*136] このキリストの逸話はアレクサンデルが息子に語った僧コロフの逸話と重なる。すでに書いたように棕櫚の木は「三博士の礼拝」に描かれていて、オープニングの最後にオリーブの木とともに映っている。

この「キリストを運ぶ者を意味する」クリストフォルスは、登山家や運転手、そしてオットーの仕事である郵便配達人などの守護聖人である。タルコフスキーは『僕の村は戦場だった』の冒頭で肩車されて森を移動するかのようにイワンを登場させている。また『ストーカー』の終盤で、ストーカーは娘を肩に乗せて川辺を歩いている。『ノスタルジア』のゴルチャコフは少女に、沼で溺れた男を助けて逆に怒られるという話をしている。

アレクサンデルの背に乗ったままの子供をヴィクトルが診察し、「話せないのはつらくて不安だろうがいい経験だ。意思疎通の訓練になる」と話す。母のアデライーダは「私の坊やよ」と言い、父アレクサンデルは「〝私たちの〟だろ」と返す。子供の両親こそ「意思疎通の訓練」が必要なのかもしれない。ヴィクトルは「手術中とても我慢強かった。それで〝青年〟に成長したんだよな。……順調だ。一週間で話せるだろう」と言い、「ガンジーは何年も週に一度無言の日を設けていた。規則正しくな。人にうんざりしたんだろう」とつぶやく。この「うんざり」という言葉はこのあと明らかになる彼の本心でもある。

ヴィクトルはここで子供が「青年に成長した」と言っている。アレクサンデルがしゃべれない息子を魚のようだとキリストに喩えていたとしたら、その息子がやがて成長し「犠牲」となる——ということをヴィクトルのこの言葉は示唆している。「三博士の礼拝」の木の下の幼いイエスに続き、アレクサンデルの息子も木の下に現われている。この作品は後述するようにアレクサンデルと息子の双方にイエスを重ねているが、このような象徴の二重性はタルコフスキーの作品によく見られる演出手法である。

ヴィクトルは子供の症状をガンジーの無言の行になぞらえているが、タルコフスキー作品には無言、あるいは言葉に障害のある人がよく登場する。『ローラーとバイオリン』でサーシャが音楽教室で出会う少女、『僕の村は戦場だった』のイワンの妹、『アンドレイ・ルブリョフ』で無言の行に入るルブリョフと言葉を発しない白痴の娘、『惑星ソラリス』のハリー以外の「お客」たち、『鏡』の冒頭で登場する失語症の青年、そして『ストーカー』の娘など、彼らはガンジーと同様に何らかの聖性を帯びているかのように描かれる。この『サクリファイス』の息子も例外ではなく、最後に発する言葉で明らかなように、彼は耳をそばだてて人の言葉を聞き、そして理解しているのである。

■アレクサンデルの一人語り　ヴィクトルとアデライーダは車で家に向かう。木立の中に残ったアレクサンデルは息子に話の続きを語り始める。昔、彼と妻はここで道に迷い、松の木の下で雨宿りをしていると、太陽が地上を照らし出すのを見た。そのとき、この湖のほとりに住みたい、きっと死ぬまで幸せだろうと感じた――と話したところで息子がまた呻く。そこですでに書いたようにアレクサンデルは話題を変えて、「大丈夫か？　怖がらないで死など存在しない。死への怖れがあるだけだ。[*137] それが堪えがたくて無分別になるんだ。すべてが変わるだろう。その怖れをなくせれば。これは別の話だな」と言う。ヴィクトルとアデライーダがやって来る前に、アレクサンデルは息子には難しい文明論を語っていて、これはその「人間が最初に怖れを知るのは……」の続きとなるはずだった。人間が最初に知る

『サクリファイス』 林の中でアレクサンデルは息子に話し続ける。ここに来て風景の美しさに驚いたことや家を見つけたときの奇跡、さらに死の恐怖について彼が語ることは、会えないタルコフスキーの息子に向けて話したかったことでもあるのだろう。
［©1986 SVENSKA FILMINSTITUTET］

怖れとは、死を前にしたそれだと言うのである。しかしこれは彼のオリジナルではなく、彼が演じた『白痴』のムイシュキン公爵が語る処刑の寸前の恐怖であり、そして作者ドストエフスキーが処刑されるべき存在として体験した恐怖だったのである。

思えばタルコフスキーは死を巡る物語を作ってきた。『僕の村は戦場だった』のイワンは自らの死を戦場に求め、『アンドレイ・ルブリョフ』のルブリョフも無言の行というイコン画家としての死の人生を自分に科す。『惑星ソラリス』のクリスは死して虚構の地球に帰還し、『鏡』の「作者」は病の床にあり、読まれる父アルセーニーの詩は死を暗示させる。『ストーカー』の三人は死を覚悟してゾーンに侵入する。そして『ノスタルジア』のゴルチャコフとドメニコはともに願いが叶うことなく死に向かう。タルコフスキーは『サクリファイス』で自身のテーマである死の恐怖を、アレクサンデルの言葉として語らせている。彼は死を怖がらなくてもいいと息子に語りながら、このあと死への怖れによって息子を突き飛ばしてしまうのである。

アレクサンデルは最初にこの地を訪れたときのことを話す。その美しい風景にアデライーダも魅了され、自分たちのために建てられたかのような一軒の家をここで見つける。それが彼らの住んでいる家なのだ。しかし話はまた文明論に戻る。「……いまの文明の根底にあるのは力と権力、怖れと征服欲だ。技術の進歩と呼ばれるものは、画一的で物質的な安楽しか生み出さない。そして権力を守る武器だ。……文明は罪の上に築かれたのだ。……この貧しい文化や文明は病んでいるんだ。息子よ。問題を究明し解決しなくてはならない。まだ手遅れでないなら。間に合うなら。独り言ばかりの日々だ。〝言葉、言葉、言葉！〟。やっとハムレットが分かった。彼も堪えられなかったんだ。ではなぜ私は語るのか？　語るのをやめればなにかを成し得るのか？　ともあれ試みるのだ」

　ここで語られる「言葉、言葉、言葉」は、シェークスピアの『ハムレット』の第二幕第二場で、本を読むハムレットが「何をお読みですか」と国王の顧問官ポローニアスに聞かれたときに返す台詞である。アレクサンデルはこの台詞を引用してハムレットの気持ちが理解できたと言う。また、息子に最初に語りかける「何を呻いているんだ？〝初めに言葉があった〟と言うがお前は黙っているしかない、魚のように」という話にも通じている。

　ハムレットの台詞でほかにもアレクサンデルの言葉に似ているものがある。例えば「怖がらないで死など存在しない。死への怖れがあるだけだ」と息子にかける言葉は、第三幕第一場の有名な「生きるべきか、死ぬべきか、それが問題だ」に連なる長台詞の中の「死後の世界の恐怖さえなければ。行けば帰らぬ人となる黄泉の国――それを恐れて、意志はゆらぎ、想像もつかぬ苦しみに身を任せるよりは、今の苦しみに耐えるほうがましだと思ってしまう」*138と重なり合っている。また、同じ長台詞の中の「世間の非難中傷、権力者の不正、高慢な輩の無礼、失恋の痛手、長引く裁判、役人の横柄、優れた人物が耐え忍ぶくだらない奴らの言いたい放題」は彼の文明論、あるいは実体験でもある。ハムレットはこのような害悪から逃れるために「死ぬべきか」と自分に問うているのである。それはまたアレクサンデルのものでもある。

このアレクサンデルの一人語りは、『ノスタルジア』での、同じ俳優によるドメニコの最後の演説を連想させる。ドメニコも「死ぬべき」ことを自らに課したが、アレクサンデルは息子に「ともあれ試みるのだ」と自分の意志を伝えている。そしてアレクサンデルは最後に神への祈りと自ら進んでそれへの犠牲を払うことになる。

アレクサンデルはここで「物質と精神のおぞましい不一致不均衡に我々は辿り着いた」とも言うのだが、これはタルコフスキーの西側世界への感慨でもある。彼は著書『映像のポエジア』の終章で自らの死を意識しつつ、「われわれが、われわれの問題を解決する権利を誰かに委譲したときから、物質的過程と精神的過程のあいだの亀裂はますます深まるようになった[*139]」と書いている。

『ストーカー』の製作期間と重なる一九七五年から七八年四月にかけて、タルコフスキーは演劇『ハムレット』の企画検討と演出をしたが、その時点ではまだアレクサンデルが嘆いたように、ハムレットの言葉の真意と新たな文明観を獲得していなかったのかもしれない。『サクリファイス』の前段階である『魔女』の構想を進めていた頃、同時並行的に『ハムレット』の映画化にも思いを馳せていたことが日記に記載されている。それが『サクリファイス』にも影響を与えたのだろう。また一九七三年の暮れにはドストエフスキーの『白痴』の映画化を構想し、翌年に申請書を提出しているが、それは不受理に終わっている。しかし、それ以降も作品化の道を探っていた。つまり彼は『ハムレット』と『白痴』に強い関心を持ち続けていたことになる。

長々と続くアレクサンデルの一人語りは演劇の独白のようであり、ヴィクトルならずとも嫌悪感を持ってしまうだろう。息子は父親の熱を帯びた語りに飽きたのか、オットーへの悪戯が成功した気持ちのまま林へ身を隠す。息子がいなくなったことに気づいたアレクサンデルは、慌てて辺りを探すが見当たらない。そして彼は背後に突然現われた息子を驚きのあまり突き飛ばしてしまう。そのせいで鼻血を出した息子を見たアレクサンデルは、「息子よ、私の息子よ……」、「神よ。何が私に……」と言って気絶する。この「私の息子よ」は、アデライーダが言った「私の坊やよ」という台詞と対になっていると考えられる。彼はこのとき「私たちの」であることを忘れて「私の」と言ってしまったのだ。

そして画面はモノクロになる。気絶したアレクサンデルは幻影を見ている。ゴミや布が散乱し、車が横転した路地が俯瞰で映る。視線がゆっくりと手前に動くとガラス板に周囲のビルが映り、そこに血が流れた痕が見える。この情景は逃げ惑う人々を加えて物語の最後にも映し出され、さらに激しい感情をアレクサンデルにもたらすことになる。彼は知識人ゆえの悩みを虚空に向けて吐露し続けて、死の恐怖を否定しているときに、内に潜む恐怖が息子を傷つけてしまう。息子の悪戯は彼がオットーの自転車に縄を結ぶように言ったことから始まった。それをオットーが喜んでくれたので、息子は父親にも試したのだが、受け容れられなかったばかりか、跳ね飛ばされてしまう。アレクサンデルは寸前まで語っていた自分の意志とは逆の反応をしてしまい、精神の混乱を極めて気絶するのである。そしてその恐怖の現実を幻影に見たのだった。

冒頭のアレクサンデルとオットーの話は噛み合わず、友人ヴィクトルは子供が話せないことを意思疎通の訓練と言う。のちのアレクサンデルと妻の会話からは、沈黙の価値がいかに大きいかが分かる。アデライーダの言葉数は多いが、夫への不満やオットーの話への無理解、核戦争後の精神の混乱など、意味を伴なわない薄い言葉ばかり発している。またアレクサンデルへのオットーやマリアの言葉は何度も同じ単語が繰り返されている。そこに意思疎通への願望が現われている。だが「言葉」が一番強調されるのは、先ほど記したアレクサンデルの独白である。「……ではなぜ私は語るのか？　語るのをやめればなにかを成し得るのか？　ともあれ試みるのだ」。文明の危機を思う彼は感情的になり、最後に語るのを止めることに言及する。そしてその言葉通りに、最後に自分の言葉を犠牲にして最大の願望を実現させる。ここで物語の最後に触れるのならば、息子は父とともに立てた木の下で、「〝初めにことばがあった〟。でもなぜなの、パパ？」とつぶやく。息子は父親の言葉を覚えていたのだ。ここに親子の意思の疎通の実際と言葉の継承が行なわれたことになる。これは作者が息子アンドリューシカに、そして観客への問いでもある。そして作品の主題はすでにアレクサンデルの冒頭の一人語りによってほぼ明かされているのだ。

■アレクサンデルの家の中で――核戦争以前　息子の鼻血を見て気絶したはずのアレクサンデルは、いつの間にか家にいて、ヴィクトルから贈られたロシア正教のイコンの画集を眺めている。ヴィクトルは本のほかにワインもアレクサンデルに贈っている。色鮮やかなイコン画が次々と映し出され、アレクサンデルは感嘆の声をあげて、絵画の素晴らしさを褒め称える。それは幻影から戻ったアレクサンデルの安寧の場面とも言える。

イコン画を次々と捲《めく》っていくこの場面は、『アンドレイ・ルブリョフ』の最後で、雷鳴の中に次々と映し出されるイコン画を連想させる。そもそもイコン画とは宗教的な修行を積んだ画家が、自ら幻影として見た光景を描き上げたものとされている。アレクサンデルの見た終末的な幻影から、このイコン画の展開が続いても不思議ではないのかもしれない。

一方のヴィクトルは落ち着きがなく、「大変な日で、収拾がつかなくなった」と医者としての現実を吐露しながら「君は人生に失敗したと思ったことはあるかい」とアレクサンデルに聞く。アレクサンデルは「息子が生まれてすべてが変わった。彼の成長を見守りながら、人格が形成され、愛情が深まる。惹かれすぎかも。ほかに後悔は確かにある。自分に望んでいた知的人生というものだ。哲学に歴史、宗教と美学を学び、学問に縛られてしまった。がんじがらめになった。当時はこんな幸せを感じることはなかった。今日のように」と語り、刺激的な知的生活に意義はなく、息子との凡庸な日常にこそ幸せがあると言う。その答えに違和感を持ったヴィクトルは「今日、何があったのか」と尋ねる。アレクサンデルは枯れ木を息子とともに立てたことに高揚していたのだろう。しかしその高揚もその後の妻との会話で打ち砕かれることになる。

義理の娘のマルタがヴィクトルの膝の上に梨を一つ置く。それは『ローラーとバイオリン』のサーシャが音楽教室で女の子にりんごを差し出す場面や、『僕の村は戦場だった』でイワンがトラックの荷台で妹にりんごを渡そうとする場面を思わせる。

マルタという名前の女は、「ルカ福音書」第一〇章38節〜42節に登場する。マルタは家にやって来たイエスに、彼の話を聞くだけで接待の仕事をしない妹のマリア(聖母マリアとは別人物)が、「私を手伝うようにとおっしゃってください」とイエスに頼むが、イエスは「マリアは善いほうを選んだ。それを彼女から取り上げてはならない[140]」と言う。その情景を描いたのがフェルメールの「マルタとマリアの家のキリスト」である。また「ヨハネ福音書」第一一章と第一二章1節〜8節にも、ベタニアのマルタとマリアの姉妹が登場している。イエスが彼女たちの弟ラザロが葬られている墓前で「ラザロよ、外に出ておいで[141]」と叫ぶと、彼は生き返る。マルタはそのすべてを見ていた。このベタニアのマリアを「マグダラのマリア」だとする聖書の解釈がある。姉妹でこそないがアレクサンデルの家には同じ名前のマルタとマリアがいることになる。

物語に話を戻す。アレクサンデルが演劇仲間から来た祝いの電報の話をすると、マルタがその芝居を覚えていると言う。彼は「あり得ない」と否定するが、彼女は「舞台で花瓶を倒したでしょ。すると父さんは、涙をあふれさせた。よく覚えている。花瓶は……白い花瓶に青い花が……」と言う。それは実際にあったことで彼女のほうが正しかったのだ。このエピソードはのちの展開にかかわってくる。

その話を妻アデライーダが引き継いで、「あなたのムイシュキン侯爵は絶品だったわ」と言う。ここでアレクサンデル＝ムイシュキン公爵＝聖愚者ということが確認できる。

『白痴』の主人公ムイシュキン公爵は、エパンチン家の三女アグラーヤと心を通わせる。このアグラーヤのすぐ上の姉の名前がアデライーダである。そのことを妻アデライーダが知らないはずはない。妻は続けて、「あれで有名になったのに、あなたは役者をやめてしまった。芝居も何もかも。『リチャード三世』の後よ。いまもなぜか分からないわ」と当時のアレクサンデルの演技を称えてから、現在の彼のありさまを嘆く。彼女は自分の鬱積《うっせき》を晴らす機会を、彼との会話に探していたのだ。

アレクサンデルのほうも彼女の言葉尻を捉えて、「何もかも？　私がやめた。〝何もかも〟とは何だ？」と反論するが、アデライーダは「芝居とすべてよ！」と強く言う。アレクサンデルは「つまり成功のことだな。芝居は〝何もかも〟ではない。私には堪えられなかった」と言ってから、「恥をおぼえた。舞台に立つためにウソをついていた。理解できていない役柄を知った振りをして舞台に立ち演じることは不誠実で堪えがたかった」と続ける。

『サクリファイス』　アレクサンデルの家に集う登場人物。左からアレクサンデルの友人で妻アデライーデの愛人、かつ息子の主治医でもあるヴィクトル、アレクサンデル、妻アデライーダ、義理の娘マルタ。ここで彼女は見ていないはずのアレクサンデルの舞台上での出来事を話し出す。
［©1986 SVENSKA FILMINSTITUTET］

　ヴィクトルが二人を宥《なだ》めて、自分を捨てることはないと言うが、アレクサンデルは「役に自分を溶かし込むことは不快で、卑劣、女性的で衝動的なのだ」と言う。それを聞いたアデライーダが、「女性的なことは罪なの？　私はあなたが俳優の頃幸せだった。だからやめたのよね」と言う。アレクサンデルは「そうかもな」とそれを否定せず、夫婦の間でさらに罵声が飛び交う。

　娘のマルタは「もうたくさんよ」と言い、アレクサンデルは「勘弁してくれ」とつぶやく。ヴィクトルがこの場の雰囲気を和《やわ》らげようと、「今日は彼の誕生日だ」と助け舟を出すが、アデライーダは「役者の手管で誘惑して私をうっとりさせて、ロンドンから連れ出したのよね」と聞く耳を持たない。

　言い争いの中、ヴィクトルはアレクサンデルにだけ、「私は逃げ出すことにした。……投げ出すんだ。……オーストラリアの病院に勤める」と告白する。崩壊した家族関係からその原因を作ったヴィクトル本人が抜け出ようとしている。アデライーダは彼との浮気を隠さず、夫が俳優をやめたのは自分へのあてつけと訴える。アレクサンデルが息子に語った彼の奇跡の家、幸福が約束された家は、利己的な個人が言葉汚く罵り合う不幸の容れ物に過ぎず、オットーが言ったように地位や名声を得ていたはずのアレクサンデルは、家庭では不幸だった。

そんなとき、マルタが外を見ていると、額装された一七世紀のヨーロッパ地図を自転車に載せてオットーがやって来る。彼はこの地図をアレクサンデルへの贈り物だと言ってみんなに見せる。アレクサンデルは「高価すぎる贈り物ですよ」と遠慮するが、オットーは「神の愛には劣ります」と返す。「しかし高価すぎます、オットーさん。我が身を犠牲にせねば……」とアレクサンデルはなおも言うが、オットーは「もちろん犠牲にしていますとも。犠牲なくして何の贈り物でしょう？　それでこそ贈り物です」と言う。ここで初めてタイトルとなった「サクリファイス」という言葉が台詞として使われる。「贈り物には犠牲が伴う」というオットーの言葉は、神の贈り物に対するアレクサンデルの犠牲を予言している。

オットーはヴィクトルに二カ月前にここに引っ越してきたと言う。通いの家政婦マリアが居間に入ってくると、オットーは以前からの知り合いのように彼女を見る。アデライーダが仕事を終えた彼女に「ロウソクを立てた？　食卓に出して。ワインの栓は抜いた？　では抜いて。それでお帰り」と用事を言いつける。「マルタとマリアの家のキリスト」で用事をこなしているのはマルタだが、ここではマリアがその役割を果たしている。

家政婦のマリアはこの地の言葉が不得手なようで、「お皿、ロウソク、ワイン」と繰り返す。これらの言葉は礼拝の準備にも通じているのかもしれない。マリアはオットーを一瞥《いちべつ》して奥に引っ込む。このときのオットーとほかの人との会話は独特の雰囲気を醸し出している。例えばオットーの「マリアは私の隣人です。よい友人です」に対して、ヴィクトルは「そうかい、おめでとう」という不可解な返事をする。オットーの「アイスランド出身で数年前に来ました」という説明に、アレクサンデルの「変わり者だ」という答えも同様である。アデライーダが「誰が?」と聞くと、アレクサンデルが「マリアだよ。そうマリアだ」とよく知らないふうに言う。それに対してアデライーダは「時々、怖くなるわ」と話す。彼らにとってマリアは得体の知れない異邦人であり、その伝で言えば二カ月前に引っ越してきたオットーもマリアと同類ということになる。しかしアレクサンデルの家族も暮らし始めたのは数年前である。この地で異邦人でないのはここで生まれた息子だけなのだ。

この場面でのオットーのマリアへの目配せは、物語の展開の重要な鍵となる。聖愚者であるオットーがマリアと共謀してアレクサンデルを自己犠牲へと導くと見ることもできるからである。そのアレクサンデルはオットーの贈り物である古地図に見入り、「世界がこのようだったら素晴らしいのに。ヨーロッパが火星みたいだ。まったく真理から遠い」と言う。オットーは「でも人々は暮らしていました。幸せに」と言い、続けて「今日は何日でしょう?　一三九二年?」とつぶやく。「一三九二年」とは何を意味しているのだろうか。

タルコフスキーの関心事や作品との関連で考えてみると、まず一四〇〇年から一四二三年のロシアを舞台にした彼の二番目の長編映画『アンドレイ・ルブリョフ』が思い浮かぶ。イコン画家の主人公ルブリョフの生まれは一三七〇年頃、没年は一四三〇年で、オットーがつぶやいた一三九二年が含まれている。そしてあくまで推測だが、この一三九二年という年が『アンドレイ・ルブリョフ』に登場するアンドロニコフ修道院や、「聖三位一体」が納められたトロイツキー大聖堂の創建に深くかかわり、ルブリョフの生涯に大きな影響を与えたロシアの聖セルゲイの没年であることと関連があるように思える。

タルコフスキーは『映像のポエジア』でこの聖セルゲイに触れている。[*142] 彼は修道院を数多く築き、生涯に何度も聖三位一体の幻影を見たという。その情景はアンドレイ・ルブリョフの「聖三位一体」として表現されている。さらに聖セルゲイはタタールの侵攻に憂慮し、彼が作った修道院はそれらを防御する役割も果たしていた。郵便配達人になる前は高校で歴史を教えていたので、オットーがそのことを知っていても不思議ではない。ちなみにセルゲイはタルコフスキーの第一作である『ローラーとバイオリン』の主人公の一人であるロードローラー運転者の名前であり、もう一人の主人公であるバイオリン教室に通う少年サーシャの本名はアレクサンデルである。

オットーの一七世紀末の古地図はその時代のものではないが、聖セルゲイたちの願いが叶い、ロシアがタタールの支配から逃れて、ヨーロッパの文明に列せられた頃と見ることもできる。『サクリファイス』は『ノスタルジア』と異なり、ロシアと関連の薄い作品のようだが、アレクサンデルがイコン画集を見ていたように、意外とロシアに近いのかもしれない。撮影場所となったゴトランド島も、当時ソビエト連邦を構成していたバルト諸国と海を隔てた場所にある。

古地図を見て「まったく真理から遠い」と言ったアレクサンデルは、次に「現代の地図にこの真理はない」と矛盾したことを言う。その点をオットーが突き、「どんな真理です？　真理に取り憑かれていますね」とアレクサンデルを揶揄してから、たとえ話を始める。「私たちの目は何も見ていません。……アブラムシは皿の中を回りながら、まっすぐ進んでいると考えています」と言う。人間の言う真理はその皿ぐらいの大きさで、真理を知る者は皿の上から眺める神のみとなる——。それはオットーの古地図を見下ろす位置となるのだろう。

ここでオットーは蒐集している不思議な話の一つを披露する。それは第二次世界大戦で死んだ息子が二〇年後に撮影した母親の写真に、昔の姿のままで映っていたという話で、オットーは「私たちは目を開けていても何も見ていないのです」と締めくくる。ここで古地図のロシアを含んだヨーロッパ全土の空間的な広がりに、第二次世界大戦の前後という時間的な幅が加わり、さらにその空間と時間を俯瞰する神の視点がアブラムシの話で示されたことになる。そしてこの夜、新しい戦争がこの地図に重ねられようとしているのだ。

そのオットーが突然足をもつれさせたように倒れる。そしてしばらくして気がつくと、彼は「悪い天使が通りすぎて、翼が触れました」と言う。アレクサンデルに続いてオットーも気絶したのである。それは真理など存在しないというオットーのパフォーマンスなのか、あるいは人には見えない異界が本当にあるのか、それとも天使は別の世界へ人を誘う役割を果たすために、いつも私たちの回りに存在しているのだろうか。

天使は『アンドレイ・ルブリョフ』のルブリョフが見る幻影の中で、ゴルゴダの丘に向かうキリストの一行に付き添い、『ノスタルジア』ではゴルチャコフが見る幻影で彼の故郷の家に入っていった。

前者はキリストを死へと誘う存在として、後者はゴルチャコフやその家族を別の世界へ誘う存在として描かれている。そして『サクリファイス』では何度か映し出される「三博士の礼拝」の中にその姿がいくつも描かれているのだ。

■アレクサンデルの家で――核戦争以後

場面が外の風景に変わり、帰ったはずのマリアが林のほうからアレクサンデルの家に近づいてくる。室内ではグラスを持った家政婦のユリアが不安な表情で立ち、テーブルに並んだグラスが揺れて音を立てる。やがて家全体が振動して、爆音が何度も上空を通過する。アレクサンデルの誕生日の宴が始まるときに、悲劇はやって来た。『ノスタルジア』でも、ゴルチャコフの幻影ではグラスが泥濘に落ちていた。危機を前にグラスは儚《はかな》い。タルコフスキーはすでに『ローラーとバイオリン』で頭上を通過する爆音をサーシャ、つまりアレクサンデルに聞かせている。タルコフスキーにとってそれは戦争の原初的体験だったのだろう。

家政婦のユリアという名前は、ドイツの作家ホフマンが愛した二〇歳も年下の女性の名前でもある。ホフマンは叶わぬ恋の相手ユリア・マルクから多くのインスピレーションを得ている。タルコフスキーはソビエト時代にホフマンが主人公の映画を企画したが、実現しなかった。しかし亡命後に再び映画化の話がまとまり、『サクリファイス』の次に製作する予定で、その文学的脚本『ホフマニアーナ』も完成し、そこには「ユリア・マルク」と題する一章が設けられていた。[*143] 家政婦にユリアという名前をつけたのは次の作品への望みを託してのことなのかもしれない。

そのユリアとヴィクトル、そしてマルタが、爆音の意味を探るかのように上を見上げて部屋の左右を行き交う。そのときマルタはヴィクトルの膝に載せた梨を齧《かじ》っている。オットーだけはまるでこの事態を知っていたかのように、椅子に座ったまま動かない。棚に置かれた瓶が床に落ちて割れ、入っていた牛乳が四方に広がる。この家に訪れた災いは、不思議な場所に置かれていた牛乳の瓶が割れることで始まる。『鏡』や『ノスタルジア』でも牛乳は母性の象徴として登場するが、『サクリファイス』の飛び散る牛乳は、アデライーダの母性の崩壊を表わしているのだろう。すでに書いたように爆音は『ローラーとバイオリン』でも昼食中のサーシャとセルゲイの頭上を通過している。そのときサーシャはセルゲイに戦争について尋ねるが彼は多くを語らず、サーシャは戦争の話なら知っていると言ってセルゲイを驚かせる。

外にいたアレクサンデルはそんな振動や騒音を感じることなく、ただ訝《いぶか》しげに小石が並ぶ水たまりにある家のミニチュア模型を覗き込んでいる。彼は「これは誰の仕業か」、「神々か」とつぶやき、家のほうに向かって歩いているマリアに「誰がこれを(作ったのか)」と聞く。彼女は「坊やです。……ご主人のお誕生日祝いに作ったんです。坊やとオットーが一緒に作りました」と答える。ここで息子の贈り物にオットーが関与していること、そしてこの件をマリアが知っていたことが分かる。彼らには何らかの意思疎通があったのだ。そのとき、息子からの贈り物だと知ったアレクサンデルの顔に浮かぶのは、微笑みではなく恐怖だった。やがて彼はそのミニチュアの家ではなく、愛すべき家そのものを、オットーの「贈り物には犠牲が伴う」という言葉通りに神に捧げることになる。

イコンの画集、古いヨーロッパの地図、そして家のミニチュアというアレクサンデルへの三つの贈り物が揃った。彼の五〇歳の誕生日を祝うため、家族や知人が集う一日を描くこの映画では、「三博士の礼拝」と同様に男だけが贈り物をする。年齢に従えば息子が贈る家のミニチュアは王権を示す黄金であり、ヴィクトルの画集は神性を表わす乳香、オットーの古地図は受難と死を意味する没薬ということになる。

オットーとヴィクトルの二つの贈り物には感動したアレクサンデルだったが、三つ目の贈り物である息子が作った家のミニチュアは喜ばず、それどころか怖れさえしている。冒頭のオットーとの会話で、普遍的構造や完璧な架空の設計物、そして真理を創造することなど人間にはできないと言ったアレクサンデルは、息子が作ったミニチュアに「完璧な架空の設計物」を見たのかもしれない。この場面は『ノスタルジア』でゴルチャコフがドメニコの家に入った瞬間の、目前に広がる大きな箱庭を見た場面と似ている。ゴルチャコフはこの田園風景のミニチュアに神の御業《みわざ》を感じた。それが遠く離れたロシアの風景に見えたからである。

原作小説の『サクリファイス』に書かれていたのは、家のミニチュアではなく、水たまりを湖に擬して林や岩山、城などが再現されていたという話だった。つまり原作では『ノスタルジア』の「箱庭」に近かったことになる。しかしタルコフスキーは撮影中に作られた水や小石で作られた「箱庭」的大地に不満だったようで、製作の準備段階で作られた家のセット模型をそこに付け加えたのである。[*144] 結果として息子からの贈り物は大地のミニチュアではなく、家のミニチュアとなったが、アレクサンデルの慄《おのの》きは息子が家を含む大地を創造したと思えたからだろう。

アレクサンデルはここで、愛すべき息子が自らを犠牲とするイエス的な存在となることを危惧しているのだ。その伏線がすでにある。アレクサンデルが息子を「魚のように」と言ったこと、そしてヴィクトルが彼を「青年に成長した。……一週間で話せるだろう」と話していることである。一週間とはもちろん神が天地を創造した日数である。

　家の中が振動と騒音で混乱していたとき、外にいたアレクサンデルは何も感じてはいない。まるで家の中でだけ核戦争が起こっていたかのようである。通いの家政婦であるマリアはそのとき帰る方向ではなくアレクサンデルの家に近づいてきていた。オットーの言うように彼女が良い魔女だとすれば、彼女はこの家にだけ核戦争を到来させたのかもしれない。

　核戦争が起こったそのとき、二階の部屋ではベッドに寝ていた息子が起き上がる。このあたりから尺八[*145]の曲が流れ始める。アレクサンドルが二階の自分の部屋に戻っていると、夕食の支度が整ったことを伝えにオットーがやって来るが、息子は二人の会話を聞いていることになる。壁に飾った「三博士の礼拝」のガラス板には、外の木が暗く映り込んでいて、オットーには何の絵か分からない。アレクサンデルが説明すると、彼は窓ガラスの向こうで「何と禍々《まがまが》しい。レオナルドの絵はどれもとても怖い」と言って、ベランダにかかった梯子《はしご》で下りていく。

　一階の部屋からくぐもったテレビの音声がアレクサンデルの部屋にも聞こえてくる。アレクサンデルが絵を見つめると、ガラス板に映った彼の顔がイエスに重なる。オットーはそこに描かれたイエスを通して、アレクサンデルの犠牲を告知したのだろう。おそらく彼が伝えに来た支度とは「最後の晩餐」の用意なのだ。彼が窓ガラスの向こう側で話すのは、絵にガラス板の反射で別の像が重ねられたように、言葉にもまた別の意味が付加されたからである。

　やがて「三博士の礼拝」のガラス板の反射は薄らいで絵が鮮明になっていく。アレクサンデルはステレオのスイッチを切って、部屋に流れていた尺八の音を消す。そのときテープデッキの近くの小さな鏡に映る彼の顔はピントが外れている。その映像は映画の終盤、アレクサンデルの祈りが叶ったときにまた繰り返される。アレクサンデルが螺旋階段で一階の居間に下りるとテレビから流れる声がはっきり聞こえてくる。テレビの光で照らされた家族たちの顔が一人一人映し出される。「……国民の皆さん、どうか勇気を持ち、冷静に平静を保ち、秩序を維持するように。いま我々を脅かす内なる唯一の敵は、パニックにほかならない」

事態を知らないアレクサンデルは、「みんないるか。坊やを起こそうか」とヴィクトルに言う。テレビの音声は続く。家族たちはテーブルを囲んで、暖炉の前に置かれたテレビを見つめている。「我が国の軍事基地の一つが核弾頭ミサイル四基の攻撃を受けた。悲劇的結末も覚悟していただきたい。この放送も途絶えるだろう。……ヨーロッパはどこも、我々がいるところと、同じ危機の下にある。……目的は…神が、」――最後に映画のカウントダウンのような画面が映って放送は途切れる。しかしそれは人類のカウントダウンなのだろう。

アデライーダは恐怖に陥って「何とかできないの?」と言う。核戦争の勃発を知ったアレクサンデルはつぶやく。「私は生涯この瞬間を待っていた。本当にこの瞬間を待っていた」。これは冒頭でオットーが言った「真の生を待っていること」を受けている。アレクサンデルが「待っていた」のは、心の奥底に秘めている本人さえも認識していないはずの、崩壊した家族をさらに粉砕させる危機であり、その苦難をこそ彼は待ち焦がれていたことになる。

この一言によって、真摯に見える彼のこの後の祈りに疑念が生じる。不貞の妻や信頼を裏切った友の名前を挙げて、彼らを救ってほしい、そのためにすべてを犠牲にするという彼の祈りにある、「あなたを心に浮かべることのかつてなかった者を、御心を知る機会のなかった者を」という一文も、自分であるとともに彼らへの皮肉と捉えることができるのだ。つまりアレクサンデルの犠牲を伴う行為——家を焼き払い、無言のままに遠くへ去っていくという行為——は、ヴィクトルがすべてを投げ出してオーストラリアに行くことと同じように、家族との関係性を消滅させたいという潜在的な願いが生み出した「計画的な衝動」と見ることも可能なのである。アデライーダが主張する、自分を傷つけるために夫は俳優をやめたという妄想にも似た言葉も、この仮説によれば事実であり、その視点からは殉教者としてのアレクサンデルではなく、市井の汚濁に満ちた彼の実像を見ることになる。しかしこの見解はひとまず置くことにする。アレクサンデルに限らず、ほとんどすべての人にはカタストロフィへの願望が潜んでいる。日常的な疎外感の多寡にかかわらず、そういった破滅的事態の到来を望むのは彼だけではない。

オットーが静かな部屋をゆっくりと歩き、アデライーダの手に触れようとすると、彼女は英語で「触わらないで。何かしてよ。みんな何か言ってよ。何かできることはないの」と言って壁際に立った後、ヴィクトルの膝に崩れ落ちて泣き叫ぶ。それをマルタが諌めるが混乱は治まらない。この事態を招いたのは自分だと言い、その運命を呪い、夫を罵り、やがて床を転げ回る。ヴィクトルがそれを抑えつけるが、アレクサンデルはその騒ぎに関与しない。二人の関係はすでに破壊された牛乳の瓶のように粉々になっていたのだ。

ヴィクトルはユリアに鞄を持ってくるように言い、アデライーダに鎮静剤を注射して、マルタにも優しく鎮静剤を打つ。この二人への注射がヴィクトルと二人の女性との深い関係性を意味している。

ユリアはヴィクトルの勧めを無視し、アレクサンデルとオットーも注射を断る。そしてアレクサンデルは一人で家の外に出ていく。

落ち着いてきたアデライーダが堂々とヴィクトルに口づけをする。そして息子を起こすようにユリアに命じるが、ユリアは「誰にも起こす権利などありません。起こして怖い思いなど、させてはいけません。眠っていれば、何も、知らずにいられますから。坊やに八つ当たりするのは、許しません」と言って従わない。たしかに何も知らずに眠っていれば、怖い思いなどせずにいられる。このユリアの機転によって息子は核戦争の到来を知らない唯一の存在となる。しかし果たして彼は本当に眠っていたのだろうか。

眠りはタルコフスキーの重要なモチーフである。多くの作品は夢の存在を前提としている。『僕の村は戦場だった』はイワンの夢によって紡がれる物語だった。『惑星ソラリス』のハリーはクリスの夢によって作られ、『鏡』は物語そのものが夢の世界である。『ストーカー』のストーカーはうたた寝の間に「ヨハネ黙示録」の語りを聞き、『ノスタルジア』のゴルチャコフは、故郷の光景を幻視し続け、やがてその世界に入り込む。そして『サクリファイス』では、アレクサンデルの夢にすべての災いが封じ込められるのである。

ユリアの説得で息子は寝かせられたままになる。アデライーダはユリアを抱き締め、「許してね」と言う。このときガラスが擦れる音がするが、これは『ノスタルジア』のゴルチャコフが幻影の中で羽根を拾う前に聞いた音でもある。そのときゴルチャコフの足元にはグラスが落ちていた。グラスは儚《はかな》きものの象徴である。そんなときアレクサンデルはヴィクトルの鞄にピストルがあることに気づく。彼は寝ている息子のところへ行って、鼻血で汚れた布を取ってやる。その血はアレクサンデルが突き飛ばしたときのものだ。ここで父親は再び恐怖がもたらす災いを確認する。そして自分の部屋に戻り、「三博士の礼拝」を見つめてから床に跪《ひざまず》いて、虚空を見つめて涙ながらに神に訴えるのである。「主よ。いまこの苦悩にご慈悲をかけてください。死なせないでください。私の子供たちを、私の妻を、ヴィクトルも、みな主を愛し御言葉を信じる者です。……あなたのほか、誰も、彼らを救うことはできません。これは終末戦争だからです。酷《むご》たらしい戦争です。戦争の後、勝者もなく敗者もありません。都市も街もなくなり、井戸の水も尽き空の鳥も消えます。私は持つものを捧げましょう。愛する家族を離れます。私の家に火を放ち、言葉を発せず、生涯誰にも何も申しません。私の生から切り離せないものをなげうつ覚悟です。主よ、すべてを今朝や昨日と同様にお保ちください。……主よ！　お救いください。これらの約束をすべて必ず守ります」。言い終えたアレクサンデルはソファに寝転がる。すると硬貨が転がる音がして彼は眠ってしまう。ここで彼は近代合理主義者からすべてを神に捧げる聖愚者へと変貌したのである。

アレクサンデルの幻影の中で、裸のマルタがヴィクトルを呼んで部屋を歩く。その姿が鏡に映る。雨が降る廊下を男が走り去る。ドアの上の文様は異国を思わせる。アレクサンデルが椅子に座り、窓の向こうのマリアの家を眺めている。アレクサンデルが着ている分厚い服は冒頭の逸話に登場した僧コロフを思わせる。視線が窓に近づくと彼はすでに外にいて、泥濘にしゃがみ込んで蔓《つた》のようなものを手繰《たぐ》る。すると硬貨と布がつながって出てくる。

アレクサンデルは雪が薄く積もり、太い木々と白い石像がある風景の中に立っている。視界は足元を移動し泥と水に混じって布や紙、枯草や落ち葉、ゼンマイ、そして多くの硬貨が落ちていて、地面が雪に覆われると子供の素足が見える。「坊や」と呼びかけるとその子供は去ってしまう。それと同時に熱風が吹き、落ち葉を燃やし、雪を溶かして、納屋の扉を破壊する。そして幻影は終わる。

■アレクサンデルの出発

アレクサンデルは熱風の音に驚いてソファから起き上がるが、聞こえていたのは風の音ではなく飛行機の爆音だった。『ぼくの村は戦場だった』でもイワンが夢の中の銃声で起きるが、そのときの音は水車小屋の戸が軋《きし》む音だった。ソファから起き上がったアレクサンデルのもとに梯子《はしご》を使ってオットーがやって来る。その姿は窓ガラスに映った不気味なスローモーションのシルエットで始まる。オットーが窓から部屋を覗き込むと、今度はアレクサンデルの姿がまるで幽体離脱するように「三博士の礼拝」のガラス板に映る。ここでは実像と虚像の区別が曖昧になっている。そして二人はベランダの窓ガラス越しに話し始める。

オットーは「まだひとつ、最後の機会があります」と言う。しかしその話は要領を得ない。オットーは「マリアの家にすぐ行ってください」と言うのだが、アレクサンデルは「でもマリアって誰だ？　詳しく聞かせてください」と言う。話が噛み合わず、アレクサンデルは窓を開ける。「ご存じのマリアです。お宅の家政婦ですよ」とオットーは言い、「聞いてますとも。でもそれでどうなるんです？」とアレクサンデルはさらに尋ねる。「彼女は湖の向こう岸の農家に住んでいます。さびれてしまった教会の隣です」とオットーが言うと、「誰が？」とアレクサンデルが聞き直して振り出しに戻ってしまう。オットーは「もう少しきちんと聞いてください」と言って苛立つ。

結論を避けるように会話は続く。オットーはアレクサンデルの願いを叶えるために、「とにかくマリアの家に行くんです」と言う。アレクサンデルが「でもなぜ?」と聞くので、彼が神に誓ったことを知っているかのように、「すべてを止めたいのでしょ?」と言う。アレクサンデルは「止める? 何を?」と言い、オットーは「すべてです。〝すべて〟ですよね」と繰り返す。さらにオットーは、「マリアの家に行って彼女と寝るのです」と言う。これにはアレクサンデルも驚く。そこでまた説明が始まる。「本当なのです。特別な力の持ち主です。信じてください。証拠もあります。魔女です」。アレクサンデルは「どんな魔女?」と問う。「良い魔女です」とオットーは答える。「魔女」はすでに書いたように『サクリファイス』の原案タイトルである。オットーが「魔女」という言葉を発したのでアレクサンデルは「バカにしなさんなよ。ニーチェにかぶれてますな」とあきれるが、オットーは「ほかに解決策はありません。別の選択肢があります? 唯一の方法です」とアレクサンデルを説得する。するとまた振り出しに戻ったかのようにアレクサンデルは「別の選択肢? 別の選択肢? 何の話です?」と言う。

ここでオットーは「自転車で行きなさい」と話を打ち切り、最後に「私の話分かりましたね。大丈夫ですか?」と確認する。そして去り際に「ピエロ・デラ・フランチェスカのほうが好きです」と言い、アレクサンデルが笑う。これは最初にオットーが彼の部屋を訪れたときにレオナルド・ダ・ヴィンチの「三博士の礼拝」を「なんとも禍々しい」と言ったことと対になっている。ピエロ・デッラ・フランチェスカは『ノスタルジア』に出てくる絵画「出産の聖母」を描いた画家である。「出産の聖母」ではまだイエスは生まれていない。「三博士の礼拝」では生まれたばかりのイエスが描かれている。この二枚の絵画におけるイエスの誕生前と誕生後という数日の違いが、イエスの存在についての決定的な違いとなっている。

『サクリファイス』 白夜の中、夕食中のアレクサンデルの家族たち。アレクサンデルは左にある梯子を使って二階から下り、家の後ろ側を移動してオットーが残していった自転車でマリアの家に向かう。同じような光景がマリアの家から戻って、神との約束を果たす準備をする彼によって繰り返される。
［写真協力：公益財団法人川喜多記念映画文化財団］

アレクサンデルが窓から外を見ていると、ヴィクトルの声が聞こえてくる。彼は白夜の中、外で食事中なのだ。「彼の言いたいことも分かるよ。……詩は作者の言葉でありながら、詩人の個を超えた言葉として生き続ける。画家も絵画の中に己の生を宿せる。俳優はそれができない。芸術作品として、生き続けることはできない」。これがアレクサンデルの悩みだというのだが、まるで核戦争が起こる前の話題がまだ続いているようで、極めて不自然な場面である。オットーとアレクサンデルは二階でレオナルド・ダ・ヴィンチの「三博士の礼拝」について語り、オットーは「出産の聖母」を描いたフランチェスカに言及したが、ヴィクトルは絵画は永遠なのに演劇は儚《はかな》いと言って、俳優としてのアレクサンデルの苦悩に理解を示している。核戦争が勃発しているのに、食事中の人々はここでは何もなかったかのように語り合っているのだ。

アレクサンデルはオットーが使った梯子《はしご》で外に出る。窓辺には酒の入ったグラスと卵、そして原稿の束がある。彼は一階でコートを着込みヴィクトルの鞄からピストルを取り出すと、今度は階段で二階に昇っていく。その間もヴィクトルの話し声が聞こえている。

アレクサンデルは眠っている息子の様子を見る。これが彼が息子を見る最後の場面となる。そしてまた梯子で下りると、家族たちは白夜の中、外で食事をしている。アレクサンデルは彼らに気づかれないようにオットーの自転車でマリアの家へと向かう。しかし途中の水たまりで転び、いったん家へ戻ろうとするが、思い直してまた走り出す。途中、道の脇にヴィクトルのＢＭＷに似た車がドアから白い布を出して停まっている。この白い布だけが核戦争勃発の唯一の傍証である。

■マリアの家で　アレクサンドルがマリアの家のドアをノックする。マリアはアレクサンデルの突然の来訪に驚き、「どうなさったんです？　仰ってください。お宅で何かありましたの？　またお宅で騒ぎがありましたの？」と聞く。彼女は妻との諍《いさか》いを知っていたのだ。しかしアレクサンデルは答えず、「君は……テレビはないのか？」と尋ねる。マリアは「一一時から停電したままで……」と言う。まだ核戦争が始まったことをマリアは知らないことになる。

アレクサンデルを部屋に招き入れたマリアは彼の手が汚れていることに気づき、盥《たらい》に水を注いでその手を洗う。アレクサンデルの手は自転車で転んだときに汚れたのだが、幻影で彼が泥に手を入れたときのように泥だらけだった。オットーは「魔女」と言ったが、マリアの部屋には敬虔なキリスト教徒であることを示す絵や小物が並んでいる。マリアは教会の近くに住んでいるが、『ノスタルジア』のドメニコの家も教会の隣にあった。彼はそこで音楽を流し、ワインとパンでゴルチャコフをもてなしてから、自分の判断が誤りだったと懺悔《ざんげ》する。また『僕の村は戦場だった』の登場人物たちも教会を詰め所にしていた。アレクサンデルはマリアの家で手を洗ってもらい、マリアの家にあったオルガンを弾く。

そして母の思い出を語り始める。「母が好きな曲だ。……母は生前、田舎家で暮らしていた。……母はもう病気で。家から出られなかった。その庭は神秘の刻印ともいえる美を湛えていた。……母は窓辺に座って庭を眺めていた。……私は庭を復元しようと思い、手入れを始めた。……自分の力で、母を喜ばせたかった。……母の病状は悪化し、寝たきりになった。……作業が終わった。整然と秩序ある庭が完成した。……窓の外に顔を向けたが、……あの自然の美は、跡形もなかった。吐き気を催すような、暴力の痕跡しかない……」。

真剣に聞いていたマリアは「お母様は？」と聞く。鐘の音がして、アレクサンデルは「もう三時だ。間に合ってくれ」と言う。マリアは「お母様は庭をご覧になりまして？」と繰り返すが、アレクサンデルは「マリア、こんな時間に邪魔してすまん。眠れないだろ」としか言わず、彼女は「とんでもない……」と答える。この母親の庭を台無しにしてしまったアレクサンデルの後悔は、彼の息子が作った家のミニチュアと周囲の造形につながっている。自分と同じ過ちを息子が繰り返すことを深く危惧しているのだ。

かつてタルコフスキーは自分の別荘の庭——一つの完結した世界——で映画を撮りたいと思っていた。一九七八年の大晦日の日記には、トニーノ・グエッラと二人で「村についての映画を撮るため頭をしぼった」、「これはミャスノエの家をめぐる告白になるはずだ……」、「庭を整えていく話。庭はそのために、ひどく胸くその悪いものとなる」*146とある。最後に主人公が窓から外を眺めると、庭はまた元に姿に戻るという物語だったという。

この物語の構想はアレクサンデルが誇る母親の庭の話に通じ、結末は『サクリファイス』と重なっている。当時のタルコフスキーは『ストーカー』の修正を求めるゴスキノ（ソ連邦国家映画委員会）との軋轢《あつれき》に苦しみ、それが頓挫《とんざ》すれば次作の準備もできない状況にあった。五日後の一九七九年一月五日の日記には、「もしかしたら家の前庭を使ってこのうえなく美しい映画が撮れる！　ただ、全部そろえなければいけない。カメラもフィルムも。それにどう撮るか考える必要がある」*147と書いている。彼はそのときモスフィルムから独立した映画製作を夢想していたのである。一九七九年の一〇月五日に亡くなった彼の母親の思い出を含めて、これが『サクリファイス』に組み込まれたのだろう。

　アレクサンデルはオットーの「彼女と寝るのです」という提案を訝《いぶか》りながらもマリアの家に出かけた。しかし彼女を説得して「寝る」ための方策は持ち合わせていない。ただ手を洗ってもらったことでアレクサンデルはマリアに母の姿を見たのかもしれない。オルガンの音色に導かれるように彼は、母に対する贖罪の意識をマリアに告白するのである。『惑星ソラリス』でも原因不明の熱病に罹《かか》ったクリスは、夢の中で母親に汚れた手を洗ってもらっている。母の思い出を話し終えたアレクサンデルはぎこちなく、「お願いです。私を愛してくれませんか」と言い出す。驚いた彼女はただ「存じません」と返すが、彼はさらに「愛してください。救ってください。皆を救ってください。あなたの力を知っています。どうか、どうか。私たちを救ってください」と懇願する。マリアは意味が分からずに、「お帰りください。さあ、外へ。お伴しましょうか？」と言って、寄りかかる彼をそのままにして儀式のようにランプの油を顔に付ける。

　するとアレクサンデルは自分の頭にピストルを向け、「皆を救ってください。殺さないで」と言う。マリアは「でも、なぜ？　主よ！　不幸せなんですね」と言って彼に駆け寄る。そこに振動が伝わり、テーブルの上の花瓶が揺れて動き出し、ガラスが擦れる音が響く。さらに爆音が頭上を通過していく。花瓶が床に落ちて割れる。モノトーンに近い場面で実際の色は分からないが、花瓶には白っぽい花が活けてあった。アレクサンデルの娘のマルタは実際には見たことのないはずのアレクサンデルの舞台での演技について、「……舞台で花瓶を倒したでしょ。すると父さんは、涙をあふれさせた。……花瓶は……白い花瓶は青い花が……」と話していた。アレクサンデルはマリアの部屋で自分の頭に銃口を向けて、一世一代の演技をしている。そのとき、やはり花瓶は床に落ちたのである。『ストーカー』の列車の振動によるコップの落下がストーカーの娘が起こした奇跡ならば、このときの花瓶の落下もアレクサンデルにとっての奇跡の予兆であり、これは彼が部屋で目覚めるときにつながっていく。

アレクサンデルの悲嘆を家庭での不幸の極まりと見たマリアは、「分かります。分かります。何かあったんですね。奥様でしょ？　酷《ひど》い方です」、「うまくいきますわ。うまくいきますわ。お気の毒に……お気の毒に……」、「お気楽に、泣かないで、何も起こりません。泣かないで、泣かないで。心配なさらず、私を愛して。おかわいそうに、こんなに苦しめられて」と言って彼を愛することになる。誤解ゆえにマリアは彼を受け容れたのだ。しかしアレクサンデルが妻との言い争いに疲れていたことは事実である。彼は核戦争の到来を知り、このときを待っていたのだ、とつぶやいている。それは危機の到来への期待であり、彼が解放される機会なのである。その伝で言えばマリアの理解は的を射ている。彼女はそんな彼の聖と俗を受け容れたことになる。

アイスランドから来たマリアは、家の用事のいいつけを繰り返したように、この地の言葉を流暢には話せない。それゆえに自分の意思を相手に伝えるために懸命になり、同じ言葉を何度も繰り返す。

それに対してアレクサンデルの妻アデライーダは激情を吐露するときに母国語の英語で話している。『ノスタルジア』ではイタリア語とロシア語を通して、言語が異なることによる無理解や不寛容が描かれている。『サクリファイス』のマリアはそうした言語の境を越えようとしている。オットーがアレクサンデルに彼の祈りを叶える方法を伝える場面も同様である。

二人は抱き合いながらベッドの上に浮遊する。アレクサンデルはその間も「いやだ……いやだ……いやだ！」と呻き、マリアが「落ちついて」となだめる。やがて彼は幻影を見る。息子を突き飛ばしたときに見た幻影に逃げ惑う人々が加わる。視線が真下に向くとそこに血を流した息子が横たわっている。アレクサンデルの譫言《うわごと》はこれを拒絶したいがためである。この幻影にまた尺八の音楽が加わる。さらに幻影は続き、彼は黒い服を着て林の中に横臥《おうが》している。その隣に座る妻アデライーダに似た女がいるのだが、彼女が振り返ると妻の服を着たマリアだったのだ。このマリアと横たわるアレクサンデルの場面は、聖母マリアと子イエスのピエタ像と言えそうだ。「三博士の礼拝」でその誕生を祝されたイエスたるアレクサンデルは母マリアの元で召され、やがてソファの上で復活することになるのである。

この幻影では燃え残ったアレクサンデル家の暖炉の煙突が見える。しかし〝現実〟の家はまだ燃えていない。彼は幻影で自分の家の炎上を予知したことになる。『僕の村は戦場だった』のイワンは、暖炉と煙突しか残っていない焼け跡で、鶏を連れた老人に出会っている。ロシア人にとってこのような焼け跡は戦禍の象徴なのかもしれない。アレクサンデルは幻影の中で「私には……ダメだ……ダメだ……。できない……私には……できない……」と唸《うな》る。そして突然、画面に色が着き、「三博士の礼拝」

が映る。ここで家政婦のマリアは「三博士の礼拝」のマリアとなる。彼女は「来て、来て、すぐに終わるわ」と彼を慰撫《いぶ》する。アレクサンデルとマリアの情交は、アレクサンデルの母胎回帰の衝動をマリアが受け容れたと捉えることができる。

アレクサンデルが見た幻影には息子の死があった。続く幻影では二階の廊下で裸のマルタが鶏を追っている。その手前に妻アデライーダが立ち、部屋のソファで眠っているアレクサンデルに近づくと幻影にまた色が戻ってきて幻影が終わるのだが、この幻影には未採用の場面がある。メイキング映像を収めた『タルコフスキー・ファイルin「サクリファイス」』*148を見ると、アレクサンデルが自宅のソファで目覚める前の場面として次のような長く複雑な幻影シーンが撮影されていたことが分かる。

それはやつれた顔でソファで横になるアレクサンデルに、アデライーダが水を飲ませている場面から始まる。カメラが左に移動すると、遠くにやはりソファにアレクサンデルが寝ていて、妻が寄り添っているもう一つの光景が映し出される。さらにカメラが左に動くと息子とユリアが彼ら二人の前に手をつないで立っていて、その左側に何人かの男女がいる。やがてアレクサンデルが死を迎えたのか息子とユリア以外は跪《ひざまず》き、妻が立ち上がる。さらにカメラが移動すると立っている妻の両脇に二人の女が座っていて、妻が左側へ歩き出す。彼女が歩む手前に置かれた鏡に正面を向いたアレクサンデルの母親が映る。それを追い越して妻は進み、やがて壁に現われたドアからノックか足音が聞こえてくる。妻が見つめるとドアが自然に開いて、ドアの向こうを三人の黒服の男たちがアレクサンデルのいる右側へと進むのが見える。すると手前から自転車に乗ったオットーが現われて、ドアを通って左側に消えた瞬間に天井から四羽の鶏が落ち、それをマルタに似た裸の女が追う。*149ここからは本編と同じ内容となり、このあと俯瞰で撮った群衆が逃げ惑う場面が続くのである。

この未採用場面で注目すべきは、死の床にあるアレクサンデルの前に、彼を看取るために人が集っていることである。アレクサンデルにアデライーダが飲ませたのはいわゆる末期の水なのだろう。アレクサンデルは幻影に自分の死を見たことになる。では彼はいつ死んだのだろうか。まず考えられるのは、林の中で突然現れた息子を彼が突き飛ばし、気絶してしまう場面だろう。そして彼は荒涼とした都市の幻影を見るのだが、そのあとは何事もなかったかのように彼がイコン画集を眺める場面となる。しかしこれはあまりに唐突である。続く場面として相応しいのは、横になった彼が妻から水を飲ませてもらうこの未採用の場面ではないだろうか。すでに『僕の村は戦場だった』では、物語のすべてがタイトルバックの川に流されていくイワンの夢だった可能性の検討を行ない、『ノスタルジア』でも、ゴルチャコフの最初の幻影と最後の幻影の刹那に彼の物語があるという仮説を提示したが、『サクリファイス』でも作者は林の中で気絶したアレクサンデルと彼の臨終の場面に、物語のすべてを封印したのではないだろうか。

『サクリファイス』でこの未採用場面が採用されていれば、いったん死んだアレクサンデルはソファでイエスのように復活したことになる。そして復活した彼は家を焼き、すべての関係性を断ち切って、天ではなく医療施設に去っていくのである。

息子がユリアと手をつないでいるのは、彼を育てていたのが母親ではなく彼女だったことを示している。そのことは核戦争が到来したときに息子を起こそうとする母親を、ユリアが必死で止めたことで明らかである。またオットーがアレクサンデルと別の方向に去っていくのは、聖愚者としての彼の役割が終わったことの現われだろう。家が炎上する場面で彼の登場は唐突に見えるが、もしこの未採用の場面が採用されていればオットーの登場はもっと自然なものだったはずである。前半で妻の近くに座る二人の女性は、アレクサンデルのこれまで女性関係を表わしているのかもしれない。

もう一つ未採用場面で着目したいのはアレクサンデルの母親がいることである。彼は彼女の庭を台無しにしたことを未だに自らの罪と感じていて、それをマリアに吐露したのだ。そしてその母親を幻影で見たがゆえに彼は目覚めたときに「母さん」と言うのである。ここで再び『僕の村は戦場だった』を思い出す。冒頭イワンは光が満ち溢れる森で遊び、遠くに母親の姿を認めて駆け寄りバケツの水を飲む。しかし母の眼差しに恐怖が映った瞬間、彼は狭い風車小屋でアレクサンデルと同じように「母さん」と言って夢から覚めるのである。

■神との約束を果たすアレクサンデル

マリアと一夜を過ごしたアレクサンデルは自分の部屋で目覚める。世界には光が満ち、尺八の音楽がオートリターンのままのステレオから流れている。彼の願いは叶えられたようだ。この尺八の音楽は幻影を見ているときにも流れていたことから、そのすべてはソファで眠っていたアレクサンデルの夢だったとも言える。ただ、この音楽は、支度ができたことを伝えに来たオットーが帰った後で電源が切られ、聞こえなくなっているはずなので、それを幻影の中で聞き、さらに目覚めた部屋にも尺八が流れていたことは矛盾している。

ここでアレクサンデルが世界を元に戻して欲しいと神に祈った前後の出来事を再確認しておこう。アレクサンデルは祈りの後ソファに横になり短い夢を見る。そして外の爆音を夢の熱風の音として聞く。目覚めると、そこに現われたオットーからマリアと寝ればその願いが叶うと言われる。しかし祈りの後ソファでの短い夢を見た眠りと、その後の朝の目覚めが連続しているのならば、その間の目覚めとオットーの来訪、そしてマリアの家の訪問のすべてが彼の夢だったことになる。それでも彼が祈る前の出来事であるはずの、非常事態を伝えるテレビ放送や家族の混乱を夢に含めることはできない。つまり彼の神への祈りは、その後の出来事や彼の振る舞いを含めて核戦争のすべてを彼の夢に閉じ込めたことになる。彼の行為と犠牲は誰にも知られてはならない。オットーやマリアもその例外ではない。アレクサンデルの願いを叶えた神は、災いのすべてを彼の夢に封じ込めることで彼のすべてを奪うことになるのである。

アレクサンデルは夢から覚めて、起き上がった途端に左足を机にぶつける。以降、彼は最後まで足を引きずるようにして歩く。この何気ない場面はマリアの部屋で花瓶が割れた音につながっているのではないだろうか。すでに書いたようにマルタがアレクサンデルの演技を見たことを、「……舞台で花瓶を倒したでしょ。するとお父さんは、涙をあふれさせた。……花瓶は……白い花瓶は青い花が……」と話している。その再演のように、マリアの家で彼が「演技」を始めるときにまず花瓶が割れ、そしてまだ「演技」が続いていることを示すように、彼は足を痛めて涙を流すのである。もちろん彼は足の痛さに涙するのではない。その涙は願いが叶った喜びと、これからその代償として家を焼き、すべてを失なうことへの哀しみによるものだ。

アレクサンデルがステレオの電源を切るとき、棚に置かれた鏡に彼のぼやけた顔が映る。通電していることを知った彼は電話をかけ、編集長に会えるかと聞く。相手は「今日は手一杯なんだ。緊急事態報道でね。来週の約束だっただろ？」と言った後、「そういえばおめでとう。五〇歳だな」と付け加え

『サクリファイス』　マルタは自分の母親にヴィクトルとの関係を諦めないという。そして彼女はアレクサンデルの置手紙を持って帰り、そこに書かれていた通り、家族は浜辺の木を見に行くことになる。この手紙で彼は、「あらかじめ謝っておく」と家を燃やすことの許しを請うている。
［©1986 SVENSKA FILMINSTITUTET］

る。

　これで願いが叶ったことが確認できた。しかし電話の相手が言った「緊急事態報道」は危機が近いことを示している。受話器を置いたアレクサンデルの表情は戦争が始まったときよりもこわばっている。そして彼は神との約束を果たすための準備を始める。背中に宇宙の陰と陽を表わす太極図が描かれた着物を羽織って涙ぐむと、箪笥《たんす》の扉が自然に開いて鏡に彼が映り込む。それから梯子《はしご》を使って下に降り、昨晩と同じように野外で食事中の家族の様子を窺《うかが》う。

　テーブルで食事中の娘マルタは、ヴィクトルがオーストラリアで働くと言う。するとアデライーダの表情が固まる。ヴィクトルは「オーストラリアでなくてもいい。うんざりした。君たちから離れたい。特に君から」とアデライーダに言う。マルタは「行かせないわよ。母さんはともかく、私が行かせないわ」と彼との関係を仄《ほの》めかす。アデライーダはマルタを遠ざけるためアレクサンデルを呼びにやり、「いいわよ、私のことは。マルタも坊やも、でもアレクサンデルは、友人でしょ？」と言う。しかしヴィクトルは「面倒を見るのは妻だろ？　今後は君が見るんだ。彼には家族もいる。愛する息子も、愛する家もある」と突き放す。アレクサンデルが神に祈り、自身のすべてを捨てて守ろうとした彼の家はすでに瓦解していたのだ。

マルタがアレクサンデルの置き手紙を持って戻り、「起こさないでほしい。散歩に出かけなさい。坊やと昨日植えた日本の木を見てきなさい。……前もって謝る。一九八五年六月一九日午前一〇時七分パパAより」と読み上げる。アレクサンデルが家を燃やすには家族たちを遠ざける必要があった。彼は真っ暗な納屋に隠れて家族の動きを窺っている。動き回る彼の顔と背中の太極図が何度も浮かび上がる。

『サクリファイス』 神との約束を果たす前に、アレクサンデルは自分とは直接関係のないヴィクトルの車を燃やさないために移動させている。この行動は彼が狂気の中にあったのではなく、極めて冷静に行動したことの証となる。

アデライーダは「前もって謝る」という言葉を気にするが、置き手紙が捨てられたことで、家族たちの記憶だけが手紙に表現された彼の正気の証拠となる。そして家族たちは松の木を見に行く。「前もって謝る」とはもちろん家を焼いてしまうことの謝罪であり、彼の確固たる意志の表明でもある。この言葉で想起されるのが、「マルコ福音書」第一三章である。偽のキリストや偽預言者たちが奇跡をなすことを注意した後に続く23節には「あなた方自身で気をつけよ。一切をあなた方に前もって言っておく」*150とある。「マルコ福音書」の文言にも似た彼の置き手紙はアレクサンデルの遺言であろう。彼はまたここでキリストに擬されているのである。

ともあれアレクサンデルはヴィクトルのピストルを鞄に戻

『サクリファイス』　アレクサンデルは家との別れを惜しむように、二階から風景を眺める。尺八の音が流れ、それが家の燃える音に重なっていく。タルコフスキーにとって炎上は父親との離別の象徴である。

し、彼の車に鞄を載せて、火が燃え移らない場所に移動させる。そして居間のテーブルに椅子を積み上げ、布で覆って火を着けると、二階に上がって外を眺める。ステレオのスイッチを入れるとまた尺八の音楽が流れ出し、鏡に再びアレクサンデルの顔が映る。熱でガラスが割れる音が尺八に重なる。燃え始める様子を彼はバルコニーから眺めている。そしてまた梯子《はしご》を使って外に出るが、その前にテーブルにあったグラスの酒を飲み干す。そのときテーブルから卵が転がり落ちる。卵はキリストの象徴でもある。『僕の村は戦場だった』でイワンたちが最後の偵察に出るときの持ち物は二つの卵とチーズ、玉葱、そしてピストルだった。『ストーカー』でストーカーの娘がテーブルで二番目に動かすのは卵の殻が入ったコップである。アレクサンデルが触れてテーブルから落ちた卵はそのまま部屋の床に転がり、割れることはなかった。

それから家が燃え上がり、その前でアレクサンデルが右往左往し、やがて彼が救急車で運ばれていくまでの長いワンショットが始まる。最初彼は燃え上がる家から離れて座り込んでいるが、やがてふらふらと歩き出す。そこに事態を知った家族たちが急いで戻って来る。ガラスが割れる音が聞こえる。妻アデライーダがアレクサンデルに呼びかける。娘のマルタが転び、それをユリアが抱える。ヴィクトルがアレクサンデルをつかまえる。「私が火をつけた。心配するな。聞いてくれ。大切なことだ」とアレクサンデルは自分の意思を伝えようとするが、沈黙するという神との約束を思い出して口を閉ざす。

アデライーダが座り込んだ彼を抱き締める。しゃがみ込んだマルタをユリアが支える。猛火の中で家の電話のベルが鳴り響き、それに誘われるようにアレクサンデルが歩き出し、いったん家のほうに向かった後、離れて立つマリアのところへと歩み出し、彼女の前に跪《ひざまず》いて手に口づけをする。それをヴィクトルとアデライーダが引き離し、アレクサンデルを抱えて移動する。すると家の近くに停めてあった白い車が爆発する。同時にまたアレクサンデルがマリアのほうに駆け出すが、ヴィクトルとアデライーダに止められる。マリアは「何を彼になさったんですか?」と言うが、アデライーダは「触わるんじゃないよ!」と叫ぶ。マルタとユリアはしゃがみ込んだままだ。そこへ遠くから自転車に乗ったオットーが現われる。

すでに到着している救急車にアレクサンデルを乗せようとヴィクトルらが近づく。するとアレクサンデルが逃げ出す。二人の救護員とヴィクトルが彼を追う。なぜ救急車が来たのかの説明はない。オットーも逃げるアレクサンデルを止めようとする。マルタとユリアは立ち上がってそれを見ている。アレクサンデルが燃え上がる家のほうに逃げると、アデライーダが悲鳴をあげる。アレクサンデルはまた救急車のほうへ戻って来て、救急車の前でアデライーダを抱き、車に乗り込む。しかしまた降りてオットーを抱き、何かを耳打ちして手を合わせて懇願する。その会話は聞こえない。オットーは茫然と立ち尽くしている。

『サクリファイス』　残された妻アデライーダが、炎上する家の前の泥濘に跪くと炎がさらに激しくなり、彼女が駆け寄った家族に支えられた瞬間に家は崩れていく。
［© 1986 SVENSKA FILMINSTITUTET］

そしてアレクサンデルは後部ドアから自ら救急車に乗り、続いて乗ろうとしたアデライーダとヴィクトルを車から追い出す。何かを理解したオットーは後部ドアの前で寂しげにアレクサンデルを見送る。ヴィクトルは「お願いだ　アレクサンデル」と声をかける。アレクサンデルが乗った救急車が動き出しマリアの近くを通る。マリアはオットーが乗ってきた自転車を見つけるとそれに乗って救急車とは別の方向へ向かう。アデライーダが家のほうに歩み出し、水たまりにしゃがみ込む。ヴィクトルたちがアデライーダに近づくと家が崩れていく。これで長いワンショットが終わる。

　この家の炎上の場面が演劇人アレクサンデルにとっての最後の舞台となった。彼は家族たちに自分が狂人となったと思わせる必要があった。なぜなら家に火を放つだけでなく、家族との関係を断つと神と約束したからである。そのために彼は狂人を演じたのである。そしてその狂人を演じながらアレクサンデルは家族や彼に関係した人々に最後の別れの挨拶をしたのである。

　しかしアレクサンデルは妻アデライーダには一言も発していない。彼女が救急車に同乗しようとすると強く拒絶する。一方で彼はヴィクトルには一瞬この事態を説明しようとするが、すぐに口を閉ざす。立ちすくむマルタやユリアには接触しない。
アレクサンデルがアデライーダやヴィクトルの腕を払って二度も向かうのは、マリアのところである。アレクサンデルは跪いて彼女の手にキスをし、手を合わせている。これは世界を再生させた彼女への感謝を表わしているのだろう。そして彼は途中から現われたオットーに耳打ちし、マリアと同じように彼にも手を合わせている。アレクサンデルの言った言葉は聞こえないがオットーには何かを告げている。マリアの家に行けというオットーの助言も彼の夢の中の話だったとも考えられるが、オットーは何が起こったのかを理解したのだろう。オットーは立ち尽くし、アレクサンデルの犠牲に敬意を表しているかのようである。

　祈りの結果、アレクサンデルはすべての災いを夢に閉じ込めた。しかし家を焼いた彼は、まわりから見れば、ただの狂人にすぎない。その結末がたとえ神との約束であっても、これはあまりに惨《むご》い結末ではないだろうか。しかしこれこそタルコフスキーの策略なのである。彼は『映像のポエジア』に「アレクサンデルは自分の犠牲の結果に触れさせることで、観客に自分の犠牲に参加する可能性を提供するのだ」[*151]と書いている。つまりアレクサンデルの尊さを知るのは観客だけということ。それゆえに彼のすべては閉ざされ、あらゆることの犠牲となるのである。そしてその強い意思の元に彼は残りの生を過ごすことになる。まさにそれは聖愚者としての生き方であり、彼の心の奥底からの願いに重なるのかもしれない。

　すでに『アンドレイ・ルブリョフ』の白痴の娘や『ストーカー』のストーカー、そして『ノスタルジア』のドメニコがタルコフスキー作品における聖愚者として登場している。彼らには常識とは別に独

『サクリファイス』 人々が狼狽する中、一人マリアはオットーの自転車に乗って走り出し、救急車で運ばれるアレクサンデルと枯れ木に水をやる彼の息子を確認した後、どこか別の場所へ去っていく。
［© 1986 SVENSKA FILMINSTITUTET］

自の拠って立つ場所があり、言説や振る舞いは極めて奇異だが、どこか人を惹きつけるところがある。ルブリョフは白痴の娘に魅了され、ストーカーは作家と教授を望みの叶う部屋まで導く。ゴルチャコフはドメニコの奇行と言動に深く惹きつけられる。『サクリファイス』のオットーとアレクサンデルも例外ではない。アレクサンデルはオットーの特異な言説に呆れながらも彼との会話をどこか楽しんでいるかのようだった。オットーはアレクサンデルを苛立たせながらも、身銭を切って高価な古地図を贈るという「犠牲」を払ってまで、アレクサンデルの感覚を別の領域へと導いていった。また、オットーは突然床に倒れ、「悪い天使の翼が触った」と言った。そんな奇妙な行動も、まわりの人々の感覚を鈍麻《どんま》させていくことになった。そして核戦争という世界の終わりがやって来たとき、アレクサンデルはオットーの提案を受け容れて、神との約束である犠牲を捧げるのである。

『ノスタルジア』のドメニコは焼身自殺を遂げ、ゴルチャコフはロウソクの儀式ののちに客死する。そしてアレクサンデルは家を焼き、親しき人との関係を断ち切る。この三人の最後の状況にはいずれも火が関与している。『サクリファイス』では聖愚者としてオットーだけが正気の世界に残るのだが、家の炎上を前に極めて冷静に振る舞う彼はもはや聖愚者ではなく、その役割はマリアに託されたとも言える。

アレクサンデルが「舞台」から去り、マリアはオットーの自転車に乗って走り出す。彼女はアレクサンデルが家に来たときにも、自分は自転車を持っていると話している。イエスを肩に乗せて川を渡った聖人クリストフォルスが、郵便配達人の守護聖人であることはすでに書いた。その乗り物である自転車はこうしてオットーからアレクサンデル、そしてマリアへと引き継がれる。『ノスタルジア』でもドメニコは同じ場所でスタンドを立てたまま自転車を漕ぎ続けていた。その自転車は作品を越えてマリアへと受け渡されたのである。

『サクリファイス』の最後の場面に移ろう。アレクサンデルが家を燃やす場面とは打って変わり、喧噪とは別の世界を歩むように、息子が重たい二つのバケツを交互に運びながら、父アレクサンデルと立てた枯れ木を目指している。その近くで自転車に乗ったマリアと救急車がすれ違う。息子は枯れ木に水を注ぐ。後ろの水辺で光が煌《きら》めいている。自転車を停めて彼を眺めていたマリアはそれを確認すると、救急車が向かった道とは逆の方向に自転車を漕ぎ出す。

息子は木の下で積んだ石を枕にして上空を見る。そして「三博士の礼拝」に描かれたイエスのように木の下に佇《たたず》み、「〝初めにことばがあった〟。でもなぜなの、パパ?」とつぶやく。父親に「〝初めにことばがあった〟と言うがお前は黙っているしかない」と言われた彼が言葉を発したのだ。しかもそれが「ヨハネ福音書」の引用だと知っていたのである。父親が神に例えて魚のようにと言った彼が言葉

『サクリファイス』　息子は父の言いつけを守って水をやり、根元に寝ころぶ。そして「聖書」の言葉をつぶやく。木の枝には光の花が咲いているかのようである。
［©1986 SVENSKA FILMINSTITUTET］

を持ったことになる。私たちはすでに『アンドレイ・ルブリョフ』の無言の行を行なうルブリョフや『鏡』の吃音の青年、そして『ストーカー』の不具の娘が発声する瞬間を目撃している。

しかし「なぜなの」という彼の問いかけに答えるべき父親はもういない。彼は父の不在の本当の理由を知ることはないだろう。しかし映画は希望に包まれて終わる。陽の光が水面に反射してアレクサンデルが植えた枯れた松の木を煌《きら》めかせる。それはまるで枯れ木に咲く花のようだ。言葉を発せなくても、息子は父親の話を理解していた。世界は彼らに託されたのである。そこに献辞が映る。「この映画を息子、アンドリューシャに捧ぐ　希望と信頼とともに　アンドレイ・タルコフスキー」。そして映画は終わる。

デビュー作の『僕の村は戦場だった』のイワンが登場する場面で最初に映る松の若木は、『サクリファイス』の松の枯れ木に引き継がれている。若木と枯れ木はタルコフスキー映画のモチーフの一つである「永劫回帰」につながっている。その松の枯れ木の枝々が光に満たされるとき、私たちは映画が光の芸術であることに気づく。タルコフスキーはその光を枯れ木に咲かせたのである。

第二章　家族の投影——芸術的ポートレイトの深層

この第二章では第一章であえて触れなかったタルコフスキーの環境や家族が作品にどう投影されたかを見ていく。彼の父アルセーニーは詩人で、作者が五歳のときに家族のもとを去り、ほかの女性と暮らし始めている。この年少期からの父親の不在は、彼の記憶の負の中心軸となり父親との断続的な関係に苦悩することになる。作者と二歳年下の妹マリーナは母マリヤによって育てられた。貧しいながらも母は彼に音楽や美術といった芸術の素養を身に付けさせようとした。そして後年、映画監督となったとき、同じ芸術家である父は不在ゆえに逆に視線を逸らすことのできない存在となっていた。

年少期に絵画や音楽に触れる機会を得たタルコフスキーは、言語系の大学に一度は通ったものの、父の助言もあって全ソビエト連邦国立映画大学に入学し、二五歳の在学時に六歳年下で同じ大学に学ぶ女優志望のイルマ・ラウシュと結婚する。彼女は彼の二本の映画『僕の村は戦場だった』と『アンドレイ・ルブリョフ』に出演し、息子アルセーニー（セーニカ）を生む。しかしのちに離婚し、タルコフスキーはその直後に、『アンドレイ・ルブリョフ』のスタッフだったラリッサ・キジロワと再婚、すぐに二人目の息子アンドレイ（アンドリューシャ）が生まれている。

このようにタルコフスキーは幼い頃の唐突な父との離別、少年期の母親への思慕と確執、母に似た女優との結婚と息子の誕生、意外な形での監督デビューと成功、父を模倣したような女性関係、慌ただしい離婚と再婚、そしてもう一人の息子の誕生といった日々を送りながら、その後も困難な映画製作に直面し、さらに亡命という選択、その結果としての家族との別れといった波乱の人生を過ごす。しかしそんな彼の数奇な日常にこそ作品制作の必然が見えてくる。彼が作品に反映させようとしたのは、まず田舎での暮らしへの郷愁であり、父との衝撃的な別れであり、栄誉を父と共有できない苛立ちだった。そしてそれが父への共感に転じたのちに、その視座は家族への愛情と不信に移っていくのである。この章ではすべての作品に秘されたそんな彼の思いに焦点をあてる。

〔1〕追慕——『ローラーとバイオリン』

一九三七年に父アルセーニーが家族のもとを離れた後、タルコフスキーは妹マリーナとともに印刷所の校正係として働いていた母マリヤに育てられる。生活は大変だったが、彼女は子供たちに芸術に触れる機会を与えようとした。食事が満足にできない状況でも、クラシックの演奏会に出かけたこともあったという。*152

国立映画大学の卒業制作である『ローラーとバイオリン』(一九六一年)には、作者のそんな少年期の日常が、二〇年の時を経て描かれている。主人公の少年サーシャは、ロードローラー運転手のセルゲイと疑似的な父子関係を築くが、それを崩すのは彼の母親とセルゲイに思いを寄せる女友達である。幼い頃の作者と言えるサーシャは、セルゲイに父親の姿を求めている。夕方に仕事から帰る母親は作者の母マリヤの反映である。そしてセルゲイに思いを寄せる女友達には父アルセーニーの愛人の影を見ることができるだろう。

サーシャの家庭は近隣の住民よりは裕福で、周辺の子供たちから彼は「音楽家」とからかわれている。タルコフスキーも階層が上の子供たちが学ぶ音楽教室に通い、サーシャと同じように「やい、音楽家！」と呼ばれていた。[*153] サーシャがセルゲイと映画を見ることを強く願うのは、父親が不在だからだろう。タルコフスキーが音楽学校に通う二年前に、父アルセーニーは愛人のもとに去っている。その父がやがて召集され、周囲の子供たちの父親も戦場に向かう。そうしてタルコフスキーにとっての父との別れが曖昧になる。戦争が父の不在を合理化させたのである。戦時中、父は一度家族に会いに来たが、[*154] のちに戦場で重傷を負っても家族のもとへは帰らなかった。友達の父親は帰還したり戦死したりするが、父親が戻らないままのタルコフスキーの戦争は永遠に続く。

一九六〇年代初頭の子供であるサーシャは戦争を知らないが、タルコフスキーとセルゲイは同世代で、戦争と飢餓の記憶があり、ゆえにパンを投げ捨てるサーシャをセルゲイは咎《とが》める。つまり作者はサーシャに幼年時代の自分を、そしてセルゲイに現代の自分を投影しているのである。昼食を取るとき、サーシャは母親から禁じられていた牛乳を飲むことを躊躇し、やがて決心したように飲み始める。それは作者が母親の束縛から逃れようとした記憶の象徴であろう。以降、タルコフスキーのほとんどの作品に牛乳が母性の暗喩として登場する。

サーシャはセルゲイにバイオリンの演奏を得意げに聴かせるが、音楽教室に通っていたタルコフスキーも父にその技量を披露したかったはずである。少年期のタルコフスキーは、セルゲイの恋人のような存在を父親の向こうに感じていたのだろう。[*155] サーシャとセルゲイが見る約束をした映画『チャパーエフ』は一九三四年の作品で、国民的人気を得ていた。まだ幼かったタルコフスキーが記憶する父との思い出に重なる映画と考えられる。父アルセーニーは息子とこの映画を見る約束をしておきながら、愛人と一緒にこの映画を見に行ったのかもしれない。

母親に部屋の鍵をかけられたので、サーシャはセルゲイに会いに行けなくなる。彼の願いは最愛の母に阻止されたのだ。紙ヒコーキにしたセルゲイの手紙、外に出ることができないのは母のせいだと書いたそれは、幼いタルコフスキーの父への思いだったのだ。そこにタルコフスキーの両親との確執が反映されている。諦めたサーシャが見つめる鏡には一枚の男の子の写真が貼ってある。それは彼自身の写真のはずだが、幼い頃のタルコフスキーのようにも見える。やがてサーシャは、なぜか階段を降りてセルゲイが運転するロードローラーに追いつき、二人で遠い場所へ向かう光景の中にいる。それは父親にどこかへ連れていってもらうことを夢見ていた幼い頃の作者が願っていた光景だったのだろう。[*156]

労働者セルゲイと若い芸術家サーシャとの出会いと別れを描きながら、タルコフスキーの父親への思慕の念が込められたこの中編映画は、ニューヨーク国際学生映画コンクールで一位となった。その後多くの賞を受けることになるアンドレイ・タルコフスキーの栄誉の始まりである。

父アルセーニーは冒頭に出てくる少年のように松葉杖を使っていた。父がまれに家族の家を訪れるとき、杖の音がコツコツと廊下に響くので、幼いタルコフスキーと妹は耳をそばだてていたという。[*157]杖はその後の作品にも何度か登場するが、その杖の音にはタルコフスキーの父親への思慕が相反する怒りとともに含まれている。その最たる例を『僕の村は戦場だった』で見ることができる。

〔2〕憤怒──『僕の村は戦場だった』

一九六一年の春に国立映画大学を卒業したタルコフスキーは、『僕の村は戦場だった』の代理の監督候補となる。シナリオの審査が五月末に行なわれ、八月の初めにはもうカメラが回っていた。製作期間はわずか五カ月間であったが、翌六二年に完成した作品はベネチア国際映画祭でグランプリを受賞する。タルコフスキーはイワンの母親を演じた映画大学の同級生イルマ・ラウシュとすでに一九五七年に結婚していて、六二年九月三〇日に生まれた息子を父親の名前であるアルセーニー（愛称セーニカ）と名付けている。タルコフスキーが『僕の村は戦場だった』の中でイワンを殺し、大いなる栄誉を受けていた頃、タルコフスキー自身も父となっていたのである。

タルコフスキーの妹マリーナはこの映画の主人公イワンの母親の衣裳と同じサラファンを、母親も着ていたと述べているが、[*158] 幼い頃の兄の田舎暮らしの体験もイワンの夢に反映されているという。[*159]『鏡』で描かれていたように、作者の妻イルマと彼の母マリヤがよく似ていたことから、イワンの母親は母マリヤがモデルであることは明らかである。

この物語には『ローラーとバイオリン』と同じように父親は出てこない。ただグリャズノフ中佐は父アルセーニーと同じように杖を突き、イワンを叱責する。それに対してイワンは「ぼくのお父さんみたいなことを言わないでください」と返している。ガリツェフ中尉はイワンにデューラーの「黙示録の四騎士」を見せるが、イワンの視線は青い馬に乗る第四の騎士でしばらく留まる。ナロードニキの人民の意志派から社会革命党に入った革命家ロープシンの小説『蒼ざめた馬』は、この四騎士の乗る馬をモチーフにしているが、タルコフスキーの父方の祖父アレクサンドルも人民の意志派に属していた。[*160]子供時代のタルコフスキーたちとときたま会っていた父アルセーニーは、持参した画集を一緒に見ていた[*161]という。またカターノフ曹長の唐突な死は、突然消え去った父親への作者の戸惑いを感じさせる。このように登場する兵士たちは作者の父親のさまざまな側面を反映していると言えるだろう。この映画は幼い頃のタルコフスキーとその不器用な父親の物語でもあるのだ。

映画のイワンは母親から井戸の底では昼間でも星が見えると教えられるが、タルコフスキーの父アルセーニーは天体観測を趣味とする全ソ連天文測地学協会の会員であることから、タルコフスキーはそのことを母親ではなく、父親に教えてもらったと考えられる。このエピソードは「そのことを私は憶えている」という父親への愛を込めたメッセージなのだ。父アルセーニーは三四歳で野戦軍への従軍を命じられ、主に新聞記者として軍事行動に参加し大尉となっている。その階級と年齢はホーリン大尉と一致する。彼のマーシャとの森での交歓は、恋多き父親像を描いているのかもしれない。そしてそのホーリンの性格を知る上官は、「彼はイワンの父親にはなれない」と話す。これも父親への皮肉なのだろう。

しかし人を寄せつけないイワンは、ホーリン大尉が来た途端に子供の顔に戻って彼に抱きつく。これは作者の実体験に基づく『鏡』で、戦地から帰還した父親に「作者」と妹マリーナが涙を流しすがる場面と重なる。その『鏡』を製作中、タルコフスキーは軍服に注意を払い、「軍帽なしで、制服外套のボタンを外して撮り直す」というメモを残している。*162 実際、『鏡』の場面では父親は外套を脱いでいるが、妻と再会する場面ではまだ外套を纏《まと》っている。この幼い頃に見た軍服の外套を着た姿の父の記憶は、タルコフスキーの作品にとって最も重要な要素なのである。

『僕の村は戦場だった』で部屋に一人残されたイワンは戦争の幻影に怖れ、壁にかかったソビエト軍の外套の前で泣き崩れる。本来、物語としてイワンが怒りを投げつけるのは、ドイツ軍の制服であるべきだが、彼はそれをただ制服として一般化しているのだ。そしてこの外套はイワンにとって母親や妹、そして父親を奪った恐怖のシンボルとなるのだが、タルコフスキーにとっては父の喪失の象徴なのである。イワンは外套を前にしてすべての憤怒を吐き出すように叫ぶ。「さあ、出て来るんだ。貴様、隠れる気か。僕たちから隠れようったって、隠れられるもんか。何だ、貴様は、震えているのか。さあ、貴様は自分のした一切のことに責任をとるんだ。分かったか。僕は貴様を……。貴様は、僕が忘れたとでも思っているのか。……」。これは作者の決して帰還することのない父親への罵声であり嘆きである。イワンのこの憤怒の激しさはタルコフスキーの父親への思慕の念の純粋な発露として表現されているのだ。

〔3〕告白――『アンドレイ・ルブリョフ』

この作品でタルコフスキーが父親への思いを投影させたのは最終章の「鐘」である。鐘造りの棟梁の息子ボリスが一人だけ残っている村は、飢饉や疫病で滅びる寸前だった。そこに大公の部下が鐘造りの職人を探しにやって来る。ボリスはここで生き残るため一世一代の嘘をつく。彼は「親父が死ぬ前に教えてくれたんだ。誰も知らない秘伝だ。僕しか知らない」と。タルコフスキーもまた「イワンが夢を見るんです」と恩師ミハイル・ロンムに言って、『僕の村は戦場だった』の監督の地位を得ていた。『ローラーとバイオリン』でサーシャがセルゲイとの旅立ちを夢想したように、タルコフスキーはイワンの夢に自身の夢を重ねていたのだろう。彼は鐘造りの秘術を会得していないボリスのように、本格的な映画製作の術を持っていなかったはずだ。しかし彼の才覚と奇跡が『僕の村は戦場だった』を成功させたのである。ボリスが戸惑いつつも大勢の職人に指示を与え、多くの決断ののちに大鐘を完成させていく場面は、作者の映画製作の現場の様子を見ているかのようである。

タルコフスキーの父アルセーニー・タルコフスキーは詩人だった。そのため息子であるアンドレイ・タルコフスキーは子供の頃から詩人の息子と遇されていた。しかしアンドレイにとって父親の記憶は乏しく、その遇され方が自分にふさわしいとは思っていなかっただろう。作品の終盤、大公の前で出来上がった鐘の試し打ちが行なわれることになる。ここで鐘造りの秘訣を父親から教わったという嘘が明らかになることを恐れたボリスの緊張感が頂点に達する。そして鐘は彼の不安に反して見事に鳴り響く。最初にその音を聞いたのは、ボリスの嘘を知っていたルブリョフだったが、父アルセーニーも息子アンドレイの虚勢と、不確かな自信を知っていたはずである。

気力と体力を使い果たしたボリスは、鐘の奇跡を喜ぶこともなく、ただ生き延びたことの安堵感に包まれて群衆から遠い泥の地面に倒れ込み、父親を蔑む言葉を放つ。そのボリスをルブリョフは父親のように諭す。この場面にタルコフスキーの当時の思いが込められている。父アルセーニーの詩集は一九六二年に発売された。それまでの父の作品は雑誌やアンソロジーには掲載されていたが、出版計画は一度中止となっていて、単独の詩集はそのときが初めてだった。彼もルブリョフと同様、長い沈黙の期間を過ごしていたことになる。

タルコフスキーは自身に起こった奇跡とも言える『僕の村は戦場だった』の成功を、父に祝福して欲しかった。しかし父から与えられたのは息子の栄誉を危惧する言葉だった。それまでに暗く重い時代を経験してた父親は、息子がベネチア国際映画祭でグランプリを受賞したことを褒めるのではなく、高慢になることを諫めたのである。*163

賞賛は芸術を狂わせる。しかし雪解けの時代しか知らない息子は、父の思いを理解できなかった。父は自身の詩集のタイトルを『雪が降るまえに』としたように、当時の自由が束の間であることを知っていたが、息子にとっては雪のない日々こそが日常だったのである。

精根尽きて座り込むボリスを、ルブリョフは抱きかかえる。するとボリスは「黙って父親は死んだ。

秘伝を教えてもらったことなどない」と叫ぶ。ここでルブリョフは長い沈黙を解き、ボリスに、「立派にできているのに、どうして泣く。一緒に修道院へ行って、お前は鐘を造り、私はイコンを描けばいい。お前はよくやった。すべてはこれからだ」と言う。この言葉こそタルコフスキーが父アルセーニーに求めていた言葉だった。タルコフスキーは「僕は奇跡を起こした。本当は映画造りの秘伝なんて知らなかった」と告白し、父親から「お前は映画を作ればいい、私は詩を書く」という優しい言葉をもらいたかったはずである。

終盤でボリスとルブリョフが抱き合う情景は、作者にとっての「父と息子の抱擁」となる。その様子を優しく見つめるのがかつての白痴の娘である。彼女を演じたのはタルコフスキーの妻イルマ・ラウシュだが、彼女はタルコフスキーの母マリヤに似ていることから、「父と息子の抱擁」の場面は、作者の妻が見守り、かつ父の妻であり息子の母が見つめていることにもなる。

白痴の娘は絵が描けなくなっていたルブリョフに気づきを与えたが、彼女を救うためにルブリョフがロシア兵を殺して、無期限の無言の行に入る原因ともなっている。そんな彼女は飢饉の時期にタタール兵と一緒に去っていくが、やがてタタール民族衣装に身を包み、娘に見える女の子を連れた聡明な婦人として現われる。この場面の「父と息子、母と妻、そして娘」はそのまま作者の家族の反映となっている。つまりタルコフスキーの妻イルマは、この場面の通りに娘を連れた二番目の妻ラリッサに代わることになる。数年後、ラリッサが前夫との娘オリガを連れて作者と結婚するということが、この場面で予言されているのである。

第一章で「受難版」と呼んだ『アンドレイ・ルブリョフ』の別バージョンでは、大鐘が鳴り響くのを最初に聞くのはルブリョフではなく、そのかつての白痴の娘だった。つまり作者の奇跡を最初に知ったのは、父アルセーニーではなく母親マリヤだったことになる。この違いは作者が心の奥底で求める対象の迷いを表わしているのかもしれない。

〔4〕帰順――『惑星ソラリス』

一九六六年に完成した『アンドレイ・ルブリョフ』は、五年間ほど上映が禁止される。短かった雪解けの季節が終わり、父アルセーニーが予感した冬がやって来たのである。春の陽射しを受けてきたタルコフスキーにとっては、それは苦痛以外の何ものでもない。しかし彼が幸いだったのは、雪解けの季節に『僕の村は戦場だった』を撮り終えていて、すでに国際的な評価を得ていたことである。ゴスキノ（ソ連邦国家映画委員会）は国際的な評価を得たタルコフスキーをいつまでも放置しておくわけにはいかず、いくつかの企画の中から比較的政治的な要素が少ないと思われるＳＦ小説の映画化が認可される。それが『惑星ソラリス』である。

すでにタルコフスキーは父と母の象徴を、『ローラーとバイオリン』では労働者セルゲイとサーシャの母親、『僕の村は戦場だった』ではソビエト軍の外套とイワンの母親、そして『アンドレイ・ルブリョフ』ではルブリョフと白痴の女として登場させてきたが、同じことが『惑星ソラリス』でも行なわれている。作者は原作小説の『ソラリス』で主人公の贖罪が具現化することに着目し、それに彼の家族や父親を関連づけ、原作には存在しない「地上の場面」を用意したのだ。

撮影が始まった一九七〇年は彼にとって大きな転機だった。タルコフスキーはミヤスノエ村に念願の別荘を購入し、学生結婚したイルマ・ラウシュとは正式に離婚、その直後にラリッサ・キジロワと結婚、ほぼ同時に息子アンドリューシャが生まれたのだ。そして翌七一年には『アンドレイ・ルブリョフ』の上映が許される。新妻ラリッサはその製作スタッフの一人だったが、タルコフスキーの妹マリーナは、彼女が父親の二番目の妻リディアに似ていることから、兄が父と同じ人生を歩むことを危惧していた。*164

『惑星ソラリス』で、クリスの父親が友人のバートンに「祖父の家が好きだったのでそれに似せて作った」と語るように、この作品の家は作者の別荘であるとともに彼が幼年時代に暮らした田舎の家の反映でもある。この映画のセットが作られたのはモスクワから西へ五〇キロほどのズヴェニゴロドだったが、作者の別荘があるミヤスノエはモスクワから南へ約一〇〇キロの場所にある村である。ともに木々に囲まれていて家の近くには池か川があった。

「地上の場面」に登場するクリスの父親、壁の写真の母親、叔母アンナ、そして焚き火の近くでわずかに映る写真の老女は原作にはなく、いずれも作者の私生活を反映させた人たちである。父親については後で詳しく述べる。

壁の写真の女性が母親だと分かるのはのちに母親がビデオに映ってからだが、彼女は柄のあるワンピースを着て水辺に立ち、同じ服で熱病にうなされるクリスの前にも現われる。その彼女とよく似たワンピース姿の作者の母親が、幼い彼と一緒に水辺に立つ写真が残されている。*165 また冬景色のビデオに映る母親は煙草を喫っていて、それを真似するように図書館のハリーも煙草を喫う。その原型と言えるのが、同じような姿勢で煙草を喫うタルコフスキーの母親の写真である。*166 このように作者は母親をクリスの母と妻ハリーに重ねているが、それは彼が母親の若い頃の顔を先妻ラウシュの顔として思い出すことの反映であり、その苦悩をタルコフスキーはクリスの「お母さんの顔を全然覚えていないんです」という台詞で表現している。

また叔母アンナの名前はイエス・キリストの母マリヤの母親と同じ名前であり、焚き火近くの写真に映る妻ラリッサの母アンナ・セミョーノヴナの名前でもある。この作者の義理の母は幼い息子や義理の娘オリガの世話をし、後年彼がソビエトに残した二人の面倒を見ることになる。作者が撮影した別荘の写真に彼女が写っていることからも、作者の劇中の「家」にはどうしても彼女が必要だったのだろう。そして癌を患ったタルコフスキーに死が迫ったとき、義母アンナは息子とともにソビエトからの出国を許されている。そして作者が妹マリーナとともに母マリヤの田舎で暮らした幼い頃に彼らの世話をしてくれたのが母方の祖母だったのである。映画の叔母アンナもクリスの母の死後、彼を育てたということなのだろう。彼女はバートンが連れてきた男の子の世話もしている。つまり義母アンナは、叔母アンナとしてここに登場していたことになる。

さらに義理の娘オリガは、ギバリャンの「お客」の少女役を演じている。タルコフスキーの一九七〇年五月二五日と七月一一日の日記*167 によると、作者は離婚直後の先妻イルマを母親役にしたいと考えていた。初期の構想ではクリスが地上に残す後妻マリヤも登場することになっていた。[*168]もちろんマリヤは作者の母の名前である。主人公のクリスという名前はキリストの名前でもある。つまり歪《いびつ》ながらもここに聖家族の出現が構想されていたのである。

原作ではソラリスの海がクリスの心の奥底を読み取って彼の前に自殺した妻ハリーを送り込むが、映画では母親や父親を登場させている。その母親の場面でクリスは妻ハリーとの区別が一瞬つかなくなる。これこそが妻と母親の相似性の表現であり、ここに母の記憶が妻の顔となる作者の精神的苦境が投影されているのである。

本来ならば出現した母親は妻のような悔恨の対象ではなく、赦しを請い、そして赦してくれる存在であろう。実際、クリスも子供の言葉で甘えようとする。しかし母親は彼の手の汚れを水で洗ってはくれるが、「何だか変な生活をしているようね、汚らわしいこと！　どこでそんなに汚れてきたの」と言って彼を突き放す。これは彼の結婚生活への母親の苦言、あるいはかつて彼が不良グループの一員として母親に心配をかけてきたことへの悔いの反映でもあるのだろう。

終盤クリスは熱病に罹るが、タルコフスキーはこれを「ノスタルジア」という言葉で説明している。[*169]彼は結局、地球への帰還を諦めソラリスでの研究の継続を選ぶ。その故郷への思いを絶たなければならないことの苦悩が「ノスタルジア」と表現されているのである。そして作者は熱病のクリスに母親、そして父親と再会する場面を与えるのである。

クリスが持参したビデオでは、幼い彼が父親に追いつく直前に躓《つまず》いている。二人の関係を象徴するこの短い描写は、タルコフスキーと父親の断絶を的確に表わしている。ソラリスの海は熱病に伏したクリスの願望を、彼の記憶のままに家と周囲の環境、そして父親として洋上に再現する。そしてそこに帰還したクリスは父親の前に跪《ひざまず》くのである。

ビデオで父親に追いつけなかった幼いクリスは、ここで父の前に辿り着く。かつて言い争いをしていた父に帰順するかのように跪く息子の肩に父親が両手を添える姿は、レンブラントの「放蕩息子の帰還」そのものである。母親が言っていたように、彼は自堕落な生活の果てに戻ってきたことになる。そんな息子を父は優しく迎え入れる。これこそタルコフスキーが父アルセーニーに求めていたものである。

こうしてタルコフスキーは長いブランクののちについに四作目の映画を完成させる。この苦難の日々を予想して発せられた父アルセーニーの忠告に耳を傾けなかったタルコフスキーは、ここで父親の足元にひれ伏すのである。その構図は『アンドレイ・ルブリョフ』の結末の場面——ルブリョフがボリスを抱く場面——と驚くほど似ている。しかしその二人が多弁であったのに対して『惑星ソラリス』の二人は何もしゃべらず、表情は極めて乏しい。

このようにタルコフスキーは自身をクリスに投影させているが、当初の構想ではクリスに父アルセーニーを投影させようとした形跡がある。それはすでに書いたようにマリヤという妻を地球に残すという当初の設定である。マリヤは極めて平凡な名前だが、『ノスタルジア』や『サクリファイス』でも使われたように、そこには何かしらの意図が感じられる。タルコフスキーの母親はマリヤだが、父アルセーニーのかつての恋人もマリヤ（マリヤ・ファーリッツ）といった。アルセーニーはタルコフスキーの母と別れた後、父は何人かの女性と暮らしたが、あまり幸福ではなかったようだ。別れの直後に早い死を迎えた女性もいる。作者はそのような父の生き方を見ていたはずである。つまり最初の構想では地球に残るマリヤに母マリヤを重ねて、死した恋人（例えばマリヤ・ファーリッツ）と宇宙で再会するクリスに父を重ねようとしたのかもしれない。このように両親の反映を作品の中に繰り返し潜ませてきたタルコフスキーだが、それは間接的な表現に過ぎなかった。彼は次作の『鏡』で、これまでとは全く異なる直接的な方法で彼らと彼自身を描いていくことになる。

〔5〕解放——『鏡』

タルコフスキーは贖罪の意識の具現化を、『惑星ソラリス』に内在するSF的手法で表現しようとした。しかしセットの陳腐さやゴスキノ（ソ連邦国家映画委員会）との軋轢《あつれき》によって苦悩する。その当時の日記に次作となる『鏡』への思いと構想がたびたび綴られている。[*170] それによると『鏡』に描かれたことのすべては、事実に基づいているのだという。[*171] 家族への思いはこれまでの作品にも潜んでいたのだが、『鏡』ではついに家族そのものを登場させ、今まで具現化することができなかった彼の思いを直接的に表現することになる。プロローグに登場する吃音の青年の言葉を借りて、彼は自ら語り始めることを宣言する。ここでは第一章と同様に作中主人公を「作者」とし、同一人物の映画の作者をタルコフスキーとする。

『鏡』は作者の母の物語として始まる

父アルセーニーが去って以来、経済的事情や疎開のためにタルコフスキーの家族は母親の故郷とモスクワを行き来した。主人公の「作者」が病の床で夢に見るのはこの母の田舎であるイグナーチェヴォ村の風景である。

物語の冒頭、母マリヤは棚に腰掛け煙草を喫いながら、夫が戻ってくるとすればそこに現われるはずの目の前に広がる蕎麦畑[*172]を眺めている。この場面のマリヤと同じ姿勢で写ったタルコフスキーの母の写真があるが、それは、すでに『惑星ソラリス』の図書室のハリーの姿として引用されている。このように作者の家族が田舎で暮らしていたときの写真は数多く残されていて、それが映画の風景と重なり合い、例えば母親が井戸で水を飲む写真もそのままこの『鏡』で再現される。

その母の後ろ姿を五歳の「作者」がハンモックに寝ながら見ていると、蕎麦畑の向こうから見知らぬ男が歩いて来て、母に近づき話し始める。この大人の会話に子供の「作者」は女としての母を見る。父が姿を消し、家族四人の生活が失なわれた事実と母の深い悲しみ——。「作者」は父の不在の意味を理解し、優しい顔以外の別の母を知る。彼女の憂いに満ちた顔は、同じ女優が演じる「作者」の先妻に引き継がれる。

「作者」の懐かしい記憶は母親の悲しみとともにあり、その悲しみは田舎の風景に包まれている。男が母に話す「植物には、感情や意識がある」と言う言葉の通り木々や草原が風で揺れる。のちに作者が母から無理やりシベリアに長期間の調査隊員として送り込まれたとき、タルコフスキーは自然の壮大さと厳格さを感じている。その体験が幼い頃の記憶と混じり合い、こうした超自然的な草木の描写を生んだのだろう。

現在の「作者」と老いた母親が電話で話しているとき、室内の若い頃の母親のポートレイトや『アンドレイ・ルブリョフ』のポスターが映り、「作者」がタルコフスキーであることが強調される。電話での会話が続き、視線が奥の部屋へと進むと、やがて奥の壁にかけられた父アルセーニーとおぼしき写真が見えてくる。

『鏡』は作者の父の不在の物語となる

「作者」は電話で母に聞く。父がいなくなったのは何年だったろうか、そして納屋が燃えたのはいつだったのかと。父が去った頃に納屋が燃えたことで、火事は父の不在の暗喩となった。父は不在であるがゆえに「作者」の中にあり続ける。この「作者」は父を模倣するように母に似た女性と結婚し、父と同様にやがて別の女性を愛し始める。その悲しみの反復を描くために「作者」の母親と先妻は同じ女優が演じている。「作者」の子供の頃と彼の息子の役も同じ子役が演じている。「作者」の姿はほとんど出てこない。ただ別の人物の声で彼の記憶が綴られていくだけである。

父アルセーニーを演じるのは、彼によく似た俳優オレグ・ヤンコフスキーだが出てくる場面は少ない。その一つが戦場からいったん帰還して息子と娘マリーナを抱き締める場面である。父は一九四三年一〇月三日のマリーナの誕生日に休暇を取って、イグナーチェヴォ村にいる家族に会いに来る。そのとき、息子は一一歳、娘は九歳になったばかりだった。もう一つは「作者」が生まれる前、父は母マリヤと蕎麦畑に寝転がり、生まれてくる子供のことを語る。しかし、父はあまり映らず、ただ未来の苦難を予感したような母の顔が続く。この二つ以外にも「作者」の幻影としての母の髪に水を注ぎ、宙を浮遊する母の腕を撫でている場面がある。

だが最も顕著な父の表現は、彼の詩が読まれる情景だろう。アルセーニー本人の声で流れる四編の詩のすべては、映像と密接に関連している。最初の「はじめの頃の逢瀬」（一九六二年）は、「作者」が子供の頃、母親が涙を流しながら佇む場面に読まれ、二番目の「朝からずっと君を待ってたさ、」で始まる題名がない詩（一九四一年）は、不安げな表情で印刷所を歩く若い頃の母親の場面に重なり、三番目の「生命、生命」（一九六五年）は、泥濘を歩く兵士たちのニュース映像の場面に流れ、四番目の「エウリュディケ」（一九六一年）は、宝石を売りに行った母親と「作者」の帰り道に登場する。

その「はじめの頃の逢瀬」と「エウリュディケ」の二編は、父アルセーニーと母マリヤ・イワーノヴナが結婚する一九二八年以前に、父が当時付き合っていたマリヤ・ファーリッツに捧げたもので、彼女が亡くなって三〇年後に作られている。作中に詩の説明はなく、観客は妻マリヤに向けたものと理解するだろう。タルコフスキーは父が母以外の女性に捧げた詩を、あえて母が登場する場面に置いたことになる。

最初の詩、「はじめの頃の逢瀬」には、「……濡れたライラックをぬけて、君の領地へ／鏡のむこう側から」とあり、また「ありふれたもの——金だらい、水差し、——でさえ。そのとき僕らのあいだに立っていたのだ、番兵のように」[*173]と続くのだが、『鏡』の田舎の風景はまるでこれらの語句を元に作られたかのようだ。家にはライラックが活けられ、詩の中の多くの情景が鏡を通して映っている。金盥は若い母親が川で洗濯をするとき近くに置かれており、老いた母親はそれを抱えて幼い息子と娘と歩く。花や牛乳やゼンマイの入った水差し（大きなガラス瓶）が何度も登場する。

三番目の詩、「生命、生命」は、ウクライナのクリミア半島にある巨大な湿地シヴァシュ潟を死に向かって行軍する兵士たちの姿に重ねて、不死を謳っている。彼らが死んだ場所は、アルセーニーが幼い頃暮らしたエリザヴェトグラードに近い。またこの詩の内容、不死についての表現は、『惑星ソラリス』で最後に行なわれるクリスとスナウトの会話や、クリスの運命を彷彿とさせる。

続くこの詩のⅡでは、「家の中で暮らしなさい、——そうすれば家は崩れない」、「あなたがたの妻たちが同じテーブルについている、——このテーブルは祖父にも、孫にも同じくひとつのもの」とあり、Ⅲの「僕はこの不死で十分だ、僕の血が世紀から世紀へ流れるなら」[*174]へと続く。引き継がれる生の場所をアルセーニーは家とテーブルとして表わし、その困難さをタルコフスキーは若い兵士たちの歩みで表現したと思われる。彼らに世代を継ぐ者はいない。彼らの死に作者は、父の詩にある家と風の中のテーブルを用意したのである。ほかの三編の詩は個人的性愛を謳っているが、「生命、生命」が描くのは、人類の長い営みである。野外に置かれたテーブルが強い風に吹かれ、パンやりんご、ランプが転がり落ちていく。作者を喚起させた詩編の映像化は父との共演であり、父への問いかけでもある。

アルセーニーの詩には使われたもの以外にも、作者の映像との関連を感じさせるものがある。例えば「葉が落ちるまえに」(一九二九年)の「みな散り散りになった。別離のあとに残された/窓のむこうの黄色い葉の呆然、/ほら僕に残されたのはわずかばかり/家の中にかさこさ秋の音。……窓のむこうのこの火事にさえも。*175」は、幼い作者が誰もいない部屋に入る場面や納屋の火事の場面そのものである。しかし当時父はマリヤと結婚したばかりで、アンドレイはまだ生まれていない。

「若き日へ」(一九三八年)の「……君のためにいくつも鏡を置いた、そして、そこで生きている。何のために僕は生を築いたのか?……*176」は、「作者」が横たわる部屋の壁を覆う鏡など、数多く登場する鏡を連想させる。そして「一九三九年六月二十五日」(一九四〇年)の「……他にも好きだったのは、白い窓の敷居、花、水、カットグラスのコップ、緑がかった碧空*177」は、幼い「作者」の住む部屋の情景を思わせる。「マリーナ・ツヴェタ―エヴァの思い出に捧ぐ　V二十二年前のこと」(一九六三年)の「……なぜ僕は手の中に/生命を、アマツバメのように、つかまえているのか?*178」は、射撃場から帰る少年の頭に止まる小鳥や、最後に「作者」の手から飛び立つ小鳥を思わせる。

この映画の当初の題名『白い、白い日…』は、アルセーニーの詩「白い日」(一九四二年)に由来している。このことから詩は引用されるだけでなく、場面そのものが詩に基づいていると考えていいだろう。詩「白い日」の後半は、「……いまだかつて僕は/あのときほど幸せだったことはない。/そこには戻れない、/語ることさえできない、/どれだけ幸福に満ちていたろう、/この天国のような庭は。*179」とあるが、それはそのまま作者が『鏡』を作る動機であり、ベッドに横たわる「作者」の語りにつながるのである。

父アルセーニーが故郷エリザヴェトグラードの記憶を綴ったこの詩は、タルコフスキーのイグナーチェヴォ村の記憶を呼び覚ました。『鏡』にはこの幼い頃から現代に至る作者の記憶にまつわる苦悩と、父の詩の精神が融合されている。そして父子二人のタルコフスキーにとってこの情景は、「戻れない」がゆえに「語るべき」場所なのである。

「作者」の息子イグナートは部屋に現われた不思議な女性たちに、プーシキンの手紙を読むように言われる。そして彼女は病床の「作者」を見守る。登場の仕方や古風な装いからすると、彼女は現在の人ではない。その手がかりとなるのが、まだアルセーニーが生まれていない一九〇五年頃のタルコフスキー一家の写真である。そこには花咲く垣根を背景に、アルセーニーの父アレクサンドルと母マリヤ、そして母の甥、乳母に抱かれたアルセーニーの幼い兄ヴァレーリーの五人が写っている。戯れか父は大きな水差しのような器を持ち、黒い服を着た母はカメラに目を向けずにノートを広げている。

タルコフスキーの妹マリーナはこの写真について、「詩『白い日』の挿絵のように思えます」と言う。*180『鏡』に登場するビロードの服を着た婦人と使用人は、この写真に写っている祖母マリヤと乳母なのかもしれない。一九四四年に亡くなったこの祖母マリヤの葬儀が、幼い作者が参列した初めて葬儀だった。その記憶を彼は『鏡』の構想を練っている一九七〇年九月一四日の日記に綴っているのだが、その後に続けて「父が祖母と会うことはほとんどなかった。それに一緒にいるとやはり気づまりだったようだ。これは家族的なもの、もっと正確には家系的なものなのだろうか*181」と書いている。タルコフスキーは先妻と諍いだけでなく、母との関係性も父から譲り受けていることになる。

タルコフスキーは不在の父を詩に探し出したのである。そしてこの映画が父の詩からの影響があまりにも大きいことに気づき、当初の題名『白い、白い日…』を変更したのだろう。その逡巡の様子は『鏡』

の製作ノートに見ることができる。七〇以上も題名の候補が書き連なり、奇しくも最後の残ったのが『惑星ソラリス』のスナウトの台詞、「我々に必要なのは鏡だ」の『鏡』だったのである。[*182] 息子アンドレイ・タルコフスキーと父アルセーニー・タルコフスキーがともに写った写真が残されている。そのうちの三枚について触れておこう。一枚目は父アルセーニーが息子アンドレイを膝に座らせている一九三六年の写真で、向かって右側に二人がいて、左側に鏡に映った二人の姿がある。[*183] 二枚目は父が一人外套を着てハンチングを被り、分厚い手袋でパイプを持っている一九三七年の写真。左側のアルセーニーがカメラを向き、右側の鏡が彼の横顔を捉えている。[*184] 三枚目は息子が猫を抱いた一九四八年の写真で、左側に写っているアンドレイが右側の鏡に視線を向け、鏡に映った彼の視線がカメラを見つめているというものである。[*185]

これらの写真が意味するのは、一枚目は別れの日が近い父と息子の記念写真であり、二枚目は妻と子供たちを残して別の生活へと向かう父親の肖像写真、そして三枚目は芸術の息吹に触れ始めた息子の門出の写真ということだろうか。鏡を使った映像は、さらなる意味を付加させてタルコフスキー作品で昇華されていく。詳しくは第三章で論じるが本作に限れば、納屋の火事は鏡に映されて燃え上がり、「作者」は鏡に映る先妻と会話する。若い頃の母親は鏡の中で老いた自身と出会う。幼年期の「作者」は鏡に性の記憶を封じ、牛乳の入った瓶を抱えて鏡の中に登場する。タルコフスキーの作品で鏡は映画内映像、つまり映像の暗喩として機能するのである。

タルコフスキーはこの作品で初めて父アルセーニーの詩を用い、しかも父親本人に朗読させている。ここで詩人アルセーニーと映像作家タルコフスキーの共演が実現したのである。かつて作者の心情を吐露するように、『ローラーとバイオリン』のサーシャはセルゲイに父親的な存在を求め、『僕の村は戦場だった』のイワンは不在の父を非難する言葉をソビエト軍の外套に放ち、『アンドレイ・ルブリョフ』のボリスは技術を伝授しなかった父を激しく罵っている。作者もまた自身の栄誉への父の承認を強く求めたのだが、父が返したのは名声に溺れることへの警告だった。そしてその忠告の通りタルコフスキーは不遇の日々を過ごすことになる。疲れ果てた彼は、『惑星ソラリス』のクリスとして父の前に跪《ひざまず》く。その息子の肩には優しく父の手が添えられる。そして二人に融和が生まれた証左のごとく、『鏡』では父の詩と息子の映像が融合している。父は「不在」ではなくここに「存在」している。それゆえにタルコフスキーは『鏡』という作品によって父の不在から解放されたのだ。

『鏡』は作者の物語でもある

「作者」を演じる幼年期と少年期の二人の子役にある唇の左上のホクロは同一人物であることの印だが、それが「作者」の息子イグナートにもあるのは、「作者」と父の連なりの証なのかもしれない。作中の「作者」と先妻ナタリア、そして息子イグナートの物語は、タルコフスキーと先妻イルマ・ラウシュ、そして息子セーニカ（アルセーニー）の一九七五年時点の生活そのものである。しかしそれは時を超えて父アルセーニーと母マリヤ、そして息子アンドレイ・タルコフスキーとのかつての生活とも重なっているはずである。尊敬する父との離別、母親の辛苦、その深い悲しみから逃れたいと思いながら結局は父と同じ道を歩いてしまうという予感……。そうした〝負の連関〟の聖痕が、息子イグナートと幼い「作者」につけられたホクロなのだろう。

一九三二年に生まれたタルコフスキーは、約四半世紀をスターリン体制下で過ごしている。この作品は彼の極私的な記憶を綴りながら、現実の社会もニュース映像などを通して表現されている。それはスペイン人家族の会話をきっかけに闘牛士の映像として始まり、スペイン市民戦争、成層圏飛行、その英雄に対する歓喜パレードへと続き、さらにシヴァシュ潟を進む兵士たち、戦勝の祝砲、広場を走る戦車、解放されたプラハの民衆、戦利を喜ぶ市民たち、ヒトラーの遺体らしきもの、また祝砲とモスクワの花火、スターリンの肖像、塹壕で泣く松葉杖の男、きのこ雲、爆撃、機内で乗組員の喫煙が映し出され、ここで第二次世界大戦の映像はいったん終わるが、ニュース映像はさらに続き、太平洋上の核実験、毛沢東の肖像を掲げる民衆、毛沢東の胸像、ダマンスキー（珍宝島）での中ソ紛争、そして最後に毛沢東語録を手に興奮した民衆が映る。

これらの出来事は、主人公の「作者」やタルコフスキーが生きてきた時代そのものなのだが、そこにタルコフスキーの意図が仕組まれている。例えば大戦時にプラハを解放したソビエト軍の戦車の映像は、ワルシャワ条約軍のチェコスロバキアへの介入への批判となっている。また文化大革命時の毛沢東に人民が陶酔する映像は、スターリンの肖像を揶揄することになる。つまりタルコフスキーは個々の映像にその時代を映すだけでなく、ほかのニュース映像を批評する機能を持たせたのである。この毛沢東への揶揄は当時の中ソ対立が可能にさせたのである。そしてニュース映像に挟み込まれた松葉杖の男の映像は、戦争で生死をさまよった父親の象徴的肖像なのかもしれない。こうした現代史の映像はタルコフスキーのこれまで人生と重なるわけだが、その出来事の連なりの向こう側に彼の「……

心が苦しくなるほど大切な場所……[*186]」が存在するのである。

　モスクワ川流域にあったタルコフスキーの母方が住むイグナーチェヴォ村の家が『鏡』の舞台だが、この作品のためにそこを訪れた彼は、廃屋となった家を見て激しく動揺した。しかしそれでもその廃屋の上にセットを組んだ[*187]のだ。この家に住んでいた頃、父親が去り、その年に映画で描かれたように納屋が燃えている。

　作中の「作者」はこの田舎の家で母たちと暮らした記憶に執着し続け、ついに病に倒れる。母との電話では扁桃腺の炎症と話しているが、終盤近く、二人の不思議な女性がいる部屋で医師は、彼の病気は心理的なものだと言う。それは「ノスタルジア」にほかならず、タルコフスキーはその類例を隣人のスペイン人たちで表わしている。彼らは子供の頃に市民戦争の戦禍を逃れてソビエトにやって来た人々で、故郷から遠く離れて暮らすことに悩み苦しんでいる。彼らの中で故国は美化され、記憶は現実と離反していく。その症状は「作者」のものでもある。

　私たちは「ノスタルジア」を「郷愁」と訳し、「過去のものや遠い昔にひかれる気持ち」と解するが、ソビエト―ロシアの人々――とりわけ故郷の情景から離れて暮らすロシア人が抱く「郷愁」は日本人のそれとは比較にならないほど激しい。『鏡』の「作者」も激しい郷愁に苛《さいな》まれた。やがてそれは死に至ることもある、まさに「病」なのである。[*188]その病に罹患していたタルコフスキーはそれを題名通り『ノスタルジア』で描いているが、それはこの『鏡』や『惑星ソラリス』でも核となるテーマだったのである。

『鏡』の「作者」は病床で、「すべてうまくいくよ……何もかもね」と言って、掴んだ小鳥を放つ。すると場面が変わり、「作者」が生まれる前の両親が草原に寝転がりながら生まれる子供のことを話し合っている。その後、老いた母親と幼い「作者」は朽ち果てた家を確認する。そこに遠くから彼らを見つめる寂しげな若い母親を残して、「作者」は老いた母親や幼い妹とともに彼の拠りどころであり、かつ病の源であった風景から遠ざかっていく。

『惑星ソラリス』のクリスはノスタルジアそのものに飲み込まれて、ソラリスの海に浮かぶ家に戻っていくが、『鏡』の主人公である「作者」は逆に現実の世界に向かっていく。そのとき、幼い彼はプロローグの青年の喜びに満ちた言葉「僕は話せる」と同じように、雄叫びをあげるのである。

『鏡』は母と妻の関係の物語でもある

「作者」の老いた母マリヤを演じるのは、タルコフスキーの実際の母マリヤである。彼女は息子への電話の声の主であり、「作者」の孫の前に姿を見せたり、鏡の中に幻影として登場している。また、彼女はときを超えて幼い息子や娘とともに故郷の廃屋を後にし、物語の帰結に関与する。

若い母親マリヤと先妻ナタリアは女優マルガリータ・テレホワが演じるが、注意すべきは「作者」が、「母の記憶は先妻の姿として現われる」と話すことである。「作者」はタルコフスキーとほぼ同一なので、テレホワが演じた若い母親と最初の妻は彼の記憶の中では先妻イルマ・ラウシュただ一人に重ねられることになる。

タルコフスキーは一九七一年八月二〇日の日記に、「セーニカはどうしているだろうか。イーラ（イルマ・ラウシュ）は、私たちが会えないように、あらゆる手をつくしている。……そのうちにセーニカとのことがうまくいくようになるのだろうか。主よ、力をかしたまえ！」[189]と、タルコフスキーと先妻の息子セーニカに関する諍いを綴っている。

この諍いは『惑星ソラリス』を製作している時期に起こっているが、その少し前の日記には「（白い日の）母親役は誰にしよう」と書かれている。また妹マリーナは、「兄は『鏡』の妻の役に、最初の妻を考えた」[190]と語っている。『惑星ソラリス』でもタルコフスキーはイルマに母親役を打診したが、『鏡』の母親役も彼女に依頼しようとしていたのである。この配役が実現していれば、「作者」の母が耳飾りを売ろうとする場面は、訪ねるのが先妻イルマで迎えるのが今の妻ラリッサ。さらに二人が見つめる子供が作者の二人目の息子アンドリューシャとなる。[191]まさに虚構の中に現実が構築されようとしていたのである。

「作者」の息子がプーシキンの手紙を読んでいるとき、その背後には、耳飾りを着けたタルコフスキーの母マリヤのポートレイトがあるが、これこそが売られようとした耳飾りなのだろう。[192]残念ながら本編には登場しないが、夏服を着た母マリヤが嬉しそうに耳飾りを付けている写真が『鏡』のＤＶＤのパッケージに使われている。実際の母マリヤもパッケージに似た淡い色の服を着て写っている一九三二年の写真があり、[193]タルコフスキーが生まれたのはその年である。この耳飾りが夫からのプレゼントで、贈られた頃に彼女が「作者」を身籠っていたのなら、それは受胎告知の証ともなろう。

母親は飢餓から子供たちを守るためにその耳飾りを売ろうとするが、息子はそこに母親の女性性を感じて、自身の性的記憶を辿る。耳飾りを付けた母親の場面がなかったのは、妻ラリッサが付けている場面との対比を避けるためなのかもしれない。画面では美しいターコイズブルーの耳飾りは買い手の婦人役のラリッサに独占されるが、結局妻マリヤはその耳飾りを売らなかったのである。残された写真の母親は耳飾りをしているが、作品の中の母親は耳飾りを付けてはいない。タルコフスキーの幼い頃の家族写真の多くは父親が撮影したものであり、父親が去ったのちの不在の標のように、作品の中の母マリヤの耳には飾りが存在しないのである。

父アルセーニー・タルコフスキーは一九二八年の二月に、同じく二〇歳で全ロシア詩人同盟附属の国立高等文学コースを聴講していたマリヤ・イヴァーノヴナと結婚した。四年後に息子アンドレイ、その二年後に娘マリーナが生まれたが、父親は一〇年足らずで家族のもとを去る。そのときアンドレイは五歳、妹のマリーナは三歳だった。一九四〇年にアルセーニーとマリヤは正式に離婚するが、そのときすでにアルセーニーはほかの女性との生活を築いていた。

息子アンドレイ・タルコフスキーは一九五七年の九月に、同じ全ソビエト国立映画大学の学生イルマ・ラウシュと結婚した。アンドレイは二五歳でイルマは一九歳だった。その五年後に息子セーニカ（アルセーニー）が生まれたが、やがて二人の関係は悪化し、一九七〇年の六月に正式に離婚する。それは新しい妻ラリッサとの二人目の息子アンドリューシャ（アンドレイ）が生まれる直前だった。しかし二人が別れた後も彼はイルマを女優として起用したいと思っていた。また息子セーニカと会うことも欲していた。このように父アルセーニー・タルコフスキーと息子アンドレイ・タルコフスキーの人生はまるで合わせ鏡のようにそっくりなのである。

先に子供の頃の「作者」とタルコフスキーの息子には同じ場所にホクロがあると書いたが、若い頃の母親マリヤと「作者」の先妻ナタリアを演じたマルガリータ・テレホワにも、左の首筋に大きなホクロがある。そしてなぜかタルコフスキーの先妻で『僕の村は戦場だった』や『アンドレイ・ルブリョフ』に出演したイルマ・ラウシュにも同じ場所に同様のホクロがある。彼女たちの以降の出演作などでもそれが付けボクロではないことが確認できるので、偶然にも実際の先妻と先妻を演じた女優が同じホクロを持っていたことになる。本当にそれが偶然なのか、それともタルコフスキーの何らかの〝魔術〟を仕掛けたのかはもはや判然としない。

ともあれタルコフスキーは妻イルマに自身の母親の記憶を重ねて、やがて彼女の姿が記憶の母の姿に転換していった。つまり彼の「ノスタルジアの病」は、擬製の母イルマとの暮らしで進行し、彼女との別れは母の記憶との別れを意味したのである。「作者」を診る医者は病の原因を「……いきなり母親や妻子を亡くすとか……」と話す。事実、タルコフスキーはイルマと別れることで、若き母親とそれに連なる故郷の記憶を失なうことになる。映画はその恐怖による精神の揺らぎを丁寧に描き、彼の決意として幼い自分と実の母親にノスタルジアの源泉である故郷の廃墟を目撃させ、なおかつ若い母親の記憶＝イルマの姿をそこに残すことで、イルマ＝若き母親という呪縛から逃れようとしたのだ。ここで作者の精神的な近親相姦とも言える苦悩、あるいは贖罪が昇華される。それ以降、作品は父親としての家族への思いに重きが置かれるようになっていく。彼の関心は過去から未来へと転じたのだ。

最後の場面で、幼い「作者」は老いた母親に、「ママ、家の石油コンロが煤を出しているよ」と言う。すると彼女はいったん家のほうを振り返るが、また前を向いて煙草を喫う。これは冒頭の若い母親が柵で煙草を喫う姿と同じである。もしこのときの「作者」の言葉が火事を意味するのなら、それは父の出奔を暗示している。そしてそれに母親が関心を持たないのであれば、すでに彼女の中には夫アルセーニーがいないことになる。こうしてタルコフスキーは老いた母親の何気ない表情を借りて、父親からの精神的な解放を試みているのである。

〔6〕離脱――『ストーカー』

タルコフスキーは自分自身や家族をその作品に投影してきたが、作中に自身を反映させた少年が登場しない『ストーカー』はその大きな分岐点となる。少年の代わりにストーカーの娘(少女)がその役割を果たすからである。それまで作者は『ローラーとバイオリン』の少年サーシャや『僕の村は戦場だった』の少年イワン、『アンドレイ・ルブリョフ』の青年ボリス、『惑星ソラリス』の幼い頃のクリス、そして『鏡』の幼い「作者」に自身を表現してきた。しかし『ストーカー』以降の二作の少年たち――『ノスタルジア』のゴルチャコフの息子と『サクリファイス』の男の子――は息子アンドリューシャを反映している。そしてこの二人の少年には名前がつけられていない。同様に『ストーカー』の〈お猿〉と呼ばれる少女にも名前がない。どうして名前がないのだろうか。そしてなぜ少年ではなく少女だったのだろうか。彼女は『ストーカー』の原作小説にも書かれているので、少女が登場すること自体不思議ではない。実はタルコフスキーは『鏡』を撮り終えたとき、すでに次作には少年を登場させないと考えていたようなのである。

『鏡』ではタルコフスキーの記憶が精緻に再現されているが、『ストーカー』にはそのような表現はない。だが望みが叶う部屋の前でストーカーが切々と訴える自身の苦悩とそこで暮らしてもいいと言う彼の願望はタルコフスキーのものである。もしこの作品にストーカーの息子が登場すれば、それはストーカーの妻を含めてタルコフスキーの家族そのものの反映となってしまうだろう。作者はまずそれを避けたかったはずである。

タルコフスキーは『惑星ソラリス』で初めて大人のクリスに自身を反映させ、さらに子供時代のビデオ映像を挟み込んで、母との「再会」の場で彼は子供に退行している。『鏡』ではタルコフスキー自身と家族を描いている。その終盤ではタルコフスキーが本人役として登場するが、それは身体のわずかな部分を映すのみで、声も別人である。*194 タルコフスキーがそのような形で自らの作品に登場したのはノスタルジアと化した家族の記憶と決別するためである。そうするために、あえて父アルセーニーや先妻イルマ、そして母マリヤを映像化したのである。

この『鏡』を撮ったのちに彼は『ストーカー』で自身の家族に対する新たな表現の仕方を獲得している。この作品でタルコフスキーは父親との関係性を強く求める子供ではなく、ストーカーという大人に自身を投影させている。また、父親についての言及の仕方にも変化が見られる。ストーカーがジカブラスの弟の詩として暗唱するのは父アルセーニーの詩だが、その中の「……何もかもまばゆく燃えていた、ただこれでは足りない」は、次作の『ノスタルジア』のモチーフである火を想起させる。そして「……人生は翼でかばってくれた、守ってくれた*195」という部分は、『ストーカー』の最後に娘が動かすコップの中の羽根や次作の『ノスタルジア』で主人公の近くに舞い落ちる羽根と重なる。ここでも『鏡』と同様に映像作家である作者アンドレイ・タルコフスキーは、詩人である父アルセーニー・タルコフスキーと共演しているのである。

『ストーカー』の最後で娘が読む詩は父アルセーニーが敬愛した一九世紀の詩人フョードル・チュッチェフの作品である。タルコフスキーが日記に「チャーパと一緒に、スウィフトの『ガリヴァー旅行記』を読んでいる」[*196]と書いているように、タルコフスキーは息子アンドリューシャと本を読み、あるいは息子の朗読を聞いていたことだろう。それがチュッチェフや父アルセーニーの詩だとすれば、タルコフスキーはそこに奇跡を見出していたのかもしれない。『ストーカー』における少女の奇跡はコップがテーブルから転がり落ちることではなく、少女が詩を読むことなのである。

ストーカーがゾーンへの旅を終えて家の床に横たわるとき、膨大な本のある書棚が映るが、彼の娘が読んだ詩集もその棚の一冊と考えられる。彼女はたくさんの本を通じて父であるストーカーの知識と才覚を継承しているのだ。映画の本編ではカットされているが『鏡』のスチル写真には「作者」の息子が大量の本が散乱する部屋に座り込む場面がある。[*197]それが『ストーカー』で実現されたことになる。

ではなぜ息子ではなく、娘を家族としたのか。まず第一に考えられるの映画の製作をよりスムーズに進めるために原作の枠組みに忠実に従ったからだと考えられる。それに加えて少女の眼差しが羽根とともに卵の殻が入ったコップを動かすように見えることである。卵とはイエスの復活の象徴[*198]であり、これが少年の起こした奇跡であるとすれば、彼はキリストを表徴してしまうからである。

さらにもう一つ。この娘は妻ラリッサの娘オリガへの贈り物——という可能性もある。彼女は『惑星ソラリス』や『鏡』で短いながら大切な役を演じている。ストーカーの娘にはこのオリガの面影を見ることができるのだ。タルコフスキーは『ストーカー』に少女を登場させることでオリガに自身の娘としての場所を与えたのかもしれない。

幼い頃の記憶をモチーフにして作品を撮り続けたタルコフスキーは、『ストーカー』で一転して自らの未来を予言するような作品に仕上げている。ストーカーはゾーンに到着したとき、「ここが私の家です」と言い、モノクロの場面が一転して霧が漂う緑の美しい森のカラー映像となる。それは次作の『ノスタルジア』の冒頭の光景を思わせる。それらの映像から類推するとタルコフスキーにとってゾーンとはそのヨーロッパのことなのではないか。ゾーンという名のヨーロッパ——その世界の魅力を知らしめるために、その可能性を確かめるために、「教授」や「作家」を連れていった——しかし彼らにはその価値が理解できなかった……。

ゾーンの中の願いが叶う部屋に着いてもその中へ入っていこうとしない二人の前でストーカーは、「何もかも捨てて妻や、〈お猿〉と一緒にここへ移ってこようかな。ここで暮らそうか……。誰もいないし……。面倒もない」とつぶやく。さらに彼の妻はゾーンについて、「私が一緒に行ってあげようか？　それなら満足？　私にも願い事があるわよ」と話す。これはまるで夫の亡命に付き添った妻ラリッサの言葉のようである。

『ストーカー』の中のゾーンは暮らしが成り立つ場所とはとても思えない。しかしそれでも彼らがそう言うのは、ここではない別の場所への強い憧れがあるからだろう。多くの危険を乗り越えて到達できるその「部屋」こそ、タルコフスキーにとっての自由に映画を撮ることができる「場所」なのである。

〔7〕捕囚――『ノスタルジア』

タルコフスキーは『鏡』までの作品で自身の過去を語ってきたが、それ以降の作品では自分の未来を描くことになる。『ストーカー』ではストーカーという生業《なりわい》の男の信念に自身の将来を託し、『ノスタルジア』でサスノフスキーの旅の跡を辿る作家ゴルチャコフの境地を通じて、やがて作者自身も陥ることになる望郷の思いを描いている。

『ノスタルジア』は主人公であるゴルチャコフを欠いた家族の幻影から始まるが、そこに流れている民謡の歌詞（第一章参照）にある「友」を「父」に代えれば、家族を残したまま故国に帰らなかったタルコフスキー本人に重なり、さらに戦争が終わっても戻らない作者の父親ともつながる。幻影に登場する妻、娘、幼い息子、母、そして犬がそのまま作者の妻ラリッサ、義理の娘オリガ、息子アンドリューシャと義母アンナ、さらに愛犬ダックスであることはあまりにも明瞭である。父の不在を表わすように息子は大きな上着を着ている。

タルコフスキーは妻ラリッサを除く家族を故郷に残してこの作品を製作したが、その状態が長く続くとは考えていなかった。西側で次の仕事の依頼を受けた彼は、西側に残ることを望み、彼の息子と義母をひとまず出国させて欲しいとソビエト政府に懇願するが、その願いが叶わぬまま、彼は祖国に戻ることを拒否、すなわち亡命することになる。そして死が間近に迫るまで息子と義母に会えず、義理の娘オリガと父アルセーニーとの再会は果たせなかったのである。まさにゴルチャコフの見る幻影が作者の〝現実〟となったのだ。

幻影に登場する家は、作者が一九七〇年にモスクワ郊外のミヤスノエ村に建てた別荘を忠実に再現したものだ。彼が撮影したポラロイド写真を編集して出版された写真集『Instant Light』や『Bright, bright day』などを見ると、そこに収録されている別荘やその周辺の村の風景は、『ノスタルジア』のロケ現場と見紛うばかりである。[*199] 主人公のゴルチャコフはイタリア人通訳のエウジェニアと幻影の妻から「アンドレイ」と呼ばれている。「ゴルチャコフ」と呼ばれるのは、エウジェニアが温泉客に彼を説明する場面でだけである。この名前は作者が幼い頃に家族と過ごした田舎の家の主人パーヴェル・ゴルチャコフに由来している。[*200] 彼は『鏡』の納屋が燃える場面に本人役として登場する。

『ノスタルジア』には先妻ラウシュや息子セーニカを思わせる登場人物はおらず、かつての作品で表わされたような父親へ訴えかけもない。しかし『鏡』や『ストーカー』と同様に父の詩は登場する。この作品で初めてそれが父アルセーニーの詩であることがエウジェニアの台詞で明かされる。母マリヤへの言及はゴルチャコフの妻の名前(マリヤ)や、寺院の絵画「出産の聖母」に託されていると見ることができる。特にフランチェスカによって描かれた絵の中の聖マリアは、ゴルチャコフが似ているという妻マリヤよりも、作者の母マリヤの若い頃によく似ている。タルコフスキーはこの聖母像に母の面影を感じていたのかもしれない。

さらに、作中でクローズアップされる「出産の聖母」への眼差しは、幻影の中のゴルチャコフの視線に引き継がれる。彼を演じたオレグ・ヤンコフスキーもまた『鏡』で「作者」の父親役だったことからも分かるように、作者の父アルセーニーに似ている。つまり「出産の聖母」の聖母マリアに似た作者の母マリヤと、ヤンコフスキーに似た父アルセーニーが見つめ合うことで、主人公ゴルチャコフの幻影が始まったことになるのだ。したがってこの幻影は聖母に母の面影を見た作者の幻影であるとともに、聖母に妻の片鱗を感じた父アルセーニーの幻影と解することもできる。

「出産の聖母」のある寺院の男はエウジェニアに、「単純な人間としての意見だよ。女の役目のせいだ。女は子を産むだろう。そして育てる。忍耐と犠牲が、必要なんだ」と言う。これは一見、差別的な表現だが、タルコフスキーにとって子供のために多くの犠牲を払った母マリヤは崇拝の対象であり、この言葉を彼女の苦労に重ねて用いていると捉えることもできる。『ノスタルジア』は、エンドロールにあるように、そのような「母」に捧げた作品である。

物語の冒頭、通訳のエウジェニアがロシア語で話し出すと、ゴルチャコフはイタリア語を使えと言う。母国の言葉は彼に望郷の念を抱かせるからだ。彼女はイタリアの風景はモスクワに似ているとも言うが、ゴルチャコフはそれを否定する。それは彼は故郷の景色をかたときも忘れてはいなかったことを示している。この作品の製作を始めた頃のタルコフスキーはゴルチャコフのような思いとは無縁だったが、やがてタルコフスキーもゴルチャコフの心境に踏み込むことになる。

ホテルのロビーでゴルチャコフはエウジェニアに、自分は芸術の翻訳には否定的だと話す。ここで作者は、父アルセーニーがソビエト各地の言語の文学をロシア語に訳す仕事をしていたことを、あえて父に似た俳優に否定させているのだ。これはアルセーニーが「翻訳者」という詩に、「……どうして僕は、最良の年月を異邦の言葉のために売り渡したのか？　ああ、東方詩の翻訳よ、おまえのせいで頭が痛む」*201（一九六〇年）と書いたことへの返答である。タルコフスキーが東洋言語単科大学に入学したのも、そんな父親の影響と考えられる。

この翻訳の不可能性についてタルコフスキーは「この映画は、文化というものが、輸入も輸出もできないものであることを示そうとしているのだ」*202と述べている。タルコフスキーは海外の映画製作で言葉の壁を感じたからなのかもしれない。ただ、彼は外国の映画——特に台詞を全く理解できない日本映画をこよなく愛していたことも事実である。

ゴルチャコフはエウジェニアから渡されたイタリア語訳のアルセーニー詩集を、床に投げ捨てるが、実はその詩を愛していたことが、のちに彼がロシア語で暗唱することで分かる。その廃墟の教会で彼が読む「子供の頃、僕は病気になった」の「……母は立っている、手招きしながら、どうやらすぐそばにいるのに、近づいていけない。」*203という詩は、製作時の作者の心情を反映している。最初のイタリア取材から戻った直後の一九七九年一〇月五日に、彼は最愛の母親を喪っているのだ。しかしまた、一九六六年に書かれたこの詩は、一九六二年に作られた『僕の村は戦場だった』の最後の母親の場面を思わせる。

そしてゴルチャコフが廃墟でうたた寝をしていると、アルセーニーの詩がドメニコの声のイタリア語で、「僕は蝋燭、僕は宴で燃え尽きた。朝になったら僕の蝋を集めてください、するとあなたにそっと教えるでしょう、この頁が、いかに泣くべきか、何を誇るべきか、……死してのちいかに燃ゆるべきかを。」*204と読まれる。これはドメニコの行動を示すとともにゴルチャコフの「遺言」となっている。

このようにタルコフスキーは『鏡』や『ストーカー』に続いて、父の詩の世界の映像化をこの『サクリファイス』で試みている。それは一人の芸術家が、もう一人の尊敬すべき芸術家の作品を映像に「翻訳」した――ということなのかもしれない。かつて作者は子供の頃に父親を失なった喪失感を作品に投影したが、この作品では父と対等であろうとする強い意志が感じられる。しかし『ノスタルジア』を完成させた後も故国に戻らない彼にさまざまな噂が広がる。そんな息子を案じた父からの一九八三年九月六日付の手紙がタルコフスキーに届く。

「……なるたけ早く戻っておくれ、息子よ。母国語を離れ、故郷の自然を離れ、小さなアンドリューシカを、セーニカを離れて、どんな暮らしがあるというのだ！……異国の魅力がいかに強かろうと、おまえにはわかっているはずだ、ロシアがいかに美しいか、いかに愛すべき地であるか、何よりそれは、世に比類なき天才たちを生んだ国ではなかったか？　その才ある者たちも、異国で、流謫の身となれば、いずれ精神を病みあるいは破滅へと向かいはしないか？　かの天才マフトゥムクリの詩『故郷を離れて』を私が翻訳したときのことを思い出して欲しい。あまたの不幸な者のうちでも最も不幸な者――彼が自らをそう呼んだところの〈追放者〉に、どうかならないでおくれ」

この手紙を受け取ったタルコフスキーは深く悲しみ、それを日記に転記する。*205 父アルセーニーは手紙で息子への思いを切々と訴えている。ここでは奇しくもゴルチャコフの苦悩がアルセーニーの言葉によって言い表わされている。そしてかつて家族から去っていった父親と、それを悲しむ息子の関係性が逆転している。文面にあるロシア語が通じないこと、家族と離れていること、異国の魅力に囚われていること、それ以上に故郷を愛していること、そして流浪の民となることの悲しみは、そのままサフノフスキーやゴルチャコフのものであり、タルコフスキーのものでもあった。そして父は息子の運命をほぼ正確に予想していたことになる。タルコフスキーは九月一六日付で父へ以下のような返信を書いている。

「お父さん！　哀しくてなりません、あたかも僕が自ら〈追放者〉となることを選び、好んでロシアを捨てようとしているかのように感じておられるのが……。今僕が陥っているような苦しい立場にある者に、どうしてそのような解釈があてはめられるでしょう。……僕を外国に追いやった元凶たちが何と誹謗して回ろうとも、これまでずっとそうであったように僕はこれからもソビエトの芸術家であり続けるつもりです。心からお父さんを抱擁します、そして力と健康をお祈りします。すぐにもお目にかかります。貴方の不幸な、悩める息子　アンドレイ・タルコフスキー」*206

全文は紹介できなかったが、タルコフスキーはこの手紙で、自分がいかにソビエトの映画製作の現場で不遇であり、また陰謀に巻き込まれたかということを父アルセーニーに訴えている。父は家族の情愛を語り、息子は映画の作り手としての不幸を嘆く。二人の主張はお互いを認め、強く求め合いながら平行線のままである。そして二人の再会を困難にさせる亡命宣言が、それから一〇カ月後の一九八四年七月一一日になされるのである。

映画では倒れたゴルチャコフを見つめる男の子が画面に現われる。彼の肩には母の両手が添えられる。この息子とその母親の視線はゴルチャコフを最初の幻影へと導いた「出産の聖母」との視線の交差を引き継ぐ場面であり、そこに二つのことが読み取れる。ゴルチャコフが父アルセーニーならば、彼を見つめる男の子はアンドレイ・タルコフスキーであり、ゴルチャコフがアンドレイならば、男の子は彼の息子アンドリーシャであるということである。そしてそのことは作者と父アルセーニーの別れであるとともに、作者とアンドリューシャとの別れをも意味している。画面ではロシアの家の後にイタリアの大聖堂が建ち上がるが、タルコフスキーと父、あるいはタルコフスキーと息子という二人の間に国境は歴然と残り、その間隙に彼は捕囚されるのである。そしてアンドレイ・タルコフスキーと父アルセーニーが再び会うことはなく、息子アンドリューシャとタルコフスキーが再会できたのも死の直前のわずかな時間であった。ここで私たちは『惑星ソラリス』の最後の場面、ソラリスの海に浮かぶ地球の家に戻ったクリスが跪き、その両肩に父の手が添えられたことを思い出すのである。ここでは父と子の再会が死によって実現されたことが仄《ほの》めかされていたのだ。

〔8〕逃亡――『サクリファイス』

タルコフスキーの遺作『サクリファイス』は、それまでの作品以上に重層的な表現構造を持っている。中心にあるのは、核戦争の勃発を前にした主人公のアレクサンデルが、世界を救ってほしいと神に祈り、その願いが叶うと彼は神との約束通りに家に火を放ち、自分の行ないの意味を語ることなく去っていく――という徹底した自己犠牲の物語である。しかし物語を細かく見ていくと、これまでの作品と同様にタルコフスキー自身や彼の家族が投影された表現が数多く出てくる。
それは大きく三つに分かれているのだが、その一つは故国に残してきた息子アンドリューシャへの思いを反映したものである。エンドロールの文言でこの作品が彼に捧げられていることから分かるように、それは物語とも整合性がとれている。しかしそれ以外に隠された部分が二つある。その一つはのちの編集によって不明瞭になってしまったアレクサンデルの死の表現であり、もう一つが作者と家族の諍いの反映なのである。

最初に家族の諍いを見ていくことにする。タルコフスキーの妹マリーナは、「『サクリファイス』はとても自伝的な映画です。映画には、兄の妻や息子を連想させる人物が出てきます」[*207]と話している。たしかにこの作品に登場する夫(アレクサンデル)、妻、義理の娘、そして幼い息子という家族構成は、まさにタルコフスキーの家族と同一であり、特に妻アデライーダと娘マルタの風体は妻ラリッサと娘オリガによく似ている。同様な家族は『ノスタルジア』にも登場するが、そこでの彼らは幻影として現われるだけで、妻がアンドレイと呼びかける以外は終始無言だった。しかし『サクリファイス』の家族は作中の現実でありみな多弁で能動的である。

さらに不気味と言っていいのが、アレクサンデルと妻との関係である。タルコフスキーが亡くなった後、彼の日記の管理をしていた妻ラリッサはタルコフスキーの本の出版に際して日記のいくつかの頁を削除している。しかし彼女の監修が及ばなかった『鏡』の作業ノートには、彼女に向けた雑言が見受けられる。[*208]亡命の日々、家族と遠く離れて経済的にも不安定だったタルコフスキーと妻ラリッサが実際どのような状態だったのかは分からないが、タルコフスキーはアレクサンデルに自身の思いと悩みを、そしてそれに対する妻の反応をアデライーダに投影したことは確かである。

インターネット上のいくつかの情報によると、タルコフスキーは死の年の一九八六年に、三人目の息子の父親となっている。母親はノルウェー人である。そのノルウェー人女性との関係は詳らかではないが、生まれた男の子はアレクサンデルと名付けられた。それはタルコフスキーの祖父の名であり、『サクリファイス』の主人公の名である。この状況に作者の妻ラリッサの心は穏やかであるはずはなく、それは作中のアデライーダの苛立ちに反映されている。タルコフスキーと最初の妻イルマの結婚生活は公的には一九五七年から七〇年までの一七年間であり、二番目の妻ラリッサとの結婚生活は八六年で一六年となる。タルコフスキーは二番目の妻ラリッサの子であるアンドリューシャの誕生が近かったので、彼はイルマとの離婚とラリッサとの結婚を急いだのだが、もしタルコフスキーが当時肺癌を患っていなかったのなら、今度の事態は別の方向に進んでいたかもしれない。

つまり主人公アレクサンデルと抱き合いながら家政婦マリアが言う、「分かります。何かあったんですね。奥様でしょ？　酷い方です」という言葉は彼女の誤解ではなかったことになる。そして最後に主人公が見る夢の中での妻とマリアの入れ替わりは、妻ラリッサとノルウェー人女性の交代を表わしているとも考えられるのだ。マリアはアイスランドの出身とされ、ノルウェー人女性と北欧という点で一致する。核戦争が勃発した夜、マリアは作者の反映である主人公アレクサンデルを父として、作者の息子アレクサンデルを受胎したのかもしれない。

主人公が息子に語る家を見つけたときの感動は、かつて別荘を手に入れた頃の作者の日記に読むことができる。*209　しかしタルコフスキーは主人公アレクサンデルの手によって、何よりも大切なその家を燃やしてしまう。主人公の諦念と決意を含む苦悩と胸の痛みは作者のものである。物語の中でその家に住む家族たち、特に妻は激しく自らの不幸と夫の不甲斐なさを訴えている。彼は災いの住むその家からすべてを棄てて去っていくことを決意したのだろう。その証のように核戦争の到来を知ったアレクサンデルは「これを私は待っていたのだ」とつぶやく。

『鏡』で描かれたように作者にとって火事は父アルセーニーの不在を意味しているが、アレクサンデルは神との約束を果たすために家族の象徴である家を焼き、父親であることを忌避する。作者はその作品の中でアルセーニーの轍を踏んだことになる。

もう一つは作者の死の予感の反映である。主人公は「死の恐怖」を、「人々は死への怖れのために自分を守り、周りの人や自然を受け入れようとはしない」と息子に語るが、タルコフスキーはこのような文明観を『映像のポエジア』の第九章と終章で述べている。彼は死の恐怖が生み出す危機への警告を、この作品の冒頭に置いているのである。

作品が製作された時期、作者はまだ自身の不治の病に気づいていなかった。ただ彼の日記には周囲の人々の死が数多く記されていた。彼にとって特に衝撃的だったのは、一九七九年の母の死と一九八二年の俳優アナトーリー・ソロニーツィンの死だった。彼は『鏡』で母親の若い頃を描き、『ノスタルジア』を彼女に捧げている。その『ノスタルジア』と『サクリファイス』の主役に作者が想定していたのがソロニーツィンで、作品の構想を練るとき、タルコフスキーの脳裏では彼が演技していたはずである。ソロニーツィンの死が『サクリファイス』の前段階である『魔女』の主人公と重なったことをタルコフスキーは悲しんでいる。彼の死因は肺癌だったが、その三年半後、作者もまた同じ病でこの世を去ることになる。ソロニーツィンはタルコフスキー作品の最後の出演作『ストーカー』で、終始ロングコートを着ているが、彼が演じるはずだった『ノスタルジア』のゴルチャコフもコートで過ごし、『サクリファイス』のアレクサンデルも、同様のコートを着てマリアの家に出かけている。そこには彼への追悼の念が含まれているのだろう。[*210] このような近親者や親しい友人の死がタルコフスキーの心境に何らかの影響を及ぼしたであろうことは想像に難くない。

死の予感を逆説的に表わしていると思われるのが、作品から削除された場面である。記録映像の『タルコフスキー・ファイルin「サクリファイス」』には、死してソファに横たわるアレクサンデルに最後の水を含ませる妻や、弔問のために並ぶ人々を撮影した場面がある。作者の死の予感がそれを本編から省いたのではないだろうか。この臨終の場面は作者の夢を描いたものだというが、[*211] それはまさに予知夢となったのである。また、黒い服を着たアレクサンデルが横たわり、それを近くに座るマリアが見つめる夢の場面は残されたが、これは作者が夢の中で死を体験したことを意味している。

アレクサンデルがマリアの部屋で語る母親の庭の話は、第一章の『鏡』の項で触れたアルセーニーの詩「白い日」[*212] とつながっている。『鏡』の当初の題名だったこの詩には、幼い父親が見た美しくも儚《はかな》い庭の記憶が描かれていて、タルコフスキーはこの詩が醸し出すイメージのまま『鏡』を製作し、この『サクリファイス』のアレクサンデルに母親の庭を語らせたのだろう。タルコフスキーは彼の話に父の遠い記憶と母が作った庭、そして戻ることのできない自身の別荘の庭を重ね合わせている。「そこには戻れない、語ることさえできない、どれだけ幸福に満ちていたろう、この天国のような庭は。」と詩は終わるが、その情景のすべての人は詩のごとく天国の住人でアレクサンドルと作者が失なったもののすべての象徴なのである。

そして最後にあるのは物語への息子アンドリューシャの反映である。作者の息子への思いがこれほど直截に表現された作品はほかにない。彼は作品のすべてを愛する息子への手紙としたと言えるだろう。冒頭、アレクサンデルが息子に語る思いは作者の息子への語りでもある。息子が声を出せないのは、作者の息子が遠い故国に残されていることを意味し、また彼らが無垢であることの証でもある。作者は息子に二度と会えないことを予感し、この作品に彼への遺言を潜ませたのである。

しかしソビエト政府はタルコフスキーの死が近いことの政治的配慮として、息子と義母アンナの海外渡航を認めた。作者は一九八六年四月一三日の日記に、彼らが到着してから「あの一般にノスタルジアと呼ばれる感情は私から跡かたもなく飛び去った」[*213]と書き、その死に至ることもある彼の望郷病[*214]は、息子たちとの再会によってあっけなくも癒えたのである。作者の死が近いことが皮肉にも彼の最大の願いを成就させたのだ。彼が心の底から求めていたのは、遠い記憶の中の田舎の生活でも、モスクワ郊外に建てた別荘でもなく、小さな息子が近くにいるということだった。それまでの作者は祖国に残した息子の「なぜ一緒に暮らせないの？」という問いに答えることを望みながら、それができずに――姿を消す――亡命の道を選択したもう一人のアレクサンデルだったことになる。

こうして映画の献辞として当初考えられていた「かくも幼き身にして無辜の苦しみを強いられた息子アンドリューシャに捧ぐ[*215]」は、「この映画を息子、アンドリューシャに捧ぐ　希望と信頼とともに」に代えられる。彼の贖罪は一転して未来への希望となったのだ。こうして『サクリファイス』は作者の息子への贈り物として完結する。

最後の場面では声を取り戻した息子が枯れ木の根元に寝転がる。その木の向こうに広がる水面は光り輝いている。木の枝はシルエットとなり光が枝の一本一本に回り込み、まるで光の花が咲いたようだ。光とはまさに映画の源である。その花咲く光の粒を作者は息子に手渡そうとしたのだろう。光に包まれた枝のシルエットは光の芸術である映画の未来をも映しているかのようでもある。

『ローラーとバイオリン』(一九六〇年)の主人公の名前はサーシャであり、『サクリファイス』(一九八六年)のアレクサンデルの愛称もサーシャである。四半世紀に及ぶ八本の映画製作を通して、タルコフスキーは同じ名前の主人公を二人使っている。偶然かもしれないがサーシャという名前は彼の父方の祖父の名前でもある。祖父アレクサンドルは一九二四年に亡くなったので、タルコフスキーに彼の記憶はなく、あるのは父アルセーニーが持つ写真だけである。そしてタルコフスキーが亡くなった年に彼の三人目の息子アレクサンデルが生まれた。タルコフスキーは最後まで私たちに謎を残していったのである。

第三章　モチーフの躍動——物語を紡ぐ事物

タルコフスキー作品の大きな特徴の一つは、ある現象、事物、行為が物語の中に繰り返し用いられる——ということである。例えば雨や風、雷、火、泥濘などの自然現象や、登場人物が見る夢や幻影といった人間の内面的な光景、井戸や風船、りんご、牛乳、家、羽根、鏡といった物、さらに犬、馬、鳥、樹木、草といった生物、そして白髪や病、旅といった人間の状態や行為が作中に繰り返し出てくるのである。中でも古代哲学の四大元素である火、水、土(泥)、風(空気)が頻繁に使われる。そうした事物や現象をここでは「モチーフ」と呼ぶことにする。

タルコフスキーは「雨、火、水、雪、露、地吹雪、これらは私が住んでいるあの物質的な環境の一部であり、言ってみれば、人生の真実である。それゆえ人々がスクリーンに愛着をもって再現された自然を見るとき、彼らが単にその自然に愉悦するのではなく、そこになにか隠された意味のようなものを見出そうとするというのを耳にするのは、私にとって奇妙なのだ*216」と書き、それらの現象や事物には特別な意味はないとしている。しかしそもそも表現者は積極的に自分の作品の種明かしをすることはない。本書の「はじめに」でも引用したように彼は「作者の意図が隠れていればいるほど、芸術作品の創造にとってよいことになる」とも述べている。第三章では後者の彼の弁に従い、モチーフに隠されたタルコフスキーの意図を探っていきたい。

〔1〕自然と動物

■水・雨　「すべての物の中で水が一番美しい」という言葉*217の通りに、タルコフスキーはすでに第一作『ローラーとバイオリン』から作中で水を惜しみなく用いている。サーシャは道端の蛇口で涙を洗い流し、ロードローラーの運転手セルゲイと驟雨《しゅうう》に打たれる。彼らが歩く舗道は雨に濡れていて、陽の光が反射する。さらに水たまりの光がサーシャの顔に揺れ、そこに落ちる水滴や若い女の投げる小石の波紋が彼らの感情とつながる。そして二人は水たまりに映る木の前で別れる。早くもここで水と木が連鎖している。

『僕の村は戦場だった』ではイワンが見る夢のすべてが水と関連している。最初の夢でイワンは水辺近くの森で遊んでいる。彼はそこで母親のバケツの水を飲む。二つ目の夢では眠りに落ちる彼の手から水滴が落ちて洗面器の水に波紋を作る。イワンと母親が覗く井戸の水面に二人が映り、イワンが手を伸ばすと波紋が広がって、倒れた母親に水がかけられる。三つ目の夢では雨の中を走るトラックの荷台にイワンと妹がいて、トラックが水辺を進むと荷台からりんごが落ちて、それを馬が食べる。ここで「雨」、「りんご」、「馬」というモチーフが揃う。終盤、彼が偵察に赴く先も水に覆われ、最後の夢でイワンはまた母親のバケツの水を飲み、妹と水辺を走り抜ける。

『アンドレイ・ルブリョフ』も物語に水が頻繁に使われている。プロローグでは男を乗せた気球が湿地帯の上を浮遊しやがて墜落する。旅に出たルブリョフたちを稲妻と驟雨が迎え、逮捕された旅芸人は雨の中を護送される。ルブリョフの夢の中でゴルゴダの丘に向かうイエスは川の水に白い布を浸している。大公に殺された石工は白い塗料を池に流し、気づきを得たルブリョフは雨に我が身を晒す。川で筆を洗った弟子のフォマーが、のちに兵士に射られて川に倒れ込むと、そのあとを水に溶けた白い絵の具が追う。鐘造り職人の息子ボリスは雷と豪雨の中、鋳型用の粘土を発見する。鐘が完成しそれが鳴り響くと、雷鳴とともに雨が降り、カラー映像のイコンを濡らす。その雨は中州の馬にも降り注ぐ。

『惑星ソラリス』は小川の流れに揺れる水草のシーンから始まる。水辺にある家のバルコニーでクリスは雨に濡れ、宇宙ステーションの中で火傷をシャワーで冷やす。話し合うクリスとハリーの前にシャワーの水が滴り落ちる。終盤、家の中にいる父親の背中に天井から水が落ちていく。

『鏡』では印刷所に向かう母親が雨に打たれる。しかし彼女が浴びるシャワーからは水が出ない。雨の降る日、田舎の家の納屋が燃える様子が鏡に映る。母親は井戸の水で顔に残る涙の跡を拭う。主人公の「作者」は、母親が天井から漆喰や水が落ちてくる部屋で髪を洗い、その後ろの焜炉《こんろ》から火が立ちのぼるという幼い頃の光景を見る。そして「作者」は小川を泳ぎ切って母親のもとに辿り着く。「作者」と前妻が話す窓の外では息子が雨の中、焚き火を始めている。『鏡』ではこのように火と水、そして鏡が同時に登場する。

『ストーカー』では前半、三人の主要人物たちが水たまりの多い街からゾーンへ侵入する。浸水した倉庫にあった軌道車に乗って着いたゾーンも水に満たされている。乾燥室には水が溢れ、水浸しの場所で休憩するストーカーはさまざまな物が水に沈む夢を見る。地下通路の先には全身を水に浸さなければ昇れない階段があり、望みが叶う部屋の周囲も水に沈んでいる。しかし『ストーカー』の三人は雨に濡れることはなかった。ほかの作品では——例えば『ローラーとバイオリン』の二人や『僕の村は戦場だった』の兄と妹、『アンドレイ・ルブリョフ』の三人のイコン画家、そして『惑星ソラリス』のクリスや『鏡』の「作者」の母親は——皆、雷鳴の下で雨に濡れていたが、『ストーカー』では雷鳴の後、望みが叶う部屋にだけ雨が降っている。この情景は『惑星ソラリス』の部屋に降る雨に通じる。

『ノスタルジア』ではゴルチャコフが見る幻影の家の周囲に水たまりがあり、ホテルの窓の外でも激しく雨が降っている。ゴルチャコフがドメニコの家に入ると天気雨が降り出し、家は水浸しになり、ガラス瓶に滴が音を立てて当たっている。ドメニコは「一滴にもう一滴注いでも大きな一滴になるだけだ」と言う。ゴルチャコフが酒に酔って水に沈む寺院に入ると、水面に反射して揺れる光が彼と少女の顔を照らし出す。最後にゴルチャコフは水が抜かれて泥濘になった温泉を、ロウソクを灯して渡ろうとする。ここにも水と火の共演がある。

『サクリファイス』では水の出てくる場面がほかの作品に比べて少ない。雨は主人公アレクサンデルの幻影の中で室内にわずかに降るだけである。彼はそこで泥濘に足を取られ、マリアの家では彼女に汚れた手を水で洗ってもらう。物語の終盤、家が炎上する中、アレクサンデルは泥濘を逃げ惑う。最後の場面は、息子とともにアレクサンデルが立てた枯れ木の向こうに輝く水面が広がり、ここにも木と水が連鎖する光景が見られる。

■火・火事・焚き火　タルコフスキー作品における水は雨や川といった自然現象として出てくることが多いが、火というモチーフはほぼ人為的な現象である。焚き木やランプ、火事として登場し、また水と同時に火が出てくることも多い。例えば卒業制作の『ローラーとバイオリン』では土砂降りの中、建物の解体現場で飛び散る溶接の火花が映し出される。『僕の村は戦場だった』では空の薬莢で作られた簡易ランプの炎がイワンとガリツェフ中尉をラ・トゥールの絵のように照らし、イワンが眠るとき暖炉の火で温められた彼の指から溶け出すように水滴が落ちて井戸の場面につながっていく。ここでも火と水が連鎖している。

『アンドレイ・ルブリョフ』のプロローグでは焚き火と松明が揺らめく中、焚き火の熱で浮き上がる熱気球が水辺の上を飛んでいく。ここにも火と水がある。修道院を去ろうとするキリルはロウソクの火を水で消す。ルブリョフがダニールに別れの告げるときのロウソクの火、異教徒が持つ篝火《かがりび》、タタール人が司祭を焼く松明《たいまつ》、樽を消毒する石を焼くルブリョフの焚き火、ルブリョフを説得するキリルのそばにある焚き火、ボリスの鐘造りで溶けた金属を型に流し込むときに上がる火柱など、この作品には次から次へと火が登場し、登場人物に引き継がれていく。物語の終盤、ボリスの近くの焚き火が赤く染まり、やがてそれがイコンの色に重なる。そして数多くのイコンが映し出されるが、焚き火が消えるようにそれらは雷鳴ののち雨に濡れていく。

『惑星ソラリス』では、宇宙へ行く直前のクリスが焚き火で書類を燃やす。宇宙ステーションに着いてみると、そこは老朽化で機器が火花を散らしている。その後ロケットの炎でクリスは火傷する。ギバリャンの部屋も焼け焦げている。クリスがハリーと見るビデオには、幼い頃のクリスが焚き火に枯れ枝をくべている映像が映っている。無重力の図書室にロウソクが漂い、図書室のハリーはブリューゲルの絵を見て焚き火を思い浮かべる。地球に戻ってからはクリスの背後の焚き火が勢いを増す。

『鏡』でも「作者」の記憶が火を介して連なっていく。煙草や石油コンロ、ロウソクの火の記憶に始まり、それが納屋の火事と父の出奔の記憶につながっていく。印刷所での母親の校正ミスの出来事の後、蕎麦畑の向こうで炎が一瞬立ち上がる。鏡遊びをする幼い「作者」の近くで、女の子がランプを天井から外す。マッチを擦れば、やがて疎開先で母親と訪れた家にあったランプの記憶が蘇り、そこで幼い「作者」の顔が映る鏡は、秘密を含みながら焚火で燃やされる。憧れの女の子の手を燃えさしが赤く染め、ランプの火が消えるとその回想は途切れる。そして終盤にコンロを映した窓の外を幼い「作者」が通り抜け、現在の母親にコンロが煤を出していると伝える。このように「作者」の記憶は時代を超えて火の連なりとして表現される。

『ストーカー』では火の場面は意外と少ない。乾燥室と呼ばれる水が激しく流れる場所では焚き火が赤々と燃え、火と水の共時性が強調されている。休息場所では教授が消したはずの焚き火の勢いが復活している。

『ノスタルジア』では「出産の聖母」のある教会の礼拝堂に多くのロウソクが飾られ、タルコフスキーの父アルセーニーの詩集がロウソクの火で焼かれる。そしてドメニコは広場で自身を焼き、その火を受け継ぐようにロウソクを灯したゴルチャコフは温泉を渡ろうとする。第一章で論じたようにこの作品の火はドメニコの言う「聖カタリナ」の苦行と関連付けられる。

『サクリファイス』では白夜の食事の席を石油ランプが照らしている。アレクサンデルが訪れたマリアの部屋にも石油ランプが灯され、終盤、すべての火を集約するかのように、主人公アレクサンデルにとって一番大切なものであった家が燃やされる。作者にとって火事は父親の不在の象徴であり、その象徴通りに父アレクサンデルは息子から永遠に去っていくのである。

■風　初期の作品では風の場面は意外と少ない。『ローラーとバイオリン』の模型の帆船を動かす風、『アンドレイ・ルブリョフ』の熱気球を運ぶ風、そして『惑星ソラリス』のスナウトの吹き流しを揺らす通風孔からの風ぐらいである。しかし『鏡』になると、見知らぬ男が歩く蕎麦畑を疾風が通り過ぎ、印刷工場に向かう母親の背を雨と風が追っている。さらに暗い森から何度も吹く突風が、庭のテーブルのパンやランプを倒していく。幼い「作者」が雨含みの風に追いかけられる場面もあり、風が重要な役割を果たしている。

『ストーカー』では幻影の中で茶色い地面に旋風が発生し土塊を吹き飛ばす。『ノスタルジア』ではお湯を抜いた温泉を歩くゴルチャコフのロウソクの灯を、風が二度吹いて消してしまう。『サクリファイス』では、アレクサンデルと息子が佇む周囲の草むらを風が揺らし、アレクサンデルの書き置きを読む場面でマルタはショールを風に靡《なび》かせている。

■泥・汚れ　『僕の村は戦場だった』で斥候から戻ったイワンは泥だらけの顔で登場し、お湯でそれを落とすが、偵察に出るときに再び顔を汚す。『アンドレイ・ルブリョフ』のフォマーも顔の腫れを冷やすために泥を塗る。ルブリョフは大公が職人を襲ったことに怒って、大公の依頼で絵を描くはずの教会の壁に泥を撫でつける。鋳型のための粘土を見つけた鐘造り職人の息子ボリスは、その泥に浸りながら歓喜の声を挙げる。鐘が完成して鳴ったとき、疲れ切った彼は泥の上に倒れ込み、それをルブリョフが支える。

『惑星ソラリス』のクリスは家の近くの水辺で手を洗い、幻影の中で母親に手の汚れを洗ってもらう。

『鏡』で宝石を売るために遠くの家を訪ねた母親と息子は足の泥をその家のマットで拭い取る。作中のニュース映像にはソビエト兵が泥の海を渡ろうとしている場面がある。そして現在の母親と幼い「作者」たちが故郷の井戸が汚れていることを確認する。

『ストーカー』ではゾーンに入った三人が地面に伏して休息を取り、泥だらけの顔のまま食堂に戻り、安堵の表情を浮かべる。そしてストーカーの妻は家でその夫の顔の泥を優しく拭う。

『ノスタルジア』のゴルチャコフは温泉の泥濘の中を歩き、やがてその上に倒れる。

『サクリファイス』のアレクサンデルは幻影の中、ぬかるんだ地面に足を取られ、その拍子に泥の中に硬貨や布があるのを見つけ、それを引き出す。これはピノキオがキツネやネコに騙されて金貨を埋める話を思い出させる。*218 そしてアレクサンデルはマリアにその手の泥の汚れを落としてもらう。タルコフスキーの長編映画の主人公たちは皆泥に汚れるシーンがある。また中編映画の『ローラーとバイオリン』のサーシャも油に汚れた手を母親にとがめられる。
■**木・草** タルコフスキーは樹木や草に関心が高く、日記に「……もしかしたら基準は植物なのかもしれない！*219」と記している。しかし作中で単に草木を映しているわけではない。『ローラーとバイオリン』では水たまりに木を映して登場人物二人の別れを表現している。『僕の村は戦場だった』のイワンは松の木の向こう側から登場してくる。そして終盤、黒く焼けた木に駆け寄って手を伸ばす。またイワンは戦場からさまざまな種類の木の実や芽を持ち帰っている。それらは敵の布陣を暗号化したものだ。イワンたちが車で移動すると、風景が焼け野原から白樺の森へと変わる。これは『ストーカー』で三人が緑に満ちたゾーンに到着するときの爽快な風景に似ている。この白樺の森では、マーシャに対するホーリンとガリツェフの恋のさや当てが展開する。白樺は娘の清純さの象徴となっている。

『アンドレイ・ルブリョフ』ではルブリョフとフォマーが倒れた白樺の上を歩く。ボリスは、大きな柏の木の下でルブリョフとキリルが雨宿りをする夢を見る。ボリスが鐘を製錬する場所を掘ると木の根が現われて、それが近くの大木の根であることが分かり、彼はそれを啓示と捉える。先ほど述べたように『サクリファイス』にも同様にアレクサンデルが泥濘の中に木の根のようなものを見つける。

『惑星ソラリス』のオープニングでは水草が川の流れに揺れ、そこに一枚の枯葉が流れていく。主人公クリスは池の淵の草むらから登場し、大木の間を歩く。そして彼はソラリスの「贈り物」の素材となる草と土を宇宙に持参する。宇宙ステーションの図書室にあった『ドン・キホーテ』には木の葉が挟まっている。

『鏡』では森の中に家があり、家の前の蕎麦畑が風に揺れている。これはかつて幼いタルコフスキーが暮らした田舎の家の蕎麦畑を再現したものである。この作品の森や草は風とともにある。見知らぬ男は母マリヤに草の優位性を説いていく。少年時代の「作者」と「作者」の息子が父親の蔵書のダ・ヴィンチの画集を広げたとき、そこには木の葉が挟み込まれている。

『ストーカー』ではゾーンに緑の森が広がっている。ストーカーは「私の家です」と言ってゾーンと交信するかのように草むらに倒れ込む。教授は望みが叶う部屋の近くで、二体の白骨とその間に一輪の花が咲いているのを目撃する。

『ノスタルジア』のゴルチャコフは、森に囲まれた自分の家の幻影を見る。彼が迷い込む寺院近くの泉には、『惑星ソラリス』と同様に水草が生えている。

『サクリファイス』ではアレクサンデルが枯れた松の木を立てて木の再生を息子に託す。タルコフスキーは「木は私にとって、信仰それ自体の象徴である」[*220]とも書いている。
■鳥　タルコフスキー作品には鳩、カササギ、鶏のほか名前を確認できない小鳥が登場する。タルコフスキーは日記に「今日、肩に雀がとまった。これは私にとっては、どんな肩章にもまさる栄誉のしるしだ」と書いているが、これはヘンリー・ソローの『森の生活』の一文を書き写したものである。[*221]それを受けるかのように、『鏡』では丘に登った少年アサーフィエフの頭に小鳥が止まる。また森から二度吹き抜ける風に鳥が舞っている。出産を暗示するように浮遊する母親の上にも小鳥が飛ぶ。さらに「作者」が死んでいるかのような小鳥を握り、それを宙に放つ場面もある。この場面は新約聖書外典の一つである『トマスによるイエスの幼時物語』にある、幼いイエスが土で作った鳥を生きた小鳥にして飛び立たせたという逸話を想起させる。[*222]『ノスタルジア』では「出産の聖母」を掲げた礼拝堂の儀式で、聖母マリアの像からたくさん小鳥が放たれる。これは『鏡』の母親の上を飛ぶ小鳥と同じように妊娠と出産の暗喩となっているのだろう。
鶏は頻繁に登場する。まず『僕の村は戦場だった』でイワンが焼け跡で出会う老人が抱えている。その鶏を使徒ペテロの象徴とすれば、老人が探している釘は十字架に打つそれの象徴なのかもしれない。ペテロは最初に十字架にかけられた使徒である。『アンドレイ・ルブリョフ』のボリスは窓辺にいる鶏とともに登場し、「鐘造りの秘訣を知っている」と大公の使いにペテロと同じように嘘をつく。『鏡』では唐突に田舎の家のガラスを破って鶏が飛び出す。また、宝石を売りに行った家で「作者」の母親は、鶏を殺すように頼まれ動揺する。『サクリファイス』ではアレクサンデルが見る幻影の中、全裸の義娘マルタが廊下を走りながら数羽の鶏を追いかけている。

『ローラーとバイオリン』では寄り道をしているサーシャが鳩が飛び立つことで時間が来たことを知り、サーシャとセルゲイがロードローラーに乗って遠くに去っていく場所に、鳩が舞い降りる。『アンドレイ・ルブリョフ』では、焼けた教会の中に鳩がやって来る。『ノスタルジア』ではゴルチャコフが見る幻影の中の、妻マリヤの寝室のカーテンの影に一羽の鳩が隠れている。キリスト教で鳩は平和や純潔の象徴とされる。

『アンドレイ・ルブリョフ』の当初のシナリオでは弟公の白鳥狩りの場面もあったという。ルブリョフの弟子フォマーが森で見つけた死んだ白鳥は、弟公に射られたものだったのだろう。そのフォマーはウラジミールに侵攻した弟公に射られ、白鳥と同じように小川に横たわることになる。この侵攻の場面には二羽の鷲鳥が落下する様子がスローモーションで映される。また木の下で雨宿りをするキリルがクロウタドリを抱いている。

『僕の村は戦場だった』はカッコーの鳴き声で始まる。『惑星ソラリス』でも冒頭の場面でクリスが家に近づくときにカッコーの声が聞こえる。またその家ではセキセイインコが飼われ、宇宙ステーションの図書室の棚には鳥の剥製が置かれている。このようにさまざまな鳥が登場しているが、タルコフスキーが一番関心を持っていた鳥は、図書館に掲げられた「雪中の狩人」のカササギだろう。ハリーの視線を辿るように冬空を飛ぶ絵のカササギがクローズアップされる。同時に、鳥や猟犬の鳴き声らしきものも聞こえてくる。『ストーカー』では砂の小山が広がる部屋に黒い鳥が飛ぶ。タルコフスキーはこの鳥をカササギにしたかったらしい。しかし捕獲や雛の孵化まで試みたがすべて失敗したという。*[223]

■馬　馬もタルコフスキー作品によく出てくる。『僕の村は戦場だった』では、馬がトラックからこぼれ落ちるりんごを食べる。『アンドレイ・ルブリョフ』では、熱気球が離陸する場所と墜落する場所に馬がいる。タタール人やロシア兵たちが馬に乗って登場する。ルブリョフが見つめるイコンとボリスが鋳造した鐘の図柄は、騎上の「聖ゲオルギオス」である。さらにエピローグでは川の中州で数頭の馬が天気雨に打たれている。

『惑星ソラリス』の地上の場面では黒い馬に驚いた少年を叔母アンナが「やさしい馬よ。ごらんなさい、きれいでしょう?」と言って慰める。宇宙ステーションでは自殺したギバリャンの部屋に犬と馬のイラストが掲げられている。

『鏡』では当初の脚本に競馬場の場面があった。*[224]『ノスタルジア』の幻影の故郷には白い馬が登場している。さらに『サクリファイス』でも息子が白い馬を曳く場面が撮影されているが不採用となった。馬はタルコフスキーがこよなく愛した動物であり、日記には愛犬と同様に馬についての書き込みが多く見受けられる。

■犬　『アンドレイ・ルブリョフ』では修道院を出て行くキリルが、自分の飼い犬を撲殺する。『惑星ソラリス』の地上の家では犬が飼われ、最初と最後の場面でクリスを家に誘う。宇宙ステーションでは図書室に掲げられた「雪中の狩人」の猟犬がクローズアップされると同時に、ざわめきや鳥のさえずり、犬の鳴き声が聞こえてくる。また、クリスは廊下で犬の絵の切れ端を拾う。『鏡』では田舎の家の部屋の子犬がわずかな時間映し出される。

『ストーカー』では休息の場所に黒い犬が現われて三人と行動をともにし、ストーカーの家にまでついてくる。『ノスタルジア』ではドメニコのそばに飼い犬のゾーイがいた。タルコフスキーの作品で唯一名前を持った犬である。この犬と同様にゴルチャコフの幻影の中にも同じ犬種の犬がいて、最後の場面では彼の近くに佇んでいる。ゴルチャコフや『惑星ソラリス』のクリスにとって犬は異界への案内役だったのだろう。タルコフスキー自身も『ノスタルジア』の犬によく似たダックスという名のシェパード犬をソビエトで飼っていた。その犬は彼のポラロイド写真集で見ることができ、日記にはこの犬のバイオリズムが家族のそれとともに記されている。*225

〔2〕身体と行為

■唇の傷　作品の多くに唇に傷がある子供や女性が登場する。『アンドレイ・ルブリョフ』の白痴の娘、鐘造り職人の息子ボリス、『惑星ソラリス』で液体酸素を飲んだときのハリー、『鏡』の一二歳のアリョーシャと彼が憧れる女の子——彼女はそのひび割れた唇の血を指で拭っている——、そして『ノスタルジア』のドメニコの息子。それは「無垢」あるいは「生命力の希薄さ」を表わしていると思われる。『ノスタルジア』で読まれる父アルセーニーの詩が唇の傷に触れている。それは「子供の頃、僕は病気になった」で始まり、「空腹と恐怖のあまり、かさぶたを唇からひき剥がしては——唇をなめる。おぼえてしまった、ひんやりとして塩辛い味」と続く。[*226] この詩は『アンドレイ・ルブリョフ』が完成した一九六六年に発表されたので、『アンドレイ・ルブリョフ』の製作には間に合わないが、作者はすでにその詩を読んでいた可能性もある。

■白髪　『惑星ソラリス』のクリス、『ストーカー』のストーカー、そして『ノスタルジア』のゴルチャコフには部分的な白髪がある。また、カットされたが『鏡』の「作者」を演じたタルコフスキーの髪も一部が白髪になっていた。[*227] つまり『惑星ソラリス』から『ノスタルジア』までの四作すべての主人公が「部分白髪」だったことになる。ちなみに『アンドレイ・ルブリョフ』のルブリョフは、長い年月が過ぎる間に白髪となり、『サクリファイス』のアレクサンデルは最初からほぼ白髪の頭で登場している。

この「部分白髪」が重要だったことは、『ノスタルジア』のメイキング映像を見ると分かる。ゴルチャコフの白髪と、落ちてくる鳥の羽根を重ねて撮ろうと苦労している様子が収録されているからだ。子供や女性の唇の傷が無垢と生命力の希薄さ、さらに未来への不安を表わすのであれば、男性たちの部分白髪は彼らの過去への罪悪感や残り少ない時間を表現していると思われる。

■少年　すべての作品に少年や少女が登場する。『ローラーとバイオリン』には少年サーシャと彼がほのかな思いを寄せる少女。『僕の村は戦場だった』には少年イワンとその妹。『アンドレイ・ルブリョフ』

では最後の章が少年ボリスを中心に展開する。タルコフスキー作品における少年や少女には作者の幼年期の記憶と製作当時の思いが強く反映されている。『惑星ソラリス』では、クリスが宇宙ステーションに持ち込むビデオに彼の子供の姿が映っている。また第一章で書いたように、バートンの連れの男の子と少女との出会い、男の子と馬との接触は、地球外生命と人類との接触を表わしていると考えられる。『鏡』ではタルコフスキーが自らの少年時代を描くために、作中に幼い「作者」とその妹を登場させている。さらに大人になった「作者」の息子も登場させている。

『ストーカー』は唯一少年が出てこない作品だが、代わりにタルコフスキーの義娘によく似た少女をストーカーの娘役で登場させている。また、『ノスタルジア』の幻影に現われる少年や『サクリファイス』のアレクサンデルの息子は、作者の息子そのものを表わしている。

■無言　『ローラーとバイオリン』のサーシャは、バイオリン教室で出会う少女と話すことができず、ただ彼女にりんごを差し出す。同様に『僕の村は戦場だった』のイワンは、トラックの上で妹にりんごを渡そうとするが、妹は一言も発しないでいる。またその母親もイワンと一緒に井戸をのぞき込む場面以外、何も話さない。

『アンドレイ・ルブリョフ』の白痴の娘は、声は発するが意味のある言葉にはなっていない。兵士を殺してその娘の命を救ったルブリョフは、それを悔いて無言の行に入る。彼が無言でいることは、集団での作業を前提とするイコン画家ではなくなることを意味している。

『惑星ソラリス』に「地上の場面」に出てくる少年少女たちも、最初の挨拶以外はほとんどしゃべらない。ギバリャンの前に現われた「お客」の少女も無言である。さらにクリスがハリーに見せるビデオ映像には音声が収録されていない。

『鏡』では冒頭で吃音の青年が言葉を取り返す。それはタルコフスキーの意志表明と考えられる。終盤それを再確認するように、ほとんど言葉を発しなかった幼年期の「作者」が、叫び声を上げる。『ストーカー』の娘はチュッチェフの詩を読む声が流れるが口を開けて発話することはない。

『ノスタルジア』の幻影に登場する家族は、妻が「アンドレイ」と呼ぶだけであとはすべて無言である。そして『サクリファイス』の息子は喉の手術のせいで声を出せないが、最後の場面で父への思いをつぶやく。

■躓《つま》き　登場人物の多くが不思議な躓《つま》き方をする。『僕の村は戦場だった』のガリツェフは、塹壕でホーリンと論議しているときに躓き、イワンは最後の夢で黒い大木に手を伸ばしたときに躓いている。『アンドレイ・ルブリョフ』のキリルは修道院を一人で出ていくときに、ボリスは鐘の鋳造場所を探しているときや大公の兵士に呼ばれたときにそれぞれ躓く。
『惑星ソラリス』のクリスも宇宙ステーションに着くと、あたりを見回しながら躓き、ビデオ映像に映っている幼い頃の彼も、父親に追いつこうとして躓いている。

『鏡』では戦地から帰った父に駆け寄る少年時代の「作者」が躓き、その横を妹が笑いながら走っていく。『ストーカー』では、ゾーンへと向かうために食堂を出ようとする作家が躓き、『ノスタルジア』のエウジェニアは、階段を駆け上がろうとして躓く。そして『サクリファイス』のアレクサンデルも、自転車でマリアの家に向うときに転び、オットーは広間で足をもつらせ倒れている。子供は躓く先に父親がいることが多いが、大人たちは新しい状況に向うときに躓いていると考えられる。

■手を洗う　『ローラーとバイオリン』のサーシャは、手に付いたロードローラーの油の汚れを母親に咎《とが》められるが、「これは洗っても落ちない」と主張する。ここに彼の自立心の芽生えと、セルゲイを尊重する気持ちを見ることができる。『僕の村は戦場だった』のイワンは偵察で汚れた身体を洗う。

『アンドレイ・ルブリョフ』のルブリョフは大公による虐殺に怒って、白い教会の壁に泥を塗る。白痴の娘はその壁の泥を拭おうとして、壁をさらに汚し自分の手も汚してしまう。しかし二人の手は降り出した雨によって洗われる。一方大公の幼い娘の手は絵の具で汚れてしまう。

『惑星ソラリス』のクリスは散歩帰りに汚れた手を池の水で洗い、夢に現われた母親は彼に「どこでそんなに汚してきたの」と言って盥《たらい》の水で彼の手を洗う。『ノスタルジア』のゴルチャコフがホテルの部屋で見る幻影には、手を汚したエウジェニアが出てくる。そして『サクリファイス』のマリアは、アレクサンデルの汚れた手を優しく洗ってくれる。

■旅　タルコフスキーの作品の多くはロードムービーである。『ローラーとバイオリン』のサーシャはセルゲイと街を歩き回って成長していく。『僕の村は戦場だった』のイワンは敵と味方の陣地、そして過去と現在を行き来したのちに彼岸へと旅立つ。

『アンドレイ・ルブリョフ』は、ルブリョフたちイコン画家の移動の物語であり、最後の章でルブリョフがボリスの鐘の奇跡を見たことで、芸術に回帰していく。『惑星ソラリス』は宇宙へ旅立ったクリスが、そこで自分の贖罪と直面し、心の奥底で願う父との再会のために、ソラリスの海が作った地上へ帰還する。『鏡』では「作者」が心の拠り所である過去と、空しい現在を行き来し、心に平安が訪れたのちに現実へと戻っていく。

『ストーカー』は目的を秘した三人が、願いが叶う部屋があるゾーンに出かけ、結局中には入らずに戻ってくる旅の物語であり、『ノスタルジア』は作曲家の伝記を書くために作家ゴルチャコフが通訳のエウジェニアとともにイタリアを巡る旅の途上、彼は故郷に強い望郷の念を抱く。

そして『サクリファイス』は、アレクサンデルが自分の願いを実現させるためにマリアの家に出かけ、願いが叶った世界に戻ってきた彼が、神にそのすべてを捧げるという物語である。彼らのすべてがどこかに出かけて以前の場所に戻ってくるが、そこはかつての場所ではないのである。

■眠り・夢　タルコフスキーが、「映画とは、これは夢なのだ[*228]」と言うように、彼の作品には眠りや夢が欠かせない。『僕の村は戦場だった』では、イワンのかつての日常が夢に現われ、やがて彼の死が近いこと、あるいはすでに死んでいることが夢によって表現される。『アンドレイ・ルブリョフ』のルブリョフは、ロシアの風景の中にあるゴルゴダの丘でキリストが磔《はりつけ》にされる幻を見る。『惑星ソラリス』ではソラリスの海がクリスの贖罪の意識を彼の夢から読み取って実体化させる。『鏡』で描かれているのはほぼすべてが主人公の見る夢である。

そして『ストーカー』はストーカーが自分の家で目覚めてから、再びそこに戻って眠るまでの物語である。彼はゾーンでうたた寝中に、「ヨハネの黙示録」を読み上げる女の声を聞く。『ノスタルジア』のゴルチャコフは、故郷の情景の中にいる家族の幻影を何度も見て、最後にその中に迷い込む。『サクリファイス』では主人公アレクサンデルの祈りが成就したのち、すべての災いは彼の夢の中に封じ込められる。

タルコフスキーは『サクリファイス』を撮り終えた後、自作脚本の『ホフマニアーナ』を製作する予定だった。彼はその映画の主人公であるドイツの作家ホフマンと同様に、「日曜日に生まれた子供」であり、ほかの人たちには見えないものを見ることができる[*229]と言っている。彼はそれを幻影や夢として表現したのだろう。

〔3〕人工物・食物の属性

■**牛乳**　『ローラーとバイオリン』でサーシャが母親から禁じられた牛乳を飲むのは、彼女の支配への反発である。『アンドレイ・ルブリョフ』では、ルブリョフが大公の娘に牛乳をかけられる。『惑星ソラリス』ではビデオの中のキバリャンに「お客」の娘が牛乳のコップを差し出す。『鏡』では幼い「作者」と妹が食事をしているテーブルに牛乳がこぼれていて、宝石を売りに行った家の部屋の壁に牛乳が滴り落ち、部屋の隅には大きな牛乳瓶がある。さらに終盤では幼い「作者」がそれと同じ大きな牛乳瓶を抱えて暗い部屋を前へと進み、それを飲もうとする。タルコフスキーの作業ノートには、彼がこの瓶を落として割る未使用場面の写真が貼られている。[*230]

『ストーカー』ではストーカーが連れて来た犬に妻が牛乳を飲ませるが、ストーカーも犬のそばの床に横になるので妻が彼に牛乳を与えるようにも見える。『ノスタルジア』ではドメニコの家族が救出され、母親が警官の足元に跪くとき、その近くで牛乳が瓶から流れ出ている。『サクリファイス』では、核戦争の到来を告げる地響きの中、牛乳が入った大きな瓶が棚から落ちて砕け散る。タルコフスキーの作品に牛乳はよく出てくるが、入れ物が割れるのはこの『サクリファイス』だけである。

■りんご　『ローラーとバイオリン』のサーシャが店先の鏡に映る転がるりんごを見る。モチーフが動き出した瞬間である。そして彼は音楽教室の待合室で女の子にりんごを差し出す。最初は関心を示さなかった女の子は、サーシャの稽古中にそれを食べている。帰宅後、母親から外出を禁じられたサーシャは、自分の部屋に閉じ込められる。すると彼は鏡の前にあったりんごを弄《もてあそ》ぶ。『僕の村は戦場だった』では、トラックに乗ったイワンが妹にりんごを差し出すが妹は受け取らない。やがて川辺を走るトラックからりんごがこぼれ落ち、それを馬が食べる。

『アンドレイ・ルブリョフ』では飢饉の中、修道士たちは腐りかけたりんごで餓えをしのぐ。『惑星ソラリス』では、雨に打たれるクリスの前のテーブルにりんごやパンが置かれている。幻影の中の母親はりんごを齧《かじ》っている。『鏡』では両親の会話を盗み聞きした「作者」の息子もりんごを齧りながら登場する。『サクリファイス』にはりんごは出てこない。マルタがヴィクトルの膝の上に置き、のちに彼女が齧るのはりんごではなく洋梨である。

■パン　『ローラーとバイオリン』のサーシャがパンを投げつけると、セルゲイは労働の対価を粗末に扱ったことを厳しく叱る。これはキリスト教の教義も影響しているのだろう。『僕の村は戦場だった』でもイワンが、焼け跡の老人にパンと缶詰を渡している。『惑星ソラリス』では雨に濡れたりんごとパンが映り、『鏡』ではテーブル上のパンやランプが風に吹かれて落ちる。『ノスタルジア』では教会の隣にあるドメニコの家で、キリスト教の儀式のようにワインを飲んでパンを食べる。

■鏡・ガラス　『ローラーとバイオリン』の冒頭でサーシャは、通りがかった店の鏡に映るトロリーバスや転がるりんご、船のおもちゃなどに魅了される。タルコフスキーの永遠のモチーフとも言える鏡は、この最初の作品の冒頭から幻影的な情景を作り出している。音楽教室でもガラスの器に反射した光が広がる。サーシャとセルゲイが別れる場面が鏡のように水たまりに映し出される。母親にセルゲイと会うことを禁じられたサーシャは鏡に映る自分を見つめ、セルゲイのもとに走る情景を幻視する。

『僕の村は戦場だった』では井戸の水面が鏡のように輝く。宿営地の場面では顔を洗うホーリン中尉が鏡に映り、鏡を介在させてガリツェフとイワンが話すような場面は、これ以降の作品によく出てくる。『アンドレイ・ルブリョフ』には白痴の娘がタタール兵の武具に自分の姿を映す場面がある。これは彼女の気付きの瞬間であり、『惑星ソラリス』のハリーが、鏡に映る自分と写真の自分を比べる場面と同じ意味を持つ。『惑星ソラリス』ではほかにスナウトが図書室で鏡が大切だと力説する場面や、熱病に罹ったクリスが自分が写り込む鏡の床に置かれたベッドに眠る場面がある。また、ハリーとクリスがシャワールームの鏡に映った相手に向けて話をする。この場面は、『鏡』の「作者」と前妻の部屋でする会話につながっている。

『鏡』では題名の通り鏡やガラスが多く用いられている。鏡に映った幼い「作者」と妹が雨の中、炎上する納屋を眺めているが、ここでは「雨」と「火」と「鏡」というモチーフが重なっている。髪を洗った若いマリヤが鏡の前に立つと、そこに老いた自分の姿が映る。幼年期の「作者」は部屋で一人、鏡遊びをする。そしてその後、その鏡を本の下に隠す。タルコフスキーが鏡にこだわる理由はこの幼年期の「作者」の鏡遊びにあるのではないか。天井から漆喰や水が落ちる場面では、画面の左側に鏡が置かれて室内の情景が広がっている。「作者」が前妻に「君は僕のお袋に似ている」と言うとき、前妻は鏡に映る自分を見ている。そしてワイングラスを持った息子が鏡に映って登場する。ニュース映像には、スペイン爆撃の最中に割れた鏡を抱えた女性が映っている。少年期の「作者」は、母親と宝石を売りに行った家のランプの光の下で、鏡に映る自分を見ながら、憧れていた女の子や焚き火にくべた鏡のことを思い出す。大人になった「作者」が病で寝ている部屋の壁には、何枚もの鏡が掲げられている。これは『惑星ソラリス』の鏡の床に置かれたベッドに眠るクリスの再現と言える。

『ノスタルジア』ではゴルチャコフがドメニコの家の姿見の前に立つ場面がある。ゴルチャコフの幻影で鏡に映っているのは彼ではなくドメニコだった。『サクリファイス』では「三博士の礼拝」の額のガラスにアレクサンデルとオットー、それに樹木が映り込み、絵の中のイエスにアレクサンデル自身が重なり合う。またオットーは窓ガラスに映った姿で二階に現われる。この場面で窓ガラスは鏡として機能している。さらに家が燃える直前には、アレクサンデルの部屋の小さな鏡と姿身に顔と全身が映り込む。その顔は『鏡』の焚火で燃やされる鏡に映る幼い「作者」の顔を連想させる。

■**煙草**　喫煙やそれに関連する描写は男と女で大きく異なっている。男性から見ていくと、『ローラーとバイオリン』のサーシャはセルゲイに煙草の害を諭す。『僕の村は戦場だった』のイワンもホーリン大尉に「煙草を喫うな」と訴える。『惑星ソラリス』のスナウトは煙草の煙に咳き込み、『鏡』の「作者」

は母親と電話で話すときに喉が腫れていると言う。『ストーカー』のストーカーはよく咳をする。首には包帯が巻かれている。家に戻ると妻が薬を飲ませる。『ノスタルジア』のドメニコは煙草よりも大切な物があると言い、ゴルチャコフは胸に痛みを感じて煙草を捨てている。『サクリファイス』ではヴィクトルが頻繁に咳き込み、彼から煙草を勧められたオットーは、「数年前喫煙者の解剖死体を見まして、肺の様子が脳裏に焼き付き、きっぱりとやめました」と言う。

一方、女性は『惑星ソラリス』でクリスが持ち込んだビデオには母親が煙草を喫っている姿が映っている。ハリーもブリューゲルの『雪中の狩人』を眺めながら煙草を喫う。『鏡』では母マリヤも柵に腰かけて煙草を喫っている。これらの場面での煙草の喫い方はすべて同じで、彼女たちの姿勢の元となるのがタルコフスキーの母親が煙草を喫う写真である。[*231]『ストーカー』でもストーカーの妻は最後に煙草を喫っている。タルコフスキーは一九七〇年一一月一五日の日記に、「十二日に煙草をやめた。正直なところ、もっと前にやめるべきだった」[*232]と書いている。

■気球・風船

『ローラーとバイオリン』にはサーシャが色とりどりの風船を持つ女性に魅了される。風船が出てくるのはアルベール・ラモリス監督の『赤い風船』（一九五六年）にタルコフスキーが大きな影響を受けたからだという。[*233]『アンドレイ・ルブリョフ』のプロローグには熱気球に乗り、墜落死する男が登場する。

その熱気球に乗った男の意志を継ぐように宇宙へ向かう『惑星ソラリス』のクリスの家には、風船が括りつけられていて、最後にそれが空へ放たれる。クリスの家には居間にも気球の絵が飾られている。『鏡』では挟み込まれるニュース映像に気球の成層圏飛行の映像が出てくる。これ以降の作品に気球や風船が登場することはない。

■**金属ケース**　『惑星ソラリス』には金属ケースが何度も出てくる。その意味については第一章で述べた。『鏡』でも母マリヤが売るための宝石を金属ケースに入れて持ち歩く。作者の「ここには架空のエピソードはひとつとしてありません。私の家族の伝記に関連した、事実に基づく作品です*234」という言葉の通りならば、タルコフスキーの母も金属ケースを使っていたことになる。続く『ストーカー』では、ストーカーの妻が金属ケースに注射器を入れていた。また、ストーカーは幻影で水に沈んだ同様の金属ケースと注射器を見る。

■**電話**　『僕の村は戦場だった』でガリツェフが、電話で司令部にイワンのことを報告する。『惑星ソラリス』では自動車に搭載されたテレビ電話が登場する。『鏡』では母親からの電話によって「作者」は懐かしい過去の記憶から現代に引き戻される。その後、息子が一人でいる部屋に父である「作者」から電話が掛かり、その話の内容から「作者」は大戦時の思い出に浸っていく。このように『鏡』では時代の転換に電話が用いられている。

『ストーカー』ではゾーンの部屋の近くで突然電話が鳴る。電話が使えることが分かった教授が同僚に連絡することで、彼のゾーンへ来た理由が明らかになる。『ノスタルジア』ではエウジェニアとゴルチャコフの会話に割り込むように、モスクワからららしい電話が二度鳴る。また彼女の最後の電話が、ゴルチャコフを死に向かわせる。『サクリファイス』では、願いが叶ったアレクサンデルがそれを確認するために出版社に電話する。そして彼が神に捧げた燃え上がる家の中から電話の音が鳴り響く。

■**ミニチュア**　『ノスタルジア』のゴルチャコフがドメニコの家に入ると、家の中にミニチュアの田園風景が広がっている。ゴルチャコフはそこにロシアの風景を見たと考えられる。ゴルチャコフが辿り着く故郷の家は、聖堂の大きさを強調するためにタルコフスキーの別荘を三分の一のミニチュアとして再現したセットである。

『サクリファイス』ではアレクサンデルへの誕生日の贈り物として、息子が家のミニチュアを作る。タルコフスキーの原作小説では地面に水を満たした湖のミニチュアを作って贈ることになっているが、これは『ノスタルジア』に登場するミニチュアの田園風景のようなものだったのだろう。それを作者が作る様子がメイキング・フィルムに収録されている。

■井戸　『僕の村は戦場だった』の冒頭でイワンが見る夢には、彼が地上に落ちていくその先に、地上を歩く母親と井戸が映し出される。二度目に見る夢では、イワンは母親とともに井戸を覗き込み、イワンはその中に降りていく。そして母は井戸の近くで射殺される。現実の場面で彼は焼け跡の老人のために、井戸の上にパンや缶詰を置く。

『鏡』の火事の場面では母親が井戸の水で涙に濡れた顔を洗っている。タルコフスキーの母親も同じようなポーズで井戸とともに写っている写真がある。*235 母親が使った井戸は終盤に朽ち果てた井戸として再び登場する。

『ストーカー』では唐突に真っ暗な井戸の水面が波打つ場面がある。のちに作家がその井戸に石を投げ込む。このようないくつかの時間の齟齬《そご》がこの作品にはある。

■家　『惑星ソラリス』の父の家、『鏡』の田舎の家、『ノスタルジア』の幻影の家、そして『サクリファイス』のアレクサンデルの家という四つの家が登場し、それぞれが結末に大きな役割を果たしている。

『惑星ソラリス』と『ノスタルジア』では主人公の死が仄《ほの》めかされて家に戻る。一方『鏡』では、幼い「作者」と妹、そして老いた母親が、記憶の中の田舎の古い家から離脱する物語だ。そして『サクリファイス』のアレクサンデルは、神との約束を果たすために大切な家を燃やし、家族との関係性を絶つ。

『惑星ソラリス』ではクリスの父親は家を「祖父の家に似せて作った」と言う。また、『鏡』では「作者」の言葉としてかつて住んでいた田舎の家の懐かしさが語られる。しかし『ノスタルジア』には家の説明がない。『サクリファイス』ではアレクサンデルが息子に、家が奇跡のような存在であったことを滔々《とうとう》と話す。これはタルコフスキーがモスクワ郊外に建てた別荘への思いと重なっている。

家が重要な役割を果たす四つの作品以外の作品では家はどう扱われているだろうか。『僕の村は戦場だった』ではイワンは戦禍で家も家族を失なったことになっている。『アンドレイ・ルブリョフ』の主人公ルブリョフはそもそも家を持たない修道士であり、ボリスも戦乱や疫病で村と家族を失っている。『ストーカー』のストーカーは家に帰ってくるが、ゾーンに到着したときに彼は「ここが自分の家だ」と言い、望みが叶う部屋の前でも「ここで暮らしてもいい」と言っている。『ローラーとバイオリン』のサーシャは、閉じ込められた家から抜け出て、セルゲイとともにロードローラーで走り去ることを夢想する。

■**硬貨**　『惑星ソラリス』のクリスが幻影の中で母と会う場面では、レーニンの記念硬貨が植物とともに金属ケースに入っている。この記念硬貨はレーニン生誕一〇〇周年を記念して、この映画が製作された一九七〇年に発行された硬貨である。『鏡』では「作者」の前妻がバッグから落ちた硬貨を息子と拾う場面がある。作中で朗読されるアルセーニーの詩では五コペイカ硬貨が詠まれている。

『ストーカー』ではストーカーが、金属ケースに入った硬貨が水に沈んでいる幻影を見る。『ノスタルジア』では何度か硬貨が転がる音がする。また、水を抜いた温泉の掃除婦が拾った硬貨をコップに入れている。『サクリファイス』のアレクサンデルは夢の中で、泥の中からたくさんの硬貨を引きずり出し、別の場面では数多くの硬貨が地面に落ちているのを見る。このように『惑星ソラリス』以降のすべての作品に、硬貨が登場している。これはアルセーニーの詩が反映しているか、聖書の貨幣に関する逸話の影響なのかもしれない。また作者は硬貨の出てくる夢を何度も見ていると述べている。*[236]

■廃墟・廃物　『僕の村は戦場だった』で司令部を抜け出した後のイワンは破壊された巨大な農機具が横たわる荒地を歩き、戦禍に焼かれた村に着く。司令部に戻る車から見た光景は核戦争後の世界のように荒涼としている。最後にガリツェフ中尉は廃墟となったベルリンを歩く。

『惑星ソラリス』の宇宙ステーションには火花を散らす壊れた機器が並んでいる。乱雑な部屋や機器が転がっている廊下なども未来の廃墟のようだ。

タルコフスキーは『鏡』の製作のためにかつて暮らした村を訪ねたが、そこは記憶とは異なる廃墟となっていた。彼はその様子を撮影した後、昔の家のセットを建てた。

『ストーカー』のゾーンは朽ちた人工物が放置されている広大な廃墟である。ストーカーの幻影には水に沈んださまざまな廃棄物が映し出されていく。『ノスタルジア』のゴルチャコフは廃墟となった水に沈む寺院に迷い込む。夢の中では布やゴミが散乱する街を歩き、やがてサン・ガルガノ寺院の廃墟に辿り着く。最後に歩く水のない温泉からは、掃除人がストーカーの幻影に似た廃棄物を拾っていく。『サクリファイス』のアレクサンデルは、誤って息子を突き飛ばした後、誰もいない荒涼とした風景を幻視し、マリアと床をともにする時、再びそこに人が逃げ惑う光景を見る。

〔4〕超自然と信仰

■死・死者　『僕の村は戦場だった』のイワンは、墓から抜け出た死者のように暗闇から泥だらけの姿で登場する。彼は戦場での死に固執する。ガリツェフは終盤ベルリンの廃墟で、戦死したホーリンの声を聴き、イワンが処刑されたことが分かる書類を見つける。そして多くの死体、特に子供のそれを映すニュース映像が流れる。『アンドレイ・ルブリョフ』のルブリョフは、タタール兵の襲撃で焼けた多くの死体が転がる大聖堂でフェオファンの霊に自分の罪を告白する。『惑星ソラリス』では自殺したギバリャンがビデオで自らの死について語り、やはり自殺した妻がクリスの前に現われる。クリス自身も死して故郷の風景に帰還することになる。

『鏡』に出てくるニュース映像には、スペイン内戦での爆撃、ソビエト兵の腐海の死への行軍やアメリカ軍による原爆投下、中国の文化大革命など「大量死」の歴史が映し出されている。『ストーカー』では物語に大きな影響を及ぼすヤマアラシの自殺が語られる。また、作家が車の中の焼死体を見る。教授も男女の死体を発見する。『ノスタルジア』ではゴルチャコフの行動はドメニコを自殺に向かわせ、自身も彼との約束のために死に至る。『サクリファイス』のアレクサンデルは、核戦争の膨大な死を自分の夢に封じ込める。

■聖愚者　信仰心が強いゆえに、行動が特異で一般の人からは奇異な存在と見られてしまう人物を「聖愚者」と呼ぶ。その概念を広く捉えれば信仰の対象は宗教だけに限らない。タルコフスキーの作品に登場する聖愚者は『アンドレイ・ルブリョフ』の白痴の娘、『ストーカー』のストーカー、『ノスタルジア』のドメニコ、『サクリファイス』のオットーとなる。ただ彼らが迎える結末はすべて異なっている。白痴の娘はそれまでとは別の生き方を選択する。ストーカーには妻との和解と新しい暮らしの兆しがある。オットーは定かでなく、ドメニコはすべてを祈りに捧げ焼死する。また彼らに影響されて同様の存在となるのがルブリョフであり、ゴルチャコフであり、アレクサンデルである。彼らは孤独であり、妻や子供がいたとしても精神的には孤立している。そして洞察力があり物事の本質をつかむ能力がある。このようにタルコフスキーが多くの聖愚者やそれに近い人物を作品に登場させるのは、第一章でも述べたように、自らが聖愚者であると意識していたからではないだろうか。タルコフスキーはゴスキノ（ソ連邦国家映画委員会）の文化官僚に対して、聖愚者として振る舞わざるを得なかったのである。

■浮遊　人を浮遊させる演出はタルコフスキーの常套手段である。視線が浮遊する場面もある。『ローラーとバイオリン』の最後の場面ではサーシャの思いが部屋をすり抜けて階段を降り、セルゲイのロードローラーに向かう――という視線になっている。この宙を舞うような視線は、『僕の村は戦場だった』のイワンの最初の夢の不思議な上下移動をする視線に引き継がれている。塹壕の上でホーリン大尉が抱えるマーシャが宙に浮く。『惑星ソラリス』の無重力下でクリスとハリーは抱き合って浮遊する。

続く『鏡』では幼い「作者」の記憶として、母親がベッドの上に漂っている。これは妊娠、あるいは出産の象徴であり、かつ作者が浮遊に固執する源泉になったと考えられる。『ノスタルジア』のゴルチャコフがホテルで見る夢にも、身重の妻がベッドの上に浮かんで見える。『サクリファイス』のアレクサンデルがマリアと寝る場面も、空中浮遊として表現される。このように浮遊は多くの場合、情愛の交感や妊娠、出産の象徴、あるいは情交の場として描かれている。

■天使・羽根 『僕の村は戦場だった』のイワンが夢の中で母親と井戸を覗き込んでいる。そのとき彼は、鳥の羽根を井戸に落としている。『アンドレイ・ルブリョフ』でルブリョフが夢想するキリストの磔の場面には、ゴルゴダの丘に向かう一行に天使が寄り添っている。最後に映し出されるルブリョフの「聖三位一体」には、三人の天使が描かれている。このイコン画に『惑星ソラリス』のクリスが祈りを捧げている。『鏡』には映画『アンドレイ・ルブリョフ』のポスターの「聖三位一体」が「作者」の部屋に飾られ、最後に登場する幼い「作者」は、鳥の羽根を持ちながら老いた母親に近づいていく。

『ノスタルジア』のゴルチャコフの最初の幻影では、故郷の家に天使が入っていく。その後ゴルチャコフは空から舞い落ちた羽根を拾う。礼拝所の「出産の聖母」では、身重のマリアを両脇の天使が介助し、寺院に放たれた鳥の羽根が舞う。ゴルチャコフは水に沈む寺院で天使を意味する少女アンジェラと出会い、そこにまた空から羽根が落ちてくる。『サクリファイス』のオットーは、自分に悪い天使の羽根が触れたと言い、何度も映し出される「三博士の礼拝」にもたくさんの天使が描かれている。

■三人 タルコフスキーは作中に絵画、また絵画と同じ構図の場面をよく登場させるが、それらの核となる絵はルブリョフの「聖三位一体」と言っていい。このイコン画は父と子（キリスト）、そして聖霊を樫の木の下に集う三人の天使の姿として描いている。この絵の三人の天使の構図と『ストーカー』に登場する三人の人物――ストーカー、作家、教授――が食堂のテーブルを囲む姿の構図は、ほぼ同じである。

このように主な登場人物が三人の物語や、その一人が消え去ると別の一人が加わる物語、あるいはもう一人の中心となる人物が登場する物語が多い。『僕の村は戦場だった』には三人の兵士――ホーリン大尉、カタソーノフ曹長、グリヤズノフ中佐――がいて、その一人のカタソーノフが戦死するとガリツェフが引き継ぎ、イワンを庇護する。『アンドレイ・ルブリョフ』はルブリョフとキリル、そしてダニールの三人のイコン画家の物語だが、ダニールはいつしか姿を消し、終盤の主役になるのは鐘造りの奇跡を起こすボリスである。『惑星ソラリス』ではスナウトとサルトリウスが生き残り、ギバリャンは自殺する。そこにクリスが加わるが物語はハリーを中心に展開する。『ストーカー』は前出の通り三人の物語だが、その結末はストーカーの妻によって語られる。

『ノスタルジア』の主な登場人物はゴルチャコフ、ドメニコ、そしてエウジェニアの三人である。『サクリファイス』では、「三博士の礼拝」の逸話のように医者のヴィクトルと郵便配達のオットー、そして彼の息子三人がそれぞれ贈り物を用意し、それを受け取ったアレクサンデルは彼らの前から消え去る。彼が残した松の枯れ木は「聖三位一体」の背景に立つ一本の木を思わせる。

■中心軸としてのモチーフ　モチーフは別のモチーフとともに表現されることが多い。水と火はその典型と言えるだろう。『鏡』では、幼い「作者」と妹が室内から、雨の中で燃える納屋を眺める場面があるが、その二人の姿は鏡に映る光景として登場する。雨は上から下に、火は下から上に、そして鏡は手前から奥を映し出している。つまりこの三つのモチーフは三つの方向性を表現していることになる。同様の表現を、同じ『鏡』の若い母親が髪を洗う場面に見ることができる。彼女が立ち上がると奥では火が燃えていて、天井から漆喰や水が落ちてくる。部屋の左にある鏡が落下物や炎を横に拡大させている。

この手法はすでに処女作の『ローラーとバイオリン』で現われている。木を映した水たまりに水滴が落ち、あるいは小石が投げ込まれる。水たまりの水面には波紋が広がる。上下と横の方向性がここで作られ、水面に映る木は上昇の象徴となる。そして同じ水たまりに映ったサーシャとセルゲイは左右に離れていく。

作品に繰り返し登場するこれらのモチーフに観客は作家性を見るのだが、詩的映像のみが喧伝され、物語に付加される意味が理解されなければ、それは作者の望みではないだろう。作者がとりあえず幸いだったのは、彼のモチーフが観客の物語への好奇心の呼び水となったことである。彼が日記に、「……すなわち最小限のものを示すことで、その最小限から残りの部分がどうなのか、全体がどうなっているのか、観客が自分で考えざるをえないようにすることだ[*237]」と書いているように。

モチーフ表現の妙に観客が気づき始めたのは『惑星ソラリス』からだろう。流れる水と水草が揺らぐ魔術的な映像に魅了された彼らは、その冒頭から彼の作家性を見るのである。続く『鏡』、『ストーカー』、そして『ノスタルジア』で、観客は転回するモチーフの相互関係、いわばモチーフの躍動に注視する。そして以前の作品を再解釈する手段を得たのだ。この一連の作業により作家性への視点が観客の内に生まれる。彼らは彼のモチーフを許容し受容していく。

『サクリファイス』は、モチーフの一つである枯れた松の木のシルエットで閉じられる。これは『僕の村は戦場だった』でイワンの笑顔の近くにあった松の木から始まる七本の映画の連なりの終焉と解されている。

これに似た例がもう一つある。それは「名前」である。作者は登場人物の名前にマリヤやアンドレイをよく用いているが、それにアレクサンデルを加える必要があるだろう。デビュー作『ローラーとバイオリン』の幼い主人公サーシャは、アレクサンデルの愛称であり、作者の父方の祖父もアレクサンデルである。そしてまた第二章で書いたように彼の死の間際に誕生した三人目の息子は、奇しくもアレクサンデルと名付けられている。彼の作品は主人公の名前の循環を終えて、『サクリファイス』で閉じることになる。これだけ周到な設《しつら》えを偶然残すことができた監督は、たぶんほかには誰一人いないだろう。

第四章　核時代への視線——内包された予言

〔1〕この時代に携えるもの

二〇一一年三月一一日とその後の数日間の出来事、つまり東日本大震災と東京電力福島第一原子力発電所の事故により、日本列島に住む私たちは否応なく新たな核の時代の住人となった。そもそも核の時代というのは、一九四五年にロス・アラモスで核エネルギーが初めて具現化して以降の時代を意味しており、世界中に核兵器と原子力発電が日常的に存在する時代に私たちはすでに生きていた。

しかし新たな日常が始まったのである。大地震と大津波により福島第一原発は機能のほとんどを失ない、稼働中の三基の原子炉すべてがメルトダウンした。メディアが伝えた一号機と三号機建屋の水素爆発の様子からその深刻さが分かる。爆発は停止中の四号機にも及んだ。あり得ないと喧伝されていた原発事故が、同じ要因かつ同じ場所でほぼ同時に四回起きたことは、まさに安全神話の完全な崩壊を意味する。

当時、人々は電力会社の説明や内閣官房長官のレトリックの裏を読み、事態の本質を想像した。そしてまず西へ移動する人が現われ、それが不可能な人は刻々変化する事態を注視し、最悪の事態に備えた。強制的に、あるいは自発的に故郷を離れた人の総数は、明確な統計としては存在しないだろう。福島第一原発の事故は未だ収束していない。汚染された土地がかつての姿に戻るには、永劫とも言える時間を必要とする。

奪われた土地はただ面積によって表わされる区画を意味するのではない。人々の暮らしが毛細血管のようにつながっていて、一定の土地が欠ければ周辺の土地にも多大な影響を与えるものだ。放射線の値で土地を区分してみても、その境など全く関係なく、風は吹き、川は流れている。草木は種子を振り撒き、動物は移動する。土地の汚染の実態を把握することは現実には困難であり、人体への影響を予測することも不可能である。

地震と原発事故は二重に人々を苦しめている。原発事故は地震の被害に追い打ちをかけるような災いをもたらし、被災者の救護を妨げた。一度の原発事故によって、多くの人の暮らしが奪われ、さらに周辺の地域にも恐怖を撒き散らした。それでもなおほかの地域の原発が再稼働の機会を窺《うかが》い、また周囲に恐怖を与えながら再稼働を始めている。核の恐怖が現実となったこのような時代を、「新しい核の時代」と呼ぶことにする。望郷の念、将来への不安、さらなる原発事故の懸念、為政者に対する怒り……。そういう多くの負の精神を抱えて、私たちはこの新しい核の時代に生きているのである。

〔2〕陸前高田の一本松とタルコフスキー

先達の芸術家たちの中には、この新しい核の時代の到来を予感していた人がいる。その一人に映画監督アンドレイ・タルコフスキーの名を挙げておきたい。死後出版された著書で彼はこのように述べている。「われわれは他の人によってわれわれのために準備された理念のなかに住んでいるが、そこでは、これら理念の標準にそって成長していくか、あるいはそれらと絶望的なまでに疎遠になり、それらとの矛盾のなかに入っていくかのいずれかなのだ[*238]」

遺作となった『サクリファイス』（一九八六年）の冒頭では、父と子が枯れた松の木を浜辺に植え、毎日水を与えようとしているが、まさにその情景は岩手県陸前高田市の一本松と符合している。陸前高田市を襲った津波は浜辺の七万本の松の木を、一本だけを残して奪っていった。その残った一本は自然が残してくれた希望だったのかもしれない。しかしやがてそれも塩害で枯れようとしていた。陸前高田市は逡巡したのちに寄付を募り、一本松を化学処理によって保存することにした。この孤高の松の姿は、タルコフスキーが『サクリファイス』に込めた願い[*239]の具現化ではないか――私にはそう思われてならない。ここではこの奇跡の一本松を導きの糸にして、彼が作品に込めた新しい核の時代について考えてみたい。

〔3〕初期の作品に描かれた「戦争」――第二次世界大戦下の核の風景

『ローラーとバイオリン』(一九六〇年)は、タルコフスキーが国立映画大学の卒業制作として作った作品だが、一般にも公開され、この作品が彼の最初の劇映画となるのである。現代が舞台の唯一の中編映画である。主人公の少年サーシャはバイオリン教室に行く途中、ロードローラー運転手の青年セルゲイと出会う。この二人が昼休みのひとときを一緒に過ごし、映画を見る約束をするという物語だ。中流家庭の男の子と若い労働者との出会いと交流、相互理解、そして別れが描かれている。この短い作品にも先の大戦が影を落としている。

資材置き場で昼食中の二人が上空に戦闘機の爆音を聞く。サーシャがセルゲイに「戦争は知っている?」、「戦争中は?」と興味深げに聞く。それにセルゲイが「いたよ」とだけ答える。サーシャは畳みかけるように「怖かった?」と尋ねるが、セルゲイは答えない。間を置いてサーシャは「戦争は怖いよね」と言う。セルゲイは「今の君よりも小さかったからな。二つか三つの頃さ」と歳にだけ触れる。するとサーシャは「話なら僕も知っている」と言い、セルゲイは「何でも知っているな」と返す。これだけの場面だが、戦争を知るがゆえに語らない世代と、知らないがゆえに雄弁な世代の戦争観が巧みに表現されている。そして話の続きのようにサーシャは『チャパーエフ』という映画が見たいと言い、二人は待ち合わせの約束をする。『チェパーエフ』は一九一〇年代後半のロシア革命内戦期の英雄を描いた一九三四年の作品で、サーシャにとっては内戦も第二次世界大戦も同じようなものなのかもしれない。しかしセルゲイと同世代のタルコフスキーにとってはそうではない。彼らは語るべき多くの経験がありながら、それを語れないでいる。

『僕の村は戦場だった』（一九六二年）は作者にとって最初の長編映画で、題名が示す通り戦争の悲惨さを描いている。映画の原題は『イワンの少年時代』である。大河を挟んでドイツ軍とソビエト軍の前線が拮抗する中、家族をドイツ軍に殺された少年イワンは、子供であることをカモフラージュにドイツ軍の占領地域に入って情報を収集する。舞台は第二次世界大戦期だが、夢から醒めたイワンが歩き出す大地はあまりに荒涼としていて、核戦争後の世界のように見える。また焼け跡で老人と出会った後、イワンが兵士たちとともに本部に帰る車の外の風景も同様である。

イワンが最後に見る夢の場面では、イワンが同世代の子供たちと大河の河岸でかくれんぼを始める。鬼役となったイワンは黒い大きな枯れ木のもとで数を数える。『サクリファイス』の枯れた松の木が、陸前高田の松の木と重なることはすでに書いたが、この『僕の村は戦場だった』の黒い大きな枯れ木は、長崎の一本のクスノキ[*240]に似ている。

長崎に投下された原爆の爆心地から八〇〇メートルほど離れた山王神社には、クスノキの古木がある。この木は原爆の爆風で枝のほとんどが吹き飛ばされ、幹も大きな被害を受けていた。誰もが枯れてしまったと思ったが、二年後には新しい枝が芽吹き、今では緑の葉で覆われている。映画の黒い枯れ木は、この被爆直後のクスノキを連想させるのである。

映画の黒い大きな枯れ木は白い砂浜に立ち、南太平洋の核実験場に残された樹木のようにも見える。イワンはこの黒い枯れ木を起点に走り始め、やがて水辺で妹を追い越すが、それでもまだ走り続ける。そして不思議なことに黒い枯れ木にまた到達するところで突然倒れて映画は終わる。作者はここに第二次世界大戦だけでなく、未来の核戦争まで視野に入れて描いていたのかもしれない。第一章で述べたように現実の場面でイワンはデューラーの版画「黙示録の四騎士」を眺め、その光景を自分は戦場で見たと言っているが、その版画こそ「ヨハネの黙示録」第六章1節から8節のカタストロフィの情景を描いたものなのである。

『アンドレイ・ルブリョフ』(一九六六年)では、その留守中にロシアの大公の弟がタタール人の協力を得て公国の首都を襲撃する。教会に逃げ込んで祈りを捧げる村人たちも次々と虐殺されていく。この出来事によって人々の信仰が揺らぐが、のちに少年ボリスが大鐘を造り上げることによって救われる。主人公ルブリョフの内にも新たな信念が生まれる。大鐘を鋳造するための四つの溶鉱炉から火と光と湯気が立ち上がり、マグマのように金属が流れ出す場面は、作者の意図とは別に福島第一原発のメルトダウンを想起させる。

〔4〕『惑星ソラリス』——放射線の返礼

核に直接言及した最初の作品は『惑星ソラリス』(一九七二年)である。主人公のクリスは、惑星ソラリスの研究の拠点である軌道上の宇宙ステーションへ、その存続の可否を判断するために向かう。彼は出発前日に父の友人でソラリス探査の経験者バートンと会う。クリスはソラリスの真実を知るために放射線を当てることもあり得るとバートンに話すが、バートンは「そんなことはすべきではない。認識のために犠牲を払うことには賛成できない。認識は道徳的であってこそ真実だ」と諭す。

バートンの言葉にクリスは、「学問を道徳的にするのも非道徳にするのも人間です。広島を思い出してください」と言う。するとバートンは説得を諦めたのか、ただ「学問を非道徳的なものにしないことだ」とだけ返す。クリスは科学を信じて、バートンの経験によるアドバイスを無視するのだが、宇宙へ行ったクリスは自分の贖罪の意識と直面することになる。ソラリスの海が彼の心の奥底から自殺した妻ハリーを再生して、宇宙ステーションに送り込んだのだ。彼はいったんは彼女を拒絶するが次第に愛するようになる。

そもそもすべての現象を科学的に認識することは可能なのか——とクリスは疑念を抱き始める。しかも人は現象どころか自分の内面をも知ることができない。熱にうなされたクリスの前にはハリーに代わって母親が現われる。クリスは自問する。ここに残って奇跡を待つべきだろうかと。覚醒時のクリスの脳波を放射線とともにソラリスの海に送ると、そこに島が出来ていた。そしていつしかクリスは家に帰還している。やがて家の中に父親の姿を見つけ、許しを乞うように足元に跪《ひざまず》く。

彼の心の奥底にあった望みは、妻や母ではなく故郷と父親だった。最後の会話でクリスは心臓のあたりに手を当てているのは、死が近いことを意味しているのだろう。家への帰還は死出の旅となる。主人公の死は『僕の村は戦場だった』から繰り返される作者の重要な命題である。『惑星ソラリス』は科学では解明できない領域があること――放射線によって理解不能な事態が引き起こされること――を暗示して、安易な核技術への依拠を静かに批判している。

〔5〕『鏡』――汚染された煙と雨

『鏡』(一九七五年)は、主人公である「作者」が病床で夢に見る幼い頃の記憶と、現在の彼のありようが相互に展開しているが、同じアパートに住むスペイン人家族の会話から始まる、スペイン市民戦争における爆撃の映像や逃げ惑う市民、親と離れて外国へ向かう子供たちの映像、ソビエトの気球による成層圏飛行のニュース映像などが映し出される。さらに戦時中に射撃訓練をする少年たちの姿とニュース映像の沼地を行く兵士たちの姿が本編につながり、物語と現実の隙間が曖昧になっていく。射撃場にいた少年が雪の丘を登ると、ニュース映像が映し出される。戦勝の祝砲が轟《とどろ》き、解放されたプラハにソビエトの戦車が走る。ベルリンの陥落、スターリンの肖像、そしてきのこ雲が二つ。その後、物語に戻り先ほどの少年の髪に小鳥が止まるとまたニュース映像になる。毛語録を手にした群衆、たくさんの毛沢東の胸像、ダマンスキー島（珍宝）での中ソの衝突、そして文化大革命の大群衆を映して、ニュース映像は終わる。

映し出されたきのこ雲は一九四五年の広島の原爆と、翌四六年のビキニ環礁の水爆実験のものである。文化大革命の紅衛兵たちの熱狂は、スターリンを称えるソ連の人々とつながるだろう。スペイン市民戦争のドイツ軍による無差別爆撃から、核爆弾の投下、そしてスターリンの大粛清と毛沢東の文化大革命――。死の加速度的な拡大がそこにある。

文化大革命はこの映画が製作されてから二年後の一九七七年の毛沢東の死まで続く。タルコフスキーの日記には、「昨日の零時すぎ、つまり九日の夜に、毛沢東が死んだ。どうでもいいが、気分がいい」と記されている。*[241] 作者の人生の日々はこうしたニュース映像とともにあった。

「作者」は前妻にこう言う。「……詩人にしたって、人の魂の感動を呼び覚ますためにその才能が与えられているのであって、偶像崇拝者を養うためじゃない」。この言葉は、印刷所に勤める彼の母親が最高権力者の著作集で校正ミスをしたのではないかという疑心に囚われて、印刷所に走る場面につながっている。タルコフスキーが著した『『鏡』の動機にもとづく小説」には、彼の母親へのアンケートが列記され、その四番目の設問に「原子力エネルギーの発見についてどうお考えですか」*[242]、五〇番目の設問に「新たなる世界戦争が起こるかもしれないと信じていますか？」[*243]とある。そしてその後の地の文には、「戦争は変わった。今日では、放射能に汚染された煙や雨と一緒に落ちてきた焼夷弾の液体の炎が、はね飛び、体に付着するだけで十分だ。そうやって人間を殺すのだ」と記されている。

さらにタイトルのない日付不明の構想ヴァリアントの最後には、「――第2の夢　原子力戦争。開始。」[*244]と書かれている。この言葉は『鏡』公開から一〇年後に公開される『サクリファイス』に反映されることになる。

『鏡』は一般に言われているように家族についての内省的な作品というだけでなく、タルコフスキーの核時代に向けたメッセージが内包された作品なのである。

〔6〕『ストーカー』――核イメージとしての放熱塔

『ストーカー』（一九七九年）の冒頭のテロップにはこう書かれている。

「何だったのか？　隕石の落下か？　宇宙からの生命体か？　ある地域に奇妙なことが起きた。それが『ゾーン』だ。軍を送ったが戻ってこない。そこで非常線を張り、立ち入り禁止区域とした。充分な対応ではないにせよだ。分からないのだ。ノーベル物理学賞受賞ウォレス博士の、イタリアのテレビ局によるインタヴューより」

そのゾーンにあるという望みを叶える部屋に、ストーカーが作家と教授を連れていき、そして戻ってくるのがこの映画の物語である。

ゾーンの成り立ちを原発の事故現場に例える考え方がある。たしかに人々の生活の場が突然広範囲に立入禁止となることは、日本では東京電力福島第一原発の事故以前にはなかったことだ。冒頭の舞台となる食堂のドアの向こうには、原発の建屋に似た臼状の建物がある。実際に映るのはモスクワにある火力発電所の放熱塔なのだが、この形の建屋はすでに原発のアイコンとなっている。はたしてゾーン誕生の原因が原発事故であるかはともかく、タルコフスキーが核の時代を意識していたのは確かである。ゾーンは発電所跡にあるという設定で、それに関連する物資なのかストーカーたち三人は大きな碍子《がいし》を積んだ貨物車に隠れて侵入する。彼らが軌道車に乗り換えて到着するゾーンは、それまでの光景と違って美しく魅力的である。ストーカーは白い布を結んだナットを放り投げ、それを目印に歩んでいく。三人が休憩するとき、作家は教授に言う。「あなた方の科学技術など、溶鉱炉や車輪その他もろもろは、より少なく働き、より多く食らうための怠惰の象徴ですよ。人類が存在するのは創造するためです。芸術作品をね。それは人間のほかの活動に比べれば無欲に近い。真理の探求など意味がない。錯覚に過ぎません。聞いてますか？　教授」。この発言は『惑星ソラリス』のクリスとバートン、あるいはスナウトとサルトリウスの会話を思い出させる。

眠っているストーカーは妻に似た女の声で、「ヨハネ黙示録」の第六章12節から17節の文言を聞く(第一章参照)。それは核戦争の凄惨さや必死にシェルターに逃れようとする人々を描写しているかのようである。そして泥に交じって水に沈む硬貨や注射器、聖像画や布切れ、紙片などがカタストロフィ後の情景のように、ゆっくりと映し出される。

ストーカー、教授、作家の三人は肉挽《ひ》き器と呼ばれるチューブ状の通路を歩き終えて、さらに先に進もうとする作家は怖れから拳銃を取り出すが、ストーカーがそれを捨てさせる。その通路は『惑星ソラリス』のクリスが見知らぬ影に怯えギバリャンの拳銃を持ち歩いた通路に似ている。

三人は望みが叶う部屋に到着するが、作家は中に入ろうとしない。一方の教授はリュックに隠し持っていた二〇キロトンの小型核爆弾を組み立て始める。教授は世界を変えようとする輩が来ることを危惧して、この部屋を爆破しようとしているのだ。ストーカーはそれを止めようとするが、なぜか作家に突き倒される。

作家はストーカーを偽善者と罵《ののし》り、なぜ自分で部屋に入らないのかと詰問する。ストーカーはできそこないの自分だが、人を連れてきて希望を与えることができる、それが幸せでありほかには何もいらないと言う。彼の必死の訴えで教授や作家の気持ちが変化する。三人は座り込んだまま動かない。雷が鳴り、雨が望みを叶える部屋に降り注ぐ。教授は核爆弾を分解して部屋の中に放り投げる。水に沈んだ爆弾の内部から茶色い物質が漏れ出る。その近くを魚が泳いでいる。

三人はいつしか出発した食堂に戻っていて、教授と作家の泥に汚れた顔には何かを得たような安堵の表情が浮かんでいる。『惑星ソラリス』に登場する三人とは異なり、彼らは心の奥底の望みを叶えるべきか否かを選択することができたのである。そこにストーカーの妻と娘が迎えに来て、ストーカーは娘を肩車して帰っていき、ゾーンからついて来た黒い犬がそれに従う。岸辺を歩く彼らの向こう側には発電所の四つの原子炉のような建物と煙突が見える。

部屋に戻り、怒りに震えているストーカーを妻がいたわる。出かけるとき、彼を激しく罵った彼女とはまったく違う。やがてカメラを見ながら妻は「苦しみがなければ幸せもないでしょうし、希望もありませんから」と語り始める。そして娘が本を見つめていると、フョードル・チュッチェフの詩が娘の声によって流れる。そして彼女がテーブルのグラスを見つめて首を傾げると、通過する列車の振動が伝わってきてそれらが動き出し、一つが床に落下する。

『ストーカー』は教授の振る舞いから、科学技術を盲目的に信じることの危険性を訴えている。彼の核爆弾の場面以外にもそれを訴える場面がある。例えば食堂の近くに立つ原子炉に似た建物である。ストーカーと作家がバーに入るときや三人がゾーンに出かけるとき、それがドアの向こうに繰り返し映し出される。妻がストーカーを迎える場面でその全体が明らかになる。家路を急ぐストーカーの家族の背景にも四基の原子炉のような建物がはっきりと映り、近くには汚染されていると思われる川が横たわっている。

この原発のような施設は、すぐそばに住むストーカーの家族にも影響を及ぼしていると考えられる。話せず歩くことも困難な娘。何らかの病気に罹っている妻。いつも咳をしているストーカー。彼らの病の原因は妻が語るようにストーカーがゾーンに出かけるからではなく、この施設のせいではないだろうか。娘が頭巾を取ることはないので彼女の髪がどうなっているのか観客には分からないが、そこに放射能の影響が潜んでいるのかもしれない。

教授は土壇場でゾーンの破壊を諦めたが、核爆弾を持ち帰らずに部品をバラバラにして望みが叶う部屋に投げ込んでいる。よく見るとそこは水没していて八角形のタイルに覆われている。それはストーカーが眠りで見た遺物が沈む水の底と同じ模様である。さらに想像をたくましくすれば、その模様は原子炉の水に浸された燃料棒の集合体の表面に見えなくもない。

教授が投げ込んだ部品から核物質のようなものが漏れ出してもいる。物理学者である彼がなぜそんなことをしたのだろうか。そのとき彼は理性的な判断ができる学者ではなく、自身の信条が揺らぎ、妻との問題に動転している一人の老人に過ぎなかったのである。数分前までの信念が簡単に崩壊してしまった教授は、判断停止のまま爆弾を玩《もてあそ》ぶ子供となってしまったのだろう。科学者が常に合理的な行動を取るとは限らないことは、福島第一原発の事故を見ても明らかであり、その点をタルコフスキーは指摘しているのである。核爆弾の部品から水に漏れ出る茶色の筋に魚が近寄り、やがてすべてを黒い水が覆う。核爆弾の部品は八角形のタイル状の物の上にあり続ける。

ゾーンの部屋とは何なのだろうか。冒頭のテロップにあった博士のコメントでは何も分からない。観客はゾーンが科学的な分析がなされた〝何か〟であることしか知らされない。それは『惑星ソラリス』の「お客」の成り立ちも同様である。近代合理主義者たる研究者たちは、放射線の返礼として心の奥底にある〝何か〟を贈られる。そのことで彼らの確信が揺らいでいく。

『ストーカー』に登場する作家や教授は日常を忌避するようにゾーンの部屋を目指す。作家は近代科学を疑う発言をしているが、部屋に近づくと自分をとりまく文化の荒廃を嘆き始める。教授が部屋を爆破しようとするのは科学者としての良心からではなく、実は研究仲間と自分の妻との不倫に起因していた。ストーカーが「どうやらあなたはすばらしい人なんですね。あなたは苦難を乗り越えました」

と作家を褒《ほ》めるのは、ゾーンが彼には利得の心がないと判断したからだと言う。核爆弾を持ってきた教授も同様ということになる。

しかしその二人は望みが叶う部屋に入ることを躊躇《ちゅうちょ》する。自分の心の奥底にある望みとはいったい何なのか、いや自分とはいったい誰なのかを、土砂降りの雨が降る部屋の前で二人は考える。望みは叶えるためではなく、望み続けるためにあることを、彼らはそこで知る。

彼らが出発した街は暗くじめじめしているが、ゾーンに近づくと画面に色が現われて、緑の木立が鮮やかに映し出される。三人はその景色に圧倒される。ストーカーは、「着きました。私の住まいです。世界一静かですよ。そのうち分かりますよ。美しくて誰もいない場所です」と言う。それは街の疎外感に苛《さいな》まれた人々が、危険を冒しても求める場所であり、自らの故郷であり、彼らの希望の場所でもある。

ストーカーはゾーンの部屋の前で、「何もかも捨てて妻や〈お猿〉と一緒にここへ移ってこようかな。ここで暮らそうか……。誰もいないし……。面倒もない」と言うが、それはまるで福島第一原発による立入禁止区域への住民の思いのようでもある。

『惑星ソラリス』以降のタルコフスキー作品には、重要な題材として「家」が登場してくる。それらはすべて主人公の望みの中心である。唯一の例外は『ストーカー』だが、そこではゾーンの「部屋」こそ「家」の役割を担っている。妻は「私が一緒にゾーンに行ってあげようか?」と話す。住む場所が汚染されていることを示すかのように、ストーカーの夫婦には身体に何らかの障害がある娘が生まれていたが最後に彼女は本を読むという奇跡を起こす。

教授の核爆弾から漏れた核物質の茶色は街の色でもある。そこに魚が近づく。魚はキリストを表わしていると言われる。[*245] ストーカーが言うようにゾーンに意志があるのならば、教授が分解した核爆弾がこのゾーンに何をもたらすのかも予測していたことになる。核爆弾による汚染によってゾーンは名実ともに侵入が不可能な場所となる。この映画が公開された一九七九年に、アメリカのスリーマイル島原発の事故が起きている。

〔7〕『ノスタルジア』——世界の終わりの風景

『ノスタルジア』(一九八三年)では、タルコフスキーと同じアンドレイというファーストネームのロシア人ゴルチャコフが、通訳のイタリア人女性エウジェニアとトスカーナの村に到着する。ゴルチャコフはロシアの音楽家の伝記を書くためにイタリア各地を巡ってきたのだが、その道中にソビエトに残してきた家族の幻影を見る。エウジェニアが礼拝所に入ると、寺院の男が彼女に心を込めれば願いは叶うと言う。しかし彼女はその場に跪《ひざまず》くことができない。

翌朝、ゴルチャコフは温泉の近くで、世界の終わりを恐れて家族を七年間も家に閉じ込めていたドメニコという男を見かける。興味を持ったゴルチャコフが彼の家を訪ねると、彼が幻影に見たようなロシアの風景のミニチュアが室内に広がっていた。ゴルチャコフは拙《つたな》いイタリア語でドメニコに家族のことを聞く。すると彼は、「もっと大きな心を持つべきだった。私はエゴイストで、家族だけを救おうとした。でも皆を救うべきだった。世界をね」と答える。ドメニコが恐れたのは核戦争と考えられる。彼はゴルチャコフにロウソクを手にして温泉を渡って欲しいと頼み、さらに「自分はローマで大きなことをする」と告げる。

そこにドメニコの家族が解放される場面がスローモーションで展開する。ドメニコの幼い息子は初めて外の景色を見て、父親に「パパ！　これが世界の終わりなの？」と聞く。

ホテルに帰ったゴルチャコフはイタリアに惹かれながらも、彼が伝記を書く音楽家と同じように望郷の念に駆られる。酒に酔ったゴルチャコフはタルコフスキーの父アルセーニーの詩を唱えながら水に沈んだ廃院をさまよい、天使という名の少女アンジェラと出会う。ゴルチャコフが少女に「人生に満足しているかい」と聞くと彼女は素直に「満足よ」と答える。その答えがゴルチャコフの胸に響く。果たして自分は満足しているのだろうかと。

酒に酔った彼は夢を見る。道には衣服や家財が散乱し、人影がまったくない。それはまるでドメニコが予言した世界の終わりのようだった。捨てられていた箪笥《たんす》の扉を開くと、扉の裏の鏡には自分と同じコートを着たドメニコが映っていた。やがてドメニコがローマの広場に立つ銅像の上で、世界の危機に気づかなければならないと長い演説をする。そして演説が終わった彼は石油をかぶり、途切れ途切れに『歓喜の歌』が流れる中、自分で火を着けて、火だるまとなって銅像から落下する。

ゴルチャコフはドメニコとの約束を果たすために、お湯が抜かれた温泉に降り、ロウソクに火を灯して、端から端までを歩こうとする。二度、火は風で消えてしまい、持病の心臓の痛みに彼は顔を歪める。そして三度目の火を灯して、端に辿り着いた瞬間、ゴルチャコフは力尽きたように倒れる。場面が変わってゴルチャコフは飼い犬とともに地面に座り込んでいる。彼の後ろには故郷の家が建ち、目前の水たまりには廃墟となった建物が映っている。カメラが引いて画面が広がっていくと、その廃墟が彼の故郷の家を囲むように建つ大聖堂であることが分かる。やがて雪が降り始め、映画は終わる。

タルコフスキーの実質的な亡命宣言は、この映画が完成した翌年一九八四年に行なわれたが、それまでに多くの葛藤があったと推測される。彼の日記には当局の理不尽な行為への怒り、製作意図についての自らの詭弁、資材不足、劣悪な製作環境への不満、同僚監督の介入に対する憤懣《ふんまん》のほか、さらにいくつかの不可解な出来事が記されている。それらすべてが彼に最愛の故郷との別離を決断させた。すでにソビエトはゴルバチョフによる変革の時代だったが、時計の進み方はまだ誰にも分からなかったのである。

ゴルチャコフはドメニコとの約束を結果として命をかけることになった。ロウソクに火を灯して水を渡る彼の行為は、すべての人を救うことではなかったのかもしれない。しかし少なくとも死を前にしたゴルチャコフ自身を救ったことにはなる。死にゆく彼が愛した故郷の家が浮かび、イタリアのサン・ガルガノ大聖堂は原爆ドームの柱にも似ている。不規則に降る雪は死の灰のようにも見える。

〔8〕『サクリファイス』——核戦争後の夜に

『サクリファイス』（一九八六年）の冒頭には、本章の冒頭でも触れた一本の松の木が登場する。主人公アレクサンデルは彼の誕生日を祝う宴が開かれる夕刻、毎日水をやり続けているうちに枯れ木が再生したという昔話を幼い息子に伝えながら、自宅近くの水辺に枯れた松を植える。アレクサンデルは息子に、「……いまの文明の根底にあるのは力と権力、怖れと征服欲だ。技術の進歩と呼ばれるものは、画一的で物質的な安楽しか生み出さない。そして権力を守る武器だ」と話す。

彼の誕生日に郵便配達人のオットーは、贈り物には犠牲が伴なわなければならないと言って、高価なヨーロッパの古地図を持参する。やがて家は振動に襲われ爆音に包まれる。棚から瓶が落ちて割れ、床一面に牛乳が広がっていく。アレクサンデルはそのとき、家のミニチュアが外に置いてあるのを見つける。使用人のマリアが彼の息子とオットーが作った誕生日の贈り物だとアレクサンデルに伝え、彼がいない一階の居間のテレビからは非常事態を告げる首相の声が流れる。核戦争が勃発したのである。やがて電気が止まり、テレビ画面が消える。核戦争後の静まり返った夜に、死が確実に近づいていることを人々は感じ取る。

恐怖に陥った妻はアレクサンデルを罵《ののし》り暴れ出す。それを友人の医者が押さえつけ、精神安定剤を注射する。アレクサンデルは信じていなかった神に、家族を救うために自分のすべてを捧げると誓う。「……私は持つものを捧げましょう。愛する家族を離れます。私の家に火を放ち、言葉を発せず、生涯誰にも何も申しません。私の生から切り離せないものを投げうつ覚悟です。主よ、すべてを今朝や昨日と同様にお保ちください……」と言って倒れるようにソファに眠る。そしてオットーに起こされる。

オットーは使用人のマリアの家を訪ね、彼女を愛すれば、世界は救われると話す。アレクサンデルは半信半疑ながらマリアの家に出かけて、母の思い出を語った後に願いを伝え、自分の頭に拳銃を突きつける。それを家族の諍いゆえと誤解したマリアは彼と一体になって宙に浮く。

朝がいつものようにやってくる。電気が通り、家族は外で朝食を取っている。核戦争は去っていたのだ。アレクサンデルは神との約束を果たすために、家族を遠ざけて家に火を放つ。燃え上がる家に気づき戻ってきた家族に彼は何も話さない。彼を乗せて走る救急車の近くを息子が歩いている。家族は家が焼けたことでパニックに陥っているが、息子は父の言葉に従って、黙々と二つのバケツを持ちながら、松の木に向かっている。

この作品のオープニングではレオナルド・ダ・ヴィンチの「三博士の礼拝」が映る。三人の博士は信仰の意味を持つ黄金、崇拝を象徴する乳香、そして受難を表わす没薬をイエスに渡そうとしているが、映像として最初に映るのは聖母マリアに抱かれたイエスが、没薬を受け取ろうと手を伸ばしている部分である。没薬は死者を葬るための薬の一つとされる。その後カメラは上に移動し、絵に描かれた青々とした木の枝を捉えた後、光に満ちた浜辺を映して物語が始まる。そこには松の枯れ木を幼い息子と一緒に植え直している主人公がいる。

アレクサンデルは祈りの実現と引き換えにすべてを神に差し出した。残ったのはこの枯れた一本の木と息子の記憶にある父の言葉だけである。アレクサンデルの「犠牲」は松の枯れ木も再生させるのだろうか。

冒頭で主人公が家に戻らずに幼い息子に難しい話をし続けたのは、息子だけが彼の語り得る唯一の対象だったからだろう。しかし喉の手術をしたばかりの息子は声を出すことができない。「最初に言葉ありき、なのにお前は話すことができない」とアレクサンデルは言う。『アンドレイ・ルブリョフ』では、人を殺めてしまったアンドレイが無言の行に入り、鐘を作り上げた少年の奇跡を見て声を取り戻す。『鏡』ではプロローグで吃音の青年が治療を受ける。治療によって彼は「僕は話せます」と叫ぶ。『ストーカー』の娘は話せないが、詩を読む奇跡を起こす。言葉を持たない登場人物は、いずれもみな奇跡を起こしている。アレクサンデルの息子は最後に、言葉を失った父親の行動を理解しようとしたのか、「なぜなの、パパ」とつぶやく。言葉が父から息子へと受け渡された瞬間だった。

二人の関係で衝撃的なのは、戯れた息子を主人公の父親が反射的に突き飛ばしてしまうことである。鼻血を出す息子を見て彼は倒れ込み、幻影を見る。街並みは焼けただれ、流れている血は、息子のそれを意味している。彼は核戦争の予知夢を見てしまったことになる。主人公は暴力が自分にも潜んでいること、そしてそれがどんな結末を招くかを知る。

この幻影は核戦争の勃発後にも群衆を加えて繰り返される。その幻影の中で血の流れた先に息子が横になっている。アレクサンデルはまず誰よりも彼を救うべくすべてを捧げたことになる。この子供はタルコフスキーが故国に残してきたアンドリューシャでもある。映画は献辞の「希望と信仰と470

に、わが子アンドレイに捧げる」をもって終わる。タルコフスキーはアレクサンデルと同様に、自分のすべてである映画を息子に捧げているのである。

〔9〕黒澤明の『生きものの記録』との比較

タルコフスキーが海外で製作した二つの作品――『ノスタルジア』と『サクリファイス』――は、大状況の破綻を前にした男が家族を守ろうとする物語と言える。『ノスタルジア』では世界の終わりを危惧して、家族を家に七年間閉じ込めた男が登場する。『サクリファイス』では主人公が核戦争を回避するために家を焼き家族との関係を絶つ。

実はこれらの要素を併わせ持つ映画が日本に存在する。それはタルコフスキーに大きな影響を与え、親友でもあった黒澤明の『生きものの記録』(一九五五年)である。三船敏郎が演じる鋳物工場の社長は核戦争を恐れ、東北に家族を守るシェルターを築くが役に立たないことが分かる。それに多大な金額を費やしたこと知った家族は、父親を禁治産者《きんちさんしゃ》にして財産を守ろうとする。

核シェルターを諦めた父親は、家族全員でブラジルに移民することを思いつくが、結局、家族の訴えが認められて、彼は禁治産者に認定されてしまう。父親は財産が障害だったことに気づいて、自分の経営している工場に火を付け燃やしてしまう。消火の水で水浸しになった火災現場で彼は、火を付けたのは自分だと告白するが、従業員から問い詰められ、家族だけを守ろうとしたのは誤りだったことを理解する。父親は水たまりにひれ伏し、やがて本当に狂気の世界に入り込む。病院に監禁された父親は燃える太陽を見て、それが核戦争後の地球の姿だと思う。かくして彼の願いは狂気の中に成就される。

この映画で描かれるシェルターの存在や従業員への言葉は『ノスタルジア』のドメニコの行動と彼のゴルチャコフへの言葉とほぼ同じであり、火事現場の近くの水たまりに跪《ひざまず》く父親の姿は、『サクリファイス』のアレクサンデルを思い起こさせる。さらに家族を連れて海外に逃れようとする父親の衝動は、タルコフスキーの亡命を想起させる。タルコフスキーの作品の随所にこのような先達の作品の影響が見受けられるのである。

〔10〕タルコフスキーの視線——私たちのバケツ

遺作『サクリファイス』は、アレクサンデルの息子が松の木に水を与える場面で終わっている。彼は二つのバケツを交互に運びながら、松の木に近づいていく。一つは自分のバケツ、もう一つは父親、あるいは観客のためなのだろうか。
父の言葉に従えば、三年後には松の木の葉に色がつき、新しい芽が生まれることになる。この枯れ木に水をやるという行為は、福島第一原発の破壊された原子炉に注がれる大量の水を連想させる。しかし私たちが作り出したこの凶暴なるものを鎮めるためには、三年どころではなく、何世代にも及ぶような長い年月が必要となる。

ここまで『サクリファイス』の枯れた松の木を一つの手がかりとして、タルコフスキーの核への視線を考えてきたが一本の木が登場するタルコフスキー作品はもう一つある。それは一九六二年に公開された最初の長編映画『僕の村は戦場だった』である。この作品の主人公イワンは冒頭、夢の中で遊んでいる。母親は井戸で汲んだバケツの水を運んでいて、イワンはその水を飲む。この母親役を演じるのは彼の最初の妻だったイルマ・ラウシュで、映画公開年に息子アルセーニーが誕生していることから、この映画の製作中に妊娠したと考えられる。

母親は井戸の近くで殺され、何かの儀式のように背中に水がかけられる。しかし彼女は終盤にもバケツの水を運ぶ姿で登場し、イワンはその水を再び飲む。そしてイワンはかくれんぼの鬼として走り出し、先を行く妹を追い抜いても走り続ける。そしてようやく辿り着くのが、焼け焦げた一本の木のある浜辺である。この場面は「サクリファイス」の枯れた松の木の場面に通じている。

タルコフスキーの作品には、このような関係性が数多く存在している。それぞれ独立した作品でありながらどこかが結びついているのである。

『僕の村は戦場だった』のイワンが部屋の天井に吊した鐘は、『アンドレイ・ルブリョフ』のボリス

『サクリファイス』 アレクサンデルと息子が植えた枯れた松の木は、タルコフスキーが未来に伝えようとした希望のシンボルなのだろう。作品の最後にこの木の枝は逆光の中、花をつけたように輝き出す。

［写真協力：公益財団法人川喜多記念映画文化財団］

が造り上げる大鐘の奇跡となる。『惑星ソラリス』の無意識の願望の具現化は、『ストーカー』の願いが叶う部屋につながる。そして『ノスタルジア』の世界の終わりから人々を救う意志は、『サクリファイス』によって成就する。この『サクリファイス』が公開された一九八六年は、チェルノブイリ原子力発電所の原子炉が爆発し、多くの放射性物質が周囲の国々に撒き散らされた年である。タルコフスキーは死の約二カ月前の一九八六年一〇月一六日の日記に、「……だが真の不幸は、新たな戦争、核戦争は、実はオッペンハイマーが実験場で実験爆弾に点火したあの時点で既に始まっていたという点にある。……もうながらく核戦争は続いており、恐るべき惨禍を振り撒いている――広島、長崎、ビキニ環礁、海を挟んだ両側での幾たびもの地下実験、地上実験、数々の原子力発電所の建設、平和目的・軍事目的を問わず利用される核エネルギー。……五〇年というもの各政府は、核エネルギー利用を推進することで、人類に対し恒常的に犯罪を重ねてきている。[*246]」と書いている。この一文によって、彼の核に対する考え方は明らかだろう。

チェルノブイリという地名は植物のニガヨモギに由来するというが、「ヨハネ黙示録」八章10節には、「そして第三の天使がラッパを吹いた。そして松明のように燃えている大きな星が天から落ちて来た。そして川の三分の一と、水の泉の上に落ちた」とあり、また11節に「そしてその星の名前はアプシントス（苦よもぎ）と言った。そして水の三分の一がアプシントスになった。そして人々の多くがその水のせいで死んだ。苦くなったからである。[*247]」とある。

この「ヨハネ黙示録」をタルコフスキーの父アルセーニーは「リヴォフから来た仕立て屋、仕立て直しと修繕」（一九四一年一〇月）という詩に用いている。[*248]「……パンを食えても、塩がない。／塩が食えても、パンがない。／何もない草原の雪がとけ、／あとにはニガヨモギが生えるだろう」。さらに「風」という詩（一九五九年）には、「……すべての時代のすべての悲哀が。僕らはならんで歩いた、だが、このニガヨモギのように苦い大地に彼女はもう足を触れてはいなかった、……[*249]」と書いてある。

これらの詩にはチェルノブイリ原発と福島第一原発の事故後の光景を連想させる。そしてそれらの事故を予言したかのような『サクリファイス』という作品で、タルコフスキーは自身の希望を息子に託す。ではバケツを運ぶ少年の姿を見た私たちはいったいどうすればいいのだろうか。

タルコフスキーはこうも書いている。

「自分の意志を自由に表明する可能性は、もちろん、他人の意志によって制限されている。しかし不自由はつねに、内的臆病さや受身の結果であり、良心の声に合致した個人の意志表明への決断の欠如の結果である[*250]」。この言葉は現在も、私たちに何らかの決断を促している。

注

はじめに――永劫たる瞬間

＊01　タルコフスキーはリュミエール兄弟の『列車の到着』について、「列車が近づいてくるにつれ、客席はパニック状態になっていった。観客は席を立ち、逃げ去る。この瞬間、映画芸術が誕生した」と書いている。アンドレイ・タルコフスキー著／鴻英良訳『映像のポエジア――刻印された時間』（キネマ旬報社・一九八八年）、八九頁。

＊02　アンドレイ・タルコフスキー著／鴻英良・佐々洋子訳『タルコフスキー日記――殉教録』（キネマ旬報社・一九九一年）、三九五頁。原文はマルクス・エンゲルス著／マルクス＝レーニン主義研究所訳『マルクス・エンゲルス文学・芸術論』（大月書店・国民文庫・一九五五年）、六一頁「リアリズムと小説」。同様の記述がタルコフスキーの同書一二六頁に「映画の象徴は、自然の象徴、現実の象徴に他ならない。実際、ここで問題なのは細部ではない。隠されたものなのだ！」とある。またタルコフスキーは「マルクスでさえも、芸術において傾向は、それがソファーのスプリングのように外に出てこないように隠しておかなければならないと語っている」と書く。前掲『映像のポエジア』、七三頁。

＊03　前掲『映像のポエジア』、三三一頁。

第一章　物語の深淵――隠された意図

序　パステルナークの予言

＊04　前掲『タルコフスキー日記』、一三七頁。

＊05　アンドレイ・タルコフスキー著／武村知子訳『タルコフスキー日記——殉教録Ⅱ』（キネマ旬報社・一九九三年）、二三〇・二三五頁。

＊06　アルセーニー・タルコフスキーの詩集の日本語訳は、坂庭淳史訳『雪が降るまえに』（鳥影社・二〇〇七年）と、前田和泉訳『白い、白い日』（エクリ・二〇一一年）がある。

＊07　ロシアではマリヤ（Ｍａｒｉｙａ）、ロシア以外ではマリア（Ｍａｒｉａ）と発音される。タルコフスキーの映画では「マリヤ」「マリア」という登場人物が頻繁に登場する。本書では基本的にロシア国内の人物の場合はマリヤ、それ以外の国の人物の場合はマリアと記している。

〔1〕光と水の寓話——『ローラーとバイオリン』

＊08　馬場朝子編『タルコフスキー　若き日、亡命、そして死』（青土社・一九九七年）、五六頁。

＊09　映画『殺人者』の原作の「殺し屋」は、高見浩訳『われらの時代／男だけの世界　ヘミングウェイ全短編1』（新潮文庫・一九九五年）所収。映画はほぼ原作通りだが、タルコフスキーが演じる客が「バードランドの子守唄」（一九五二年・ジョージ・シアリング作曲）を口笛で吹く点が異なっている。原作が書かれた時代にこの曲は存在していない。タルコフスキーはラジオ放送「ボイス・オブ・アメリカ」を聴いてこの曲のメロディを覚えたという。『殺人者』が製作された一九五六年はスターリン批判の年で、製作時のエピソードは前掲『タルコフスキー　若き日、亡命、そして死』、八〇頁などに書かれている。

＊10　前掲『タルコフスキー　若き日、亡命、そして死』、一二一頁。

〔2〕楽園への越境——『僕の村は戦場だった』

＊11　小説「イワン」の日本語訳は、『新しいソビエトの文学2　奇跡の聖像／ぼくの村は戦場だった』（勁草書房・一九六七年）にウラジーミル・オシッポヴィチ・ボゴモロフ著／中里迪弥訳「ぼくの村は戦場だった」として所収されている。

*12　山羊は最後の審判で地獄に落ちる者の象徴である。脚本には「黒い山羊」と記されている。アネッタ・ミハイロヴナ・サンドレル編／沼野充義監修『タルコフスキーの世界』（キネマ旬報社・一九九五年）、四七頁。

*13　ジェイムズ・ホール著／高階秀爾監修『西洋美術解読事典』（河出書房新社・一九八八年）、二二三頁。

*14　前掲『映像のポエジア』、四四頁。

*15　前掲『新しいソビエトの文学2』に所収の「ぼくの村は戦場だった」、三五〇頁。

*16　田川建三訳『新約聖書　本文の訳』（作品社・二〇一八年）、四四〇頁。

*17　伊東一郎著『マーシャは川を渡れない　ロシア民謡のなかの文化』（東洋書店・ユーラシア・ブックレット№17・二〇〇一年）、四頁。

*18　このイワンが水辺を走り少女を追い抜く場面と、トラックで少女にりんごを渡す場面は、「アタランテとヒッポメネス」の逸話を想起させる。走るのが得意なアタランテの近くにヒッポメネスは黄金のりんごを三つ落とし、その隙に彼女を抜き去っている。前掲『西洋美術解読事典』、三二頁。

*19　この点でイワンは『サクリファイス』のアレクサンデルの最後の状態と同じである。

〔3〕無言の想像力――『アンドレイ・ルブリョフ』

*20　馬場広信監修／宮澤淳一・馬場広信訳『アンドレイ・タルコフスキイ『鏡』の本』（リブロポート・一九九四年）、一〇五頁のイグナートが読むプーシキンの手紙を参照。

*21　前掲『映像のポエジア』、一一四頁によると、タルコフスキーはこの場面を背に翼を付けた男として描くつもりだった。その構想は『惑星ソラリス』の図書室にあるブリューゲルの『イカロスの失墜』を思わせる。

*22　例えばパヴェル・パルホメンコ監督の映画『ガガーリン　世界を変えた108分』（二〇一三年）で描かれていたように、成功する前の宇宙飛行士は母親にさえ疎んじられていた。

*23　『旧約聖書』にある「コヘレトの言葉」「雅歌」「哀歌」「ルツ記」「エステル記」の五つの書をまとめて「伝道の書」と呼ぶ。タルコフスキーはこれらの抜き書きを一九七七年一月二七日の日記に書き写し、一九八一年三月二五日の日記に

も、「……知恵が多ければ悩みが多く、知識を増す者は憂いを増す」を記している。また『サクリファイス』の編集のために訪れたスタッフに、彼は病床で冒頭部分を読んで聞かせている。今野國雄「虚無の実存——タルコフスキーと『伝道の書』」/雑誌『WAVE 26 タルコフスキー』(ペヨトル工房・一九九〇年九月)、一〇五頁。

*24 この章で引用される「第一コリントス」の訳は、前掲『新約聖書 本文の訳』の二九四〜二九八頁の該当部分を用いている。

*25 例えば田川建三訳著『新約聖書 訳と註3 パウロ書簡 その一』(作品社・二〇〇七年)、三三二頁。

*26 『月刊イメージフォーラム』№80(ダゲレオ出版・一九八七年三月増刊号)、一〇〇頁。

*27 イコノスタシスは、教会の祭壇にイコンを一定の秩序のもとに何枚も並べたもので、『アンドレイ・ルブリョフ』の「襲来」の章の教会にも陳列されている。

*28 これは樽の内側を消毒している作業と考えられる。

*29 最近の研究ではルブリョフが描いたと確認されたイコン画は「聖三位一体」と「ズヴェニゴロドのデイシス」のみとされている。オルガ・メドヴェドコヴァ著/黒川知史監修・遠藤ゆかり訳『ロシア正教のイコン』(創元社・二〇一一年)、七〇頁。

*30 前掲『映像のポエジア』、一三三頁。

*31 DVD/ブルーレイ『アンドレイ・ルブリョフ』(IVC)のジャケット写真。

*32 前掲『WAVE 26 タルコフスキー』、三二頁。レイラ・アレクサンデル/扇千恵訳「アンドレイ・タルコフスキーの隠れた手法」。

〔4〕虚空の孤独——『惑星ソラリス』

*33 DVD/ブルーレイ『惑星ソラリス』(IVC)の特典映像「ナターリヤ・ボンダルチュク・インタビュー」。

*34 ピーター・エンゲルのインタビュー/河合祥一郎訳『ユリイカ』(青土社・一九八六年一月号)、一五六頁。「六五年、モスクワでタルコフスキーと大喧嘩をしましてね。彼の『ソラリス』のシナリオが気にくわなくて、映画を見るのさえ

嫌だった。四年も経ってからテレビで見ただけです。……」。

＊35 前掲『月刊イメージフォーラム』№80、七七頁。

＊36 前掲『タルコフスキー日記』、八八頁。

＊37 ＩＶＣから発売されていたロシア映画評議会版の『アンドレイ・ルブリョフ』には、特典映像として英語版『惑星ソラリス』のトレーラー映像が付いていた。またインターネット上に散見される未採用映像にも同様の場面がある。

＊38 前掲『月刊イメージフォーラム』№80、「タルコフスキーによるタルコフスキー」、七七頁。

＊39 スタニスワフ・レム著／沼野充義訳『ソラリス』（ハヤカワ文庫ＳＦ・二〇一五年）、四一三頁。

＊40 前掲『ソラリス』、三四八頁。

＊41 「『惑星ソラリス』理解のためにⅠ――レムの失われた神学」、「『惑星ソラリス理解のために』Ⅱ――タルコフスキーの聖家族」として『ＳＦマガジン』（早川書房）二〇一二年六～八月号に掲載。

＊42 前掲『月刊イメージフォーラム』№80、「タルコフスキーによるタルコフスキー」、七八頁。

＊43 前掲『タルコフスキーの世界』、四六七頁。

＊44 前掲『タルコフスキー日記』、一二六頁。

＊45 前掲『ソラリス』にはクリスの父親の描写がないわけではない。「思想家たち」の三〇五・三〇六頁は、クリスの脳波図をソラリスの海に放射する場面で、彼がハリーの後に思い描く像として登場する。ここからラストシーンの父親の登場を推測するのも可能である。また小説のクリスの父の顔がソラリス研究者のギーゼと似ているのは、タルコフスキーの前妻と母の存在に重なる。

＊46 『惑星ソラリス』のプログラム（日本海映画）に掲載された「採録シナリオ」（野原まち子訳）には、字幕で省略されている語句が含まれている。

＊47 前掲『新約聖書　本文の訳』、一〇五頁の「ルカ福音書」第二章7節には、「そして彼女は初子の息子を生んだ。そして産着にくるんで、飼葉桶に寝かせた。彼らには宿屋に場所がなかったからである」とある。この飼葉桶から八世紀頃の

「偽マタイ福音書」に厩の牝牛と驢馬《ろば》が登場し、伝承が重なって「馬小屋」となったのだろう。田川建三著『イエスという男　第二版［増補改訂版］』（作品社・二〇〇四年）では、「福音書」に記述がないことを認識しつつ、「馬小屋の話もルカ福音書が伝える創作である。（……）反逆者イエスが国家権力によって虐殺されてから半世紀たって、従順の赤子キリストは馬小屋に誕生した」と書かれている（一五頁）。

＊48　イプセン著／矢崎源九郎訳『人形の家』（新潮文庫）、一六八頁。

＊49　『キネマ旬報』（一九七二年一一月下旬号）の「顔と言葉」欄に掲載されたタルコフスキーへのインタビュー記事（四三頁）には、「万博の跡にも行ってみましたが、これはイメージと違うので使うのをやめました」とある。また前掲『タルコフスキー日記』によると、彼が来日したのは一九七二年の九月二四日から一〇月一〇日だということが分かる。

＊50　これは前作『アンドレイ・ルブリョフ』の主人公の作品で、ロシア正教のイコンの最高傑作と言われている。このイコン画は次作『鏡』に映画『アンドレイ・ルブリョフ』のポスターとして登場している。

＊51　「イカロスの失墜のある風景」は最近の研究で、ブリューゲルの作品ではないとされている。例えば、『芸術新潮』（新潮社・二〇一三年三月号）、九三頁。

＊52　『世界美術全集2ファン・アイク』（集英社・一九七九年）の「アルノルフィニ夫妻の肖像」の解説では、シャンデリアの一本のロウソクは祝婚の象徴であるという。なおこの書名は「ファン・アイク」だが、文中では「ヤン・ファン・エイク」を用いた。

＊53　セルバンテス著／牛島信明訳『ドン・キホーテ　後篇・三』（岩波文庫）にある映画の台詞の該当箇所は、「ただおいらに分かるのは、おいらが眠っているあいだは恐れも、希望も、心労も、栄誉もなんにも感じねえってことだよ。まったく、眠りってものを創り出したお人に幸いあれ、と言いたいね。だって眠りは、人間のあらゆる思惑を被い隠してくれるマントであり、飢えを取り除いてくれる糧食であり、渇きを癒《いや》してくれる水であり、寒さを暖めてくれる火であり、暑さを和らげてくれる涼気であり、要するに、ありとあらゆるものが購《あがな》える万国共通の通貨にして、羊飼いを王様と、またばか者を賢者と同じにしてくれる秤《はかり》、あるいは分銅のようなものだからね。もっとも、この睡眠というやつに

もひとつだけ欠陥があって、それはおいらが人から聞いたところによると、死ととてもよく似てるってことなんだ。そう言われてみると、実際のところ、眠ってる者と死んでる者のあいだにはそれほどの差がねえものね」(三一四頁)と訳されている。文中の水と火は本作の重要な素材、涼気は通風口から木の葉の音とともに流れ、通貨は母親との再会の場面で金属ケースに入っている。そして羊飼いも王様もブリューゲルの絵画に描かれている。ソラリスの海は『ドン・キホーテ』の挿絵の言葉通りにクリスに「島」を与え、作者はこのサンチョ・パンサの言葉の通りに『惑星ソラリス』を表現したことになる。彼は前掲『映像のポエジア』の七五頁で、サンチョ・パンサを「常識と正しさと分別の象徴」と評している。

＊54 前掲「『惑星ソラリス理解のために』II——タルコフスキーの聖家族」の一三章では、このスナウトとサルトリウスの議論を原作者レムの意図に絡ませ論じている。

＊55 前掲『タルコフスキー日記II』、二九頁の一九八一年一一月二三日には、「今日、肩に雀がとまった。これは私にとっては、どんな肩章にもまさる栄誉のしるしだ」というヘンリー・ソローの言葉が書かれているが、その情景のままに『鏡』では、軍事教練を終えて丘に登った少年の頭に小鳥が止まっている。そしてこの遠景は「雪中の狩人」とよく似た眺めになっているのである。

＊56 その挿絵は前掲『ドン・キホーテ　前篇・一』、一三九頁にある。

＊57 前掲『新約聖書　本文の訳』、一四六頁の「ルカ福音書」第一九章35節、「そしてそれをイエスのもとに引いて来た。そして自分たちの衣をその子驢馬の上に投げかけて、イエスをそれに乗せた」。

＊58 前掲『ドン・キホーテ　後篇・二』、二八四頁。

＊59 このコインはレーニンの顔が刻まれていることから、一九七〇年にレーニン生誕一〇〇周年を記念して発行された一ルーブル硬貨だと考えられる。

＊60 前掲『タルコフスキー日記』、四四頁。

＊61 ボスの絵は「雪中の狩人」の狩人にも似た放蕩息子を犬が迎えているのだが、そもそもこの絵の名称が「放蕩息子の

帰還」であるか否かは議論となっている。

＊62 山本光雄訳編『初期ギリシア哲学者断片集』（岩波書店・一九五六年）、三二〜三六頁。

＊63 前掲『新約聖書　本文の訳』、一三八頁の「ルカ福音書」第一五章11節から32節。

＊64 前掲『タルコフスキー日記』、一〇九頁。

〔5〕記憶の牢獄――『鏡』

＊65 前掲『タルコフスキー日記』、一〇二〜一〇四頁の一九七二年一月一二日から一三日の日付にコメントが記され、一一二頁の二月二五日には修正リストが転記されている。

＊66 前掲『タルコフスキー日記』、一一三頁。

＊67 前掲『タルコフスキー日記』、四六頁。

＊68 アルセーニー・タルコフスキーの詩は基本的に前掲『雪が降るまえに』に依った。

＊69 前掲『雪が降るまえに』、一七四頁。

＊70 前掲『雪が降るまえに』、四一頁。

＊71 前掲『アンドレイ・タルコフスキイの『鏡』の本』の巻末に所収された小説『白い、白い日』の二〇頁には、「そこでヨシフ・ヴィッサリオーノヴィチ・スターリンの著作全集を印刷中であった」とある。

＊72 読まれた手紙の全文は前掲『アンドレイ・タルコフスキイの『鏡』の本』、一〇四〜一〇七頁。巻末の三〇頁には続く文が掲載されている。また前掲『タルコフスキー日記』の二九五頁、一九七九年四月一六日には、この手紙に関する記述がある。

＊73 アルセーニーの母マリヤの写真は前掲『雪が降るまえに』の二四三頁に掲載されている。

＊74 前掲『映像のポエジア』、一九六頁。

＊75 前掲『雪が降るまえに』、一八七頁。

＊76 前掲『雪が降るまえに』、一七二頁。

＊77　前掲『雪が降るまえに』、二四三頁。

〔6〕絶望の中の希望——『ストーカー』

＊78　前掲『アンドレイ・タルコフスキイの『鏡』の本』に所収の「作業ノート」、三七七頁。

＊79　前掲『タルコフスキー日記』、一二七頁。

＊80　前掲『タルコフスキー日記』、一八七頁。

＊81　前掲『タルコフスキー日記』、一九六頁。

＊82　前掲『タルコフスキー日記』、二三四頁。

＊83　前掲『タルコフスキー日記』、二四九頁。

＊84　前掲『月刊イメージフォーラム』№.80、七七頁の「タルコフスキーによるタルコフスキー」によると、タルコフスキーは「『ストーカー』に関して言えば、原作はすっかり書き直されてしまい、原作のなかで残されたものはストーカーという職業だけです」という。一方原作者のアルカージー・ストルガツキー＆ボリス・ストルガツキイ著／深見弾訳『願望機』（群像社・一九八九年）のはしがきで、「われわれが書き終えたシナリオの最終案には、もはや〈ストーカー〉と〈ゾーン〉という用語、願望がかなえられるという神秘的な場所以外にはなにも残ってはいなかった」と記している。

＊85　前掲『タルコフスキー日記』の二五〇頁、一九七七年一二月二八日に「老子（レスコフ『旅芸人パンファロン』のエピグラフから）」としてこの文言を書き写している。ただし本書は映画の字幕を記している。

＊86　前掲『新約聖書　本文の訳』、四四一頁。

＊87　前掲『新約聖書　本文の訳』、一五七頁。

＊88　例えばタルコフスキーのポラロイド写真集『Instant Light』（Thames&Hudson・二〇〇四年）の四一頁、または同様の写真集『Bright,bright day』（White Space Gallery・二〇〇七年）の一〇三頁にあるミヤスノエ村の光景。

＊89　前掲『雪が降るまえに』、二〇三頁。

＊90　この作家の言葉は黒澤明の『羅生門』で、杣売りの志村喬が「私のところでは子供が六人いる。しかし六人育てるも、七人育てるも同じ苦労だ」という台詞と対になっている。僧侶の千秋実から捨てられていた赤子を受け取った志村は初めて笑顔となって羅生門を後にするのがこの映画のラストシーンである。また千秋がここで「人を信じていけそうだ」と話すのも、家に戻ったストーカーが「誰も信じようとしない。誰ひとりとして信じようとしない」と対になっている。なお羅生門に三人が佇む中、下人の上田吉二郎が焚き火の燃えさしを雨の中に投げ入れる場面は、望みが叶う部屋に教授が核爆弾の部品を投げ入れている場面と構図的に一致している。

＊91　前掲『タルコフスキー日記』、五〇五頁の一九八二年四月二日にタルコフスキーは、感覚器官の限界を論じ、話は音楽にも及んでいる。ストーカーは作家や教授たちを、信じるための器官が退化していると非難するが、次作の『ノスタルジア』のゴルチャコフも同じように、神の声が聴こえていない。

＊92　川端香男里訳『世界詩集』（講談社・一九八一年）、五八三頁。

＊93　西周成著『タルコフスキーとその時代――秘められた人生の真実［増補改訂版］』（アルトアーツ・二〇一七年）、一二六頁。

〔7〕死に至る郷愁――『ノスタルジア』

＊94　前掲『タルコフスキー日記』、二六六頁。

＊95　前掲『タルコフスキー日記』、二九七頁。

＊96　『ノスタルジア』の上映プログラム「シネ・ヴィヴァン　No.4」（シネ・ヴィヴァン六本木・一九八四年）に所収されたタルコフスキーの文章、「二つの世界のはざまで」には、「ゴルチャコフは、イタリア建築史の専門家として国際的に知られた歴史学の教授である」と書かれている。

＊97　実際にモスクワにいたタルコフスキーに会いに来て、『サクリファイス』の制作時には通訳などの仕事をしたレイラ・アレクサンデルがいる。彼女は近年、撮影時のエピソードと写真を中心とした『A Photographic Chronicle of the Making of The Sacrifice』（Cygnnet・二〇一一年）を出版している。その本にある金髪に巻き毛という彼女の風貌はエ

ウジェリアを連想させる。

＊98　ピエロ・デッラ・フランチェスカ（一四一二〜一四九二年）の作。「出産の聖母」は、実際には映画のような礼拝堂ではなく、モンテルキの「出産の聖母」美術館に所蔵されている。

＊99　ミシェル・エスティーヴ編／鈴村靖爾訳『タルコフスキー』（国文社・一九九一年）、二一二頁の脚注によると、タルコフスキーは記者会見でこのことを問われて、女性には男性と異なる役割があることを強調し、それを認めないことは、自然的なさまざまの機能を人為的に否定することになるだろう、と付け加えた。

＊100　ゴルチャコフが調べていた音楽家のサスノフスキーは、実在の人物である音楽家マクシム・ソゾントヴィチ・ベレゾフスキー（一七四五〜一七七七年）をモデルにしている。ロシアで生まれた彼は音楽の才能を開花させて、イタリアで活躍する。しかし望郷の思いは強くロシアに戻り、やがて不遇の中に死を迎えた音楽家とされている。

＊101　シエナの聖カテリーナ（一三四七年頃〜一三八〇年）はキリスト教の神秘主義者カテリーナ・ベニンカーサのこと。七歳のときに幻視体験をして以降、数多くの神秘的な体験をしたとされる。その一つにタルコフスキー作品に多く登場する浮遊体験が挙げられている。前掲『西洋美術解読事典』の八九頁、及び池田敏雄著『シエナの聖女カタリナ』（グロリア文庫・一九八〇年）、一〇頁。

＊102　シエナの聖カタリナ著／岳野慶作訳『対話』（中央出版社・一九八八年）の八〇頁には「なぜなら、わたしは『存在者』であるが、あなたがたは、あなたがた自身で存在するのではないからである。あなたがたは、わたしによって造られた程度にしか存在しない。」とあり、また前掲『シエナの聖女カタリナ』の二五・二六頁には「ある夜、カタリナの部屋のしじまを破って、主はこう言われた。『わたしの娘よ。おまえは、在らぬところのものであり、わたしは在るところのものである。』」と記されている。彼女の著作とされる『対話』は、彼女が脱魂している間にその言葉を弟子たちが筆記したものである。

＊103　この『Bright,bright day』にはイタリアとロシアの光景がランダムに掲載されていて、巻末の索引がなければどちらの写真か分からない。このタルコフスキー的な曖昧さは意図的なのかもしれない。ドメニコの家のミニチュアに似た

情景としては、九二・九三頁が挙げられる。また冒頭に父アルセーニーの詩「白い日」を記し、さらに作者の子供の頃の田舎の写真を載せることで、彼の原体験である田舎の暮らしとロシアのミヤスノエ村での生活、そしてイタリアでの活動、さらに映画制作の現場の情景が一冊の中で混ざり合っているのである。

＊104 この言葉は『ノスタルジア』の脚本をタルコフスキーと共同執筆したトニーノ・グエッラが脚本を書いたアントニオーニ監督の『赤い砂漠』(一九六四年)で、主人公の幼い息子の台詞として使われている。またこの映画には『ストーカー』と同じように発電所の放熱塔や泥濘が登場する。

＊105 前掲『シエナの聖女カタリナ』の二一頁にはこの言葉に続けて「カタリナは、地下室をキリストの生まれた『うまや』に見たてて、そこで修行した」とある。ドメニコもまさにそれを実行したのだろう。

＊106 川端香男里著『ロシア　その民族とこころ』(講談社学術文庫・一九九八年)、一九四頁。

＊107 脚本/監督/構成/編集ドナテッラ・バリーヴォ(一九八四年・イタリア)。

＊108 前掲『雪が降るまえに』、一九四頁。この中の「ラッパ」とは「ヨハネの黙示録」のそれを意味しているのだろう。

＊109 前掲『タルコフスキー日記』、四一九頁。

＊110 エルンスト・テオドール・アマデウス・ホフマン(一七七六〜一八二二年)は、ドイツロマン派の作家。ケーニヒスベルク生まれ。作曲や楽器の演奏、また絵画の才能もあったとされる。

＊111 タルコフスキー著/前田和泉訳『ホフマニアーナ』(エクリ・二〇一五年)として日本語訳が出版されている。

＊112 E・T・A・ホフマン著/池内紀編訳『ホフマン短篇集』(岩波文庫・一九八四年)に所収。

＊113 前掲『雪が降るまえに』、二三七頁。

＊114 前掲『シエナの聖女カタリナ』、一二一頁。

＊115 前掲『シエナの聖女カタリナ』、二二頁。

＊116 『惑星ソラリス』では、短い時間だが東京の首都高速道路などの場面が本編に使用されている。しかし全編がソビエト連邦外で撮られるのは劇映画『ノスタルジア』が最初である。

＊117　前掲『映像のポエジア』、三〇〇頁。
＊118　前掲『映像のポエジア』、三〇六頁。
＊119　前掲『映像のポエジア』、三〇〇頁。
＊120　前掲『新約聖書　本文の訳』、四四〇頁。
＊121　前掲『タルコフスキー日記』、二八六頁。
＊122　前掲『タルコフスキー日記』、二九四頁。

〔8〕神なき者の祈り――『サクリファイス』

＊123　タルコフスキーが亡くなった日については、二つの記述が見受けられる。一つが一九八六年一二月二八日、もう一つがその翌日である。これは彼が二八日の深夜に亡くなったことに因ると考えられる。
＊124　前掲『タルコフスキー日記』、四五九頁。
＊125　タルコフスキー著／鴻英良訳『サクリファイス』（河出書房新社・一九八七年）。
＊126　「三博士の礼拝」は「東方三博士の礼拝」、または「三王礼拝」とも呼ばれる未完成作品で、大きさは二四六×二四三センチ。フィレンツェのウフィッィ美術館所蔵。近年の修復で、映画の色合いとは現在異なっている。
＊127　「マタイの福音書」第二章11節には「そして家の中に入り、その子が母親のマリアとともにいるのを見て、ひれふして拝礼し、自分たちの宝（箱）を開いて、黄金、乳香、没薬を贈り物として供えた。」とある。前掲『新約聖書　本文の訳』、四七頁。
＊128　亀井克朗著『〈死〉への／からの転回としての映画――アンドレイ・タルコフスキーの後期作品を中心に』（致良出版社［台北］・二〇一一年）、一五三頁の礒山雅訳。
＊129　前掲『タルコフスキー日記』の四九三～四九五頁には『聖人伝』から一三ほどの抜き書きが記されている。その中の一つがこの逸話である。
＊130　前掲『タルコフスキー日記』、四九五頁。

*131 フリードリヒ・W・ニーチェ著／佐々木中訳『ツァラトゥストラかく語りき』（河出文庫・二〇一五年）、八六頁。

*132 前掲の小説『サクリファイス』、一八頁には「ほら、あの……せむしですよ！　ニーチェですよ！　ツァラツストラを気絶させた！」とある。

*133 前掲『ツァラトゥストラかく語りき』、二三八頁。

*134 前掲『新約聖書　本文の訳』、五七頁。

*135 田川建三訳著『新約聖書　訳と註5　ヨハネ福音書』（作品社・二〇一三年）では「言葉」ではなく、訳者はあえて「ロゴス」と表記している。その訳は七頁、註は八〇頁。

*136 前掲『西洋美術解読事典』、一一五頁。

*137 谷崎潤一郎は『瘋癲老人日記』の主人公の日記に「死ハ一向恐クナイ、ダガ、予ハ今コノ瞬間ニ死ニ直面シテイルノダト思ウト、――死ガコノ刹那ニ予ノ眼前ニ迫ッテイルノダト思ウト、――ソウ思ウソノコトガ恐イ……」と書いている。『鍵・瘋癲老人日記』（新潮文庫・三一九頁）。谷崎もタルコフスキーと同様の死生観を持っていたようだ。

*138 シェイクスピア著／河合祥一郎訳『新訳ハムレット』（角川文庫・二〇一三年）、一〇〇頁。

*139 前掲『映像のポエジア』、三四七頁。

*140 前掲『新約聖書　本文の訳』、一二七頁。

*141 前掲『新約聖書　本文の訳』、二四四頁。

*142 前掲『映像のポエジア』、一三三頁。

*143 前掲『ホフマニアーナ』、一九頁。

*144 前掲『A Photographic Chronicle of the Making of The Sacrifice』、六三頁。

*145 前掲『サクリファイス』のスタッフリストには、この尺八に似た音色の音楽を、海童道宗祖の法竹音楽と記されているが本書ではとりあえず尺八と表記する。

*146 前掲『タルコフスキー日記』、二七〇頁。ここで作者は自分役を『ストーカー』でストーカー役だったカイダノフス

キーに頼みたいと考えていた。

＊147 前掲『タルコフスキー日記』、二七六頁。

＊148 ミハウ・レシチロフスキー監督『タルコフスキー・ファイル in「サクリファイス」』（一九八八年）。

＊149 前掲『A Photographic Chronicle of the Making of The Sacrifice』、一〇〇〜一〇五頁。ここには不採用となった場面の撮影風景とそのスチル写真が掲載されている。

＊150 前掲『新約聖書　本文の訳』、三八頁。

＊151 前掲『映像のポエジア』、三三〇頁。

第二章　家族の投影――芸術的ポートレイトの深層

〔1〕追慕――『ローラーとバイオリン』

＊152 前掲『タルコフスキー　若き日、亡命、そして死』、二七頁。妹マリーナは生活費を稼ぐ一つのエピソードとして、花売りに立っていた母のためにタルコフスキーがエゾ桜に登って枝を切ったと語る。このエゾ桜は『サクリファイス』のマリアの家の前に花嫁の純潔のシンボルとして飾られたが、想定したように白くは撮影できず、やむを得ず取り除かれるところが、前掲映像、『タルコフスキー in「サクリファイス」』に収録されている。

＊153 前掲『タルコフスキー　若き日、亡命、そして死』、一九頁。妹マリーナは、兄が「土地の子供たちに『やい、音楽家！』とからかわれるのが嫌で、練習に行きたがりませんでした」と話している。

＊154 従軍中の父アルセーニーは、娘マリーナの誕生日に休暇を取って家族に会いに来る場面を詩にしている。前掲『雪が降るまえに』、六六頁。映画『鏡』で森にいる彼女の名前を父親が叫んでいるのは、それに由来している。

＊155 前掲『雪が降るまえに』、八五頁。父アルセーニーには、サーシャが眺めていたショーウィンドウの光景を思わせる詩がある。そこに書かれたセルプホフスカーヤ通りは彼が作者たちと過ごし、父が二番目の妻と出会った街でもある。

＊156 アルセーニーの「はじめの頃の逢瀬」の一節、「……階段を、まるで眩暈のように、／一段抜かしで駆けおりながら、導いていった、／濡れたライラックをぬけて、君の領地へ／鏡の向こう側から……」は、最後の場面でサーシャが鏡を見つめながら、その思いが階段を抜けて、セルゲイに辿り着く情景を思わせる。この詩は『鏡』でもアルセーニーによって朗読されている。前掲『雪が降るまえに』、一七四頁。

＊157 前掲『タルコフスキー　若き日、亡命、そして死』、三〇頁。

〔2〕憤怒──『僕の村は戦場だった』

＊158 前掲『タルコフスキー　若き日、亡命、そして死』、二一〇頁。

＊159 前掲『映像のポエジア』、四一頁。「すべての夢は（全部で四つの夢があるが）、かなり具体的な連想に基づいている。たとえば最初の夢は、はじめから終わりまで、つまり最後のセリフ『ママ、カッコーだよ！』にいたるまで、私の幼年時代のもっとも初期の記憶のひとつである」。

＊160 前掲『ＷＡＶＥ　26　タルコフスキー』、八六頁。宇佐見森吉「アルセーニイ・タルコフスキイ──その家族の肖像」。

＊161 前掲『タルコフスキー　若き日、亡命、そして死』、三〇頁。

＊162 前掲『アンドレイ・タルコフスキイ『鏡』の本』、三〇三頁。

〔3〕告白──『アンドレイ・ルブリョフ』

＊163 前掲『タルコフスキーとその時代──秘められた人生の真実［増補改訂版］』、四四頁。

〔4〕帰順──『惑星ソラリス』

＊164 前掲『タルコフスキー　若き日、亡命、そして死』、三二頁。

＊165 例えば前掲『アンドレイ・タルコフスキイ『鏡』の本』、一四頁、左下の写真。

＊166 例えば前掲『アンドレイ・タルコフスキイ『鏡』の本』、九頁の写真。

＊167 前掲『タルコフスキー日記』、三四頁のキャスト一覧にある「タルコフスカヤ」は妻ラリッサではなく、三五頁にイーラとあるように前妻のイルマ（イーラ）・ラウシュのことである。タルコフスキーはすでに離婚しているイルマを「タ

ルコフスカヤ」と記していることになる。

＊168 ピーター・グリーン著／永田靖訳『アンドレイ・タルコフスキー　映像の探究』（国文社・一九九四年）、一〇四頁。

＊169 前掲「タルコフスキーによるタルコフスキー」、七四頁。

〔5〕解放――『鏡』

＊170 『惑星ソラリス』の製作中にもかかわらず、作者の日記には次回作についての書き込みが数多くある。例えば前掲『タルコフスキー日記』の三二頁。『惑星ソラリス』のキャストさえ未定だった一九七〇年四月三〇日に、『白い日』（のちの『鏡』のこと）が記載されている。

＊171 前掲『月刊イメージフォーラム』№80、「タルコフスキーによるタルコフスキー」、九九頁。「ここには架空のエピソードはひとつとしてありません」。

＊172 前掲『映像のポエジア』、一九九頁によると、作者は近隣の農民たちが育たないと言った田舎の家の周囲に蕎麦畑を再現することができた。彼はこれを「祝福された天命」と考えた。

＊173 前掲『雪が降るまえに』、一七二・一七四頁。

＊174 前掲『雪が降るまえに』、一八八・一八九頁。

＊175 前掲『雪が降るまえに』、九頁。

＊176 前掲『雪が降るまえに』、二九頁。

＊177 前掲『雪が降るまえに』、三三頁。

＊178 前掲『雪が降るまえに』、四八頁。

＊179 前掲『雪が降るまえに』、六三頁。

＊180 前掲『雪が降るまえに』、二四三頁下の写真及びキャプション。

＊181 前掲『タルコフスキー日記』、六〇頁。

＊182 前掲『アンドレイ・タルコフスキイ『鏡』の本』、三一六～三二一頁。

＊183 前掲『タルコフスキー　若き日、亡命、そして死』、三一頁。
＊184 前掲『雪が降るまえに』の扉の写真。八頁。
＊185 前掲『タルコフスキー　若き日、亡命、そして死』の表紙と裏表紙。
＊186 前掲『アンドレイ・タルコフスキイ『鏡』の本』の巻末縦組みの頁には、「映画『鏡』の動機にもとづく中編小説」が所収され、その三五頁に「驚くべきことだが、私はいつも同じ夢を見る。まるで自分が最も大切なことを忘れないように と、私の記憶が試みているかのようであり、絶えず私を追い立てているかのようでもある。つまり、私が必ず戻るように と。心が苦しくなるほど大切な場所へと。もう二十年以上も戻っていないあの場所へと。」という文言がある。この ように彼は『鏡』に限らずほとんどの作品でその「大切な場所」へと帰ろうとし、あるいは帰る主人公を描いている。
＊187 前掲『映像のポエジア』、一九八頁。
＊188 前掲「シネ・ヴィヴァン　No.4」(『ノスタルジア』のプログラム)の二〇頁でタルコフスキーは、「自らの源泉から遥かに離れてしまい、そこに帰れなくなってしまった者――その人間が苦しまなければならない死に至る病い、これこそ、この映画に描いたノスタルジアである」と書いている。
＊189 前掲『タルコフスキー日記』、九一頁。
＊190 前掲『タルコフスキー　若き日、亡命、そして死』、三三頁。
＊191 馬場広信著『タルコフスキー映画』(みすず書房・二〇〇二年)、一四八頁。
＊192 前掲『アンドレイ・タルコフスキイ『鏡』の本』の一一頁には、「作者」の部屋に飾られた母マリヤの写真が掲載されている。
＊193 『鏡』のＤＶＤ／ブルーレイのパッケージには、耳飾りを付けて微笑んでいる母親の写真が使われている。また前掲『アンドレイ・タルコフスキイ『鏡』の本』の二九〇・二九一頁にも、母親が耳飾りを付けて髪を直している同様の写真がある。ただその場面は採用されていない。そして実際の母マリヤが同じような夏服を着ている一九三二年の写真が、前掲『ＷＡＶＥ　No.26　タルコフスキー』の八九頁に掲載されている。その写真をよく見ると耳の部分に耳飾りと思

える光るものが写っている。

〔6〕離脱──『ストーカー』

＊194 前掲『アンドレイ・タルコフスキイ『鏡』の本』の二三頁には、「作者」の声の出演としてインノケンチイ・スモクトゥノーフスキイの名がある。この欄には詩の朗読と父の声がアルセニイ・タルコフスキーとあることから、アルセーニーは自身の詩を読むだけでなく、娘マリーナを呼ぶ父の声としても出演していたことになる。また同書の二二三頁と三七八・三七九頁で、髪の一部を白く塗った「作者」を演じたタルコフスキーの姿を見ることができる。この未使用の場面は予告編に使われている。

＊195 前掲『雪が降るまえに』、二〇三頁。

＊196 前掲『タルコフスキー日記』、二三二頁。

＊197 前掲『アンドレイ・タルコフスキイ『鏡』の本』、二九二頁の写真。部屋の窓にはガラスの飛散を防ぐテープが貼られているので、大戦中の場面と考えられる。

＊198 前掲『西洋美術解読事典』、二一九頁。

〔7〕捕囚──『ノスタルジア』

＊199 ほかにもAndrey A. Tarkovsky・Hans-Joachim Schlegel・Lothar Schirmer編『TARKOVSKY　Films, Stills, Polaroids &Writings』(Thames&Hudson・二〇一二年)の「ノスタルジア」のスチール写真(二二一頁)とミヤスノエの別荘の写真(二八五頁)を比べればそれらがほぼ同一であることが分かる。

＊200 前掲『雪が降るまえに』、二四頁。

＊201 前掲『雪が降るまえに』、一六二頁。

＊202 前掲「シネ・ヴィヴァン　№4」(『ノスタルジア』のプログラム)、一八頁。ここでタルコフスキーは、ゴルチャコフがホテルのロビーでエウジェニアに話したことと似た論を展開している。

＊203 前掲『雪が降るまえに』、一九四頁。

＊204 前掲『雪が降るまえに』、二三七頁。

＊205 前掲『タルコフスキー日記Ⅱ』、一一三頁。

＊206 前掲『タルコフスキー日記Ⅱ』、一一六頁。

〔8〕逃亡——『サクリファイス』

＊207 前掲『『タルコフスキー　若き日、亡命、そして死』、二〇一頁。

＊208 例えば前掲『アンドレイ・タルコフスキイ『鏡』の本』の作業ノート、二五〇頁に「ラリーサの仕事はほんとにひどい」、三五六頁に「俺の仕事の邪魔をするのはラリーサだ。理解も、思い遣りのかけらもない。結局、あの女は俺の助けにならないのだ。」とある。ただし彼の日記はほかにも多くの人々を非難する言葉に溢れていて、彼女への雑言もその一つに過ぎない。（ラリーサ＝妻ラリッサ）

＊209 例えば前掲『タルコフスキー日記』、三二頁。一九七〇年五月一〇日付の日記に、「……ミャスノエ村に家を買った。まえから欲しかった家だ。これでもう怖いものはない。仕事がもらえなくても、田舎に落ち着いて、子豚や鵞鳥を飼ったり、畑の手入れをしていればいい」と書いている。

＊210 前掲『映像のポエジア』の二二〇頁には、ソロニーツィンについて「『ノスタルジア』のシナリオもまた彼の出演を見込んで書かれていたが、それはほとんど象徴的なものであった。というのは、この俳優の死はあたかも私の創造活動を二分したかのようだからだ。その一方は、ロシアでのものであり、もう一方はロシアを離れた後で起こったこと、または起こるであろうことすべてである。」とある。

＊211 前掲『A Photographic Chronicle of the Making of The Sacrifice』、一〇〇頁。タルコフスキーは自分が死んでソファに横たわる夢を製作中に見て、それをアレクサンデルに代えて撮影しているが、その場面の多くは未採用となっている。彼は一九七四年六月二七日の日記に自身が死に、そして生き返る夢を見たことを記している。前掲『タルコフスキー日記』、一七七頁。

＊212 前掲『雪が降るまえに』、六二頁。

＊213　前掲『タルコフスキー日記Ⅱ』、二八六頁。

＊214　四方田犬彦著『書物の灰燼に抗して 比較文学論集』(工作舎・二〇一一年)、一〇頁からの「帰郷の苦悶」は、ノスタルジアによって生じる病を詳しく論じている。

＊215　前掲『タルコフスキー日記Ⅱ』、二二六頁。一九八五年一二月一〇日の日付に書き込まれている。その頃彼は、身体の不調が最悪の事態につながっていくことを強く危惧していた。

第三章　モチーフの躍動――物語を紡ぐ事物

＊216　前掲『映像のポエジア』、三一一頁。

〔1〕自然と動物

＊217　前掲『月刊イメージフォーラム』№80、「タルコフスキーによるタルコフスキー」、六九頁。「水より美しいものは、存在しません。……私には水のない映画など、考えることができません」。

＊218　カルロ・コッローディ著／大岡玲訳『[新訳]ピノッキオの冒険』(角川文庫・二〇〇三年)、七二頁。

＊219　前掲『タルコフスキー日記』、四四頁。

＊220　前掲『映像のポエジア』、三三二頁。

＊221　前掲『タルコフスキー日記Ⅱ』、二九頁。

＊222　荒井献編『新約聖書外典』(講談社文芸文庫・一九九七年)、四三頁。

＊223　『Ritz』№6(ぶんか社、一九九三年)――「アンドレイ・タルコフスキー特集」マリアンナ・セルゲエフナ・チュグノーワへのインタビュー、一〇四頁。

＊224　前掲『アンドレイ・タルコフスキイ『鏡』の本』、巻末五五頁。小説「白い、白い日」ヴァリアントの断片2には、競馬場が重要な場合として出てくる。

＊225　前掲『タルコフスキー日記』、二九二頁。

〔2〕身体と行為

＊226　前掲『雪が降るまえに』、一九四頁。
＊227　前掲『アンドレイ・タルコフスキイ『鏡』の本』、三七八・三七九頁。
＊228　前掲『WAVE　26　タルコフスキー』、三二頁。
＊229　前掲『ホフマニアーナ』、九〇頁。

〔3〕人工物・食物の属性

＊230　前掲『アンドレイ・タルコフスキイ『鏡』の本』、二七八頁。
＊231　前掲『アンドレイ・タルコフスキイ『鏡』の本』、九頁。
＊232　前掲『タルコフスキー日記』、七五頁。
＊233　前掲『タルコフスキー　若き日、亡命、そして死』、一二一頁。
＊234　前掲『月刊イメージフォーラム』№80、「タルコフスキーによるタルコフスキー」、九九頁。
＊235　前掲『タルコフスキー日記』、一五頁。
＊236　前掲『A Photographic Chronicle of the Making of The Sacrifice』、三七頁。

〔4〕超自然と信仰

＊237　前掲『タルコフスキー日記』、一二六頁。

第四章　核時代への視線――内包された予言

〔1〕この時代に携えるもの

〔2〕陸前高田の一本松とタルコフスキー

＊238 前掲『映像のポエジア』、三四七頁。

＊239 前掲『映像のポエジア』の三三九頁には、「あからさまな事実が、迫りくる黙示録的静寂について語っている。こうしたあらゆる徴候にもかかわらず、人間が生き長らえると期待することができるのだろうか。この問いに、おそらく生命の水を失い涸渇した木の苦悩についての古代の伝説が答えるであろう。私は私の創造活動のなかで、私にとってもっとも重要な映画の基礎に、この伝説を置いた」とある。

〔3〕初期の作品に描かれた「戦争」——第二次世界大戦下の核の風景

＊240 歌手・俳優の福山雅治のアルバム「HUMAN」の一曲目に収録されている「クスノキ」はこの古木を歌ったものである。長崎出身の彼は自身が被爆二世であることを明らかにしている。

〔4〕『惑星ソラリス』——放射線の返礼

〔5〕『鏡』——汚染された煙と雨

＊241 前掲『タルコフスキー日記』、一九七六年九月一〇日付の記載。二二六頁。

＊242 前掲『アンドレイ・タルコフスキイ『鏡』の本』、巻末の一〇頁。

＊243 前掲『アンドレイ・タルコフスキイ『鏡』の本』、巻末の三六頁。

＊244 前掲『アンドレイ・タルコフスキイ『鏡』の本』、四二四頁。

〔6〕『ストーカー』——核イメージとしての放熱塔

＊245 前掲『〈死〉への／からの転回としての映画』、一九五頁欄外には「『魚』はキリストの象徴であり……」とある。

〔7〕『ノスタルジア』——世界の終わりの風景

〔8〕『サクリファイス』——核戦争後の夜に

〔9〕黒澤明の『生きものの記録』との比較

〔10〕タルコフスキーの視線——私たちのバケツ

＊246 前掲『タルコフスキー日記Ⅱ』、三二六頁。

＊247　前掲『新約聖書　本文の訳』、四四三頁。ただし聖書の苦よもぎが現代のニガヨモギと同種なのかは不明である。

＊248　前掲『雪が降るまえに』、九六頁。

＊249　前掲『雪が降るまえに』、一五五頁。

＊250　前掲『映像のポエジア』、三五三頁。

主な参考文献

書籍

アンドレイ・タルコフスキー著／鴻英良訳『映像のポエジア――刻印された時間』（キネマ旬報社・一九八八年）
アンドレイ・タルコフスキー著／鴻英良・佐々洋子訳『タルコフスキー日記――殉教録』（キネマ旬報社・一九九一年）
アンドレイ・タルコフスキー著／武村知子訳『タルコフスキー日記――殉教録Ⅱ』（キネマ旬報社・一九九三年）
アンドレイ・タルコフスキー著／鴻英良訳『サクリファイス』（河出書房新社・一九八七年）
アンドレイ・タルコフスキー著／前田和泉訳『ホフマニアーナ』（エクリ・二〇一五年）
アンドレイ・タルコフスキイ著／扇千恵訳『タルコフスキイの映画術』（水声社・二〇〇八年）
アンドレイ・タルコフスキーほか著『Andrei Tarkovsky Collected Screenplays』（Faber and Faber・一九八九年）
アンドレイ・タルコフスキー著『Instant Light』（Thames&Hudson・二〇〇四年）
アンドレイ・タルコフスキー著『Bright,bright day』（White Space Gallery・二〇〇七年）
アルセーニー・タルコフスキー著／坂庭淳史訳『雪が降るまえに』（鳥影社・二〇〇七年）
アルセーニイ・タルコフスキー著／前田和泉訳『白い、白い日』（エクリ・二〇一一年）
アーネスト・ヘミングウェイ著／高見浩訳『われらの時代／男だけの世界　ヘミングウェイ全短編1』（新潮文庫・一九九五年）
ボゴモロフほか著／中里迪弥ほか訳『新しいソビエトの文学2　奇跡の聖像／ぼくの村は戦場だった』（勁草書房・一九六七年）

スタニスワフ・レム著／沼野充義訳『ソラリス』（ハヤカワ文庫・二〇一五年）
スタニスワフ・レム著／飯田規和訳『ソラリスの陽のもとに』（ハヤカワ文庫・一九七七年）
アルカージイ&ボリス・ストルガツキイ著／深見弾訳『願望機』（群像社・一九八九年）
西周成著『タルコフスキーとその時代――秘められた人生の真実〔増補改訂版〕』（アルトアーツ・二〇一七年）
ピーター・グリーン著／永田靖訳『アンドレイ・タルコフスキー　映像の探究』（国文社・一九九四年）
馬場広信著『タルコフスキー映画　永遠への郷愁』（みすず書房・二〇〇二年）
馬場朝子編『タルコフスキー　若き日、亡命、そして死』（青土社・一九九七年）
アネッタ・ミハイロヴナ・サンドレル編／沼野充義監修『タルコフスキーの世界』（キネマ旬報社・一九九五年）
馬場広信監修／宮澤淳一・馬場広信訳『アンドレイ・タルコフスキイ『鏡』の本』（リブロポート・一九九四年）
ミシェル・エスティーヴ編／鈴村靖爾訳『タルコフスキー』（国文社・一九九一年）
亀井克朗著『〈死〉への／からの転回としての映画』（致良出版社〔台北〕・二〇一一年）
落合東朗著『タルコフスキーとルブリョフ』（論創社・一九九四年）
若菜薫著『聖タルコフスキー　時のミラージュ』（鳥影社・二〇〇三年）
樋口泰人責任編集／鴻英良監修『タルコフスキー・アット・ワーク』（芳賀書店・一九八九年）
レイラ・アレクサンデル著『A Photographic Chronicle of the Making of The Sacrifice』（Cygnnet・二〇一一年）
ネリー・フォミーナ著『Costumes for the Films of Andrei Tarkovsky』（Cygnnet・二〇一六年）
Andrey A.Tarkovsky, Hans-Joachim Schlegel and Lothar Schirmer 編『TARKOVSKY Films, Stills, Polaroids & Writings』（Thames&Hudson・二〇一二年）
岡田温司著『映画は絵画のように――静止・運動・時間』（岩波書店・二〇一五年）
岡田温司著『映画とキリスト』（みすず書房・二〇一七年）

ネーヤ・ゾールカヤ著／扇千恵訳『ソヴェート映画史　七つの時代』（ロシア映画社・二〇〇一年）
四方田犬彦著『リュミエールの閾　映画への漸進的欲望』（朝日出版社・一九八〇年）
四方田犬彦著『書物の灰燼に抗して 比較文学論集』（工作舎・二〇一一年）
滝本誠著『映画の乳首、絵画の腓』（幻戯書房・二〇一七年）
港千尋監修／金子遊・東志保編『クリス・マルケル　遊動と闘争のシネアスト』（森話社・二〇一四年）
曽根幸子・滝本誠編『アート系映画徹底攻略』（フィルムアート社・一九九八年）
加藤幹郎著『鏡の迷路――映画分類学序説』（みすず書房・一九九三年）
岡和田晃著『「世界内戦」とわずかな希望　伊藤計劃・SF・現代文学』（アトリエサード・二〇一三年）
高橋沙奈美著『ソヴィエト・ロシアの聖なる景観　社会主義体制下の宗教文化財、ツーリズム、ナショナリズム』（北海道大学出版会・二〇一八年）
大江健三郎著『静かな生活』（講談社文芸文庫・一九九五年）
神山睦美著『サクリファイス』（響文社・二〇一五年）
櫻井拓編『引込線2017』美術作家と批評家による第6回自主企画展（引込線実行委員会・二〇一八年）
伊東一郎著『マーシャは川を渡れない　ロシア民謡のなかの文化』（東洋書店・ユーラシア・ブックレットNo.17・二〇〇一年）
ウラジーミル・ワシーリエフ著／池田正弘訳『黒澤明と「デルス・ウザーラ」』（東洋書店・ユーラシア・ブックレットNo.196・二〇一五年）
ソロモン・ヴォルコフ編／水野忠夫訳『ショスタコーヴィチの証言』（中公文庫・一九八六年）
オルガ・メドヴェドコヴァ著／黒川知文監修・遠藤ゆかり訳『ロシア正教のイコン』（創元社・二〇一一年）
田川建三訳『新約聖書　本文の訳』（作品社・二〇一八年）
田川建三訳著『新約聖書　訳と註』全八冊（作品社・二〇〇七～二〇一七年）
田川建三著『イエスという男　第二版［増補改訂版］』（作品社・二〇〇四年）

荒井献編『新約聖書外典』（講談社文芸文庫・一九九七年）
山本光雄訳編『初期ギリシア哲学者断片集』（岩波書店・一九五八年）
マルクス＝エンゲルス著／マルクス＝レーニン主義研究所訳『マルクス・エンゲルス文学・芸術論』（大月書店・国民文庫・一九五五年）
坂庭淳史著『フョードル・チュッチェフ研究　十九世紀ロシアの「自己意識」』（マニュアルハウス・二〇〇七年）
川端香男里著『ロシア　その民族とこころ』（講談社学術文庫・一九九八年）
安藤一郎／木村彰一／生野幸吉／高畠正明編『世界文学全集―103　世界詩集』（講談社・一九八一年）
シエナの聖カタリナ著／岳野慶作訳『対話』（中央出版社・一九八八年）
シエナの聖カタリナ著／岳野慶作訳『手紙』（中央出版社・一九八九年）
池田敏雄著『シエナの聖女カタリナ』（グロリア文庫・一九八〇年）
小澤悦子著『生活の中に降られる神――シエナの聖カタリナをとおして』（聖母の騎士社・二〇〇九年）
M・V・アルバートフ著／本田純一・須山佐喜世・牧野美紀訳『イコンの画家　アンドレーイ・ルブリョーフ』（美術出版社・一九八一年）
高階秀爾著『名画を見る眼』（岩波新書・一九六九年）
ジェイムズ・ホール著／高階秀爾監修『西洋美術解読事典』（河出書房新社・一九八八年）
フロレンスキイ著／桑野隆・西中村浩・高橋健一郎訳『逆遠近法の詩学　芸術・言語論集』（水声社・一九九八年）
岡田温司監修『「聖書」と神話の象徴図鑑』（ナツメ社・二〇一一年）
早坂優子著『鑑賞のためのキリスト教美術事典』（視覚デザイン研究所・二〇一一年）
黒江光彦解説『世界美術全集2　ファン・アイク』（集英社・一九七九年）
下村寅太郎・田中英道解説『世界美術全集5　レオナルド・ダ・ヴィンチ』（集英社・一九七八年）
吉川逸治・森洋子解説『世界美術全集10　ボス／ブリューゲル』（集英社・一九七八年）

塚田幸光著『クロスメディア・ヘミングウェイ――アメリカ文化の政治学』（小鳥遊書房・二〇二〇年）
セルバンテス著／牛島信明訳『ドン・キホーテ　前篇一・二・三　後篇一・二・三』（岩波文庫・二〇〇一年）
ドストエフスキー著／望月哲男訳『白痴1・2・3』（河出文庫・二〇一〇年）
ドストエフスキー著／亀山郁夫訳『悪霊　別巻　「スタヴローギンの告白」異稿』（光文社古典新訳文庫・二〇一二年）
シェイクスピア著／河合祥一郎訳『新訳リチャード三世』（角川文庫・二〇〇七年）
シェイクスピア著／河合祥一郎訳『新訳ハムレット』（角川文庫・二〇〇三年）
E・T・A・ホフマン著／池内紀編訳『ホフマン短篇集』（岩波文庫・一九八四年）
フリードリヒ・W・ニーチェ著／佐々木中訳『ツァラトゥストラかく語りき』（河出文庫・二〇一五年）
メルヴィル作／八木敏雄訳『白鯨　上・中・下』（岩波文庫・二〇〇四年）
カルロ・コッローディ著／大岡玲訳『［新訳］ピノッキオの冒険』（角川文庫・二〇〇三年）
ヴィルジリ・妙子＝ヴィルジリ・クリスティーナ・幸子編訳『ドレの絵で読むドン・キホーテ』（新人物往来社・二〇一一年）

雑誌

『月刊イメージフォーラム』No.44（ダゲレオ出版・一九八四年五月号）
『月刊イメージフォーラム』No.53（ダゲレオ出版・一九八五年二月号）
『月刊イメージフォーラム』No.75（ダゲレオ出版・一九八六年一一月増刊号）
『月刊イメージフォーラム』No.80（ダゲレオ出版・一九八七年三月増刊号）
『月刊イメージフォーラム』No.82（ダゲレオ出版・一九八七年五月号）
『WAVE』＃26（ペヨトル工房・一九九〇年）
『季刊リュミエール』第七号（筑摩書房・一九八七年）
『キネマ旬報』No.566（キネマ旬報社・一九七一年一一月下旬号）

『キネマ旬報』No.643（キネマ旬報社・一九七四年一一月上旬号）
『キネマ旬報』No.705（キネマ旬報社・一九七七年四月上旬号）
『キネマ旬報』No.955（キネマ旬報社・一九八七年三月上旬号）
『キネマ旬報』No.958（キネマ旬報社・一九八七年四月下旬号）
『キネマ旬報』No.959（キネマ旬報社・一九八七年五月上旬号）
『キネマ旬報』No.1005（キネマ旬報社・一九八九年三月下旬号）
『キネマ旬報』No.1062（キネマ旬報社・一九九一年七月下旬号）
『映画芸術』No.316（編集プロダクション映芸・一九七七年四月特大号）
『映画芸術』No.317（編集プロダクション映芸・一九七七年六月特大号）
『映画芸術』No.340（編集プロダクション映芸・一九八二年一二―二月合併号）
『ユリイカ　詩と批評』No.231（青土社・一九八六年一月号）
『Ritz』No.5（ぶんか社・一九九二年）
『芸術新潮』（新潮社・二〇一三年三月号・四月号）
『SFマガジン』No.61～65（早川書房・一九六四年一〇月号～翌六五年二月号）
『SFマガジン』No.230（早川書房・一九七八年一月号）
『SFマガジン』No.675～677（早川書房・二〇一二年六月号～八月号）

映画プログラム

『僕の村は戦場だった』アートシアター15号（日本ATG・一九六三年）
『アンドレイ・ルブリョフ』東和（クレジット無し）
『惑星ソラリス』（日本海映画・一九七八年）

『鏡』エキプ・ド・シネマNo.40（岩波ホール・一九八〇年）
『ストーカー』（日本海映画・一九八一年）
『ノスタルジア』シネ・ヴィヴァンNo.4（リブロポート・一九八四年）
『サクリファイス』（東宝／フランス映画社・一九八七年）
『アンドレイ・タルコフスキー』（日本海・一九八七年）
『タルコフスキー・ファイルin「サクリファイス」in「ノスタルジア」』（ケイブルホーグ・一九八九年）
『タルコフスキー　生誕八〇周年記念映画祭』（パンドラ・二〇一二年）
『私は20歳』エキプ・ド・シネマNo.114（岩波ホール・一九九五年）
『ソビエト映画の全貌'87』（日本海・一九八七年）

年譜

	タルコフスキー年譜	世界、映画界の動き
一八六二年	父方の祖父アレクサンデルが生まれる。	
一八六七年	父方の祖母マリヤが生まれる。	
一八九五年		リュミエール兄弟によって発明されたシネマトグラフがパリで公開される。
一九〇四年		日露戦争(〜一九〇五年)。
一九〇五年		第一次ロシア革命。
一九〇七年	父アルセーニーと母マリヤが生まれる。	

一九一四年		第一次世界大戦（〜一九一七年）。
一九一七年		ロシア革命。
一九一九年		ソ連の映画産業が国営化。モスクワに全ソ国立映画大学が設立される。
一九二八年		セルゲイ・M・エイゼンシュテインら「トーキー宣言」。
一九二九年		世界恐慌。
一九三一年		満州事変。
一九三二年四月四日	詩人の父アルセーニー・タルコフスキーと母マリヤ・イワノヴナの長男として、ヴォルガ川流域のイワノヴォ州ザブラジェ村にある母方の祖母ヴェーラのアパートで生まれる。この場所がダムの底に沈んだことを小説「白い日」で深く悲しんでいる。	ドイツでナチスが第一党。

一九三三年（一歳）	母方の祖母の住むユーリエヴェッツ地区革命通り三番地に移る。	ヒトラー内閣の成立。アメリカでニューディール政策始まる。
一九三四年（二歳）	妹マリーナが生まれる。	
一九三五年（三歳）	モスクワ川流域のイグナーチェヴォ村の近くに移る。『鏡』の舞台の一つとなる。	アメリカで初のカラー映画『虚栄の市』。
一九三六年（四歳）		ソ連でモスクワ裁判（〜一九三八年）。
一九三七年（五歳）	父アルセーニーが家族のもとを離れる。このとき納屋が火事で燃える。この出来事が大きな影響を与える。『鏡』でも母との電話の会話で言及される。	
一九三九年（七歳）	モスクワの学校と音楽学校に通う。この頃、家の近くの工場に勤めるトラック運転手モロゾフと知り合い、この体験が『ローラーとバイオリン』で描かれたと思われる。	独ソ不可侵条約締結。ドイツ軍、ポーランドに侵攻。第二次世界大戦始まる。
一九四〇年（八歳）	両親が正式に離婚。	

一九四一年（九歳）	イグナーチェヴォ近郊に疎開する。この年から四三年春まではこの地の学校で学ぶ。	独ソ戦始まる。
一九四二年（一〇歳）		ドイツ軍、スターリングラードに侵攻。
一九四三年（一一歳）	モスクワ市の郊外ペレデルキノに移る。そこに父アルセーニーが戦場から休暇で一時的に戻る様子が『鏡』で描かれる。父は戦場で重傷を負い、以後松葉杖が必要となる。母親が印刷所で校正係として働く様子も『鏡』にある。	スターリングラードのドイツ軍降伏。
一九四五年（一三歳）		ベルリン陥落。 広島・長崎に原爆。 ソ連、対日参戦。 日本敗戦、第二次世界大戦終結。
一九四六年（一四歳）		アメリカ、ビキニ環礁で核実験。
一九四七年（一五歳）	美術学校に通うが、結核に罹り小児結核病院に入院。ここ	フランス・パリで「フィルム

	で子供劇団を作る。	ノワール」が流行。西側諸国のマーシャルプランに対して東側諸国はコミンフォルムを締結、米ソを中心とした冷戦が激化。
一九四八年（一六歳）	母親がベートーヴェンの交響曲全曲演奏会に連れていく。『ノスタルジア』で第九交響曲を使い、この作品を母に捧げている。	ソ連、ベルリンを封鎖。
一九四九年（一七歳）		中華人民共和国成立。
一九五〇年（一八歳）	アマチュア演劇に没頭。初恋を経験し、別れて暮らす父親に相談する。	朝鮮戦争始まる。 日米、サンフランシスコ講和条約。
一九五一年（一九歳）	東洋言語単科大学アラブ語科に入学。	
一九五三年（二一歳）	大学を中退する。不良グループに参加していることを危惧した母親により、シベリア地質調査隊に入隊。	
一九五四年（二二歳）	全ソビエト国立映画大学監督科に入学。ミハイル・ロン	アメリカのビキニ環礁水爆実

	ムに学び、アンドレイ・ミハルコフ・コンチャロフスキーと出会う。	験で第五福竜丸被災。
一九五六年（二四歳）	大学で『殺人者』（ヘミングウェイ原作）を同級生のアレクサンドル・ゴードン（のちに妹マリーナの夫）と共同監督、脇役でも出演。	フルシチョフ第一書記、共産党大会で秘密報告（いわゆるスターリン批判）。雪解けの時代始まる。
一九五七年（二五歳）	映画大学の学生だったイルマ・ラウシュ（一九三八年四月二一日生まれ・当時一九歳）と結婚。『鏡』で彼女が若い頃の母親と似ていたことが言及される。以降、彼女の顔は母のアイコンとなる。	ソ連、人工衛星の打ち上げに成功。
一九五八年（二六歳）	シナリオ「濃縮物」執筆。	フランス映画界で「ヌーベルヴァーグ」が興隆。
一九五九年（二七歳）	A・ゴードンと『今日の外出許可は出ない』を共同製作。コンチャロフスキーと『南極大陸は遠い国』の脚本に取り組む。	
一九六〇年（二八歳）	第一作『ローラーとバイオリン』（卒業制作・脚本はコン	日本で日米安保反対闘争激

チャロフスキーとの共作）の監督を務める。完成は翌年。　化。

一九六一年（二九歳）　大学を卒業する。M・ロンムの紹介で『僕の村は戦場だった』（ボゴモロフ原作）の脚本（コンチャロフスキーとの共作・クレジットなし）に取り組む。
ソ連、人類初の有人宇宙飛行に成功。

一九六二年（三〇歳）　第二作『僕の村は戦場だった』が完成。マルレン・フツィエフ監督の『私は二十歳（原題「イリイチの歩哨」）』にコンチャロフスキーとともに特別出演し、陽気なパーティー客の若者を演じる。『アンドレイ・ルブリョフ』（コンチャロフスキーとの共作）の脚本作業に入る。長男アルセーニーが誕生。父の最初の詩集『雪が降るまえに』刊行。
キューバ危機。

一九六三年（三一歳）　ソビエト映画人同盟に入会。セルゲイ・ボンダルチュクの娘ナタリア（のちの『惑星ソラリス』のハリー役）からスタニスワフ・レムの『ソラリス』を渡される。
アメリカでジョン・F・ケネディ大統領暗殺される。

一九六四年（三二歳）　雑誌「映画芸術」に『アンドレイ・ルブリョフ』の脚本が掲載。ラジオドラマ『急旋回』（フォークナー原作）を制作。審査員としてベネチア映画祭に参加。
ソ連でフルシチョフ失脚、雪解けの終わり。

一九六五年（三三歳）　『アンドレイ・ルブリョフ』の製作開始。モスクワ訪問中

	のレムと会う。	
一九六六年（三四歳）	第三作『アンドレイ・ルブリョフ』が完成するが、五年間上映が禁止される。	フランス、ムルロア環礁で核実験。中国で文化大革命始まる。
一九六七年（三五歳）	『告白（のちの『鏡』）』の脚本執筆（アレクサンドル・ミシャーリンとの共作）を開始。雑誌「映画芸術」に論文「封印された時間」が掲載される。ゴードン監督の『セルゲイ・ラゾ』の脚本に参加。個性的な白衛軍の将校役としても出演。	アメリカで「ニュー・シネマ」が興隆。
一九六八年（三六歳）	『白い日（のちの『鏡』）』の脚本が完成。『惑星ソラリス』の脚本（フリードリヒ・ガレンシュテインとの共作）に取りかかる。『千に一つのチャンス』（レオン・コチャリャン監督、アナトーリー・ソロニーツィン主演）の脚本制作に参加。	フランス・パリで五月革命。チェコ動乱。日本で学生運動・市民運動が活発に。
一九六九年（三七歳）		アメリカ、人類初の月面着陸に成功。中ソ、国境のダマンスキー島で交戦。
一九七〇年（三八歳）	『惑星ソラリス』の撮影開始。ミヤスノエ村に別荘を購入。	大阪で日本万国博覧会開催。

同じ形の家が、『ノスタルジア』のゴルチャコフの家としてロケ地に建てられる。日記『殉教録』(死後刊行)を書き始める。イルマと離婚。直後に『アンドレイ・ルブリョフ』のスタッフだったラリッサ・キジロワと結婚。次男アンドレイが誕生。

一九七一年(三九歳)　『惑星ソラリス』のロケのために訪日、首都高速などを撮影。『アンドレイ・ルブリョフ』が国内で上映。

一九七二年(四〇歳)　第四作『惑星ソラリス』完成。スイスのロカルノ映画祭で審査委員長を務める。イタリア、フランス、ベルギー、ルクセンブルクを旅行。

一九七三年(四一歳)　ストルガツキー兄弟の『路傍のピクニック』(のちの『ストーカー』の原作)を読む。『惑星ソラリス』、国内で上映。『デルス・ウザーラ』の配役の相談のために黒澤明とモスフィルムで会う。　第一次オイルショック。

一九七四年(四二歳)　『鏡』の撮影開始。『路傍のピクニック』の映画化を構想。

一九七五年(四三歳)　第五作『鏡』の完成、上映。『ホフマニアーナ』を構想。アルカージー・ストルガツキーと『路傍のピクニック』の映画化に関して、三人が対等の原則で脚本を書くことに合意。

一九七六年（四四歳）　『ホフマニアーナ』の脚本が「映画芸術」に掲載される。
アメリカのバイキング一号、火星に着陸。

一九七七年（四五歳）　演出を担当した舞台『ハムレット』がモスクワで上演開始。映画学校で講義。『ストーカー』の撮影が開始されたが、トラブルが発生した機会に脚本を書き換える。
中国で鄧小平が復活、文化大革命終わる。

一九七八年（四六歳）　舞台『ハムレット』終了。『ストーカー』の撮影が再開。ミシャーリンと脚本『サルドール』を執筆。

一九七九年（四七歳）　ウズベキスタン映画の『蛇に注意！』の脚本に参加。第六作『ストーカー』完成。イタリアでのちの『ノスタルジア』のためのロケハン、その記録映画『旅の時』等の撮影。母マリヤ逝去。
アメリカでスリーマイル島原発事故。ソ連、アフガニスタンに侵攻。第二次オイルショック。

一九八〇年（四八歳）　ロシア・ソ連邦国民芸術家称号を授与される。イタリアでロケハン。記録映画の編集。『ストーカー』国内で上映。『ノスタルジア』の脚本完成（トニーノ・グエッラとの共作）。
モスクワオリンピック（西側諸国はボイコット）。ポーランドで自主管理労組

一九八一年（四九歳）
スウェーデンへ旅行。『魔女』（のちの『サクリファイス』）の構想を始める。ヤロスラヴリやレニングラードで講演。
「連帯」の運動が盛んに。
アメリカ、スペースシャトル打ち上げ成功。

一九八二年（五〇歳）
イタリアへ移動し、以降ソビエト国外で活動。記録映画『旅の時』完成。『ノスタルジア』撮影。
フォークランド紛争。

一九八三年（五一歳）
第七作『ノスタルジア』完成。カンヌ映画祭に出席し上映。『魔女（のちの『サクリファイス』）』の契約を結ぶ。モスフィルムを除名される。イタリアのサン・グレゴリオに居住。ニューヨークへ旅。亡命についての父への手紙を書く。ロンドンで演出を担当した『ボリス・ゴドノフ』の上演。イタリアへ戻り、小説『白い、白い日』を執筆。
大韓航空機撃墜事件。

一九八四年（五二歳）
小説『サクリファイス』を執筆。ミラノで事実上の亡命会見。撮影監督スヴェン・ニクヴィストとスウェーデンのゴトランド島で『サクリファイス』のロケハン、ロンドンで俳優を選定。
英中、香港返還文書に調印。

一九八五年（五三歳）
ドイツ語版『刻印された時間（『映像のポエジア』）』出版。スウェーデン・ゴトランド島などで『サクリファイス』撮影
ソ連、ゴルバチョフ書記長選出。

	と編集。イタリア・フィレンツェで過ごす。癌を発病。	ソ連、チェルノブイリで原発事故。
一九八六年(五四歳)	パリの病院に入院。息子アンドレイと義母アンナ・セミョーノヴナにパリで再会。『サクリファイス』の編集と音響修正。『聖アントニウス』の構想。第八作『サクリファイス』完成。ストックホルムで公開。英語版『刻印された時間』をロンドンで出版。小説『サクリファイス』を発表。『映像のポエジア』最終章を執筆。一二月二九日未明、肺癌のためパリで亡くなる。(三男・アレクサンデルが生まれる。)	
一九八七年	一月五日　パリのアレクサンデル・ネフスキー寺院で葬儀。	ソ連でペレストロイカ(改革)始まる。

あとがき——収斂と拡散

タルコフスキーがこの世を去って三五年の歳月が流れた。しかし彼は過去の人ではなく、未来の人であり続ける。彼の残した映画はわずか八本だが、その作品の表現のすべてを理解した人はたぶん一人もいないだろう。それらは古典になり得ず、いつまでも新しい問いを発し続けている。

彼に影響された現代の映画作家は数多く、今も増え続けている。それを自ら明らかにしている著名な作家にはヴィム・ヴェンダースやラース・フォン・トリアー、そしてアレクサンドル・ソクーロフがいる。また、最近の映画で演出方法や場面構成に私がそれを感じる映画は、クリストファー・ノーラン監督の『インターステラー』(二〇一四年)や『インセプション』(二〇一〇年)、アレハンドロ・ゴンサレス・イニャリトゥ監督の『レヴェナント　蘇えりし者』(二〇一五年)などがある。

さらに近年の作品には実際の映画の映像が使われている。例えばアクション映画『アトミックブロンド』(二〇一七年)では、『ストーカー』の望みを叶える部屋近くの場面を映すベルリンの映画館で、東西のスパイによる乱闘が展開する。またシリア問題を扱ったドキュメント映画『カーキ色の記憶』では、亡命者の背景に置かれたテレビ画面に『ノスタルジア』の幻影の場面が映っている。

さらにタルコフスキーと同時代の作家の作品にもそれを見ることができる。例えばスタンリー・キューブリック監督の『シャイニング』（一九八〇年）では密室空間やボール遊び、死者の出現、打ち破られるドア、そして主人公が最後に別の世界に入り込む場面などに、『惑星ソラリス』との類似性を見ることができる。タルコフスキーの友人でもあった黒澤明は『夢』（一九九〇年）で『鏡』における夢による構成手法を用いている。また、この『夢』の最後の「水車のある村」では『僕の村は戦場だった』のようにカッコーが鳴き、『惑星ソラリス』に似た水草が揺れている。

一方、タルコフスキーの作品にも先達や同時代の作家の影響を見ることができる。日本の作品ではすでに書いたように、『サクリファイス』や『ノスタルジア』が黒澤明の『生きものの記録』の影響を受けていることは明らかである。『ストーカー』の主人公たちが、望みが叶う部屋の前で雨を眺めている場面は『羅生門』（一九五〇年）の登場人物が門の中から降る雨を見ている場面の引用であり、台詞にも類似性がある。さらに『ノスタルジア』のお湯を抜いた温泉は、『酔いどれ天使』（一九四八年）の自転車が沈む汚れた池を、温泉の掃除婦は池の近くに佇む女性を思わせる。『惑星ソラリス』のタイトルバックは、溝口健二監督の『武蔵野夫人』（一九五一年）の水草を映すタイトルバックに酷似し、先ほどの『夢』につながる。さらに『ノスタルジア』の家族の幻影人物の移動の撮影手法は、『雨月物語』（一九五三年）の終盤で使われる手法を活用したものと想像できる。『無法松の一生』からの『鏡』や『サクリファイス』への引用は第一章に書いている。

海外の監督との関連もすでに書いたように、イングマール・ベルイマン監督の影響が『サクリファイス』にある。それ以外にも『野いちご』（一九五七年）の甘味な記憶の表現や夢の描き方、そして出会った若い女性が数十年前の婚約者と瓜二つという点が『鏡』と重なる。『仮面／ペルソナ』の二人の女性の描写は、『ノスタルジア』のゴルチャコフの夢に登場するエウジェニアと妻マリヤに通じ、挿入されるベトナムの僧侶による焼身自殺はドメニコのそれを思わせる。またほかの監督ではデ・シーカ監督の『ひまわり』（一九七〇年）に登場する巨大な放熱塔が『ストーカー』に使われ、作者本人が出演したマルレン・フツィエフ監督の『私は20歳』（一九六二年）にも同様の放熱塔が映っている。まさにタルコフスキーは後世に影響を与える映像作家であるとともに、先達の優秀な生徒でもあったのである。これらの映像作家たちとタルコフスキーの関係性はこれからのテーマとなるだろう。その際には今回はできなかったが、ぜひ映像そのものを対比させてみたいと思う。

彼の八作品の核となるものを製作順に言えば、〔1〕純真ゆえに人を打つ苦悩――『ローラーとバイオリン』、〔2〕戦争における大人たちの常識の愚劣さ――『僕の村は戦場だった』、〔3〕信仰と心情のうちにある人間の可能性と弱さ――『アンドレイ・ルブリョフ』、〔4〕心の深淵に潜むものへ慄きと希望――『惑星ソラリス』、〔5〕懐かしい記憶ゆえ人を害する思惟の理不尽さ――『鏡』、〔6〕望み得ることとの真実を前にした戦慄――『ストーカー』、〔7〕世界の終わりへの恐怖と故郷の記憶が人を苛《さいな》むさま――『ノスタルジア』、〔8〕疎外された男がすべてを捨てて核戦争を阻止しようとする戯画――『サクリファイス』ということになろう。しかしそれら八つの物語の奥底には彼が隠したものがまだある。まさにタルコフスキーに終わりはないのである。

本書はその「隠したもの」を探し出し、作品世界の解釈を一歩進めようとする試みである。第一章では映画の物語を辿り、根底にある彼の意図を探った。第二章では作品に顕著な家族との関係性を読み取りたいと考えた。第三章では数多くのモチーフによる表現技法に迫ってみた。そして第四章では核問題に対する彼の立ち位置に着目した。しかしすべては映像の中にある。私の作業は映像の僅かなト書きを想像したに過ぎない。最後に、再び冒頭に記したタルコフスキーの言葉を引いておきたい。

〈私自身、どんな観客にも完全に同意することができる。映画はさまざまな解釈がなされるように、特別に作られたのだ。観客自身、映画の出来事を解釈し、あらゆる相互関係に関する固有の解決を見出すことができると思う。〉

この言葉を受けて私は本書でさまざまな解釈を試みてきた。それを読んだあなたの所感が同意であっても反発であっても、本書がそのための具となっていればそれは私の喜びにほかならない。そのことによって私たちは彼の終わりなき作品世界にさらに一歩踏み込むことができるのだから。

・

なお、本書の第一章の「虚空の孤独――『惑星ソラリス』」は、『ＳＦマガジン』（№６７５〜６７７）に掲載された「『惑星ソラリス』理解のために」の一部を改稿して用いている。また第四章は『季刊メタポゾン』（発行メタポゾン）一〇号に掲載した「新しい核の時代とタルコフスキーの視線」を大幅に改稿したものので、ほかはすべて書き下ろしである。

最後に、本書の刊行のために労をとられた寿郎社の土肥寿郎さん、そしてあえて名を秘した五人のＡさんに心からの感謝をここに記したいと思う。

ありがとうございました。

二〇二一年一二月　　忍澤　勉

忍澤勉（おしざわ・つとむ）
1956年東京生まれ。編集プロダクション、広告制作会社、出版社勤務を経て、著述業。日本SF作家クラブ会員。
「『惑星ソラリス』理解のために――『ソラリス』はどう伝わったのか」が第7回日本SF評論賞の選考委員特別賞を受賞。大幅に加筆の上「『惑星ソラリス』理解のためにⅠ――レムの失われた神学」、「『惑星ソラリス』理解のためにⅡ――タルコフスキーの聖家族」として『SFマガジン』（早川書房）2012年6〜8月号に掲載。「ものみな憩える」で第2回創元SF短編賞の堀晃賞受賞。『原色の想像力2』（東京創元社）に所収。岡和田晃編『北の想像力』（寿郎社）では佐々木譲論、北海道新聞連載の「現代北海道文学論」では佐々木譲、佐藤泰志を担当。『TH』No63（アトリエサード）に「一番幸せだったのは子供の時代――タルコフスキーが描いた少年たち」、『層』（北海道大学大学院文学研究科　映像・表現文化論講座編）に「死の超克としてのサクリファイス――タルコフスキーが描く死と再生」を寄稿。

終《お》わりなきタルコフスキー

発　行　2022年1月15日 初版第1刷

著　者　忍澤 勉

発行者　土肥寿郎

発行所　有限会社 寿郎社
〒060-0807　北海道札幌市北区北7条西2丁目37山京ビル
電話011-708-8565　FAX011-708-8566
e-mail doi@jurousha.com
URL https://www.ju-rousha.com/

装　幀　鈴木美里

印刷・製本　日本ハイコム株式会社

＊落丁・乱丁はお取り替えいたします。
＊紙での読書が難しい方やそのような方の読書をサポートしている個人・団体の方には、必要に応じて本書のテキストデータをお送りいたします。発行所までご連絡ください。

ISBN978-4-909281-40-1 C0074